Von Mohammed zu Karl dem Großen

Von Mohammed zu Karl dem Großen

Aufbruch ins Mittelalter

Herausgegeben von
Eduard Carbonell und Roberto Cassanelli

Aus dem Englischen, Französischen, Italienischen und Spanischen von
Thomas Bertram, Renate Beyer, Jochen Grube, Stefan Knaute und Helmut Schareika

THEISS

Die Deutsche Bibliothek – CIP-Einheitsaufnahme

Ein Titeldatensatz für diese Publikation ist bei
Der Deutschen Bibliothek erhältlich.

Umschlaggestaltung:
DOPPELPUNKT Auch & Grätzbach GbR, Leonberg, unter Verwendung einer Abbildung aus dem Archiv für Kunst
und Geschichte, Berlin
[Karl I. der Große, König der Franken (768–814), römischer Kaiser (seit 800),
2. 4. 742(?) – Aachen 28. 1. 814. – „Die Gesandten Harun al Raschids vor Karl dem Großen". (806),
Holzstich, koloriert, um 1880, nach Zeichnung von Alexander Zick (1845–1907), Berlin,
Sammlung Archiv für Kunst & Geschichte]

Originalausgabe Il mediterraneo e l'arte. Maometto e Carlomagno

Übersetzung: Thomas Bertram, Renate Beyer, Jochen Grube, Stefan Knaute, Helmut Schareika

Lektorat: Renate Beyer, Tübingen
Satz: Hahn Medien GmbH, Kornwestheim
Printed in Spain
ISBN 3-8062-1580-4

Inhalt

Vorwort

Der Titel dieses von Eduard Carbonell und Roberto Cassanelli herausgegebenen Buches, *Von Mohammed zu Karl dem Großen. Aufbruch ins Mittelalter*, wurde inspiriert von einer berühmten Studie des belgischen Historikers Henri Pirenne. Sein postum 1937 erschienenes Werk *Mahomet et Charlemagne* wurde innerhalb kürzester Zeit bei vielen weiterführenden Untersuchungen über den Übergang von der Spätantike zum Mittelalter *der* Fundus für Zitate. Wie bei einem Diptychon besteht die „Pirennesche These" aus zwei zentralen Aussagen: Die eine beinhaltet, dass die mediterrane Kultur im Westen auch nach dem Einsickern der germanischen Völkerwanderungsstämme weiter existierte. Die andere jedoch besagt, dass durch die Ausbreitung des Islam vor allem die ökonomische Einheit der mittelmeerischen Welt aufbrach und der Brennpunkt der Macht durch die erwachende karolingische Herrschaft in den Norden verlagert, ja überhaupt erst ermöglicht wurde. Ohne Mohammed, so Pirennes kühne und weitreichende Schlussfolgerung, hätte es Karl den Großen gar nicht gegeben.

Seit seinem Erscheinen war dieses Buch heftig umstritten, wurde in seinen Grundzügen jedoch gerade auch durch archäologische Funde bestätigt, zumindest was den ersten Teil seiner These betrifft. Der zweite Teil wird jedoch weiterhin sehr kontrovers diskutiert, besonders hinsichtlich der sehr unterschiedlichen und vielschichtigen Berührungspunkte der arabischen Ankömmlinge mit der mediterranen Welt und den spätantiken Traditionen, die weit über die allseits bekannten, von den Muslimen ins Leben gerufenen Handelsbeziehungen hinausgingen. Über all das sind wir heute besser unterrichtet als seinerzeit Pirenne.

Im Spannungsfeld zwischen Spätantike und Mittelalter bewegen sich auch alle künstlerischen Erscheinungsformen, und davon handelt unter anderem der vorliegende Band. Sei es die Kunst, die in den Ländern rund um das Mittelmeer geschaffen wurde, sei es durch den Austausch von künstlerischen Vorbildern, Objekten und Stilvorlieben über das Meer als Verbindungsraum – immer wurden weit voneinander entfernt liegende und sehr unterschiedliche Welten von Kunst und Kultur miteinander bekannt gemacht und haben einander befruchtet.

Autoren aus den verschiedensten Ländern stellen hier die wichtigsten Grundzüge mediterraner Kunst im 7., 8. und 9. Jahrhundert dar. Gelegentlich wird, um Brüche in den Ausführungen zu vermeiden, auch auf das 6. Jahrhundert zurückgeschaut oder bis in die Mitte des 10. Jahrhunderts vorausgeblickt. Für diese Zeit, das 10. Jahrhundert, werden jedoch nicht alle Themenbereiche berücksichtigt, insbesondere nicht die osmanische und mozarabische Kunst. Dafür und für die Romanik ist ein weiterer Band vorgesehen, des Weiteren einer über das späte Mittelalter und den Humanismus sowie einer über die Spätantike.

Auf den beiden folgenden Seiten:

Innerhalb des Klosters griechischen Ursprungs der heiligen Praxedes in Rom ließ Papst Paschalis I. seiner Mutter zu Ehren die Kapelle Sankt Zenon errichten, die vollständig mit Mosaiken ausgekleidet ist. Im Zuge der Begeisterung für alles Antike entstand so aufgrund der Bindung des Papstes an die fränkische Dynastie der Karolinger ein großes Kunstwerk mit deutlich byzantinischer Sprache.

Detailansichten eines der Engel, die das Medaillon in der Gewölbemitte tragen, und der Christusfigur mit einer Schriftrolle in der linken Hand im Inneren dieses Medaillons.

Omayyaden und Abbasiden

Giovanni Curatola

Die Ausrichtung des frühen Islam auf das Mittelmeer und seine künstlerischen Ausdrucksformen

Im Jahre 632 n. Chr. stirbt Mohammed in Medina. Er hinterlässt weder einen organisierten Staat noch eine geschriebene Fassung des Korans. Diese Aufgabe übernimmt später der dritte „recht geleitete" Kalif, Osman ibn Affan. In den ersten Phasen nach dem Ableben des Propheten herrscht infolgedessen eine große Unsicherheit, ungeachtet des außergewöhnlichen Auftriebs durch die Ausbreitung, die die Jahre zu Pferde um die Mitte des 7. Jahrhunderts kennzeichnen. Dem Fehlen inneren Zusammenhalts, das die, auch ideologischen, Kämpfe um die Nachfolge gut veranschaulichen (man vergesse nicht, dass drei der vier „recht geleiteten" Kalifen umgebracht wurden), steht die Einmütigkeit der Ziele nach außen gegenüber. Kurzum, die Unruhen betrafen sowohl den *Dar al-Islam* (Sphäre des Islam) als auch den *Dar al-Harb* (Sphäre des Krieges).

Die Stammesbündnisse, die Mohammed auf der arabischen Halbinsel schloss, und die Islamisierung dieser Region bewirkten, dass der Raum für kriegerische Maßnahmen (die sich auf die nie aufgegebene Praxis von Beutezügen stützten) sich gegen die beiden großen Reiche, das der Byzantiner im Westen und das der Sassaniden im Osten, ausweitete, Reiche, die sich selbst lange unermüdlich bekämpft hatten. Der starke Drang zu Eroberungen erklärt sich aus der zerbrechlichen inneren Lage (das Charisma des Propheten, das auf die Bündnisse unter den häufig rivalisierenden Stämmen großen Einfluss gehabt hatte, war natürlich nicht ersetzbar) und aus der Notwendigkeit, einen Ersatz für die Raubzüge zu finden, die nicht bei anderen Muslimen durchgeführt werden konnten und daher unausweichlich eine andere Bresche zu den Küsten des Mittelmeers hin auf der einen Seite und im Osten auf der anderen finden mussten.

Diese seltene Koranseite aus dem 8. Jahrhundert zeigt das typische Modell einer Moschee, die in der Großen Moschee von Damaskus ihr Vorbild hat: Zweigeschossige Säulen bilden die parallel zur Qibla-Wand verlaufenden Schiffe, quer dazu ragt das Transept (Querschiff) in den Betsaal und führt somit vom Mihrab zum Haupttor. Der Künstler zeigt große Gewandtheit, auch in der Darstellung der Details. Sanaa, Dar al-Makhtutat, Nr. 20–33.1

Nicht zuletzt stellte der Koran ja ausführliche Rechtfertigungen und Ruhmesversprechungen bereit: *„Kämpft auf dem Weg Gottes und wisst, dass Gott alles hört und alles weiß"* (II, 244); *„Du darfst die nicht für tot halten, die auf dem Weg Gottes getötet wurden, sie leben vielmehr bei ihrem Herrn, genährt von seiner Gnade!"* (III, 169); *„Auf dem Weg Gottes sollen also diejenigen kämpfen, die freiwillig das irdische Leben gegen das Jenseits austauschen. Wer auf dem Weg Gottes kämpft, mag er umkommen oder siegen, dem werden wir reichen Lohn geben"* (IV, 74). Der Ablauf der Raubzüge sah in Wirklichkeit jedoch nicht die dauerhafte Aneignung von Territorien vor. Dazu

kam es erst schrittweise als Ergebnis differenzierter Mechanismen, unter denen der wichtigste vielleicht die Steuererhebung war. Tatsächlich ermunterten die Kalifen und die islamischen Militärbefehlshaber nicht zum Übertritt zum Islam: Sie errichteten über den *Ahl al-Kitab* (den Leuten des Buches), also den Juden und Christen, eine Art Schutzherrschaft und erhielten dafür im Gegenzug Pachtleistungen für die Ländereien, Tribute und eine Kopfsteuer (in osmanischer Zeit wird diese Einrichtung unter dem Namen *Millet* bekannt). Für diese Methode gab es einen wichtigen Präzedenzfall, als Mohammed noch am Leben war: Der jüdische Klan der an-Nadir wurde bei seiner Vertreibung aus Medina in der Oase Khaibar zu einer Vereinbarung gezwungen, nach der er zwar noch die eigenen Ländereien kultivieren konnte, eine Hälfte der Erträge jedoch den Muslimen zu übergeben hatte, und zwar denjenigen, die an der Expedition teilgenommen hatten.

Mohammeds Anhänger machten sich recht schnell klar, dass die Kontrolle großer Gemeinschaften militärisch nicht möglich war, da sie schon unter organisatorischem Aspekt nicht darauf eingerichtet, sondern eben an schnelle, mehr „guerilla“artige Aktionen gewöhnt waren, während eine Verwaltungslösung ihnen viel größere Einkünfte garantierte. Diese weitblickende, neuartige Auffassung – das Land wurde

Die Verzierung der Außenseiten des Felsendoms in ihrer heutigen Form wurde in der Epoche Süleimans des Prächtigen vorgenommen. Abmessungen und die die Stadt Jerusalem beherrschende Lage auf dem Heiligen Tempelplatz sind jedoch noch wie beim ursprünglichen Bau, der wenige Jahrzehnte nach der Eroberung durch die Omayyaden errichtet wurde. Unter den verschiedenen diskutierten Funktionen, die das Gebäude hatte, sind die triumphale Demonstration der neuen Macht und das Bekenntnis zum Glauben an den einen Gott unbestritten.

nicht wieder verteilt, sondern wurde nominell Eigentum der islamischen Gemeinschaft (wir können sie noch nicht als Staat bezeichnen), blieb jedoch tatsächlich im Besitz derer, die es bestellten – wurde vom zweiten Kalifen Omar ibn al-Khattab durchgesetzt, der sich bewusst machte, dass die Entfernungen bedeutende Garnisonen erforderten, wie Kufa und Basra im Irak. Die Steuern ermöglichten den Unterhalt eines effizienten Heeres, das sich aus der islamischen Stammesaristokratie zusammensetzte, so dass andere Einkommensquellen nicht nötig waren. Aus demselben Grund wurden Einfälle in Territorien untersagt, die unter Schutzherrschaft standen und die ihren Status im Vergleich zu den Jahren davor verbessert hatten, als sie von den lokalen byzantinischen oder sassanidischen Gouverneuren ausgenommen wurden, die sich faktisch von der jeweiligen Zentralmacht an inzwischen korrupten, dekadenten Höfen unabhängig gemacht hatten.

Vorhergehende Seite:

Im Innern besitzt der Felsendom einen doppelten oktogonalen Umgang mit Pilastern und Säulen; in der Mitte befindet sich der heilige Felsen. Die ausgedehnte Mosaikdekoration von höchster Qualität entfaltet ein originelles ikonographisches Programm, das in neuer Weise Themen aufgreift, die in der Welt des Mittelmeers und Irans vorhanden sind. Über den mittleren Arkaden verläuft eine lange Mosaikinschrift, die christologische Passagen aus dem Koran enthält.

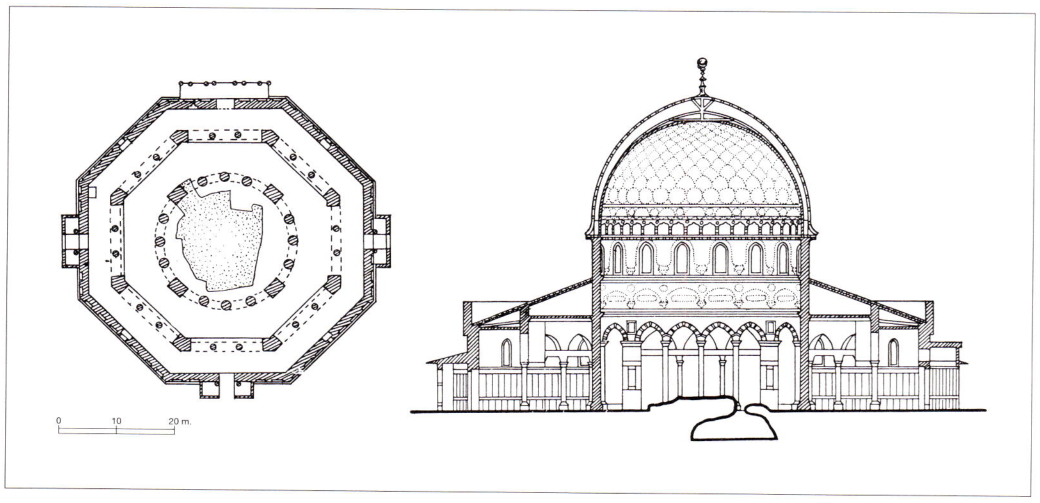

Die Erbauer der Felsendom-Kuppel kopierten ein im spätantiken Mittelmeerraum und selbst in Jerusalem weit verbreitetes architektonisches Modell, womit die für die Omayyaden charakteristische Vorgehensweise sehr deutlich wird: Sie suchten in der Tradition der von ihnen eroberten Welt die Formen, die sie für den eigenen künstlerischen Ausdruck verwenden konnten. Grundriss und Querschnitt des Felsendoms sowie (gegenüber) Innenansicht der Kuppel.

Ein weiterer wichtiger Faktor der ersten Jahre der Entwicklung der islamischen Welt ist die Abhängigkeit oder besser der Einfluss, der auf Mohammed von den jüdischen und, in geringerem Maß, christlichen Gemeinden ausgeübt wurde. Vor der Offenbarung ist Mohammed zunächst ein Händler, der auf der Weihrauchstraße seine Geschäfte macht, dieser Handelsroute, die von der arabischen Halbinsel und dem Horn von Afrika bis hin zum Mittelmeerbecken hinaufreicht. Dabei kommt er in Kontakt mit den syrischen Gemeinschaften und lernt deren Gebräuche, Sitten und religiöse Praktiken kennen. Tatkraft ist ein angeborener Wesenszug des Arabers: Nicht nur als Nomade, sondern auch Städter sublimiert er diese beiden gegensätzlichen Tendenzen in der Gestalt des Händlers. Die jährliche Pilgerreise, wenigstens einmal im Leben obligatorisch, ähnelt sehr der Einrichtung des Jubeljahrs, und tatsächlich übernimmt sie einige Merkmale davon. Sie ist ein vorzügliches Mittel der Propaganda, aber auch der Kontrolle mit der Möglichkeit, eine polyzentrische staatliche Struktur zu formen, der jedoch eine Idee der Einheit zugrunde liegt, auf die immer als eine unveräußerliche *Axis mundi* Rekurs genommen werden kann.

Es ist Mohammeds größter Geniestreich, dass er die Rolle Mekkas und der Kaaba neu entwirft, um nicht eine im kollektiven Gedächtnis und in den ökonomischen Praktiken der Stammesgesellschaft seiner Zeit stark verwurzelte Tradition einfach aufzugeben. Doch gleichzeitig, so hat man bemerkt, kann er sich nicht der Faszination entziehen, die die „Größeren jüdischen Brüder" auf ihn ausüben. In den ersten Jahren nach der Hedschra, in Medina, war die Unterstützung der jüdischen Klans für Mohammed eine Notwendigkeit. Er musste die eigene Gemeinschaft stärken und hielt wahrscheinlich angesichts verschiedener gemeinsamer Züge der beiden Glaubens-

richtungen massive Übertritte für möglich. So kam es bekanntlich nicht, doch gewisse Charakteristika zeichneten sich schon ab, darunter die besondere Rolle, die die Stadt Jerusalem übernahm. Zunächst wurde sie vom Propheten als *Qibla*, also als die Richtung, in die man sich beim Vollzug des Gebets zu wenden hatte, festgelegt, später aber (624) aus politischen Gründen durch Mekka ersetzt.

Jerusalem wird jedoch keineswegs aufgegeben; die Sure XVII („Die Nachtreise") beginnt mit diesem Vers: *„Ruhm sei ihm, der nachts mit seinem Diener vom Heiligen Tempel zum Fernen Tempel reiste, in die gesegnete Umgebung, um ihm von unseren*

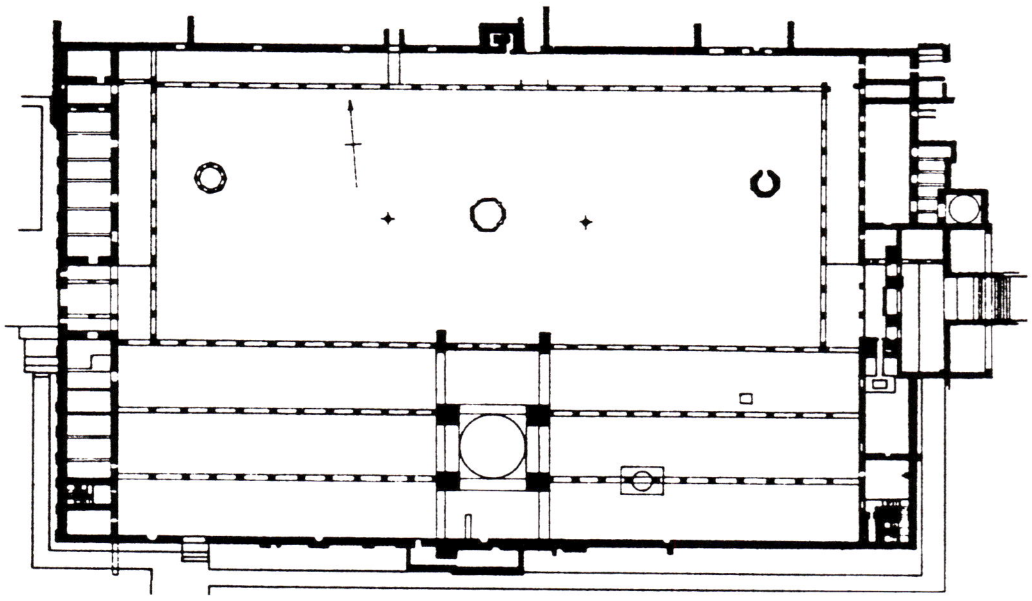

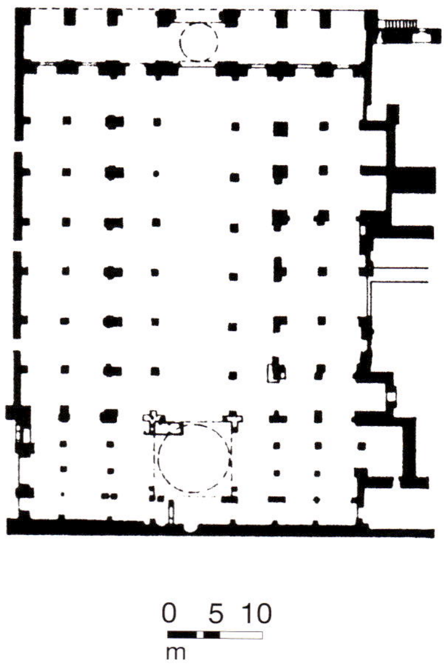

Zeichen zu zeigen." Der Heilige Tempel ist unmissverständlich Mekka oder die Kaaba, wie sie in anderen Passagen des Korans erscheint, während der Ferne Tempel entweder das Paradies sein könnte oder, so eine geläufige Interpretation gegen Ende der Omayyadenzeit, die Stadt Jerusalem. Eine Gruppe von *Hadithen* (Überlieferung von Aussprüchen und Handlungen des Propheten, oder auch „Auslegungen von Andeutungen im Koran") erzählt von einer *Isra* – „Nachtreise" – von Mekka nach Jerusalem, von wo aus der Prophet den *Miradj* („Himmelfahrt") vollzogen haben soll, sei es in Begleitung von Gabriel oder Gabriel und Michael, sei es auf dem wunderbaren Reittier *Burak*. Dieses Ereignis, die überirdische Reise Mohammeds, vom *Liber de Scala* und von der nie verstummten Polemik über den arabisch-islamischen Ursprung der *Göttlichen Komödie* wieder aufgenommen, wurde in der hochgelehrten Untersuchung von Asin Palacios untersucht und 1919 veröffentlicht. In jedem Fall wird Jerusalem, wo die *Qubbat as-Sahra*, der Felsendom, nach islamischer Version auf dem Felsen des Sohnesopfers von Abraham errichtet wurde, die dritte heilige Stadt des Islam, auch weil eine Tradition besagt, dass auf diesem Felsen der *Miradj* Mohammeds begann.

Dort, wo ehemals der Tempel des Jupiter Damascenus und die Basilika Johannes des Täufers gestanden hatten, wurde die Große Moschee von Damaskus errichtet. Sie ist das zweite herausragende Monument der Omayyadenzeit. Sie fügt sich somit in einen bereits bebauten Platz ein, wobei ihre Architekten sie lotrecht zur vorherigen Basilika stellten. So ist die lange Qibla-Wand heute Teil der antiken Temenosmauer, ihre Schiffe laufen parallel dazu. Das Transept liegt senkrecht zur Nische des Mihrab. Diese Anlage wurde zum Modell für die nachfolgende islamische Architektur.

Die al-Aqsa-Moschee („die entfernt Liegende") verfügt über einen einfachen rechtwinkligen Grundriss mit lotrecht zur Qibla-Wand verlaufenden Schiffen, von denen das mittlere breiter ist.

Von der Notwendigkeit des Vorstoßes der Muslime zum Mittelmeer haben wir gesprochen, doch es existiert eine weitere Frage von höchster Bedeutung, über die man sich klar sein muss, nämlich: Welcher Art war die islamische Einstellung gegenüber der Kunst zur Zeit Mohammeds und der ersten Dynastien der Omayyaden und Abbasiden (d. h. 661–750 und 750–1258)? Vor allem ist zu sagen, dass der Koran sich praktisch nie mit Kunst befasst und an keiner Stelle auf die Frage menschlicher Abbilder und eines entsprechenden Verbots eingeht, und auch die *Hadithe* enthalten

Diese Detailansicht eines Schiffs der Großen Moschee von Damaskus ermöglicht es dem Betrachter, die Wirkung abzuschätzen, die dieser Raum, ehemals zur Basilika gehörig, durch die baulichen Veränderungen der Omayyaden erfuhr. Das gesamte Innere der Moschee war ursprünglich mit Mosaiken verziert.

Auf den beiden folgenden Seiten:

Eine weitere Ansicht der Moschee mit dem Reliquienschrein Johannes des Täufers.

Der weite, von einem Säulengang umgebene Hof der Moschee wurde ebenfalls Vorläufer späterer Bauten. Ursprünglich waren fast alle Wände der Portiken und die Fassade mit Mosaiken verkleidet. Die zerstörerischen Einflüsse der Zeit, ein verheerender Brand 1893 und problematische Restaurierungsmaßnahmen haben das ursprüngliche Aussehen stark verändert.

keine ausführlichen Informationen; wir befinden uns also in gewisser Hinsicht auf unberührtem Terrain, dessen theoretische, freilich spärliche Ausarbeitungen erst viel später stattfinden.

Eine westliche, stark vom Kolonialismus bestimmte Sehweise hat das vorislamische und das Arabien zur Zeit von Mohammeds Predigten häufig als eine Art leerer Schachtel skizziert, oder besser: eine Schachtel nur voller Sand, in der die halbnomadischen Stämme sich unablässig hin und her bewegten wie Fische in einem Aquarium. Die jüngsten archäologischen Untersuchungen (z.B. im Jemen, aber nicht nur dort) haben dagegen unmissverständlich auch im künstlerischen Bereich einen Entwicklungsgrad von hohem Niveau nachgewiesen. Im Übrigen besagt die glaubwürdigste Tradition, dass sich in der Kaaba behauene Bilder befanden, „die Götterbilder, die er zertrümmern ließ. Das größte, das von Hubal, aus Stein gemacht, wurde umgestürzt und vor die Tür des Tempels geworfen, um als Schwelle zu dienen“, wie der Historiker at-Tabari bestätigt – Skulpturen und vielleicht Bilder, die genau im Augenblick der Eroberung Mekkas (630) zerstört wurden, nach einer Version bis auf ein Bild der Jungfrau Maria als Ausdruck der Sympathie gegenüber den Christen. Das erinnert uns an den eisernen islamischen Monotheismus und die Aversion nicht so sehr gegenüber Bildern als solchen als vielmehr gegenüber der Tatsache, dass sie leicht in Götterbilder umgewandelt werden konnten. Vielleicht handelt es sich um eine subtile und spitzfindige Unterscheidung, man könnte sogar sagen, eine Haarspalterei, doch sie besitzt eine Logik und ein unbestreitbares Gewicht. Eine sensationelle, in Sanaa bei der Restaurierung der Großen Moschee (sie soll noch zu Lebzeiten des Propheten errichtet worden sein) gemachte Entdeckung hat einige hinter einer Wand eingemau-

erte Handschriften ans Licht gebracht, darunter Seiten des Korans, die ins 8. Jahrhundert zu datieren sind. Es ist nun überraschend und bedeutsam, dass diese Pergamente mit architektonischen Zeichnungen geschmückt sind, die man als Darstellung einer Moschee interpretieren kann. Bei der Betrachtung der islamischen Kunst, u.a. in ihrer Entstehungsperiode (ein mehr denn je passender Ausdruck, Angelpunkt eines wichtigen Werkes von O. Grabar), muss man also äußerste Vorsicht mit den Erklärungen von „Bilderstürmerei", „Bilderfeindlichkeit" (vielleicht ist der Begriff „Bilderlosigkeit" passender) walten lassen, die leider zu Gemeinplätzen geworden sind, ein Erbe auch manches der Kunst gegenüber wenig aufgeschlossenen Historikers.

Jerusalem, die Heilige Stadt

Die Ausbreitung des Islam nach Syrien und Palästina geschah ausgesprochen schnell, und in diesen Regionen finden sich einige der bedeutendsten Monumente der Frühzeit der islamischen Herrschaft. Jerusalem spielt als Heilige Stadt selbstverständlich eine herausragende Rolle, und insofern war der auch psychologische Einfluss ihrer Eroberung außerordentlich. Insbesondere handelte es sich nicht um eine bewaffnete Eroberung, sondern um eine Kapitulation, die von der islamischen Begünstigungspolitik gegenüber den geschützten Minderheiten der *Ahl al-Kitab* ermöglicht wurde, im Falle Jerusalems nur der christlichen, da für 636–638 (Letzteres ist das wahrscheinlichste Datum der Eroberung) keine bedeutende jüdische Gemeinde bezeugt ist. Es war dann Omar ibn al-Khattab, der in Jerusalem einzog und der Stadt in Begleitung des ehrwürdigen Patriarchen Sophronios einen Besuch abstattete. Als Erstes hielt er sich dabei auf dem großen Vorplatz des antiken Herodestempels auf, damals voller Ruinen, und dokumentierte damit die Bedeutung des großen Felsens, der allen drei monotheistischen Religionen heilig ist. Es ist sogar der Ort, an dem Gott nach einer anthropomorphen Überlieferung (seit jeher strittig und immer wieder diskutiert, aber dennoch durchgehend überliefert) den Abdruck des eigenen Fußes hinterlassen haben soll. Diese Lehre wurde auch von der islamischen Welt übernommen *(Mudjassimah)* und zu Beginn des 8. Jahrhunderts diskutiert. Dort findet, je nach Version, das Opfer Ismaels oder Isaaks statt, und es ist der Punkt, von dem aus nach der *Isra* der schon erwähnte *Miradj* Mohammeds begonnen haben soll.

Es versteht sich von selbst, dass es sich hierbei zum guten Teil um Rekonstruktionen a posteriori handelt, mehr um Vermutungen, die dazu angetan sind, die Heiligkeit des Ortes zu erklären, als um Behauptungen, die von konkreten Beweisen getragen würden. Es ist aber sicher, dass die Stadt – zu der Zeit keine große Kapitale, sondern ein einzigartiges geistiges Zentrum – fundamental für das wird, was wir heute mit dem Begriff „Propaganda" bezeichnen würden, und das sich programmatisch im Augenblick der Bestätigung der Omayyadendynastie herausbildet, der ersten Dynastie des islamischen Reiches. Tatsächlich kommen im Jahr 661 oder 662 die stets unruhigen arabischen Militärchefs in Jerusalem zusammen, um dem zum Kalifen gewählten Muawiyyah Unterstützung und Treue zuzusichern: eine symbolische Geste von höchster Bedeutsamkeit, die uns die Verlagerung der politischen Achse nach Damaskus und der spirituellen – als Legitimation der Macht – nach Jerusalem bezeugt.

Die Errichtung der *Qubbat as-Sahra* wird auf 691–692 datiert, doch ob dieses Datum den Beginn der Arbeiten meint (so ist es wahrscheinlich) oder das ihrer Vollendung, lässt sich nicht ermitteln. Man muss darauf hinweisen, dass ein wichtiges Merkmal für Jerusalem stets das der Koexistenz sein wird. Die Muslime, erinnern wir uns, sind erst kurz zuvor eingetroffen, ihr Prophet war nur wenige Jahre vor der Einnahme der Heiligen Stadt gestorben, und die charakteristischen Züge des neuen Glaubens mussten den Zeitgenossen konfus und nebulös erscheinen. Die Haltung der Christen war, da alle ihre Kultstätten intakt gehalten wurden, gewiss kaum negativ, und auch die Juden, sehr wenige, wie gesagt, denen der Islam als nicht mehr

Das Mosaikdekor umfasst neben vegetabilischen auch architektonische Motive sowie komplexe Darstellungen von Stadtansichten.

Eine weitere Darstellung von Architektur auf den Mosaiken der Omayyadenmoschee von Damaskus. Ein Autor aus dem 10. Jahrhundert bemerkte dazu: „Es gibt keine Stadt und kein Gebäude von Bedeutung, welche nicht auf diesen Moscheewänden zu sehen wäre."

und nicht weniger denn als ein Abkömmling ihres Glaubens erschien, waren sicher kaum allzu unzufrieden angesichts dessen, dass eine für sie so bedeutsame Stätte wiederbelebt und aufgewertet wurde.

Als dann die jüdischen Gemeinden langsam in die Stadt zurückkehrten, wählten sie vorzugsweise die Quartiere als Wohngegend, die nicht weit entfernt vom „Haram aš-Šarif" genannten Bezirk lagen („erhabenes Heiligtum"). Die Wahl des Ortes für den Bau dieses Monuments, des ersten im Islam von Grund auf neu errichteten, weswegen es besonders mit Bedeutung beladen ist, sei es aus den oben erwähnten religiösen Gründen, sei es zur friedlichen Unterteilung der Stadt, muss den Auftraggebern (handelt es sich schon um einen Plan Muawiyyahs, oder geht sie vollständig auf Abd al-Malik zurück?) als ganz natürlich erschienen sein, auch weil die Lage sich gut für die Ziele eignete, die sie sich wahrscheinlich vorstellten. Auch wenn es sich um eines der wichtigsten Bauwerke der Spätantike handelt, und sei es nur wegen der 1280 Quadratmeter Mosaik, und um eines der berühmtesten und am meisten studierten islamischen Monumente (besonders in der zweiten Hälfte des 20. Jahrhunderts hat sich häufig O. Grabar daran beteiligt, dem wir in den folgenden Zeilen viel verdanken), sind wir paradoxerweise nicht in der Lage, einen fundamentalen Aspekt unmissverständlich genauer zu bestimmen: Zu welchem Zweck wurde es erbaut und welche rituelle Funktion erfüllte es?

Die praktisch nicht existenten zeitgenössischen Quellen helfen tatsächlich in keiner Weise, die ideologischen, typologischen und künstlerischen Gründe für eine derartige Wahl zu erklären – auch weil solche Gründe mit großer Wahrscheinlichkeit vielfältig und nicht alle untereinander stimmig sind –, weswegen es am einfachsten ist, das Denkmal aus sich sprechen zu lassen. Architektonisch befinden wir uns vor einem Bauwerk mit zentralem Grundriss, das durch eine oktogonale Anordnung charakterisiert ist (begrenzt von einem doppelten oktogonalen Umgang, bei dem sich jeweils ein Pfeiler mit zwei Säulen abwechselt). In der Mitte, um den heiligen Felsen herum, weist es einen hohen säulengestützten Zylinder auf, der mit einer weiten Tambourkuppel überwölbt ist. Der Typus ist im gesamten Mittelmeergebiet von der römischen Funeralarchitektur (Santa Costanza in Rom) bis zu den Märtyrerkirchen wie etwa des heiligen Johannes bei Ephesos und schließlich, in Jerusalem selbst, bis hin zur Rotunde des Heiligen Grabes (die beiden Kuppeln weisen eine Differenz von einem Zentimeter Durchmesser auf!) gut bezeugt. Nichts Neues unter der Sonne!

Komplexer ist die Mosaikausstattung, die von aus Konstantinopel oder einem anderen Zentrum (vielleicht in Italien) stammenden Künstlern entwickelt wurde; diese waren in der Lage, ein derart ehrgeiziges Konzept zu realisieren. Die Mosaiken verteilen sich im oberen und unteren Teil des Tambours, in der kreisförmigen Arkade, innen und außen im Oktogon und den Laibungen der Arkaden. Außerdem bezeugen einige bei den Restaurierungen gefundene Mosaikfragmente das Vorhandensein von Mosaiken auch außerhalb (ein ungewöhnlicher Befund), die mit der Zeit ersetzt und in jedem Fall im Zuge von auf Weisung des osmanischen Sultans Süleiman des Prächtigen in der Mitte des 16. Jahrhunderts durchgeführten Arbeiten entfernt wurden. Sie sind von faszinierender Schönheit: Auf goldenem Grund findet sich ein vorwiegend florales Repertoire ausgebreitet mit naturalistischen Anklängen in der Darstellung von Pflanzen wie z.B. der Palme, der Rebengewächse und von Früchten wie dem Granatapfel, auch wenn ein bedeutender Teil aus Kronen, Tiaren, Pektoralien und Juwelen besteht, die ihren Ursprung in Akanthusblättern und häufiger in Gefäßen besitzen, die reich mit Arabesken ausgestaltet sind, die wiederum manchmal in Füllhörnern auslaufen. Sternenrosetten mit fünf Spitzen sondern den Raum im inneren Oktogon ab, während die Gefäße des unteren Teils des Tambours – sie sind der Ausgang für ein integriertes System doppelter spiralenförmiger Volutenranken auf jeder Seite – von Juwelen gekrönt werden, die auf einem Doppelflügel angebracht sind. Die vorherrschenden Grüntöne, eingeschlossen die herrlichen Abstufungen von Pfauengrün, die Nuancierungen von Rot, Blau und anderen Farben, werden belebt durch die Einfügung von Perlmuttstücken, wodurch das Licht eingefangen und reflektiert und der ansonsten ebenen Oberfläche der Eindruck dreidimensionaler Tiefe verliehen wird. Die Mosaiken sind in der traditionellen Technik der spätantiken Welt ausgeführt, und doch entzieht sich das dekorative Repertoire in seiner Gesamtheit möglichen Vergleichen.

Die bewusste Entscheidung der Auftraggeber, sich auf das vegetabilische (Blumen und Bäume) und mineralische (die Juwelen) Repertoire zu stützen, signalisiert vom Beginn der islamischen Kunst an den ausgeprägten Willen, einige dekorative Aspekte anderen gegenüber zu bevorzugen, sicherlich auch aufgrund des zugrunde gelegten Programms und der uns unbekannten Zweckbestimmung des Gebäudes. Somit ist, auch wenn eine Sprache und Ausdrucksweise Anwendung finden, die im Bereich des Mittelmeers und des Iran verbreitet sind und absolut auf einer Linie damit liegen, das Resultat unbestreitbar rein islamisch. Geheimnisse der Kunst. Die aufmerksamen Analysen, denen diese Dekorationen unterzogen worden sind, heben hervor, wie neben den für die byzantinische Kunst charakteristischen Elementen, die als Zeichen der Macht gedeutet werden (wir beziehen uns auf die Juwelen), Stilelemente existieren (die Flügel als Abschluss der Gefäße), die unzweifelhaft iranischer Herkunft sind. Erinnern wir uns nebenbei daran, dass Jerusalem 614 von einer persischen Armee erobert wurde (dieses Mal ja!) und dass damit in jedem Fall das künst-

Zwei Beispiele für die Stuckdekoration aus der Schlossanlage von Khirbat al-Mafdjar bei Jericho.

Eine der zahlreichen Statuen – Diener, Tänzerinnen, Musiker oder andere Personen des Hofes – aus Stuck, die nach altem orientalischen Brauch auch bei den Omayyaden die Räume, in denen der Kalif und sein Hof lebten, schmückten und verschönerten. Der untersetzte Körperbau der Figur weist auf persischen Einfluss hin.

lerische Repertoire Irans schon längst seine „natürlichen" Grenzen überschritten hatte.

Eine Diskussion nebenher verdienen die Baumdarstellungen, die zwar aus der Fantasie geschöpft, doch gleichwohl auf präzise naturalistische Muster zurückführbar sind, ein wahrer Jubel von Formen und Farben, die zwangsläufig auf Anhieb Visionen vom Paradies herbeirufen, jener „grünen … Gärten, tiefgrün … mit Früchten und Datteln und Granatbäumen…" (Koran, LV), die jedem islamischen Gläubigen so vertraut sind. Wenn auch das Dekorationsschema einheitlich ist (und nicht anders sein könnte), sind doch offenkundige Abweichungen in der Ausführung zu bemerken, als ob gleichzeitig mehrere Gruppen selbständig gearbeitet hätten – ein nicht überraschender Umstand aufgrund des außergewöhnlichen Einsatzes, den ein Monument von solcher Bedeutung erforderte.

Eine reich verzierte, von Bändern begrenzte Rosette mit einer Blume in der Mitte, aus der sechs kleine Köpfe herauswachsen. Die menschliche Darstellung zu Dekorationszwecken begegnet auch bei den anderen Medaillons, die den monumentalen Diwan zierten, und bei Friesen, wo die kleinen Köpfe aus einem Flechtdekor herauswachsen. Jerusalem, Rockefeller Museum

Die große, 240 Meter lange Inschrift, ebenfalls in Mosaiktechnik gehalten, verdient wenigstens eine Anmerkung. Die Schrift ist in kufischem Duktus mit wenigen diakritischen Zeichen gehalten, und der religiöse Inhalt stammt aus dem Koran mit Einschüben zur überragenden Bedeutung des Monotheismus wie etwa: „Im Namen Gottes, des Gnädigen, des Barmherzigen, es gibt keinen Gott außer Allah, er ist Einer ohne Gleiche". O. Grabar bemerkt zu Recht, dass der Rhythmus beim Rezitieren der Passagen aus dem Koran und solcher Einschübe (die sich alle kaum vom angeführten Beispiel unterscheiden, außer dass sie spezielle Formeln bezüglich des Propheten Mohammed und seiner Mission enthalten) die Bedeutung einer der „Katechumenenliturgie in der christlichen Messe" vergleichbaren Litanei haben. Bemerkenswert ist aber die Tatsache, dass sich unter den Stellen aus dem Koran wenigstens zwei (IV, 171–172; XIX, 33–36) auf Jesus beziehen und gleichzeitig eine Bezeugung der Rolle Christi als Propheten sind, allerdings unter Einschluss des berühmten „Sagt nichts von einer Dreiheit", der Bekräftigung der für die Muslime feststehenden Unhaltbarkeit der Trinität.

Die *Qubbat as-Sahra*, so wurde von maßgeblicher Seite behauptet (Creswell), verdanke ihre Form mit dem doppelten Umgang dem Bedürfnis, das Ritual des *Tawaf* (Umwandeln des Heiligtums) an einem zu Mekka alternativen Ort durchzuführen, wo Ibn az-Zubair, Vertreter eines mit den Omayyaden rivalisierenden Klans, bis 692 die Macht innehatte. Das würde den Bau vor diesen Zeitpunkt datieren, der im Allgemeinen als Datum des Baubeginns akzeptiert wird. Sicher ist der Fels von Jerusalem, abgesehen von der politischen Situation Mekkas, von sich aus genug Grund, sich vorzustellen, dass der ursemitische Ritus des Umschreitens dort hervorragend hinpasste. Der Felsendom, der sich im Glanz der Farben der äußeren Mosaiken, die wir uns nur im Kontrast zum vorherrschenden Gelb des Felsens vorstellen können, hoch über dem großen Tempelvorplatz erhebt, ist – gestern wie heute – visuell ein unentbehrlicher Bezugspunkt für jeden, der sich Jerusalem nähert: Von sehr weit sichtbar (sogar vom Berg Nebo, wenn man das Glück eines klaren Tages hat), verschwindet er allmählich bei der Annäherung an den Haram aš-Šarif und geht dann schließlich verloren im Labyrinth der Altstadtgassen – ein Ort der Feier der neuen islamischen Macht, ein vielleicht der Himmelfahrt des Propheten geweihtes Heiligtum (speziell für den Ritus des *Tawaf?)*, möglicherweise an dem Platz befindlich, wo man sich den Ursprung der Welt dachte und der daher dazu bestimmt sei, ihr Ende zu erleiden. Der Felsendom ist ein großes Denkmal, mit dem es dem Islam gelingt, „das zu vermitteln, was historisch sowohl eine Synthese als auch ein eigener Kanon ist, versehen mit dem ganzen Segen eines offiziellen, gleichsam rituell gewordenen Charakters" (G. Scarcia).

Folgende Doppelseite:

Die Schlossanlage von Khirbat al-Mafdjar, unter al-Walid II. erbaut, war ein grandioser, vielseitigen Zwecken gewidmeter Bau. Seine Räumlichkeiten waren reich gegliedert, und die Dimension der ganzen Anlage weist darauf hin, dass sie vermutlich dem Kalifen selbst mitsamt zahlreichen Hofleuten dienen sollte. Ansicht des Schlosshofes, der ursprünglich von Arkadenreihen gesäumt war, dessen Säulen korinthische Kapitelle trugen.

Zwei weitere Monumente wurden von den Muslimen auf den Ruinen des Tempels errichtet: die al-Aqsa-Moschee und die Qubbat as-Silsilah („Kettendom"), doch es ist daran zu erinnern, dass diese Eingriffe nur einen kleinen Teil einer Stadt betreffen, die auf lange Zeit vorherrschend christlich geprägt sein wird (im 10. Jahrhundert gab es auf christlicher Seite im Gebiet Jerusalems 81 religiöse Einrichtungen,

davon ungefähr zwanzig innerhalb des Mauerrings). Die al-Aqsa-Moschee ist der ausgedehnteste Komplex auf dem Tempelplatz, und in ihrer Gegensätzlichkeit und Unterschiedlichkeit macht sie deutlich, dass der Felsendom, mit dem sie immerhin auf einer Achse liegt, mehr als nur ein gewöhnlicher Ort zum Gebet ist. Die architektonische Struktur ist eher einfach: ein großes rechteckiges Hypostyl mit senkrecht zur *Qibla*-Wand ausgerichteten Schiffen, das Mittelschiff ist in Entsprechung zum *Mihrab* (der Gebetsnische) breiter gehalten. Es fehlt der Hof, doch dessen Zweck übernimmt in vollendeter Weise der gesamte Tempelplatz. Natürlich ist das heutige Aussehen der Moschee das Resultat beachtlicher Veränderungen, vielleicht auch am Hauptbau wie z.B. dem breiteren Mittelschiff, und es ist nicht sicher, dass überhaupt Teile auf den ursprünglichen Grundriss aus der Zeit Abd al-Maliks zurückgeführt werden können.

Dokumente auf Papyrus (709–714) erwähnen in Jerusalem beschäftigte ägyptische Arbeiter, die „an der Moschee von Jerusalem" arbeiteten. Dass sie sich auf al-Aqsa beziehen, ist nicht sicher, aber wahrscheinlich, und das würde uns in die Epoche al-Walids führen, des Bauherrn einer anderen Großen Moschee, der von Damaskus, auf die wir weiter unten zurückkommen werden. Die wichtigste literarische Quelle ist die Beschreibung, die der Geograf al-Muqadassi 985 von al-Aqsa gibt (er selbst wurde in Jerusalem geboren); sie erlaubt uns den Rückschluss darauf, dass zu seiner Zeit schon wenigstens fünf Bauphasen aufeinander gefolgt waren, deren älteste, mehr oder weniger klar abgegrenzt, in der Zone des *Mihrab* mit schönen Mo-

Auf dieser und der folgenden Seite:

Einige Bilder aus den Mosaiken der Kirche des heiligen Stefanin Umm el-Rasas.

Oben: Mosaik aus dem Hauptraum in der Art eines „Teppichs" mit Szenen aus Jagd, Viehzucht und Weinlese, der von einem lebendigen Bildstreifen umschlossen ist und an den Lauf des Nils erinnert. Der Raum zwischen den Säulen ist mit Vignetten verziert, die die Städte Palästinas und Jordaniens darstellen.

Oben: Ausschnitt mit einer Nilszene, reich an antiken Reminiszenzen.

Unten: Unterhalb der Stufe zum Ambo verlaufen Weiheinschrift und Prozession der Stifter. Die Bildnisse von Menschen wurden während der Krise des Bildersturms unkenntlich gemacht.

Rechts: Das mittlere Paneel des Bema, verziert mit verschiedenartig gegliederten geometrischen Motiven.

saiken überdauert hat. Wichtig ist auch die Erwähnung einer „prächtigen Kuppel". Die erhaltenen äußeren Mosaikfragmente, ebenfalls mit floralen Motiven, stehen, wenn auch verschieden von denjenigen des Felsendoms, mit ihnen im Zusammenhang: Tatsächlich dient die in einer Achse mit dem Felsendom liegende Moschee, gleich ob man sie als Werk Abd al-Maliks oder al-Walids bestimmen will, als Gegenstück zur Nea Byzantina Justinians (der „Neuen" Kirche), die genau in einer Achse mit dem Heiligen Grab lag. Die Ausschmückungen im Innern – außer den Mosaiken – in Marmor und mit geschnitzten Holzbalken machen darauf aufmerksam, dass der Bau tatsächlich der Gemeinde zur täglichen Versammlung diente, die, erinnern wir uns noch einmal, sich in der Minderheit, wenngleich in schnellem Anwachsen befand.

Das dritte omayyadische Gebäude auf der großen „Terrasse", nicht weniger prächtig als die vorhergehenden, die Qubbat as-Silsilah, ist ein Kuppelpavillon auf hexagonalem Grundriss, der von einem Polygon mit elf Seiten umgeben ist (insgesamt sind es also 17 Säulen), dem ein *Mihrab* hinzugefügt wurde. Die Zuordnung zu Abd al-Malik wurde von den Forschern nie ernsthaft einer Diskussion unterzogen, und die Quellen sprechen davon schon in der Mitte des 9. Jahrhunderts. Die größeren Probleme auch in diesem Fall betreffen die Funktion dieses Bauwerks, die als *Bait al-mal* („Schatzhaus") angegeben wird, eine äußerst problematische Verwendung für ein Gebäude, das tatsächlich vollkommen offen war! Ein interessanter Umstand ist die Lage des Monuments seitlich des Felsendoms und genau im Zentrum der beiden hypothetischen Achsen, die man auf den Haram legen kann. Was wir da-

raus schließen können, ist, dass in omayyadischer Zeit auf dem Vorplatz des Tempels ein massiver städtebaulicher Eingriff in einer künstlerischen Sprache erfolgt ist, die sowohl mit der Mittelmeerregion als auch dem neuen islamischen Auftrag im Einklang steht, ein Eingriff, dessen Ziele wir in Unkenntnis der ideologischen Voraussetzungen, die nicht eindeutig erscheinen, nur auf hypothetischem Weg bestimmen können.

Vorhergehende Doppelseite:

Die Kuppel über der Thermenanlage von Qusair Amra ist mit dem Himmelsgewölbe und mit Tierkreiszeichen verziert, Ausdruck der Beziehung zwischen himmlischer und irdischer Welt, die der Späthellenismus weit entwickelt hatte. Es handelt sich hier um die älteste Darstellung dieses Themas auf einer Gewölbedecke.

Die Grosse Moschee von Damaskus und die syrisch-palästinensischen Mosaiken

Wenn Jerusalem für die Omayyaden die Gelegenheit bedeutete, sich symbolisch das wichtigste spirituelle Zentrum des Monotheismus anzueignen, wird in Damaskus die politische Legitimierung des jungen islamischen Staates in Szene gesetzt. Damaskus

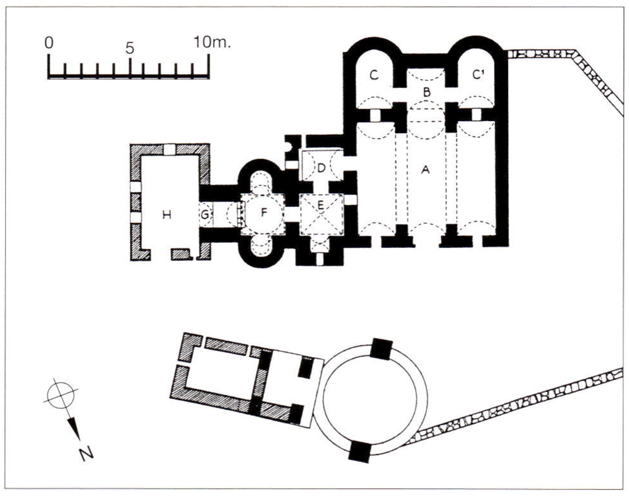

war eine Stadt von großer Bedeutung, und nach einigen hinsichtlich der Eroberung ziemlich späten arabischen Quellen (Ibn Djubair 1184, al-Amavi 1340 und, auf Ibn Asakir 1176 fußend, Ibn Sakir 1362), erfolgte diese in einer Zangenbewegung von Osten mit Ibn Ubaida und von Westen mit Khalid al-Walid (dem späteren Kalifen) unter ungleichen Bedingungen, da die östliche Front mit Gewalt und die westliche auf der Basis einer Vereinbarung genommen werden sollte, die u.a. den Schutz der christlichen Kirchen garantieren sollte. Diese Geschichte steht am Beginn der Überlieferung, nach der über einen gewissen Zeitraum (bis 705, d. h. bis zur Wahl al-Walids zum Kalifen) Muslime und Christen Seite an Seite im Innern der antiken *Temenosmauern* des heidnischen Tempels des Jupiter Damascenus gebetet haben sollen – eine faszinierende, aber ziemlich unhaltbare Annahme. Eindeutig hingegen ist, wie die heiligen Stätten immer eine Aneignung durch die neu aufgetauchte Macht erfuhren. So wie in Jerusalem die Ruinen des Herodestempels für den Felsendom Verwendung fanden, wurde in Damaskus der Tempel des Jupiter Damascenus in die Basilika des heiligen Johannes umgewandelt, und die Muslime machten die Kirche im Bewusstsein der Bedeutung des Ortes und der gewaltigen Macht der Tradition dem Erdboden gleich und errichteten dort (zwischen 706 und 714–715) ihre Moschee.

Diese besteht aus drei Schiffen (in doppelter Ordnung), die von Osten nach Westen parallel zur *Qibla*-Wand ausgerichtet sind, aus einem *Sahn* oder Hof, der auf drei Seiten von einem *Riwaq* oder Säulengang umgeben ist, der wiederum abwechselnd von Pfeilern und Säulen gebildet wird – ein Schema, das bis auf die Variante einer Art Kuppeltransepts gegenüber dem *Mihrab* in der islamischen Welt zu einem

Qusair Amra – ein Badeschlösschen inmitten von Latifundien und Versammlungsort lokaler Machthaber – präsentiert sich äußerlich als ein Gebäude von bescheidenen Ausmaßen. Drei nebeneinander liegende langgezogene Gewölbe überspannen den Hauptraum; die Kuppel gehört zur Badehalle. Das Eimerwerk zur Beförderung des Brunnenwassers befand sich im ersten Stock.

Der Grundriss zeigt die Komplexität des Ensembles: zur Rechten der große Saal mit dem Hauptschiff, das Zugang zu einem Alkoven gewährt, vielleicht der Thronsaal; links, mit kreisförmigem Grundriss, der Baderaum.

klassischen Konzept und mehrere Male wiederaufgenommen wird (z.B. in Aleppo oder Bosra, um in Syrien zu bleiben). Es wurde viel über einen möglichen christlichen Einfluss geschrieben (nach manchen soll die Basilika unmittelbar in eine Moschee umgewandelt worden sein wie die Hagia Sophia in Konstantinopel); in der Tat reicht es angesichts der geografischen Lage Syriens und der Ausrichtung der Basiliken nach Osten zur Einhaltung der islamischen Vorschrift der Gebetsrichtung nach Mekka hin aus, die Achse um 90 Grad zu drehen, doch die wenigen zur Verfügung stehenden archäologischen Daten bestätigen eine derartige Hypothese nicht. Bleibt der Eindruck der entgegengesetzten Verwendung der Gebäudeachsen, doch das er-

Gesamtansicht des großen Saales, der mit Szenen aus Alltag und höfischem Leben dekoriert ist: Jagd, Bad und Spiele. Der mittlere Alkoven zeigt den Omayyadenkalifen auf dem Thron, umgeben von sechs anderen Herrschern seiner Zeit, wodurch seine Herrschaft versinnbildlicht wird.

klärt sich im Islam aus dem Erfordernis, *die ganze Qibla-Mauer* (und nicht nur den *Mihrab*, an dem man sie erkennt) frontal zur größeren Zahl der Gläubigen auszurichten, während in den Basiliken der Brennpunkt stets der Altar ist.

Damaskus wird die Hauptstadt der Omayyaden und als solche durch ein ihrer Funktion würdiges Monument – die Große Moschee (Außenmaße ca. 140 × 90 Meter) – verschönert. Das Querschiff oder auch die Fassade des Heiligtums mit der von dem drei Fensterzonen und das dreieckige Tympanon umfassenden Bogen beherrschten dreifachen Eingangsarkade, verweisen wenn nicht auf eine Überlagerung mit der vorhergehenden Basilika, so doch wenigstens auf eine Abstammung von ihr, auf den Rückgriff auf ein schon festgelegtes Modell.

Alle Quellen sind sich über die Pracht der Marmordekoration bis zu einer Höhe von zwei Metern und der Mosaiken einig, die die Wände verkleideten, die aber mit der Zeit leider beschädigt und 1893 von einem Brand zerstört wurden, außer dem westlichen Teil des *Riwaq*. Dieser Teil wurde immerhin weitgehend restauriert und gestattet so eine Vorstellung von der außerordentlichen Qualität der ursprünglichen Ornamente. Die Motive sind vegetabilisch (große Bäume), aber auch architektonisch (flache Paläste mit mehreren Stockwerken, Exedren, Türme, Kuppeln, Balkone, Walmdächer, die mehr von Rom als von Byzanz angeregt scheinen), dazu sprudelnde Wasserläufe. Nicht vorhanden sind Gestalten von Tieren oder Menschen, auch keine Inschriften (die gab es unzweifelhaft, doch sind sie verloren gegangen). Die drei hauptsächlichen Interpretationen laufen darauf hinaus, dass es sich um eine Darstellung der Stadt Damaskus mit dem Fluss Barada, um von den Arabern eroberte Städte

Folgende Doppelseite:

Die Bildfelder auf einem der drei Tonnengewölbe enthalten eine detaillierte Darstellung der Handwerker bei der Arbeit.

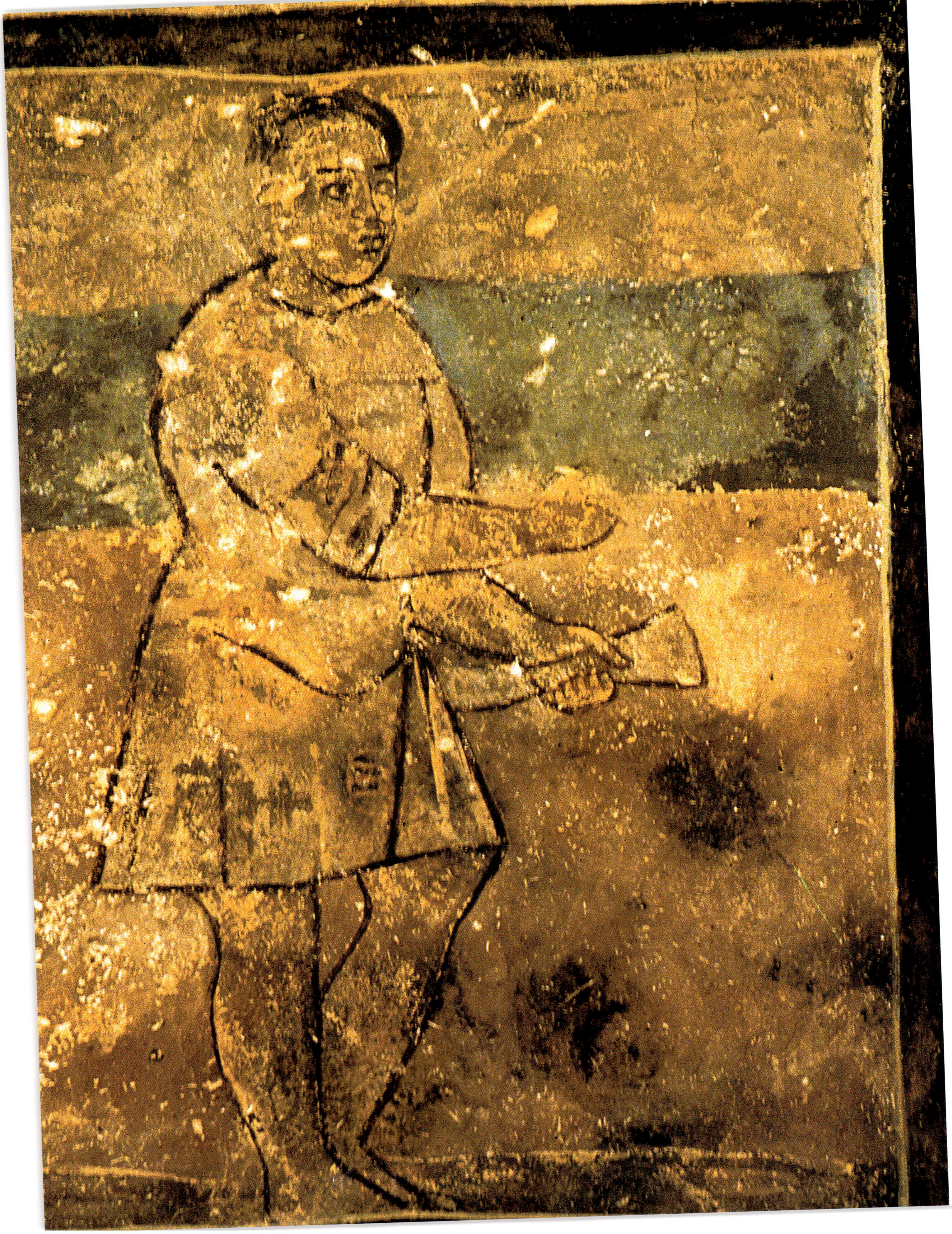

oder schließlich um eine Vision handele, die das Paradies des Korans wachrufe. So sehr auch keine dieser Erklärungen ganz und gar überzeugend erscheint, findet die letzte zu Recht die größte Akzeptanz. Es handelt sich um erlesene Mosaiken, ästhetisch nicht tieferstehend als die von Jerusalem, von denen ein schwaches Echo in der Zahiriyya-Medrese (1279, ebenfalls in Damaskus) wiederauflebt, was bestätigt, dass die für die große Bauhütte der Moschee al-Walids begründete Mosaizistenschule mit guten Ergebnissen bis zum 13. Jahrhundert fortbestand.

In welchem Ausmaß die frühislamische Kunst, worunter wir die Zeit der Omayyadenherrschaft, also bis zum Jahr 750, verstehen, der spätantiken Welt einschließlich des sassanidischen Iran verpflichtet ist, zeigt sich an jenen Bauwerken, die wir gleich untersuchen werden, und am fortdauernden Gebrauch von Fußbodenmosaiken zum Zwecke der Dekoration. Ausgrabungen und Untersuchungen in den vergangenen zwanzig Jahren unter der Leitung von M. Piccirillo haben deutlich gezeigt, wie sehr diese aus den spätantiken Handwerkerstätten stammende Praxis weiterhin

lebendig war, trotz des Wechsels in der politischen Landschaft durch die Omayyaden. Es muss vielmehr betont werden, dass die veränderten gesellschaftlichen Bedingungen am Ende des 7. Jahrhunderts keineswegs zu einem Niedergang der Künste führte, wie man zunächst in der Forschung annahm, sondern eher ihre Wiederaufnahme. Man braucht sich bloß vor Augen zu halten, dass beispielsweise die Keramikherstellung in Djeras, Jordanien, aus frühester islamischer Zeit in technischer und ästhetischer Hinsicht besser war als diejenige der letzten byzantinischen Epoche. Das gilt ebenso für die Fußbodenmosaiken aus dem syrisch-palästinensischen Raum, wobei auch Antiochia nicht weit ist, die sogar von den aus den Wüstengegenden kommenden Nomaden geschätzt wurden. An dieser Stelle können wir einen Gesichtspunkt nur eben anreißen, obwohl er umfangreicher Untersuchungen würdig wäre, nämlich den Zusammenhang zwischen Fußbodenmosaiken und der Textilkunst, insbesondere den gewebten Teppichen, die als „Kelims" gut bekannt sind. Von Bedeutung sind dabei nicht so sehr die großen Dekorationen als vielmehr die kleinen geometrischen Motive, etwa der Bordüren oder Randbereiche. Dazu liefert das kleine, aber eindrucksvolle Museum von Madaba in Jordanien gute Beispiele. In diesem Städtchen hat sich eines der bemerkenswertesten Fußbodenmosaiken überhaupt erhalten, es stellt eine geographische Karte der Region dar.

Diese Untersuchungen sollten zum Ziel haben, das, was bereits von Riegel beschrieben und von Sergio Bettini kommentiert wurde, erneut aufzunehmen und zu vertiefen. Dabei sollte man aber über die bloße Zuordnung von Stilen hinausgelangen und sich dem Problem der Ästhetik und Poesie von Teppichkunst stellen, ohne dem tückischen Feld der orientalischen Mystik, des Sufismus gar, zu verfallen, das etliche Wissenschaftler und vor allem das breite Publikum derart in den Bann schlägt.

Eine mit Romantizismus durchtränkte westliche Sicht hat ohne Nachprüfung an Quellen lange Zeit eine Reihe von morphologisch voneinander verschiedenen Bauwerken als „Wüstenschlösser" etikettiert, indem sie die These einer Art Nostalgie glaubhaft machen wollte, die die omayyadischen Herren nach den weiten Räumen der Wüste gehegt hätten, da sie unfähig gewesen seien, das sesshafte Leben in der Stadt zu ertragen (schon was oben über die Veränderung von Damaskus und Jerusalem gesagt wurde, reicht als Widerlegung); immer hätten sie die Rückkehr ins Nomadenleben herbeigesehnt. In Wirklichkeit verhalten sich die Dinge nicht so, und diese Argumentation ist Frucht einer Art Schielblick, der bestimmte Merkmale nicht wahrnehmen will, die plötzlich offenkundig zutage treten und auch in der Folge eine tragende Konstante der islamischen Architekturpraxis sind. Tatsächlich handelt es sich um das geringe Interesse der islamischen Kultur an der Entwicklung einer zivilen

Der Omayyadenpalast Qasr al-Hair al-Gharbi in Syrien zeigt figürliche und nicht-figürliche Dekorationen: Zu sehen sind Fragmente von zwei Türrahmen aus Stuck, das eine mit einem Doppelmäander, das andere mit floralen Motiven; in der Mitte ein Kopf von einer der zahllosen im Palast gefundenen Kleinfiguren. Damaskus, Nationalmuseum

fürstlichen Palastarchitektur, was auch an den *Hadithen* und am Leben des Propheten erkennbar ist.

Die Situation einer Stadt wie Aleppo (wir könnten aber auch die neue Stadt Kairo anführen) ist symbolhaft: Auf dem klassischen römischen Koordinatensystem – Cardo und Decumanus – zielen die Eingriffe auf zwei Aspekte, den religiös-politischen mit der Errichtung einer Großen Moschee mitsamt Nebengebäuden (dem *Hammam* oder „Thermalanlage") und die Entwicklung einer stabilen Infrastruktur für den Handel mittels des Marktes (*Suq* oder *Bazar* ist dasselbe), während der weltliche, profane Aspekt gewollt im Hintergrund steht. Die „Wüstenschlösser", z.B. Qusair Amra und Khirbat al-Mafdjar, sind durch geräumige Thermalanlagen gekennzeichnet, und wenn sie sich *heute* in mehr oder weniger wüstenhaften Zonen befinden, so mussten sie doch in der Zeit der Errichtung durch Ackerbau autark gewesen sein.

Qusair Amra (712–715, Epoche al-Walids, des aktivsten unter den Kalifen, was die Bautätigkeit betrifft) ist ein kleiner Pavillon mit einem von drei Tonnengewölben überdachten Saal und angeschlossenem Bad; der Bau weist einen großen Gemäldezyklus auf, der Jagdszenen, Badeszenen und Szenen mit halbnackten Tänzerinnen umfasst, und enthält die erste Darstellung von Sternbildern auf einer gewölbten Fläche. Einige Dekorationen sind von den gleichzeitigen Fußbodenornamenten inspiriert, und auf einem Tonnengewölbe sind die Künstler bei der Arbeit wiedergegeben. Die Darstellung des Kalifen auf dem Thron zusammen mit sechs zeitgenössischen Herrschern legt die Absicht von Legitimierung und Selbstverherrlichung nahe. Es handelt sich dabei um den byzantinischen Kaiser, den Westgotenkönig Roderich aus Spanien, Khosrau von Persien, um den Negus und wahrscheinlich den türkischen *Khagan* Zentralasiens sowie einen vielleicht afrikanischen König, identifizierbar

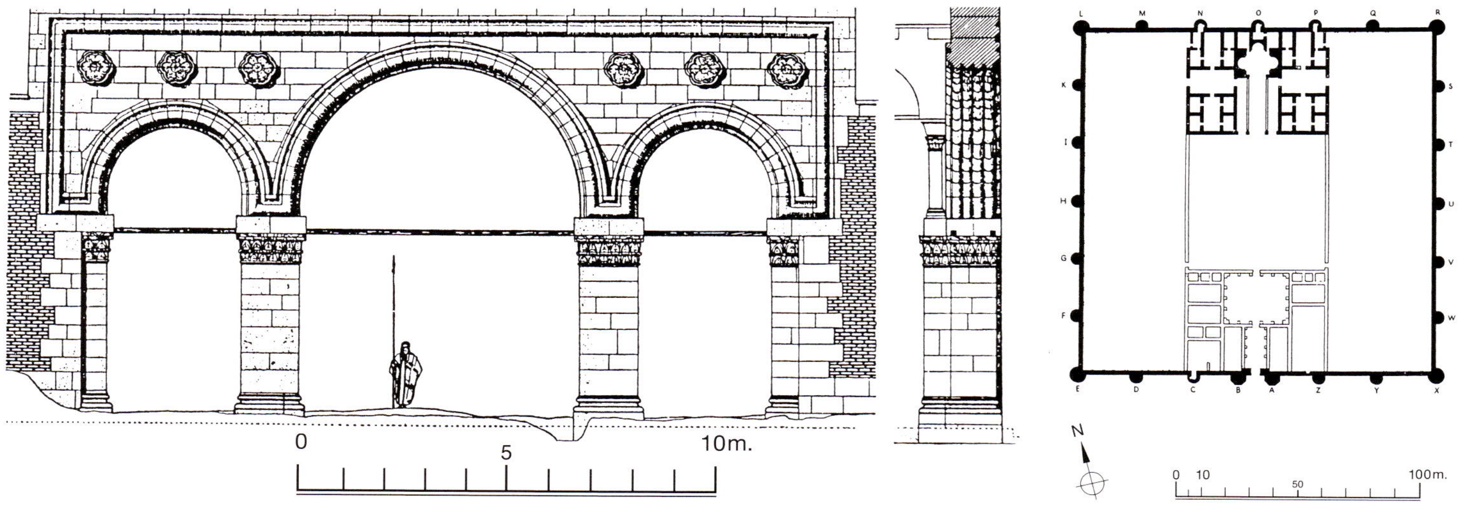

durch teilweise lesbare zweisprachige Inschriften in Griechisch und Arabisch. Sie sind als Besiegte zu denken, sind aber nicht als solche gemalt. Die restaurierten, aber trotzdem ziemlich ruinierten Fresken sind in einem provinzialbyzantinischen Stil mit verschiedenen Einflüssen gehalten (man vergleiche die berühmten Porträts von Fayyum ...) und zeugen von einem unbefangenen Umgang mit den gleichzeitigen künstlerischen Quellen des Mittelmeerraums. Der Auftrag des Kalifen galt einem Bau zu privatem Gebrauch (ein Vorposten, ein Jagdschloss, eine Art Landgut), und insofern ist, auch im Licht des Vorhergehenden, die Verwendung naturalistischer menschlicher Bilder nicht überraschend.

Zwei interessante Bauwerke stellen das Qasr al-Hair al-Gharbi und aš-Šarqi dar, beide um 730 erbaut und südwestlich bzw. nordöstlich längs dem Lauf einer Karawanenstraße gelegen. Bemerkenswert ist die Bezeichnung *Hair*, die sich im Arabischen auf die Umzäunung eines Gartens – eines *paradeisos* – bezieht. Das ist eine Bestätigung für die Existenz einer mehr oder weniger ausgedehnten Oase, die sicher auch künstlich bewässert war. Von Qasr al-Hair al-Gharbi, nach Inschriften aus der Regierungszeit des Kalifen Hišam, findet sich *in situ* tatsächlich nur noch wenig, da die Funde und auch das Portal nach Damaskus ins Nationalmuseum verbracht worden sind. Der quadratische Grundriss mit einem großen Mittelhof ist vom römischen *Castrum* angeregt und umfasst weite, von halbrunden Wehrtürmen unterbrochene Mauern. Das Innere passt zu einer Garnison am *Limes* oder auch zu einer Karawanserei auf einer nach Palmyra führenden Strecke, einer heruntergekommenen, aber jedenfalls als Handelsknotenpunkt bedeutenden Stadt. Unter künstlerischem Aspekt sind die Verzierungen des Portals bemerkenswert, das am Nationalmuseum von Damaskus weiterhin dieselbe Funktion erfüllt, mit Paneelen von reliefiertem Stuck, einem aus dem sassanidischen Persien importierten Verfahren, das sich weit in alle islamischen Herrschaftsgebiete verbreiten wird. An den Seiten des Tores befinden sich zwei große halbrunde Wachtürme (großartige Vorläufer des Bab al-Futuh in Kairo) mit Stuckpaneelen mit pflanzlichen Motiven, von einer Reihe von durchlöcherten Perlen umrahmt, die für das textile Repertoire Irans typisch sind und auch den byzantinischen Stil beeinflusst haben und über denen sich hier kleine Blendarkaden und ein gestufter Saum, ebenfalls östlicher Herkunft, befinden. Die Ornamente wie auch die kleinen Skulpturen und die übrigen Funde zeigen jedenfalls eine hellenistische Konzeption (es genügt, auf die Verwendung von Akanthusblättern zu verweisen), und das lässt auf eine Manufaktur mit syrischen Arbeitskräften schließen.

Nicht unähnlich ist das Qasr al-Hair aš-Šarqi (östlich von Palmyra und Gegenstand archäologischer Untersuchungen zwischen 1964 und 1972), nicht sehr weit von Rusafa gelegen, einer bedeutenden byzantinischen Stadt, wo der Kalif Hišam, der

Der Omayyadenpalast von Mšatta in Jordanien war mit halbrunden Wehrtürmen befestigt. Die Gebäude waren im mittleren Bereich konzentriert. Im nördlichen Teil befand sich die Residenz des Kalifen mit der als Thronsaal dienenden Dreikonchenbasilika.

Links:
Rekonstruktion des monumentalen dreibogigen Zugangs zum Thronsaal und Grundriss. Nach Creswell

Unten:
Die prachtvolle Dekoration der steinernen Fassade des Eingangs zum Palast von Mšatta ist in dreiecksförmige Unterteilungen und in Medaillons mit vorwiegend vegetabilischen Motiven gegliedert, aber auch Vögel und einander gegenüber gestellte Tiere fehlen nicht. Berlin, Museum für Islamische Kunst

Die „Löwen"-Kirche in Umm ar-Rasas aus der Zeit des Bischofs Sergius dokumentiert das von den Mosaizisten der Region im späten 6. Jahrhundert erreichte hohe Niveau. Detail aus dem Paneel im Presbyterium mit zwei einander gegenüber gestellten Löwenköpfen.

letzte große Omayyade, einen Palast erbauen ließ und begraben wurde. Trotzdem weist er Unterschiede auf, denn es finden sich dort zwei große quadratische Einfassungen. Das kleinere Quadrat mit den mehr oder weniger intakten massiven Mauern mit den charakteristischen halbrunden Wachtürmen beherbergt zu dem oben besprochenen Bauwerk analoge Bauelemente, unter denen Tonnengewölbedecken hervorstechen, die wahrscheinlich irakisch oder in jedem Fall östlich inspiriert sind. Die größere Ummauerung beherbergt eine Moschee, Karawansereien und verschiedene *Bait* bzw. Wohneinheiten, die einen Gebrauch des großen Geländes zu kommerziellen oder militärischen Zwecken bestätigen. Selbstverständlich fehlt eine Badeeinrichtung nicht, deren Wasser von einem Staudamm bei al-Qawun ca. 30 Kilometer nordöstlich hergeleitet wurde, ein Wasserreservoir, das auch für einen ungefähr 850 Morgen umfassenden „Garten" benutzt wurde, welcher von einer 22 Kilometer langen, rohen Mauer umgeben war. Die Ergebnisse der archäologischen Ausgrabungen, so die Funde in den Museen von Damaskus und Raqqa, darunter Skulpturen, Kapitelle und Wandmalereien, haben bewiesen, dass eine Vermischung byzantinischer, hellenistischer und weiter aus dem Osten stammender Elemente vorliegt, wobei die Kombination des westlichen und östlichen Repertoires nicht immer ganz gelungen und ausgewogen ist. Die Arbeitskräfte stammten vorwiegend aus Syrien, aus Homs, wie Fragmente von Inschriften ausweisen.

Ein Platz von spektakulärer Bedeutung ist die von al-Walid II. bei Jericho errichtete unvollendete „Villa": Khirbat al-Mafdjar (vor 743). Es handelt sich um einen weitläufigen Komplex aus einem Palast, einer Moschee, einer Badeanlage im Kellergeschoss, einem großen Hof mit einem Säulenrundbau über einem Brunnen, außerdem einem überaus prächtigen Bad mit Kuppelgewölbe, Empfangssälen und schließlich einer luxuriösen Toilettenanlage, die gleichzeitig ungefähr dreißig Personen aufnehmen konnte! Angeregt wurde die Anlage offenbar durch die klassische, d. h. römische Tradition (man könnte bis auf Tivoli zurückgreifen …), mit dem in Staunen versetzenden Fußbodenmosaik aus 39 Bildern (man könnte es für einen Teppich halten) mit vielfarbigen geometrischen Mustern, ein echtes absolutes Meisterwerk. Der Luxus wird offenkundig auch durch die Verwendung von Marmorapplikationen (gewählt ist die korinthische Ordnung) und Stuckarbeiten sowie eines hellenistischen Repertoires in syrischer Arbeit von Rosettenfriesen, Volutenranken, Akanthusblättern, geometrischen Motiven und auch Statuen. Diese Letzteren sind wirklich bedeutend: ziemlich massig in der Anlage, so dass man als Vorbild eher an parthische denn an palmyrenische Skulpturen denken möchte. Die Exedra des Palast-*Diwan* („Audienzsaal" oder „Gerichtssaal") ist mit einem Fußbodenmosaik ausgeschmückt. In der Mitte befindet sich ein großer, alles beherrschender Granatapfelbaum, an dessen rechter Seite zwei Gazellen neben dem Herrscher Blätter abfressen, und an dessen linker Seite ein Löwe eine weitere Gazelle im Lauf packt. Das Thema entspricht dem auf dem Krönungsmantel Rogers II., wo der Islam – das Kamel – in diesem Fall der Unterlegene ist. Die lehrhafte Absicht ist offenkundig: Belohnung und Strafe werden vom Kalifen verhängt.

Das letzte große Monument, datierbar auf ungefähr 744 und ebenfalls nicht vollendet, ist der Palast von Mšatta, wenige Kilometer südlich von Amman gelegen, heute leider fast vom Flughafen geschluckt. Den Grundriss bildet ein großes ummauertes und mit den üblichen halbrunden Wehrtürmen versehenes Quadrat von 144 Metern Seitenlänge. Der zentrale Platz kann in drei rechteckige Sektoren unterteilt werden, von denen nur der mittlere, ein wenig breiter als die anderen, regelmäßig konstruiert ist. Am Eingang befinden sich Gebäude, die als Wachstube mit Moschee und verschiedenen Unterkünften und Diensträumen interpretiert werden; darauf ein breiter leerer Raum, oder ein Hof, und an der Nordseite der eigentliche, dem Kalifen vorbehaltene Teil, der von einem basilikaartigen Saal mit drei Konchen gebildet wird; dieser weist einen langen dreigegliederten Zugang mit tonnengedeckten Sälen und zu Wohnzwecken dienenden *Bait* an den Seiten auf. Die drei „Ap-

Qasr al-Harrana ist ein weiteres Beispiel für die zivile Architektur der Omayyaden: Das monumentale Portal war der einzige Eingang, die Mauern sind aus Stein und Kalk errichtet und weisen eine schlichte Verzierung auf, die an den irakischen und persischen Osten erinnert; die Türme besitzen eine rein schmückende Funktion, der Verwendungszweck des Gebäudes bleibt unsicher.

Rechts:

Der jüngst wiederhergestellte Omayyadenpalast auf der Zitadelle von Amman inmitten einer antiken Siedlung mit mehreren Schichten regt zu ganz neuartigen Interpretationen der zivilen Omayyadenarchitektur an. Der architektonische Dekor des Hauptraumes und die rekonsrtuierte Kuppel fügen sich in die Tradition der spätrömischen Zeit ein, die von fähigen Arbeitern wieder aufgegriffen wurde. Auch sassanidische Elemente sind erkennbar.

siden" waren sicher mit Halbkuppeln bedeckt, doch wir wissen nicht, ob der mittlere Teil mit einer Kuppel überdeckt oder ob dort vier fensterlose Wände mit pyramidaler Überdachung gewesen waren. Der Schlüssel zur funktionalen Entzifferung dieses rätselhaften Gebäudes, in dem die beiden für die Omayyadenarchitektur charakteristischen Impulse, der syrisch-hellenistische und der iranisch-sassanidische, eine harmonische Verbindung eingehen, liegt in den beiden seitlichen Sektoren, in denen die Arbeiten kaum angedeutet wurden und die dazu bestimmt waren, dem Platz ein genau bestimmtes Aussehen zu geben. Aus der Architektur zitieren schon Creswell und in jüngerer Zeit Hillenbrand den Diokletianspalast von Split als Vergleich, was uns zu einer Überlegung führt: Die Omayyaden scheinen in der Anlage ihrer Grundrisse die byzantinischen Anregungen zu „überspringen", um wieder auf die Römer zurückzugreifen, während die künstlerische Sprache häufig eine Verschmelzung mehrerer mediterraner und mithin byzantinischer Instanzen ist, die durch östliche, irakisch-iranische Verbindungsglieder aufgenommen und vermischt wurden. Der Ruhm von Mšatta beruht auf der Dekoration der steinernen Eingangsfassade, einschließlich der Stütztürme, die sich jetzt in den Museen von Berlin befinden. Die Verzierung besteht aus abwechselnd auf der Seite und auf der Spitze stehenden Dreiecken mit verschiedenen Ausfüllungen des Hintergrunds, unter denen vielblättrige, aber tendenziell sechseckige Rosetten in den auf der Seite stehenden Dreiecken und oktogonale Rosetten in den umgekehrten Dreiecken, die nicht vollständig verziert sind, hervortreten. Das Repertoire ist vorwiegend vegetabilisch mit großen Blattranken und Trauben, in die auf Zweigen sitzende Vögel picken. Unter

den Medaillons finden sich Blattrankenmotive oder einander gegenüberstehende Tiere wie Löwen, die um einen Kelch gelagert sind. Reich geschmückt mit Rebenzweigen, Trauben- und Akanthusblättern sind auch die Simsleisten über und unter den Dreiecken.

Der Akkulturationsprozess, den die omayyadischen Araber durchmachten, lässt sich gut an dem veranschaulichen, was in der Münzprägung vor sich geht, einem sensiblen Anzeiger auch rascher gesellschaftlicher Veränderungen, also etwa in der Spanne eines Jahrzehnts. Schon die Terminologie – *Dinar* und *Dirham* leiten sich von (lat.) *denarius* bzw. (griech.) *drachma* ab – ist aufschlussreich wie auch die Tatsache, dass sich mit einem anfänglich strengen Konservativismus (Silber im Osten, das iranische Geld und Gold im Westen bei den Byzantinern, dasselbe bei den Steuern) zur Vermeidung von Paritätenänderungen schrittweise Aufschriften in Arabisch verbanden, jedoch bei unveränderter kaiserlicher Ikonografie. Darauf ging man zur Veränderung des religiösen Bildmotivs über (das Kreuz verliert den horizontalen

Strich), z.B. zu Münzen mit dem Kalifen beim Gebet oder in Beduinenkleidung und bewaffnet dastehend, bis zum endgültigen Schritt mit dem ausschließlich Schriftprägung aufweisenden Golddinar von 696–697, dem Vorläufer eines großen Teils der folgenden islamischen Münzprägungen.

Die Neuorientierung der Welt der Abbasiden

Der traumatische Untergang der Omayyadendynastie und ihre Ablösung durch die Abbasiden (benannt nach al-Abbas, dem Onkel des Propheten), bezeichnet das Ende einer im Wesentlichen minoritären arabischen Aristokratie und die Ausweitung des Machtkreises auf die *Mawali* (konvertierte, nicht notwendigerweise arabische Muslime) mit konsequenter Veränderung der politischen Basis und einer starken Internationalisierung. Die Bezugsdaten für die Abbasiden sind 750 und 1258, doch dieser letzte Zeitpunkt stellt nur den Augenblick dar, in dem der Kalif infolge des Mongoleneinfalls beseitigt wird, denn schon eine Zeitlang (seit dem 10. Jahrhundert) fällt die islamische Welt politisch an Potentaten oder in regionale Staaten auseinander, die im Wesentlichen autonom sind und nicht selten in hitziger Rivalität zueinander stehen. Daher gehen unsere Betrachtungen nicht über den Anfang des 10. Jahrhunderts hinaus.

Die erste unmittelbare Folge dieses Erdbebens war die Verlegung der Hauptstadt und folglich des politischen Zentrums in den Osten, an eine bezogen auf das Reich zentralere Stelle, vor allem näher an den neuen militärischen Aktivitäten türkischer Stämme, die mit Macht ihren Einfluss spüren ließen. Der Kalif al-Mansur, 754 gewählt, begann acht Jahre später, gemäß den Weisungen der Hofastrologen am 1. August, mit den Arbeiten zum Bau der neuen Hauptstadt in der Gegend des heutigen Bagdad. Die Beschreibung, die uns al-Yaqubi (gest. 897) und Ibn al-Khatib (1002–1071) dazu hinterlassen haben, hebt den Kurswandel hervor: Das Vorbild ist nicht mehr das römische Modell, sondern der kreisförmige Plan (nach einem im sassanidischen Firuzabad oder in Merv gut bezeugten zentralasiatischen Schema), mit vier ringförmigen Sektoren, die voneinander durch ebenso viele Tore getrennt sind, die wiederum auf die geografischen Hauptzentren der islamischen Welt ausgerichtet sind (Kufa im Südwesten; Basra und Mekka im Südosten; Damaskus im Nordwesten; und Khorassan – Westiran – im Nordosten). Im Zentrum der Stadt, deren Viertel voneinander durch Mauern getrennt waren, um eventuelle Revolten isolieren und unterdrücken zu können, bildet ein großer leerer Platz mit der Freitagsmoschee in der Mitte und daneben dem Kalifenpalast ein deutliches Signal der Identifikation und der Überlagerung der religiösen mit der weltlichen Macht. Einige Veränderungen an der Verbindung zwischen Moschee und Palast wurden von Harun ar-Rašid (786–809) veranlasst, dem durch die *Geschichten aus Tausendundeiner Nacht* berühmt gewordenen Kalifen. Das geänderte architektonische Herangehen zeigt sich auch beispielhaft in der Errichtung der befestigten Residenz von Ukhaidir im Wadi Ubaid, 200 Kilometer südlich von Bagdad, ungefähr 775–776. Sie bestätigt den Übergang von der Konzeption der „Villa" zu der einer Palaststadt, und das fehlende Glied könnte gerade Mšatta sein. Die Residenz zeigt eindrucksvolle Ausmaße (der Mauerring misst 175 × 169 und der Palast 112 × 82 Meter) und bezeugt auch die Aneignung – neben schon bekannten Formeln – iranischer Architekturmuster wie des sich auf große Höfe öffnenden *Iwan* (drei geschlossene, eine offene Seite, Tonnendach) sowie die Verwendung gebrannter Ziegel zu dekorativen Zwecken. Die heutige Lage mitten in der Wüste ist ziemlich erstaunlich, auch wenn man bedenkt, dass der Name Ukhaidir „das kleine Grün" bedeutet.

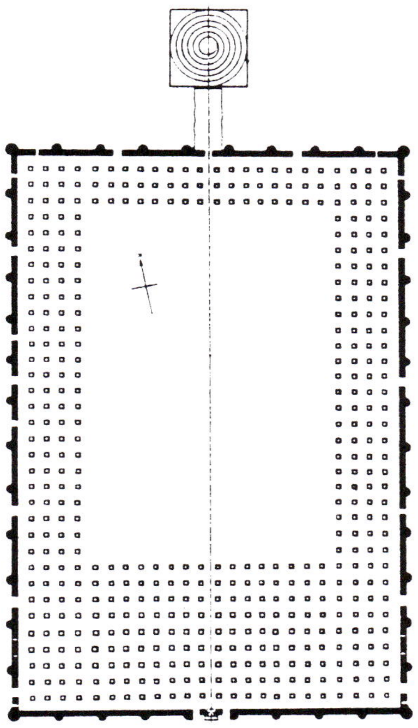

Von monumentalen Ausmaßen, verfügt die Abbasidenmoschee von Samarra über einen einfachen rechtwinkligen Grundriss: Befestigungsmauern, ein großer Hof mit einem vier Säulen aufweisenden Eingang und ein Gebetssaal mit fünfundzwanzig Schiffen, die durch Ziegelsteinpilaster mit gemauerten kleinen Marmorsäulen voneinander abgetrennt sind. Das hölzerne Dach ruhte direkt auf den Pilastern.

Außerhalb der Umfassungsmauer, in der Hauptachse der Moschee und dem Mihrab gegenüber, erhebt sich das spiralförmige Minarett, das von der mesopotamischen Zikkurat-Architektur inspiriert ist. Wie in der übrigen Stadt ist das Hauptbaumaterial der Ziegelstein.

Samarra und die Ausbildung der internationalen abbasidischen Sprache

Die folgende große Etappe ist die Errichtung von Samarra (836), ein Meilenstein der islamischen Kunst und Architektur. Anfang des 20. Jahrhunderts wurde die Stadt von deutschen Archäologen unter der Führung von Sarre und Herzfeld ausgegraben. Samarra, dessen Name auf den Kalifenmünzen *surra man ra'a* geschrieben wurde, „es erstaunt den, der <sie> sieht“, wurde ca. 100 Kilometer nördlich von Bagdad am Ostufer des Tigris erbaut; seine Ruinen bedecken eine Fläche von etlichen Quadratkilometern. Die Gründe für diese Wahl waren wesentlich politischer Natur, von der Notwendigkeit diktiert, die undisziplinierten, rebellischen türkischen Truppen aus Bagdad zu entfernen, die inzwischen die Situation beherrschten, unsichtbar für die arabischen Bürger und in der Lage, auch die bedeutendsten administrativen Maßnahmen zu treffen. Es war der türkische, im Dienst des Kalifen al-Mutasim bi'llah stehende Abbasidengeneral Asnas, der die neue Hauptstadt bauen sollte, die bis 889 diese Funktion erfüllte.

Der Kalifenpalast von Djausaq al-Khaqani verdiente eine detaillierte Beschreibung des Grundrisses, so abwechslungsreich und interessant sind die vorgenommenen Lösungen. Man braucht nur daran zu denken, dass im Innern dieses Bauwerks ein Polo-Spielfeld (180 × 65 Meter) mit zahlreichen Ställen und einer Loggia für die Zuschauer Platz fand. Die Große Moschee ist ein Werk des Kalifen al-Mutawakkil (847) und an Ausdehnung die größte des Islam (256 × 156 Meter). Mit ihren Nebengebäuden bedeckt sie eine Fläche von 38.000 m^2, die bestimmenden Proportionen sind immer 3:2. Der Grundriss ist extrem einfach und klassisch mit sechzehn Eingangstoren in der mit Rundtürmen befestigten Mauer, einem großen Hof, einer Hypostyl-Gebetshalle mit 25 Schiffen und vier Schiffen mit *Riwaq* bzw. Arkaden. Das berühmteste Bauwerk Samarras ist jedoch das *Malwiyya*-Minarett („Spirale"), mit der charakteristischen Spiralenform, die auf die mesopotamischen *Zikkurat* (vgl. den „Turm von Babel") zurückgeht: Es weist vollendete Proportionen auf einem quadratischen Fundament von 33 Metern Seitenlänge auf, und die Spirale ist an der Spitze genau hundert Ellen hoch. Die Elle war die arabische Maßeinheit, die Länge des Arms vom Ellenbogen bis zur Spitze des Mittelfingers, etwa 48–50 cm. Al-Mutawakil gründete wenige Jahre nach Samarra (859–860) nördlich davon eine neue Stadt mit dem Namen Djafariyya (17 km^2 Ruinen), mit Palästen, Wohnungen und dazu einer Großen Moschee (213 × 135 Meter, Hof 115 × 130 Meter), deren Inneres erhalten geblieben ist, während die umgebenden Mauern eingestürzt sind, ganz im Gegensatz zu dem, was in Samarra zu sehen ist.

Insgesamt ergibt sich auch aus diesen im Verhältnis zur Masse der Funde mageren Bemerkungen, dass es im 9. Jahrhundert zu einer, zurückhaltend gesagt, frenetischen Bauaktivität gekommen ist. Yaqubi, bei Creswell zitiert, schreibt, dass „Arbeiter, Maurer und Handwerker wie Schmiede, Tischler und alle anderen Spezialisten, außerdem Teak und andere Hölzer sowie Palmstämme aus Basra kommen mussten, [...] auch Marmorsteinmetze und in der Verlegung von Marmor erfahrene Leute". Viele klassische Bauwerke wurden ihrer Materialien beraubt, und man rechnet, dass nicht weniger als 100.000 Arbeiter und Handwerker an der Unternehmung beteiligt gewesen sind. Samarra ist unter anderem auch ein bedeutender Ort für die Schiiten, weil sich dort die Gräber des zehnten und elften Imam befanden und es (941) auch das Versteck des zwölften Imam, Mohammed al-Qa'im, war. Offenbar widerspiegelt sich die Schnelligkeit der Ausführung in der Wahl der Dekorationsmaterialien (in erster Linie Stuck, auf den wir gleich zurückkommen werden), während der Kosmopolitismus der Handwerker für die Mischung der verschiedenen Stile verantwortlich ist, die eine mit den Grundlagen, die in der ersten Periode (der Omayyaden) gelegt worden waren, vollkommen kohärente und solidarische Sprache geschaffen und kanonisiert haben, die freilich nunmehr autonom und fähig war, die eigenen Optionen auf sowohl ideologischem wie künstlerischem Terrain durchzusetzen. Gerade der Stuck kann dafür als Veranschaulichung dienen. Das Erfordernis, schnell zu bauen und gleichzeitig große Flächen zu bedecken, hat den Stuck, Gips von verschiedener Zusammensetzung, häufig in lebhaften Farben bunt bemalt, – abgesehen vom Zusammenhang mit den Baumaterialien (gebrannte Ziegel und Rohziegel gehen vorzüglich mit Stuck zusammen, während das beim Stein nicht der Fall ist) – in ganz verschiedenen Kontexten zum Hauptmaterial der islamischen Architektur werden lassen, den Maghreb und Spanien eingeschlossen.

In Samarra wurden drei Hauptstile ausgemacht, über deren Chronologie sich die Wissenschaft noch heute keineswegs einig, deren spätantike Herkunft (Iran stets eingeschlossen) zu bezweifeln jedoch nicht möglich ist. Der erste Stil zeigt hexagonale und oktogonale Unterteilungen (man vergleiche die Dreiecke von Mšatta ...), die von Randstreifen umsäumt und mit Wein- oder Feigenblättern ausgefüllt sind. Die Umrandungen sind mit durchbohrten Perlen eingefasst und mit fortlaufenden Rebranken und Weinblättern verziert; dieser Stil steht einer von Naturalismus geprägten Kunst am nächsten. Im folgenden Stil sind die Paneele von stärker geometrischer

Die beiden Holzflügel einer Tür des 8. Jahrhunderts aus einem Grab bei Bagdad zeigen eine sorgfältig geplante Aufteilung und eine Verzierung, deren minutiöse Präzision an Mšatta erinnert. Athen, Benaki-Museum

Folgende Seiten:
Die Handwerker in der Frühzeit der Abbasiden wandten bei der Keramik eine Technik an, die die Ägypter für ihre Glaskunst benutzt hatten: Diese Lüstertechnik mit ihrem dekorativen Glanz wird sich um das ganze Mittelmeer herum verbreiten.
Eines der ältesten Beispiele dafür ist dieser Teller auf Seite 45 mit den ineinander verflochtenen Bändern und Palmetten um eine Rosette in der Mitte, der damit an getriebene Goldarbeiten erinnert. New York, Metropolitan Museum of Art; Berlin, Museum für Islamische Kunst; Washington, The Freer Gallery of Art

Das aus Samarra stammende Malereifragment mit dem Kopf eines Bischofs zeigt charakteristische orientalische Züge. Berlin, Museum für Islamische Kunst

Bei der Ausschmückung der Paläste von Samarra hatte Stuck reichen Anteil; er wurde seiner einfachen Handhabung wegen in großen Mengen benutzt. Das Paneel zeigt den innovativsten der drei in Samarra vorhandenen Stile. Die Zeichnung ist abstrakt und enthält sich wiederholende, wellenlinienartige Motive. Der tiefe, schräge Schnitt zusammen mit der Leuchtkraft der Sonne Mespotamiens lässt den Dekor mit bemerkenswerter Präzision hervortreten. Dasselbe Muster findet sich auch auf Holzgegenständen wieder, etwa bei Türen, Fenstern und Predigtkanzeln (Minbar). Berlin, Museum für Islamische Kunst

Form, während die Hintergründe aus Blättern, Palmetten, Semipalmetten (bisweilen umgedreht und wie das berühmte Yin-Yang-Motiv angeordnet) und andere florale Muster eine feste Fleischlichkeit voll vitalen Schwungs zu erlangen scheinen. Ziemlich verschieden ist der dritte Stil: Für ihn sind geschnitzte Holzformen bestimmend, die mit anschließend gebranntem Ton gefüllt wurden. Die so entstandenen Stempelformen konnten auf ziemlich großen Flächen mit einer Ornamentik von modularem Typ Verwendung finden – diese Technik fand sich schon bei den geometrischen Dekorationsformen der Fenstergitter von Monumenten wie der al-Aqsa, der Moschee von Damaskus usw. Der Schnitt erfolgt schräg, und die Fläche ist ebener als in den vorhergehenden Fällen; die Bewegung ist krummlinig, ziemlich weich und fließend, in der Tat eine abstrakte Ornamentik von großer visueller Kraft, die auch als „sinnlich" bezeichnet worden ist. Diesen Stuckornamenten entsprechen auch zahlreiche in Kairo aufbewahrte hölzerne Fragmente. Samarra hat einen gewaltigen Einfluss auf die künstlerischen Ausdrucksformen der Folgezeit, und viele spätere Entwicklungen der islamischen Kunst (eine bereits gründlich „vegetarische" Kunst) sind schon *in nuce* im Repertoire der Monumente dieser Stadt vorhanden. Z.B. sind die Malereifragmente wie die berühmten Mundschenk-Tänzerinnen des Palastes von Djausaq al-Khaqani im Äußeren und in der Haltung klassizistisch, doch lassen sie die Miniaturen des astronomischen Manuskripts von as-Sufi über die Fixsterne (1009, Oxford, Bodleian Library) und auch andere islamische Miniaturen vorausahnen.

Zweifellos unter dem Anstoß des Exports der berühmten Porzellanwaren aus China wird die Keramik in der abbasidischen Epoche zum ersten Mal eine echte eigenständige Kunst. Unter den zahlreichen Erzeugnissen aus den Werkstätten von Samarra sind die wichtigsten die metallischen schimmernden Objekte (Lüster). Sie sind so begehrt, dass sie bis in den Maghreb exportiert werden (vgl. die Kacheln, die die Wand um den *Mihrab* einer so bedeutenden Moschee wie der Großen Moschee in Kairuan in Tunesien schmücken). Metall und Glas sind ebenfalls von großer Qualität und münden, lässt man die hochrangige Herkunft (sassanidisch im ersten, römisch im zweiten Fall) beiseite, in eine stilistische Linie, die der des dritten Stils der Stuckarbeiten von Samarra nahe kommt.

Nach diesen Ausführungen über die Einflüsse, die die künstlerische Welt des Islam bei ihrem Auftritt auf der Bühne des Mittelmeers erfahren hat – für eine offene und im Wesentlichen neue Kultur notwendige interkulturelle Einflüsse –, möchten wir unterstreichen, dass dieser „Internationalismus" von den Muslimen (große Reisende zu Lande und große Händler) auch an die Nachbarn weitergegeben wurde. Ein Beispiel ist die armenische Kirche des Heiligen Kreuzes von Acht'amar (915) auf der gleichnamigen kleinen Insel im Van-See in Südostanatolien, mit den biblischen Themen seiner Fresken im Innern und seiner Reliefs außen ein typisch christliches Bauwerk. Doch besonders bei diesen letzteren offenbart eine aufmerksame Analyse stilistische und dekorative Besonderheiten – vom *Senmurv* der Geschichte von Jonas über die gekreuzte Beinstellung („auf türkische Art") bestimmter Patriarchen bis hin zu den vegetabilen Friesen mit Semipalmetten –, die Teil der internationalen abbasidischen Sprache sind, ein Gesichtspunkt von großer Tragweite für die Entwicklung der mittelalterlichen Kunst nicht nur des Ostens.

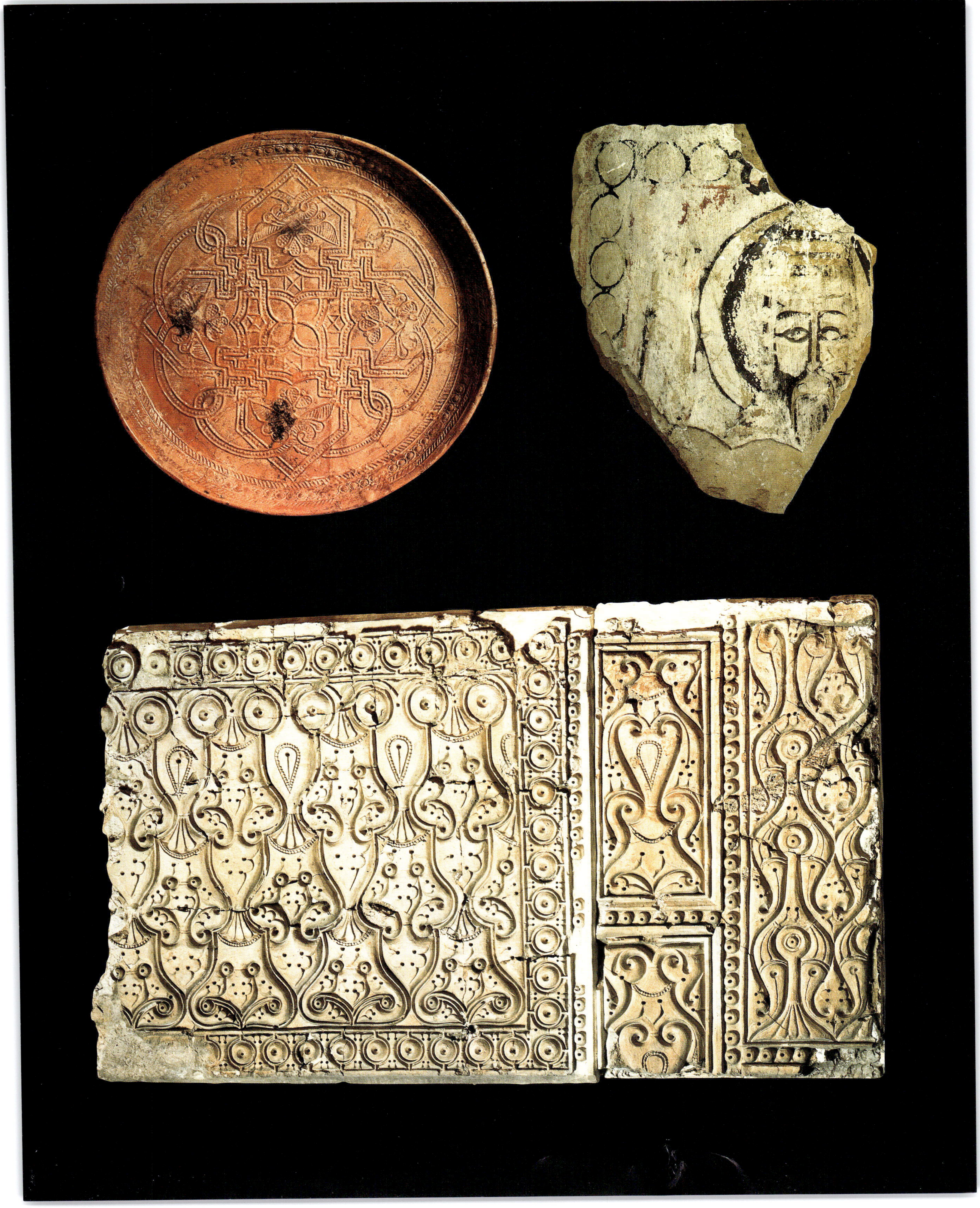

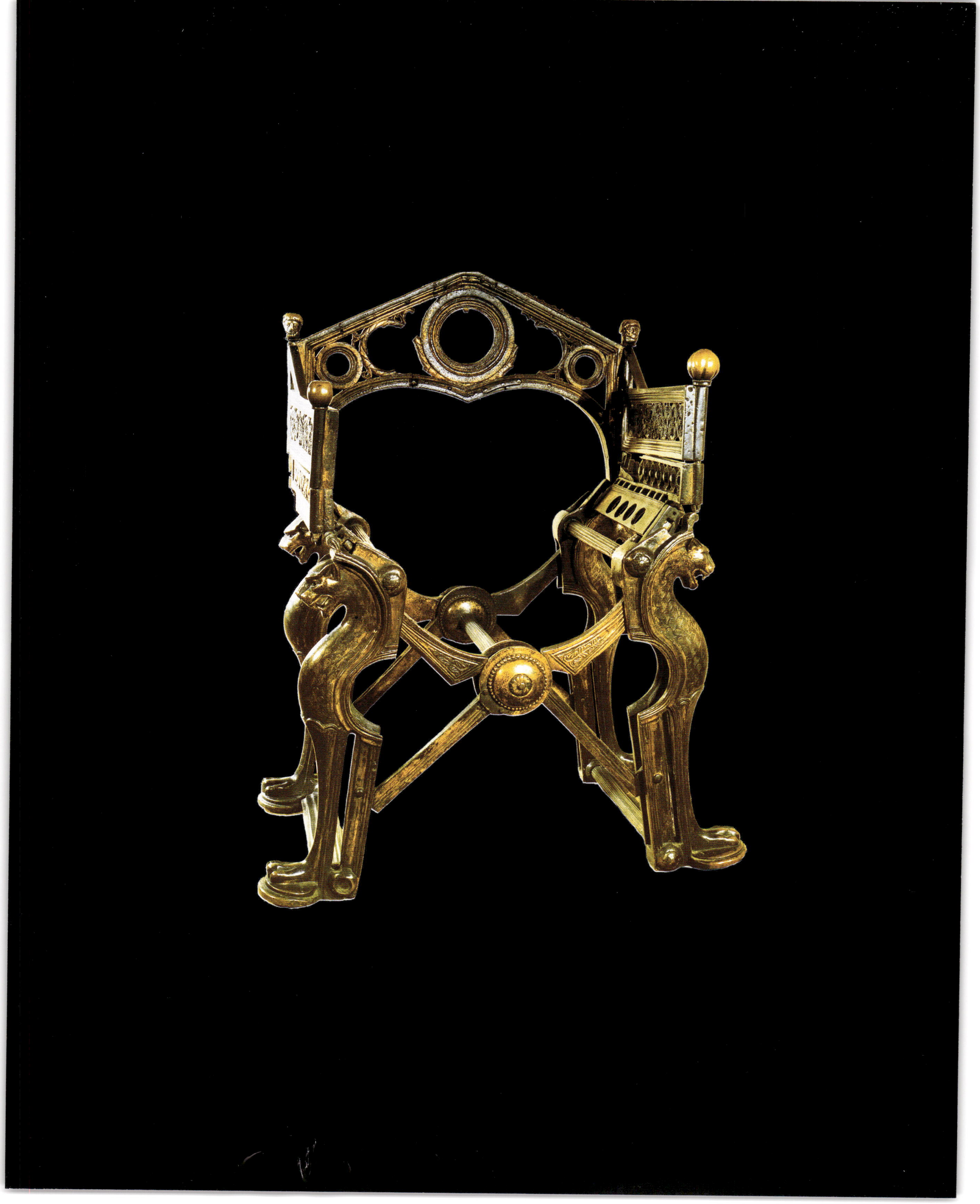

Die Kunst der Barbaren auf dem europäischen Kontinent

Eduard Carbonell, Roberto Cassanelli,
Massimo Guidetti, Patrick Périn

Der Niedergang der Barbarenreiche des Westens

Massimo Guidetti

Die Barbaren, das Reich, die Kirche

Im Mittelmeerraum hatten die beiden ersten Drittel des 6. Jahrhunderts unter dem Zeichen des Aufschwungs von Byzanz gestanden: Justinians Tat, den „Römern“, wie die Byzantiner sich selbst nannten, die früher zum Reich gehörenden Länder wiederzugeben, hatte die Soldaten und kaiserlichen Beamten wieder nach ganz Italien und bis an die iberischen Küsten und ins lateinische Afrika gebracht, während die Handelsverbindungen zwischen östlichem und westlichem Mittelmeer eine größere Intensität erreichten als zuvor. Die neue Ordnung stieß jedoch auf Hindernisse verschiedener Art: Die Provinzialaristokratien unterwarfen sich nicht leicht der wiedergekehrten direkten Herrschaft von Byzanz. In Iberien machten die Westgotenherrscher, nachdem sie sich von der Niederlage erholt hatten, den Kaiserlichen die von ihnen besetzten Territorien streitig. In Italien verwickelte der Niedergang der von Alboin (568) geführten Langobarden die Halbinsel in einen andauernden Kriegszustand, der verhinderte, dass sie als Bastion der byzantinischen Besitzungen im Westen dienen konnte.

Als Antwort auf die Konfliktlage der Zeit organisierte Byzanz – auf dem Balkan von den ersten slawischen Verbänden bedroht und im Orient von der wiederholten persischen Offensive in Anspruch genommen – die westlichen Territorien in zwei Exarchate, in denen zugleich das politische und militärische Kommando lag. Dem Exarchat von Ravenna gelang es, die Herrschaft über den Dukat von Rom zu behalten, doch es verlor die Kontrolle über den größeren Teil der Halbinsel, auch wenn die Landbesitznahme durch die Langobarden und die Entwicklung ihrer politischen und administrativen Organisation wechselnde Phasen erlebten. Die vom Exarchat von Karthago abhängigen iberischen Territorien gingen mit dem Fall ihrer Hauptstadt Cartagena im Jahre 625 verloren.

Die von den Merowingern regierten Franken, wenn auch von Byzanz insoweit bevorzugt, als sie als erste germanische Gruppe das orthodoxe Christentum annahmen, waren in Gallien schon seit längerer Zeit eine unabhängige politische Wirklichkeit.

Der Merowingerkönig Dagobert empfand ebenso wie die fränkischen Aristokraten eine starke Bindung an die von den Senatoren Galliens überlieferte antike Tradition, die, ebenso wie Byzanz, Quelle seines Königtums und Symbolik seiner Macht waren. Der Thron Dagoberts war eine römische sella (Klappstuhl). Die Rückenlehne wurde erst im 12. Jahrhundert hinzugefügt, als Suger, Abt von Saint-Denis, den Thron restaurieren ließ. Paris, Bibliothèque Nationale, Cabinet des Médailles. Aus dem Kirchenschatz von Saint-Denis

Nicht deswegen verlor das Reich seine Funktion als Bezugspunkt. Das den Barbarenstaaten auf römischem Boden gemeinsame fundamentale politische Problem bestand darin, in akzeptabler, effektiver Weise das Zusammenleben zwischen alten und neuen Bevölkerungsgruppen zu organisieren, zwischen den Gruppen der germanischen Eroberer, also Kriegern und Adeligen, und den unterworfenen Provinzialrömern, den Bauern, Stadtbewohnern und mächtigen städtischen Aristokratien.

Besonders unter diesem Aspekt gewann das Reich wieder an Gewicht. Zunächst auf internationaler Ebene, denn im ganzen Mittelmeerraum gebührte Byzanz das letzte Wort in Sachen Legitimität einer politischen Organisation bis zum Aufstieg des Abbasidenreiches. Die Anerkennung durch Byzanz wurde normalerweise auf zwei verschiedene Arten interpretiert: bis zur politischen Unabhängigkeit reichende Autonomie, abhängig vom jeweiligen römisch-barbarischen Staat, und lockere Form der Abhängigkeit innerhalb der Reichsgemeinschaft, ganz vom byzantinischen Standpunkt aus. Wenn das Merowingerreich sehr frühzeitig die ersten Beziehungen zu Byzanz knüpfte (508), war der Prozess der Anerkennung für die Langobarden äußerst langsam, auch wegen der strategischen Bedeutung des von ihnen eroberten Territoriums: Es vergingen weitere hundert Jahre seit dem Einmarsch in Italien, und der Versuch Constans' II., das Zentrum des Reiches nach Sizilien zu verlegen und die gesamte Halbinsel zurückzugewinnen, scheiterte, bevor unter König Cunicpert 680–681 ein Vertrag die Langobardenherrschaft anerkannte. Diese Langwierigkeit stellte eines der Hindernisse beim Integrationsprozess zwischen Langobarden und den Provinzialrömern dar.

Auch bei Anerkennung von Formen der Autonomie, die im Wesen Unabhängigkeit bedeuteten, blieb in jedem Reich die Anziehungskraft des Imperiums gewaltig, das sich als institutionelles Paradigma und Modell für das Zusammenleben verschiedener Gruppen und Völker anbot. Es war auch Quelle des Begriffs der Macht und ihrer Symbolik. In der ersten Darstellung eines Germanenherrschers auf dem Thron wird der Langobarde Agilulf sitzend und von zwei Leibwächtern, zwei geflügelten Viktorien sowie vier Schenkenden umringt wiedergegeben: der Bart und die langen Haare weisen auf seine Herkunft hin, doch die Szene stellt einen hohen Reichsbeamten dar, dessen Triumph gefeiert wird (Florenz, Museo del Bargello).

Aus der historischen Erfahrung des Mittelmeerraums erwuchs auch die Form des christlichen Glaubens, der eine ebenso entscheidende Bedeutung in der Regelung der Beziehungen von Bevölkerungsgruppen untereinander besaß. Schon längst standen der Kaiserhof, die Kirche und die Mehrheit der jeweiligen Provinzialbevölkerung dem Arianismus fern und feindselig gegenüber, der das Unterscheidungsmerkmal der germanischen Gruppen mit Ausnahme der Franken beim Übertritt zum Christentum gewesen war.

Die kirchliche Autorität über den ganzen Westen gebührte Rom. Im Übergang vom 6. zum 7. Jahrhundert verstand es Papst Gregor der Große, der nach Bildung und sozialer Zugehörigkeit Bürger der letzten Phase der antiken Welt und überzeugter Untertan des Reiches war, das Bewusstsein von der Kraft der antiken Tradition mit dem Verständnis für den Wandel der Zeiten zu verbinden. Zur praktischen Verwirklichung des christlichen philanthropischen Prinzips, nach dem jeder Barbar ein menschliches Wesen war, verpflichtete er Roms Kirche zur Bekehrung der Angelsachsen und knüpfte konstruktive Verbindungen zu den Kirchen und Fürsten des Westens. Sein Werk stellte Byzanz die römische Kirche als Bezugspunkt für die Reiche an die Seite, die in Entstehung begriffen waren.

Dieses Metallblatt mit der Darstellung des Agilulf war Stirnteil eines Helmes, der einem großen Langobardenkrieger gehörte: In der Mitte sieht man den Herrscher auf dem Thron. Es handelt sich hier um die erste Darstellung diesesr Art eines germanischen Fürsten. Zwei Soldaten vervollständigen die Hauptgruppe, der sich zwei fliegende Viktorien nähern und als Zeichen des Sieges Standarten tragen. Aus den an den Außenseiten dargestellten Befestigungsmauern treten zwei Gabenbringer hervor. Diese Darstellung der Souveränität des langobardischen Königs folgt einem byzantinisch-orientalischen Muster, demselben, auf das sich einige Jahrzehnte später die Maler des Omayyadenschlosses von Qusair Amra beziehen werden. Florenz, Museo del Bargello

Die neue Ordnung des 7. Jahrhunderts

Im Gegensatz zu späteren historiografischen Interpretationen und politischen Lesarten waren die Gruppen, die sich in Bewegung setzten, niemals ethnisch homogen,

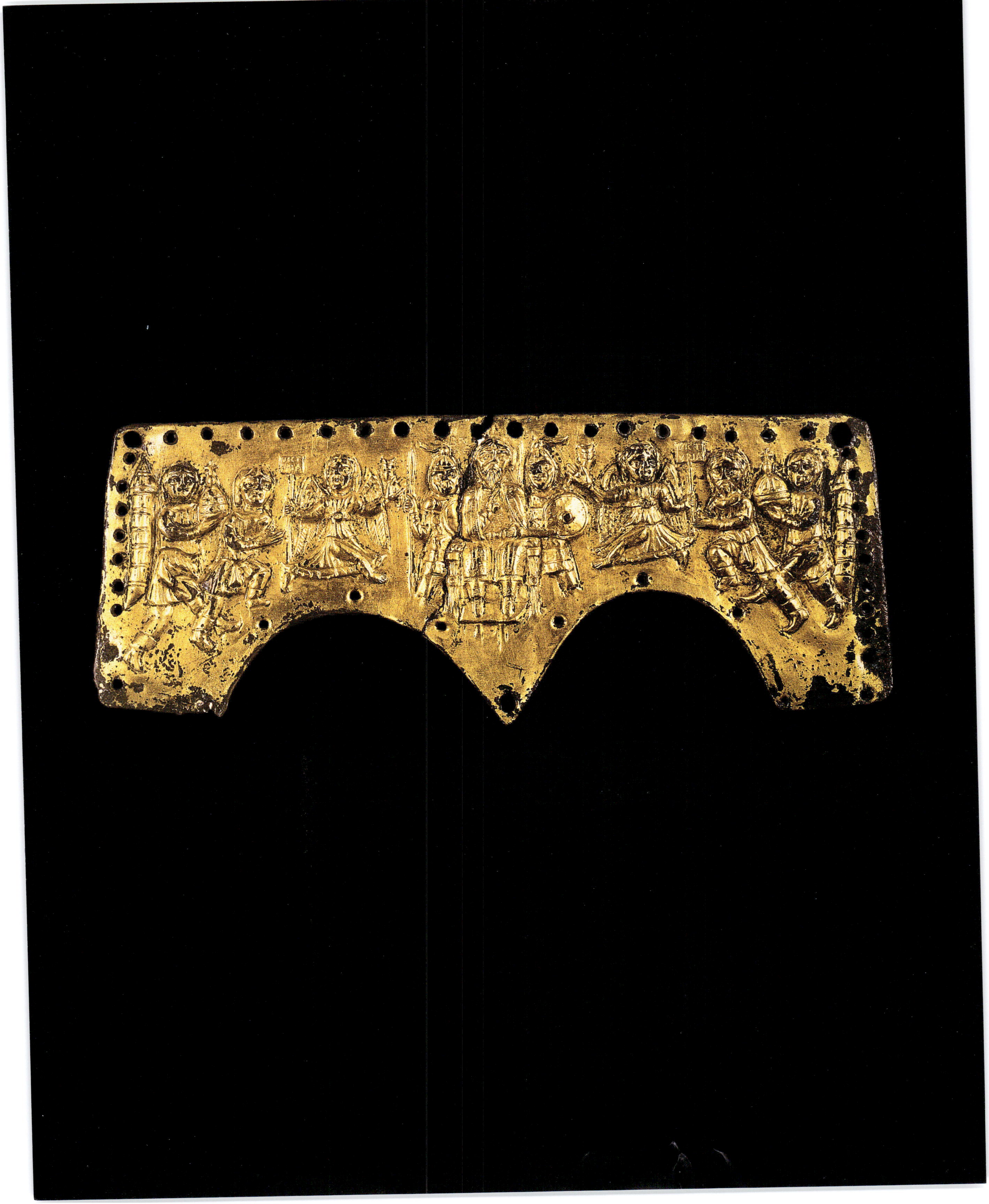

sondern zusammengewürfelte Haufen verschiedenen ethnischen Ursprungs und mit verschiedener Sprache. Sie erwarben eine historische Identität gerade im Prozess der Ansiedlung und in der Unterwerfung unter gemeinsame Rechtsregeln und soziale Praktiken, zunächst in Opposition gegenüber den Provinzialrömern und mit Ablehnung von beiden Seiten, später in gegenseitiger Annäherung. Innerhalb dieses Bezugsnetzes entwickelten sich im 7. Jahrhundert die drei hauptsächlichen Gruppierungen – die Merowinger, Westgoten und Langobarden – und machten sich so daran, eine „neue politische Ordnung" zu bilden.[1]

Zwischen dem 6. und 7. Jahrhundert vollzog sich die religiöse Vereinheitlichung in den verschiedenen Reichen unter dem Zeichen des Übertritts zur katholischen Orthodoxie. Bei den Franken erfolgte die Annahme des Katholizismus frühzeitig zu Beginn des 6. Jahrhunderts mit dem Übertritt Chlodwigs. Auf der Iberischen Halbinsel akzeptierte das dritte Konzil von Toledo 589 nach anhaltenden Versuchen, den Arianismus durchzusetzen, den Katholizismus als Religion der gesamten Bevölkerung des Reiches. Bei den Langobarden stand die erste Stufe von Übertritten zum Katholizismus, sei er orthodox oder schismatisch, zu Beginn des 7. Jahrhunderts mit einer starken arianischen Komponente in Konflikt. Der Arianismus wurde 653 von König Aripert abgeschafft, und die religiöse Vereinheitlichung des Reiches erfolgte unter König Cunicpert, als neben dem Arianismus auch den schismatischen Spaltungen unter der Bevölkerung ein Ende gesetzt wurde (Synode von Pavia 698).

In keinem Reich übrigens eröffnete der Übertritt des Herrschers und einer Gruppe Adliger den Weg zu einer allgemeinen, schnellen Verbreitung des orthodoxen Christentums. Auch als schon eine Diözesanstruktur eingerichtet war, zeigten die Provinzialrömer keinen großen Eifer, die Barbaren zu bekehren, die sie lange Zeit als Fremdlinge empfanden, wenn sie auch mit ihnen vermischt lebten. Bisweilen kam die Initiative von großen Geistlichen wie Leander von Sevilla und Fructuosus von Braga. Mehr als nur ein Barbar war später von all denen fasziniert, die – nach einer verbreiteten östlichen Tradition – das einsame, strenge Leben des Eremiten wählten. Im 7. Jahrhundert konzentrierte sich in Rom eine größere Zahl von aus dem Osten stammenden Geistlichen und Mönchen, von denen sich viele später auf den Weg nach Norden machten: Bischöfe wie Damianus nach Pavia und Theodor nach Canterbury, und Missionare wie diejenigen, die Land und Städte der Langobarden aufsuchten. Auf dieselbe Weise erreichten verschiedene Wellen von Exilanten aus Afrika, Ägypten und Syrien die Iberische Halbinsel, die religiöse Kultur und erneuerte Formen mönchischen Lebens mit sich brachten. Von Nordwesten schließlich ging die Aktivität der irischen Missionare aus, die sich im Kielwasser des heiligen Kolumban bewegten. Aus Liebe zu Gott umherziehend, vereinten sie die entschiedene Haltung des Eremiten mit dem Wunsch, jedem das Heil zu verkünden, auch dem wildesten Barbaren. Ihre Aktivität stützte sich nicht auf die Verbindung zu den Diözesen und auch nicht auf eine starke institutionelle Komponente, sondern auf die Anziehungskraft des heiligen Mönchs als Zeuge eines heldenhaften Glaubens, der die kriegerische germanische „virtus" faszinierte. Kolumban unterhielt enge Verbindungen zu den mächtigen Familien Nordfrankreichs, von denen zahlreiche Mitglieder vom Kloster von Luxeuil angezogen waren oder nach der von ihm aufgestellten Ordensregel auf ihren Ländern neue gründeten.[2]

Mit Luxeuil im nunmehr merowingischen Burgund wurden die Klostergründungen von Sankt Gallen am Bodensee im Gebiet der Alemannen und von Bobbio im langobardischen Italien an den Grenzen zum byzantinischen Ligurien in kurzer Zeit zu den drei hauptsächlichen Zentren der Verbreitung des Christentums und der christlichen Kultur.

Das Recht spielte eine bestimmende Rolle, sowohl in der Organisation der Beziehungen der Bevölkerungsgruppen untereinander als auch in der Zeichnung eines neuen Bildes von Königtum und Herrschaft. Verstreute Zeugnisse dokumentieren das Fortbestehen der spätrömischen Rechtspraxis in den Provinzstädten. Ihrerseits waren die germanischen Gruppen Träger von Traditionen des Gewohnheitsrechts, die von einer Generation zur nächsten mündlich weitergegeben worden waren. Auch wenn die Grundlagen beider Systeme weit voneinander entfernt waren, nahmen die germanischen Gruppen mit der Ansiedlung die Praxis schriftlich fixierter rechtlicher Normen an, was mit Hilfe provinzialrömischer Experten bewerkstelligt wurde, auch wenn es sich um Gegenstände des Gewohnheitsrechtes handelte und die Gesetzgebung nur in den Händen derer lag, die germanische Zugehörigkeit für sich reklamieren konnten. Es reifte damit das Prinzip der allen durch den Herrscher gewährten Protektion, und schließlich wurden die ersten Gesetzgebungsversuche formuliert, die auf die Gesamtheit der Untertanen gerichtet waren.

Bei den Westgoten ließen Gesetzgebungsarbeit und Integration der verschiedenen Bevölkerungsgruppen untereinander das Bild eines Königtums und eines Staates reifen, das nicht an die körperliche Person des Herrschers gebunden war. Im Jahre 633 änderte das vierte Konzil von Toledo das Prinzip der westgotischen Thronfolge von einem hereditären in eine elektoriales: Die Wahl des Herrschers, eines Adligen von gotischem Geschlecht, stand Aristokraten und Bischöfen zu. Die Königswürde des Gewählten, jetzt nicht mehr durch das Blut übertragen, wurde vermittels der Salbung durch den Metropoliten sanktioniert. Die in Byzanz unbekannte Zeremonie basierte auf Texten des Alten Testaments, Augustins und der angelsächsischen Patres: Der mit der heiligen Salbung gesalbte Herrscher war ein Christus Domini, ein Gesalbter des Herrn, insofern ein Priester *sui generis,* den Bischöfen gleichgestellt. Diesem neuartigen Begriff des Königtums, der dann auf die Karolinger überging, widersetzen sich übrigens in den folgenden Generationen die Befürworter des Hereditätsprinzips.

Die Verbindung des Herrschers mit seinen freien Untertanen von beiderlei Herkunft nahm nach und nach einen nicht mehr persönlichen, sondern staatsrechtlichen Charakter an; bei der Festlegung der politischen Bindung gewann das Territorium die entscheidende Bedeutung gegenüber der Abstammung. Auf dem achten Konzil von Toledo im Jahre 653 fand der Begriff der Staatlichkeit einen für den Westen in der Zeit einzigartigen Ausdruck: „Die Gesetze machen den König, nicht seine persönlichen Qualitäten."[3]

In Gallien bildete die Verschmelzung der Familien germanischer und provinzialrömischer Herkunft den Ursprung für die merowingische Nobilität. Die Eigennamen tendierten dazu, germanisiert zu werden, und es kam der gemeinsame Name „Franken" zur Bezeichnung der merowingischen Untertanen, unabhängig von ihrer ethnischen oder sprachlichen Zugehörigkeit, in Gebrauch.

Der lateinische Terminus *Francia* bezeichnete das Territorium des Reiches, wo jedoch die politische Integration sehr beschränkt war. Die Merowinger blieben einem familiären Machtbegriff verbunden, d.h. dem Recht jedes Sohnes, dem Vater in der Königswürde nachzufolgen. Nur sehr selten wich man von diesem Prinzip ab, wie z.B. als Dagobert I. die Einheit des Reiches durch die Konzentration der königlichen Autorität in seiner Person bekräftigen wollte.

Gegenüber der unvermeidlichen politischen Schwäche des Herrschers wurde die konkrete Machtausübung in der Regel unter den Adelsgruppen und den Optimaten der Städte aufgeteilt. Diese bewahrten eine eigene Identität und einen gewissen Grad an politischer Autonomie – ein Erbe der Dominanz der Provinzstädte im Gallien des späten Reiches; einige deutsche Historiker haben sie als „civitas-Republiken" bezeichnet.[4] Im Nordteil des Reiches sind das Verwaltungssystem und die distinktiven Zeichen des Königtums zwei der zahlreichen mediterranen Elemente, die in origineller Weise übernommen und frei weiterentwickelt wurden.[5]

Mit dem Voranschreiten des Jahrhunderts wurde eine akute Konfliktlage beherrschend, die den merowingischen Herrschern jede Herrschaftsfunktion nach und nach entzog. Es blieb ihnen, nach der Beschreibung zu urteilen, die der Karolinger Einhard mit pragmatischem und desillusioniertem Auge von ihnen gab, die sakrale und symbolische Funktion, die auf weiter zurückliegende Zeiten zurückreichte und sie zu Garanten von Reichtum und Fruchtbarkeit machte. Jedes Jahr im Frühling bestieg der Herrscher einen von Ochsen gezogenen Kultwagen und begab sich so zur Versammlung der Krieger. Aus ihm strömte heilende Kraft, und seine Gegenwart bedeutete die Einheit des Frankenreiches.[6]

Bei den Langobarden kam die Errichtung eines Königtums, das von den verschiedenen im Reich präsenten Bevölkerungsgruppen anerkannt wurde, sehr langsam unter Behinderung von beiderlei Seite zustande. Die Langobarden wollten beharrlich ihrer hergebrachten kriegerischen Tradition verhaftet bleiben und lehnten Verhaltensweisen und Haltungen ab, von denen sie meinten, sie könnten ihre Energie und Kraft mindern. Im Jahre 643, über siebzig Jahre nach der Eroberung, zeigt das Edikt Rotharis, der die langobardischen Gesetze sammelt, den Herrscher sowohl als Träger des Königstitels nach der römisch-barbarischen wie auch als legitimen Herrscher nach der langobardischen Tradition. Gewählt – wenigstens formell – von der Kriegerversammlung, gelang es dem König nie, die eigene Macht über eine bestimmte Grenze hinaus zu stärken, ihm standen die zahlreichen aristokratischen Geschlechter entgegen, die sich in den Herzogtümern Formen autonomer Herrschaft herausschnitten, aus denen zu manchen Zeiten in den südlichen Herzogtümern Spoleto und Benevent regelrechte Unabhängigkeit wurde. Es entwickelte sich ein organisches Verwaltungssystem, das die Hauptstadt Pavia, die Städte und die Dukate betraf. Der Höhepunkt der gut funktionierenden staatlichen Verwaltung findet sich im Gesetzgebungswerk, mit dem König Liutprand, nunmehr im 8. Jahrhundert, darauf zielte, das Reich zu befrieden und die Autorität des Herrschers zu stärken.

In dieser Zeit erfuhr die Wirtschaft des Mittelmeerraumes einen tiefgreifenden Wandel. Nach wechselnden Phasen verlangsamte sich in den letzten Dezennien des 6. Jahrhunderts im Westen und in der Mitte des folgenden Jahrhunderts im Osten die Dynamik des „imperialen“ Wirtschaftssystems, auf das sich Jahrhunderte lang die Länder Kontinentaleuropas, Britannien, die Nordsee und Ostsee gestützt hatten. Der Austausch von Luxus- und Repräsentationsgütern für die Aristokratie[7] fand weiter statt, doch der Rückgang war so, dass die drei Reiche sich auf verschiedene Weise neu orientierten. In bevorzugter Position befanden sich die Karolinger. Die fränkische Aristokratie hatte tatsächlich Handelsbeziehungen zu den germanischen Gruppen im Norden, Osten und jenseits des Ärmelkanals geknüpft. Der Vermittlung des Austauschs zwischen Süden, Norden und Osten, als bedeutendem Faktor für den Reichtum des Reiches, trat nach und nach die eigene Handelsdynamik der Region zur Seite, die den Ärmelkanal, die Nordsee und die Rheinlinie umfasste. Die Welt jenseits des Rheins und auch die weiter östlich gelegenen Gebiete, in denen sich kurz zuvor weiter westlich siedelnde Slawengruppen niedergelassen hatten, öffneten sich ebenfalls dem fränkischen Einfluss. Dieser führte sehr bald zu politischer Einflussnahme und Ausübung einer Hegemonie, die auf die Unterwerfung der örtlichen Aristokratien oder der Ersetzung der dominierenden Gruppe durch merowingische Familien zielte. Statt hinderlich zu sein, bildete die Unbeständigkeit der politischen Organisation der Merowinger einen günstigen Faktor für eine Expansion, die nicht auf Kolonisierung, sondern auf den Verbindungen und der Abhängigkeit unter den Aristokratien basierte. Auf diese Weise wurden verschiedene Völker in den Bereich der Merowinger zurückgeführt: die Alemannen, deren Rechtsgewohnheiten Chlothar II. anerkannte; die Thüringer, die Dagobert I. unter einen Herzog stellte, der vielleicht aus Neustrien-Burgund stammte; die Bajuwaren, in deren Herzogtum der Einfluss der Franken und ihrer Verbündeten sowie der romanischen Völkerschaften Rätiens zusammentrafen.

Nach dem Übertritt der Westgoten zum Katholizismus hatten in Spanien kostbare Erzeugnisse der Goldschmiedekunst wie diese Kronen und Kreuze gegenüber dem Volk eine besondere, repräsentative Funktion des neuen Glaubens. Die Kronen, nach byzantinischer Tradition Votivgegenstände, wurden nach einer speziellen Weihezeremonie besonders verehrten Heiligen und Märtyrern dargeboten: die prachtvollsten durch die Herrscher selbst und die kleineren, wie die hier abgebildeten, durch hohe weltliche und kirchliche Würdenträger. Madrid, Archäologisches Nationalmuseum. Aus dem Schatz von Guarrazar

Das 8. Jahrhundert: Neugliederung des Westens

Das unter den Barbarenreichen zustande gekommene Gleichgewicht gründete sich auf eine substantielle Gleichheit der zu bewältigenden Probleme und auf die anerkannten Modelle, die eine gemeinsame Matrix für die Art und Weise bildeten, mit der jede Gruppe das eigene politische Zusammenleben einrichtete. Mit dem Übergang zum 8. Jahrhundert traten neue Faktoren politischer, ökonomischer und kultureller Art auf den Plan, die die Ereignisse in den verschiedenen Reichen tiefgreifend differenzieren sollten.

Die archäologischen Untersuchungen im Mittelmeerraum, in Europa und Eurasien bestätigen die verstreuten Angaben der Texte und lassen den Beginn einer begrenzten, doch bedeutenden Dynamik des Handels erkennen, die die Stagnation des vorhergehenden Jahrhunderts durchbricht und den barbarischen Westen mit einem Netz von Handelsbeziehungen auf kurzen, mittleren und weiten Entfernungen überzieht, die schließlich in das Innere des Kontinents vordringen und so seine Verwandlung begünstigen. Das angelsächsische England und das nördliche karolingische Handelsgebiet waren unter den ersten betroffenen Regionen.

Byzanz stand unter dem Zwang, sich des militärischen Drucks der Araber zu erwehren, und war so außerstand gesetzt, in politisch signifikanter Weise im Westen zu agieren. Auch die Verbreitung seiner Kultur nach außen erlebte mit der Eröffnung des Bilderstreites (726) eine Unterbrechung. Der Ikonoklasmus konzentrierte die Energien auf eine scharfe, in die Länge gezogene interne Debatte, in der selbst die Grundlagen des byzantinischen Reiches und seiner Kirche wieder kritisch diskutiert wurden.

Außer dem Reich erreichte der arabische Druck auch die Barbarenstaaten. Nach ungefähr fünfzig Jahren fortschreitender Erosion des Territoriums des afrikanischen Exarchats wurde Karthago endgültig 698 von den Arabern erobert, und die letzten Byzantiner wurden aus Nordafrika vertrieben. Araber und Westgoten trafen in Ceuta aufeinander, dem Brückenkopf des germanischen Reiches in Nordafrika. Nicht enden wollende Auseinandersetzungen um die westgotische Thronnachfolge gipfelten von Seiten der Unterstützer des Erbrechts der Familie des verstorbenen Königs Wittiza gegen den gewählten König Roderich im Herbeirufen der Araber. 711 landeten die Berbertruppen Tariq ibn Ziyads in Gibralter, ihnen folgte im Jahr darauf das vom Statthalter von Kairuan, Musa ibn Nusair, geführte Araberheer. Nach nur drei Jahren fiel die Hauptstadt Toledo, und das gesamte Reich wurde unterworfen.

Nach einem inzwischen wohlerprobten Verfahren verlangten die Eroberer Treue und Unterwerfung – sie schlugen sofort eigene Münzen und verpflichteten die Untertanen zur Steuerzahlung –, ließen jedoch mittels Vertragsabschlüssen der eroberten Bevölkerung Formen von Eigentum, örtliche Verwaltung, politische und religiöse Bräuche. Vor den Eroberern flohen Aristokraten und Kleriker, doch diese Politik machte es möglich, dass die jahrhundertealten politischen, ökonomischen und kulturellen Sedimente, die sich unter der Westgotenherrschaft entwickelt hatten, in *al-Andalus* eindrangen, wie der Name des neuen Staates jetzt lautete.

Vollkommen verschieden war die Entwicklung im Merowingerreich. Aus dem ursprünglichen Austrien, dem Gebiet im Nordosten, stammte die Familie der Pippiniden, die durch Allianzen und militärische Unterwerfung die eigene Macht auf weiten Gebieten ausübte. Ihr Einfluss erstreckte sich auch auf die Kontrolle verschiedener städtischer Zentren in der Mitte und im Süden des Reiches.

Der Druck der Pippiniden nach Süden stieß auf den Gegendruck der Araber, die sich nach der Überquerung der Pyrenäen bis ins Languedoc ausgebreitet und Narbonne erobert hatten und nach Aquitanien an die Atlantikküste vorrückten. Im Jahre 732 behielten die Franken in einer Begegnung bei Poitiers die Oberhand, eine Episode ohne besondere Resonanz bei den Zeitgenossen, die später jedoch als ein Zeichen des den fränkischen Völkern verheißenen Ruhmes interpretiert wurde. Der arabische Druck ließ nach, und in systematischem Fortschreiten gewannen Karl Martell und dann Pippin der Kurze die Kontrolle über das Territorium bis zu den Pyrenäen zurück.

Die politische Vorherrschaft des Pippinidengeschlechts verlagerte das Machtzentrum des Reiches nach Norden. Das brachte eine Entfernung vom Mittelmeer und einen gewissen Kontinuitätsbruch in der Art und Weise der Bezugnahme auf das antike Erbe mit sich; die Prozesse der im Gang befindlichen Annäherung zwischen dem germanischen Adel und den Provinzialaristokratien wurden unterbrochen. Einige Historiker datieren genau in diese Jahrzehnte das Ende der spätantiken Tradition im südlichen Gallien.[8]

In institutionellen Begriffen befand sich das Frankenreich in einer Pattposition zwischen dem legitimen Königtum der merowingischen Herrscher, die nicht regierten, und der faktischen Machtausübung seitens der Pippiniden, die keine rechtliche Grundlage besaß. Die entscheidende Bewegung kam von außen. Der Bilderstreit und die folgende Krise der byzantinischen Präsenz in Italien, zusammen mit den engen Beziehungen, die zwischen dem Papst in Rom und der angelsächsischen Welt geknüpft worden waren, begünstigten die Orientierung des Papsttums nach Westen.

Diese Öffnung wurde zu konkreter politischer Tat, als Pippin der Kurze Gesandte zu Papst Zacharias schickte, „damit sie hinsichtlich der Könige in Franken fragten, ob es gut sei oder nicht, dass sie keine königliche Macht besäßen, wie es zu jener Zeit der Fall war. Papst Zacharias antwortete Pippin, dass es am besten sei, derjenige werde König genannt, der die Macht innehabe, und nicht derjenige, der sie nicht innehabe; damit die bestehende Ordnung nicht gestört wurde, ordnete er Kraft seiner apostolischen Autorität an, dass Pippin König sein solle."[9] Im Jahre 751 wurde Pippin zum König proklamiert und von einem Bischof gesalbt. Die bis dahin bei den Franken unbekannte Salbung musste das Fehlen des Charismas des Blutes ausgleichen: Gott achtete nicht auf Abstammung, und der letzte Merowinger, Childerich III., wurde in ein Kloster eingeschlossen.

Die feste, zwischen dem neuen Herrscherhaus und dem Papsttum geknüpfte Beziehung hatte dramatische Konsequenzen für das Langobardenreich in Italien, das dennoch, besonders jetzt, eine außerordentliche künstlerische und kulturelle Blüte erlebte. Ab der Mitte des Jahrhunderts stellten sich die Franken unter Bruch einer Freundschaftstradition, die sich bei einem Teil der Nobilität in der positiven Orientierung auf die Langobarden ausdrückte, auf die Seite des Papsttums und gegen die Langobarden, auch in Form militärischer Expeditionen. Schließlich erhielt Papst Hadrian I., der Rom unabhängig von Byzanz zu regieren trachtete, angesichts der ständig wiederholten Drohung dieses Mal von Seiten des Königs Desiderius die entscheidende Unterstützung: Karl der Große zog hinab nach Italien und wurde, nach seinem Sieg, König der Langobarden (774).

Das Erbe der Langobarden lebte sowohl im Fürstentum Benevent, das die Franken sich nicht einzuverleiben vermochten, als auch in ihrem Reich fort, das unter die Herrschaft der Karolinger geraten war.

Für die Franken hatte die Eroberung Italiens entscheidende Konsequenzen, denn indem sie so ins Zentrum des Mittelmeeres gelangten, wurde ihre privilegierte Verbindung mit der Stadt Rom und der Kirche Roms gefestigt, wurden sie dem Einfluss von Byzanz ausgesetzt – des politischen Feindes, aber auch eines nachzuahmenden Modells – und wurde ihre Beziehung zur arabisch-islamischen Welt auf das Kalifat der Abbasiden ausgeweitet.

Die westgotische Kunst

Eduard Carbonell

Die Westgoten auf der Iberischen Halbinsel und ihre Verbindungen zum Mittelmeerraum

Nach der Schlacht von Vouillé im Jahre 507 richten sich die Westgoten endgültig auf der Iberischen Halbinsel ein, in ihren vier Provinzen Cartaginensis, Lusitania, Baetica und Tarraconensis. Sie bilden gegenüber der einheimischen hispanoromanischen Bevölkerung eine Minderheit. Zunächst kommt es aus verschiedenen Gründen nicht zu einer Vermischung beider Völker. Einer dieser Gründe ist die Religion: Das Hinterland ist heidnisch und nur die städtischen Zentren sind christlich, während die Westgoten dem Arianismus angehören. Leowigild vereint das Territorium und verlegt im Jahre 578 die Hauptstadt von Sevilla nach Toledo. Die religiöse Einheit wird erst unter seinem Sohn Rekkared im Jahre 587 erreicht und auf dem dritten Konzil von Toledo (589) durch die Konversion des westgotischen Adels und der westgotischen Kirche festgeschrieben. Zum Zeitpunkt des vierten Konzils von Toledo im Jahre 633 ist die Verschmelzung von Westgoten und Hispanoromanen bereits eine Realität. Die Vereinheitlichung der Rechtsprechung wird mit den Gesetzen von Khindasvinth und Reccesvinth erreicht. Letzterer veröffentlichte im Jahre 654 das Liber iudicum. Im 7. Jahrhundert dehnte sich das Christentum über die Zentren hinaus aus. Für die Durchdringung des ländlichen Raumes sorgten Mönche, während der gewöhnliche Klerus und die Bischöfe in den Städten blieben. Einsiedeleien wie diejenige in Valdecanales in Jaen, aus denen später Mönchsgemeinschaften hervorgehen sollten, sind bis heute erhalten geblieben. Im übrigen Europa vollzieht sich mit der Ankunft irischer Mönche auf dem Festland ein ähnlicher Prozess. Diese für die Iberische Halbinsel glanzvolle westgotische Periode sollte bis 711 anhalten, dem Jahr der islamischen Invasion.

Das Volk der Westgoten ist bereits vor seiner Ankunft in der Hispania eines der am tiefgreifendsten romanisierten germanischen Völker. In seinen Lebensgewohnheiten passt es sich ganz dem römischen Vorbild an, häufig mit byzantinischer Vermittlung. So gibt sich Rekkared den Titel Flavius, und zeitweise setzt sich der byzantinische Geschmack in der höfischen Bekleidung durch.

Die Verbindung zu Nordafrika, welche wir in der frühchristlichen Kunst der Iberischen Halbinsel im 4. und 5. Jahrhundert vorfinden, bleibt auch in westgotischer Zeit bestehen. Einige der bedeutenden kirchlichen Würdenträger der Tarraconensis und der Baetica (als Beispiel wäre Bischof Pablo von Merida zu nennen, 530–560) kommen aus den Gebieten am südlichen Rand des Mittelmeers.

Aus Nordafrika und aus Syrien gelangen Händler, die *negotiatores transmarini*, in die Städte der Iberischen Halbinsel, etwa nach Merida oder Lissabon.

Andere Faktoren treffen in jener Epoche zusammen und beeinflussen die Kunst auf die eine oder andere Weise. So bringen die politischen und kulturellen Bezie-

Während der Phase ihrer Ansiedlung haben die Westgoten in ihren Siedlungszentren, die vorwiegend in der kastilischen Meseta konzentriert waren, eine Zeit lang die künstlerischen Traditionen aus den Jahren ihrer Wanderung bewahrt. Die mit Glas und Edelsteinen dekorierte Fibel in Gestalt eines Adlers mit ihrem erhabenem Mittelteil folgt dem Vorbild ostgotischer Goldschmiedekunst.

Das Äußere der Kirche San Pedro de la Nave hat einen Grundriss in Form eines griechischen Kreuzes. Das dreifache, basilikale Kirchenschiff ist nach Westen ausgerichtet.

Im Innenraum von San Pedro de la Nave ist der originale Figurenschmuck erhalten geblieben. Besonders hervorzuheben sind die vier Kapitelle auf den Säulen, die in der Vierung, an den vier Eckpunkten der sich kreuzenden Schiffe, stehen. Hier befindet sich auch die Darstellung der Opferung Isaaks.

Ein Beispiel für einen verzierten Kämpfer, charakteristisch für die architektonische Dekoration der westgotischen Kirchen.

hungen zu Byzanz eine starke religiöse und wirtschaftliche Verflechtung mit sich, vor allem durch die byzantinische Präsenz in der Baetica. Auf der politischen Ebene ist an den Machtkampf zwischen dem durch die Byzantiner unterstützten Hermenigild und König Leowigild zu erinnern. König Suintila beendet die byzantinische Präsenz im Jahre 621. Der Strom von Reliquien, die aus dem Orient nach Spanien gelangen, reißt nicht ab. Als die Araber 614 Jerusalem einnehmen, gelangt ein Teil der Reliquien aus den Jerusalemer Kirchen auch nach Toledo. Die Einnahme von Alexandria und anderer Städte im Jahre 618 führt zur Übersiedlung kirchlicher Würdenträger in das Reich der Westgoten, vor allem nach Tarragona und Merida, wie Inschriften anzeigen. Die Präsenz des byzantinischen Orients ist in mancherlei Hinsicht außerordentlich deutlich spürbar.

Über dem zentralen Quadrat, das durch die Arme des Kreuzes gebildet wird, erhebt sich die Kuppel mit der ebenfalls quadratischen Laterne. Auf der linken Seite das Kapitell mit der Darstellung Daniels in der Löwengrube, oder, nach der erhalten gebliebenen Inschrift, „im See der Löwen".

Im 6. Jahrhundert, dem ersten westgotischen Jahrhundert auf der Iberischen Halbinsel, lebt die spätrömisch-christliche Kunst fort, und die Eigenheit des westgotischen Beitrags ist fast ausschließlich in der Goldschmiedekunst zu erkennen, einer germanischen Tradition mit orientalischen Wurzeln.[1] Die römische Bauweise hat Kontinuität, so zu sehen in San Pedro de Alcantara (Malaga), Aljezares (Murcia) und Cabeza de Griego (Cuenca). In der Bildhauerei bestehen die Werkstätten von Sarkophagen auf der Halbinsel fort (zum Beispiel Ecija, Alcaudete).[2]

Die westgotische Kunst entfaltet sich in ihrer ganzen Fülle im 7. Jahrhundert. Für dieses Jahrhundert kann von einer *renovatio* oder Renaissance gesprochen werden. Eine besondere Rolle kommt hierbei dem heiligen Isidor zu, der im Jahre 620 seine *Etymologien* verfasst, eine enzyklopädische Zusammenfassung des Wissens seiner Zeit, die zugleich eine Hinwendung zur Kultur des Altertums darstellt.[3]

Auf dieser Doppelseite sind verschiedene Beispiele der architektonischen Dekoration in Quintanilla de las Viñas abgebildet.

Aus Quellen und erhaltenen Resten wissen wir von bedeutenden Städten, darunter auch ehemals römische Städte, die in westgotischer Zeit zu neuer Blüte gelangt sind, wie etwa Merida. Aus Toledo liegen ausführliche Aufzeichnungen über Kirchen und Klöster vor, Reste der Erlöserkirche sind erhalten geblieben. Weitere bedeutende Städte waren Lissabon, Tarragona, Cordoba, Sevilla und Saragossa.

Einige der verwendeten Baumaterialien und auch die monumentale Ornamentik der Gebäude in diesen erneuerten Städten sind nur dadurch bekannt, dass sie durch islamische Baumeister in späterer Zeit wiederverwendet wurden. Solche Spolien sind etwa die Windfänge und Pfeiler mit pflanzen- und tiergestaltiger Ausschmückung, die sich in der Zisterne von Merida finden, oder die in der Moschee von Cordoba wiederverwendeten Kapitelle.

Die westgotischen Bauwerke sind mit einer Technik errichtet worden, die unter dem Begriff *more gothico* bekannt ist: exakt gearbeitete Steinquader, die genau wie in der römischen Baukunst mit Kalk verbunden sind. Sie sind von besserer Qualität als die als *murus gallicus* errichteten Bauten jenseits der Pyrenäen und heben sich vom *opus incertum* eines Großteils der frühchristlich-hispanischen Baukunst ab. Die Verwendung des Hufeisenbogens, der römischen Ursprungs ist, wird zur Regel, ebenso im Grundriss wie in den Gewölben. Es ist ein Hufeisenbogen, der nicht mit demjenigen der hispanisch-arabischen Baukunst verwechselt werden darf, denn das Hufeisen ist um bis zu einem Drittel des Radius verlängert und die Keilsteine sind

horizontal auf der Höhe der Kämpfersteine angeordnet. Der Grundriss der erhaltenen Kirchen ist entweder basilikal wie bei San Juan de Baños (Palencia) oder zentral wie bei Santa Comba de Bande (Orense), oder er hat die Form eines lateinischen Kreuzes, wie im Falle von San Pedro de la Nave (Zamora). In anderen Fällen sind die Vorbilder der vorangegangenen Tradition unmittelbar zu erkennen, wie in der Krypta von San Antolin in Palencia oder in Märtyrerkirchen wie San Fructuoso in Montelios. Das Kirchenhaupt ist rechteckig und verfügt manchmal über seitliche Kammern in der Art der *Protesis* oder des *Diakonicon*, denen den jeweiligen Quellen entsprechend unterschiedliche Funktionen zugeordnet werden:[4] Sie konnten als ein *Präparatorium* dienen, in dem die Heilige Schrift aufbewahrt wurde, als *Sakrarium* oder *Thesaurum*. Gelegentlich findet sich ein Raum über dem Altar, der als Vorgänger der Kammern in den asturischen Kirchen betrachtet wird und dessen Funktion nicht mit Sicherheit geklärt ist. Beispiele hierfür finden sich in Santa Comba de Bande oder in San Pedro de la Nave. Ausgehend von späteren hispanischen Miniaturen aus dem 10. Jahrhundert ist die Hypothese entstanden, dass sich dieser Raum in der über dem Altar gelegenen Kammer am Tempel Salomons inspiriert hat, der den Engeln gewidmet war. Diese Kirchen sind häufig von Tonnengewölben bedeckt, die auf Hufeisenbögen ruhen. Gelegentlich findet sich ein verstärktes Kreuzgratgewölbe wie in Santa Comba de Bande. Holzdecken fanden ebenfalls breite Verwendung. Dem Eingang der Kirchen ist gewöhnlich ein Portikus vorangestellt.

Links: Die von zwei Engeln angebetete Jungfrau oder Kirche, dargestellt auf einem Block in der Apsis.

In der Mitte: Detail eines sich noch an seinem ursprünglichen Ort befindlichen Kapitells mit der Darstellung Christi als Sonne auf einem Schild, der von zwei Engeln gehalten wird. Die Ikonographie lehnt sich an die Spätantike an.

Rechts: Detail vom mittleren Fries an der Außenwand mit ineinander verflochtenen Kreisen, in deren Mitte verschiedenartige Vögel auf den zwischen ihnen stehenden Baum des Lebens schauen. Stil und Ikonographie erinnern an sassanidische Vorbilder.

Oben: Der triumphierende Christus in einer Abbildung auf einem weiteren in der Apsis befindlichen Block. Die beiden segnenden Apostel gehören zur Dekoration des Triumphbogens.

Der Innenraum ist meist durch Ikonostase und verschiedene Ebenen des Bodenbelags zwischen Kopfende, Schiff und Querhaus in einzelne Abschnitte aufgeteilt. Diese Aufteilung überträgt sich auf die von außen sichtbaren Baukörper. Die Raumaufteilung wird bedingt durch die hispanische Liturgie, die im späteren Katalonien bis ins 10. Jahrhundert und in Kastilien-Leon bis weit in das 11. Jahrhundert hinein fortbestehen sollte.[5] Der erhaltene Skulpturenschmuck zeigt die Bedeutung der westgotischen Kunst, ebenso im Inneren wie an der Außenseite der Bauwerke. Kapitelle, Blattwellen, Friese und Kanzeln offenbaren einen außerordentlichen Reichtum, der manchmal durch die Wiederverwendung alter Materialien vervollständigt wird, etwa Kapitelle und Schäfte von römischen Säulen. Malerei oder Mosaiken sind nicht erhalten geblieben, doch die Skulpturen zeigen, dass von einer Bilderarmut nicht die Rede sein kann. Die westgotische Kunst ist eine Kunst der Synthese, fest verwurzelt in der spätrömisch-hispanischen Kunst, die sich ab der Regierungszeit Leowigilds (568–586) und Rekkareds (586–601) voll entwickelt.[6]

Die wichtigsten Kirchen

Die kontinuierliche Umgestaltung der Städte und ihrer Bauwerke hat zur Folge, dass nur in hauptsächlich zwei Regionen ländliche Kirchen erhalten geblieben sind: im Nordosten der Halbinsel mit Kirchen wie San Fructuoso de Montelios, San Pedro de Balsemao oder Santa Comba de Bande, und in den so genannten *Campi Gothorum* im Zentrum des Landes, etwa Quinillana de las Viñas, San Antolin im Palencia, San Juan de Baños, San Pedro de la Mata bei Toledo und San Pedro de la Nave. Die Spuren solcher Kirchen finden sich jedoch überall auf der Iberischen Halbinsel.

San Juan de Baños ist eine Gründung von König Reccesvinth aus dem Jahr 661, die vielleicht dem Vorbild der Kirche in der Hauptstadt Toledo folgt. Sie hat im Eingangsbereich einen Säulengang, drei Schiffe, Querhaus und ein rechtwinkliges, dreigeteiltes Chorhaupt. Die hölzerne Decke steht auf wiederverwendeten Säulenschäften und korinthischen Kapitellen. Der Skulpturenschmuck befindet sich am Triumphbogen, mit einer Darstellung von Sonnenrädern und Tierfiguren.

Von Quintanilla de las Viñas (Burgos) sind nur der rechteckige Chor und das Querhaus erhalten geblieben. Der Skulpturenschmuck an der Außenwand besteht aus zwei umlaufenden Friesen am Querhaus und drei Friesen am Chor. Hierbei sind zwei Stile klar zu unterscheiden, ein eher klassischer und ein eher schematischer mit Tierfiguren, die von orientalischen Stoffen übernommen zu sein scheinen. Im Inneren finden sich unter dem Triumphbogen zwei Reliefs mit figürlichen Darstellungen der Sonne und des Mondes, die von Engeln getragen werden. Diese Darstellung folgt

Von Santa Maria in Quintanilla de las Viñas, der jüngsten heute bekannten westgotischen Kirche, sind nur das Querhaus und die quadratische Apsis erhalten geblieben. Der wuchtige Eindruck des Mauerwerks, das aus gewaltigen Steinblöcken besteht, wird durch dekorative, entlang der Seitenwände und der Apsis verlaufende Friese gemildert.

Der Triumphbogen in der Kirche Santa Maria in Quintanilla de las Viñas ragt nach westgotischer Art mit dem Bogenrücken im oberen Teil hervor und weicht am unteren Ende von ihm ab. Ein Fries mit Pflanzen- und Tiermotiven ähnlich denen an der Außenwand verziert den Bogen. Die beiden großen Kämpfer stellen zur Linken den Mond als Sinnbild der Kirche und zur Rechten die Sonne als Chiffre Christi dar.

der Auffassung der Patristik und des heiligen Isidor, wonach die Sonne für Christus steht und der Mond für die Kirche. Zwei weitere Reliefs zeigen den segnenden Christus und die Evangelisten. Letzteres wurde möglicherweise im letzten Viertel des 9. Jahrhunderts erneuert, wie in einer Inschrift zu lesen ist.

San Fructuoso de Montelios (Portugal) gehört zu der Märtyrerarchitektur, die bereits in früheren Epochen häufig zu finden ist, etwa im Mausoleum der Gala Placida in Ravenna aus dem 5. Jahrhundert. Sie erhebt sich über einem Grundriss in der Form eines griechischen Kreuzes und ist über der Vierung und dreien der Schiffe von Kuppeln bedeckt. Über dem Eingang befindet sich ein Tonnengewölbe. Die Hauptkup-

pel stützt sich auf Pendentifs. Von außen gesehen sind die Wände durch halbrunde, mitrenförmige Blendbögen gegliedert.

Vom selben Typus ist Santa Comba de Bande, mit einem Grundriss in fast griechischer Kreuzform und einem rechteckigen Chorraum mit zwei seitlichen Kammern und einem Säulengang am Eingang. Sie wurde im Jahr 872 erneuert.

Das nach seinem Skulpturenschmuck wichtigste Werk der westgotischen Baukunst ist San Pedro de la Nave. In ihrer Architektur ist die Kirche eine Synthese aus zentralem und basilikalem Grundriss. Sie besitzt drei kurze, durch Pfeiler voneinander getrennte Schiffe, eine Vierung mit vier Säulen, deren Füße und Kapitelle verziert sind, und einen rechteckigen Chorraum.

Die Ikonographie ist von H. Schlunk untersucht worden.[7] An den Säulenfüßen erscheinen die Gestalten der Evangelisten in vollständigen menschlichen Körpern, auf denen der jeweils entsprechende Tierkopf sitzt. Es ist damit eines der ältesten Beispiele dieser Ikonographie. Die byzantinisierenden Kapitelle tragen die Darstellungen der Opferung von Isaak, eine Chiffre für den Opfertod Christi und nach dem typologischen Symbolismus für die Eucharistie, sowie eine Darstellung Daniels in der Löwengrube als Symbol für die Märtyrer, nach den Texten des heiligen Cyprian von Antiochien. An den Seiten finden sich die Apostel Philipp und Thomas sowie Petrus und Paulus, die Heiligen, die das Evangelium verkünden. Sie erscheinen mit Kreuz

Von links nach rechts und von oben nach unten: Verschiedene Beispiele westgotischer Schmiedekunst und ihrer Entwicklung.

Rechteckige bronzene Fibel aus Solius (Solsonés). Vic, Bischöfliches Museum

Bronzefibel mit kämpfenden Tieren. Caceres, Archäologisches Museum

Bronzefibel in der Form einer Leier, was auf die Übernahme einer lateinischen Stilrichtung des Mittelmeerraums hinweist. Vermutlich kastilischer Herkunft. Vic, Bischöfliches Museum

Gürtelschnalle aus den Ausgrabungen von Peña Amaya. Museum Burgos

und Heiligenschein in der Form einer Jakobsmuschel, wie wir sie in der frühchristlichen Kunst finden. An zwei anderen Kapitellen erscheint das eucharistische Thema der Vögel und der Weinreben sowie nicht identifizierte biblische Gestalten. Im Presbyterium findet sich das Sonnensymbol, das als ein Symbol für Christus gedeutet werden kann. J. Fontaine schlägt ein ikonographisches Programm vor, wonach dem Gläubigen der Weg der Himmelfahrt dargelegt wird und der über figurative Darstellungen zum rein Symbolischen führt.

Der Skulpturenschmuck von San Pedro de la Nave dient H. Schlunk als Ausgangspunkt für seine These, wonach die Miniatur das Vorbild war, aus dem dieser Skulpturenschmuck hervorgegangen ist. Dieser Skulpturenschmuck ist stilistisch weit entfernt von den Sarkophagen der frühchristlichen Tradition in den hispanischen Werkstätten und auch von der byzantinischen Kunst, aber er passt zu der Miniatur der Beatus-Handschriften und zur Leoneser Bibel aus dem Jahre 960. Die Anordnungen des vierten Konzils von Toledo im Jahre 633 legen die Lektüre der Apokalypse im Kirchenjahr fest, somit ist die Illustration von Kodizes mit Motiven aus diesem Buch der Bibel wahrscheinlich; und die Apokalypse ist von der Frömmigkeit der Ostkirche weit entfernt. H. Schlunk geht für diesen Skulpturenschmuck wie auch für die Miniatur von abendländischen Vorbildern aus.[8]

Die erhaltenen westgotischen Kodizes sind kaum illustriert. Zu nennen sind der *Fuero Juzgo* (Reg. lat. 1024, Apostolische Bibliothek des Vatikan) von ca. 700 mit einer Dekoration, die sich aus Kreisen und geometrischen Motiven zusammensetzt; das *Oracional* (Cod. 89, Biblioteca capitular de Verona), das aus der westgotischen Kathedrale von Tarragona stammt, farbig und mit einer Zeichnung, die uns an eine Schreibstube in dieser Kathedrale denken lässt, und die Texte des heiligen Isidor ohne Illustration.

Rechteckige Gürtelschnallen wie jene links sind charakteristisch für die Nekropolen der Meseta. Caceres, Archäologisches Museum

Mit Kristallglas tauschierte Gürtelschnalle. Aus dem Schatz von Torredonjimeno. Barcelona, Katalonisches Archäologisches Museum

Die Goldschmiedekunst

Die Goldschmiedekunst dieser Epoche wirft das Problem der Unterscheidung westgotischer und einheimischer Stücke auf, da Funde in den Grabbeigaben weit verbreitet sind. Häufig finden sich in den Gräbern germanische Fibeln und Broschen aus Gold, vergleichbar mit den Stücken, die man in Mitteleuropa und Norditalien finden kann.

Die Fibeln sind meist aus Bronze oder Eisen, manchmal mit Silberlamellen, manchmal in Tiergestalt. Es gibt auch solche aus Gold, mit eingelegtem Glas und Steinen, wobei die Farbe Rot vorherrscht. Erwähnenswert sind neben anderen Gegenständen auch farbige Gürtelschnallen. Diese Gegenstände sind entweder importiert worden oder sie wurden in hispanischen Werkstätten gefertigt, welche westgotische Formen kopierten. Sie nehmen jedoch auch orientalische Vorbilder aus dem byzantinischen Reich auf, und in den Figuren und Motiven sind Vorbilder aus der römischen Provinzialkunst auszumachen.

Hervorzuheben sind die Schatzkammern von Guarrazar (Toledo; Archäologisches Nationalmuseum Madrid) und von Torredonjimeno (Jaen; in den Museen von Cordoba, Madrid und Barcelona). Der erste Schatz entstammt einer Werkstatt, die im Dienste des Hofes stand; hier ist der byzantinische Einfluss am besten greifbar. Votivkronen sind das Hauptelement. Sie tauchen bereits in Darstellungen vom Hof Justinians (527–566) auf, als Kronen für die Hagia Sophia in Konstantinopel geweiht wurden.

So hat Rekkared nach Gregor von Tours eine goldene Krone der Kirche San Felix in Girona gewidmet, und von Suintila und Reccesvinth sind Votivkronen im Schatz von Guarrazar erhalten. Genau das ist auf der Beatos-Miniatur abgebildet, die Kronen über dem Altar, wie sie auf den Darstellungen der sieben Kirchen Asiens erscheinen. Der Schatz von Guarrazar ist reicher und feiner gearbeitet als der von Torredonjimeno, der möglicherweise in einer Werkstatt in der Provinz gefertigt wurde.

Unter den Gegenständen aus Metall verdienen diejenigen aus Bronze besonderes Interesse. Weihrauchfässer wie der von Lledo (Museo Episcopal de Vic), Gefäße, Krüge und Schalen für den liturgischen Gebrauch sind nur einige der Objekte, die einer hispanischen Werkstatt entstammen. Andere sind importiert, in einigen Fällen zum Beispiel aus dem koptischen Bereich. Hervorzuheben sind die liturgischen Gerätschaften von Bobala (Lleida).

Die Votivkrone des Königs Reccesvinth ist eine möglicherweise recht genaue Nachbildung des wichtigsten Symbols westgotischer Königswürde. Die außergewöhnlich sorgfältige Arbeit, die aus der klassischen Antike stammende Motive, byzantinische Verwendung von Edelsteinen und alte westgotische Goldschmiedetechnik miteinander vereint, ermöglicht die Annahme, dass die Krone in einer höfischen Manufaktur in Toledo hergestellt wurde. Madrid, Archäologisches Nationalmuseum. Aus dem Schatz von Guarrazar

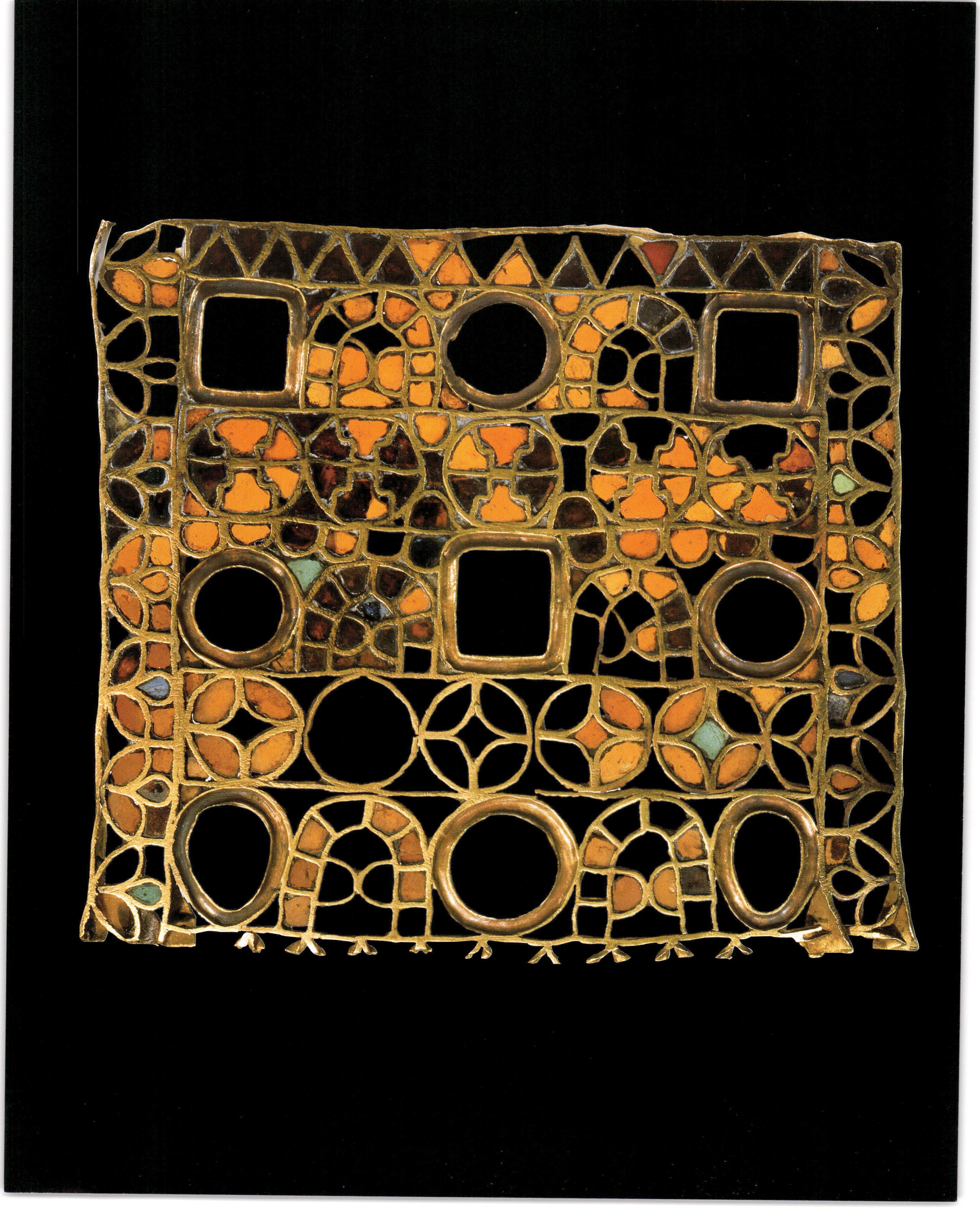

Die Welt der Merowinger

Patrick Périn

Die künstlerische Ausstattung der Grabkirchen

Zum Bild Chlodwigs und einiger seiner Nachfolger gehört, dass der merowingische Adel im 6. und vor allem im 7. Jahrhundert viele Klöster und Kirchen, insbesondere Bestattungskirchen, gründete. Ob in Städten oder im ländlichen Raum, die teilweise erhaltenen Kirchengebäude wie Saint-Pierre in Vienne, das Baptisterium Saint-Jean und die unterirdische Grabkirche (Hypogäum) im Stadtteil Dunes von Poitiers oder die Krypta Saint-Paul von Jouarre, die heute noch erhalten sind, bilden Ausnahmen. Dennoch förderten immer häufigere archäologische Grabungen die Grundmauern frühchristlicher Kirchen unter noch bestehenden oder zerstörten Kirchen wie Saint-Pierre und La Madelaine in Genf, Saint-Just und Saint-Laurent in Lyon, Saint-Laurent in Grenoble oder unter Kirchen auf dem flachen Land wie Viuz-Faverges im Département Haute-Savoie zutage. Mit diesen Grabungen holt Frankreich nach und nach gegenüber seinen Nachbarländern auf, die früher teilweise ebenfalls zum *regnum Francorum* gehörten. Vor allem im ländlichen Raum stoßen wir immer häufiger auf Entdeckungen bisher unbekannter christlicher Heiligtümer aus dem Hochmittelalter, sofern sie nicht schon von Anfang an zu Orten ständiger Religionsausübung zählten wie Hordain in Nordfrankreich, Saleux an der Somme, Chassey-les-Montbozon (Haute-Saône), Saint-Julien-en-Genevois im Département Haute Savoie oder Montferrand im Département Aude etc. Dem Beispiel der „Krypten von Jouarre" im Département Seine-et-Marne kommt in diesem Sinn besondere Bedeutung zu, denn sie sind die einzigen noch erhaltenen Reste eines Klosters nach der Regel Kolumbans des Jüngeren, das Ado, der Sohn eines fränkischen Großgrundbesitzers, zwischen 630 und 640 auf seiner Grundherrschaft stiftete. Um 610 waren er und sein Bruder Dado (der künftige Bischof von Saint-Ouen in Rouen) von Kolumban, den ihr Vater Authari aufgenommen hatte, geweiht worden. Während die heutige Abteikirche Notre-Dame und die Pfarrkirche Saint-Pierre noch den Ort der beiden ursprünglichen Kirchen der Mönche zeigen, bewahren nur noch die beiden Krypten Saint-Paul und Saint-Ébrégisil die Erinnerung an die dritte Kirche, die entsprechend den Gewohnheiten der damaligen Zeit als Grabkirche gebaut wurde.

Aufgrund jüngster Grabungsergebnisse darf die Krypta Saint-Paul nicht mehr als *augmentum* der Äbtissin Hermenthrude verstanden werden, das gegen Ende des 7. Jahrhunderts die ursprüngliche Kirche oder die mittlere Krypta von Saint-Ébrégisil verlängert hätte. Die gleiche Bauweise der Fundamente der beiden Grabsäle, die ei-

Von Abstammung und Erziehung her Provinzrömer, war der heilige Eligius zunächst Goldschmied am Hof der Merowingerkönige Chlotar II. und dessen Sohn Dagobert und wurde später Bischof von Noyon. Sein Werk trug in erheblichem Maße zur Entwicklung der merowingischen Juwelierskunst bei, indem er die in Südfrankreich noch lebendigen Traditionen der Antike am Hof zu Ansehen brachte. Dieses Fragment aus Gold und buntem Glas in Cloisonné-Technik gehörte ursprünglich zu einem Kreuz über dem Altar von Saint-Denis aus dem zweiten Viertel des 7. Jahrhunderts. Paris, Bibliothèque Nationale, Cabinet des Médailles

nen überhöhten Chor trugen, und die Schiffe vor den Grabsälen zeigen eine übereinstimmende Architektur. Im Unterschied zur Krypta von Saint-Ébrégisil, die als romanische Kirche wieder aufgebaut wurde, bewahrte die Krypta von Saint-Paul (ein Saal von etwa 13 Metern Länge und 8 Metern Breite), deren Gewölbe aus dem 12. Jahrhundert stammt, die örtlichen Bauelemente der Merowingerzeit. Der Raum wird von sechs Säulen aus weißem Pyrenäenmarmor in drei Joche unterteilt, die eleganten Säulenkapitelle sind als sehr frei interpretierte merowingische Nachahmungen korinthischer Kapitelle zu betrachten. Als *opus reticulatum* begrenzt diesen Saal nach Osten eine mit Schmuckelementen versehene Mauer, die die Anschüttungen des Schiffs stützte und deren Boden höher lag. Aus den prächtigen, aus karolingischer Zeit stammenden Steinsarkophagen über den Gräbern der ersten Äbtissinnen – der bemerkenswerte unter ihnen ist derjenige Theodechildes – ragt ein außergewöhnlicher Sarkophag hervor, dessen ursprüngliche Lage in der Krypta wir nicht kennen, und der Agilbert, dem Bischof von Paris und Bruder Theodechildes zugeschrieben wird. Eine seiner beiden Langseiten zeigt eine in Hochrelief gearbeitete Darstellung des Jüngsten Gerichts, während wir an der Kopfseite eine in Flachrelief ausgeführte Figur des über den Tod triumphierenden Christus in einer Mandorla neben den Symbolen der Evangelisten sehen. Sie steht beziehungslos neben den anderen Sarkophagreliefs und wurde schon häufig einem koptischen Künstler zugeschrieben, während andere aussagefähigere Parallelen eher auf die künstlerische Ausdrucksweise im italienisch-lombardischen Raum oder sogar auf Gallien selbst verweisen. Die wenigen noch erhaltenen Baudenkmäler verleiten uns zweifellos zu einer Unterschätzung der Bildhauerkunst der Merowingerzeit.

1878 entdeckte ein Ordenspater der „Pères de Croix" in Dunes, einem Stadtteil von Poitiers, eine unterirdische Grabkirche, die als Baudenkmal aus der Merowingerzeit mindestens ebenso bekannt ist wie Saint-Paul. Einer Inschrift ist zu entnehmen, dass sie von einem in den schriftlichen Quellen unbekannten Abt Mellebaudes errichtet wurde und ihm als Grablege dienen sollte. Die kleine unterirdische Kirche besteht aus einem halbrunden, gewölbten und in zwei Kammern geteilten Raum von 4,80 Metern Länge und 3,50 bis 4,50 Metern Breite. In die erste steigt man mit einer Leiter hinab, in die zweite gelangt man durch eine Tür, deren Pfosten noch erhalten sind. In die zweite Kammer fällt Licht von einem Fenster hoch oben in der Mauer, und dort befindet sich der Altarsockel und ein *arcosolium,* das zunächst wohl für den Steinsarg des Erbauers gedacht war. In der Folgezeit nahm das Grab noch andere Särge, vor allem Kindersärge auf, die um den Altar gruppiert standen.

Das wissenschaftliche Interesse am Grab von Dunes besteht weniger wegen seiner offensichtlich aus der Antike tradierten Bauweise als vielmehr wegen seiner Ausschmückung. Seine Decken und Wände sind ganz in blauer Farbe gehalten, die von weißen, durch ocker- und gelbfarbene Streifen abgegrenzte Flächen unterbrochen wird. Neben dieser Bemalung und der vielen in Ocker aufgetragenen oder in den Stein gravierten religiösen Inschriften liefert es uns eine beeindruckende Reihe von skulptierten Ornamentformen, insbesondere drei der Treppenstufen (wahrscheinlich Pilaster, die einer neuen Verwendung zugeführt wurden), die klassische Bildmotive der frühen Christenheit mit einem Schlangengeflecht verbinden, ein chthonisches, in merowingischer Zeit sehr beliebtes Motiv. Die Türpfosten und das Türgewände, die den Raum teilen, tragen Rosetten und Pflanzenornamente, die durch eingelegte Glasfarben noch besonders hervorgehoben wurden. Zusammen mit einer Kreuzbasis, die die beiden Schächer in Halbrelief rechts und links eines Kreuzes zeigt, und einer kleinen Säulenheiligenstatue, die eine Inschrift als die Darstellung des heiligen Symeon d. Ä. (angeglichen an Symeon d. Styliten) ausweist, muss eine von einem unbekannten Ort stammende Steinplatte als hoch interessante bildhauerische Spur betrachtet werden. Die Platte ist leicht reliefiert und mit den Symbolen der Evangelisten Matthäus und Johannes sowie der Darstellung des Erzengels Raphael graviert. Der Bau ist auf die erste Hälfte des 7. Jahrhunderts zu datieren.

Der Sarkophag des Pariser Bischofs Agilbert, Bruder der Äbtissin Teodechilde und einer der wichtigsten Kirchenmänner des Jahrhunderts, ist in jeder Hinsicht außergewöhnlich: An der Stirnseite thront der jugendliche Christus, direkt auf den Betrachter schauend, mit dem aufgeschlagenen Buch in der Hand und, entspechend der Prophetie des Ezechiel, inmitten des Ewigen Himmels. Er ist umgeben von den Symbolen der vier Evangelisten. Heiligkeit und Würde des Bildes erinnern an orientalische Vorbilder, die auf direktem oder indirektem Wege überliefert waren. An einer der Seiten des Sarkophags hingegen sprechen die Darstellungen eine ganz andere Sprache, nämlich die der lateinischen Antike: Eine lebhafte Gruppe von Menschen schart sich mit erhobenen Händen um den thronenden Christus in der Szene der Auferstehung des Fleisches beim Jüngsten Gericht. Krypta von Saint-Paul, Jouarre

Folgende Doppelseite:

Die Krypta von Saint-Paul in Jouarre, Überbleibsel eines Klosters aus der Zeit des heiligen Kolumban, barg die Gebeine einer einflussreichen Familie. Die architektonische Grundstruktur ist schlicht. Die Kapitelle hingegen erregen Aufmerksamkeit durch ihre ausgesuchte Eleganz und die antikisierende Ausstrahlung, die von den merowingischen Steinmetzen an den verschiedensten Orten Frankreichs in immer neuen Variationen hochgehalten wurde.

Unter Hinweis auf die Chorschranke in der Kirche Saint-Pierre-aux-Nonnains in Metz dürfen wir noch an die liturgisch bestimmte Innenausstattung der merowingischen Kirchen erinnern. Die einzelnen Teile dieser steinernen Chorschranke (zwölf Steinplatten und 21 Pilaster) wurden in den Pfeilern der früher ottonischen Klosterkirche Saint-Pierre aufs Neue verwendet und 1897 entdeckt. Diese Kirche wiederum war mindestens seit Mitte des 7. Jahrhunderts Teil eines aus dem 4. Jahrhundert stammenden Bauwerks, das zu einem gewaltigen Thermenkomplex gehörte.

Die Skulpturen dieser Chorschranke in Halbrelief bieten ein bemerkenswertes ikonographisches Repertoire: geometrische Kompositionen (Bildfenster unterteilt in gleicharmige Kreuze und Rundbögen), Pflanzen- (Rankenornamente, Palmetten, Lebensbaum) und Tiermotive (Schlangengeflechte) sowie eine erstaunliche Christusdarstellung in Segensgestus bei der Darbietung des heiligen Brotes in der Feier der Eucharistie. Die Datierung dieses außergewöhnlichen Gesamtwerks, das trotz einer gewissen stilistischen Einheit aufgrund seiner Einzelteile und ihrer Ausführung nicht homogen wirkt, bot stets Anlass zu Kontroversen. Dennoch sprechen das gleichzeitige Vorkommen von klassisch-frühchristlichen Motiven und Tiermotiven, die sich mit denen damaszierter merowingischer Gürtelschnallen und -spangen aus Bronze und Eisen vergleichen lassen, für eine Entstehungszeit dieser Chorschranke im 7. Jahrhundert und eine Verbindung mit der Gründung des Ursprungsklosters Saint-Pierre.

Vielleicht können zwei beispielhafte Ausgrabungen in jüngster Zeit den Anteil der Archäologie an der Kenntnis über verschwundene Bauwerke verdeutlichen. In Hamage im Département Nord wurde seit 1991 auf dem Gelände eines ehemaligen Merowingerklosters im Tal der Scarpe gegraben. Dieses Kloster hatte im 7. Jahrhundert eine örtliche, vom heiligen Amandus beeinflusste Aristokratenfamilie gegründet, das aber den Zerstörungen der Wikingereinfälle im 9. Jahrhundert zum Opfer fiel. Der Ort des Klosters geriet jedoch nicht in Vergessenheit, denn 1133 ließ sich ein kleines Benediktinerpriorat genau an der gleichen Stelle nieder und überlebte dort bis zur Französischen Revolution. Von ihm existieren heute noch zwei verfallene, rechtwinklige Gebäude, die Reste der Kirche Sainte-Marie und die ehemalige Behausung der Mönche. Besonders umfangreiche Ausgrabungen ließen nicht nur den Schluss zu, dass die Prioratskirche genau am Ort der ursprünglichen Holzkirche (auf Steinfundament) aus dem 7. Jahrhundert wieder errichtet wurde, sondern auch, dass der Hof des heute noch stehenden landwirtschaftlichen Anwesens den Holzgebäuden der Mönche entsprach, die zwischen dem 7. und 9. Jahrhundert an diesem Ort lebten; es handelt sich um einen eingefriedeten und umzäunten Platz mit verschiedenen Rundbauten auf Pfosten (wahrscheinlich die ursprünglichen Zellen der Mönche). Danach entstand, jeweils am Ort der ersten Kirche von 8 Metern Breite und mindestens 15 Metern Länge, eine große Kirche (8 x 15 Meter) mit drei Innenzwischenwänden, der wiederum eine dreischiffige Kirche (11 x 19 Meter) mit zwei bis drei zentralen Gemeinschaftsräumen folgte, um die sich die Mönchszellen verteilten. Schließlich, und in Verbindung mit dem Wiederaufbau der Kirche, kamen große Gebäude um einen Hof mit Kreuzgang hinzu. So konnten also dank archäologischer Grabungen zum ersten Mal in Gallien die Entstehung und Entwicklung eines hochmittelalterlichen Klosters sowie eine Vielzahl von Eindrücken aus seinem Alltagsleben erfasst werden.

Ein zweites und mindestens ebenso bezeichnendes Beispiel bietet die weiträumige Kirche von 18,50 Metern Breite und ganz sicher weit mehr als 30 Metern Länge, die bis dahin niemand bei der Kirche Notre-Dame in Bondeville (Département Seine-Maritime) vermutet hatte, und die erst durch Grabungen entdeckt wurde. Die Verbindung zwischen architektonischen und, angesichts der kurzen kultischen Nutzung dieses Ortes vom Ende des 7. bis Anfang des 9. Jahrhunderts, manchmal bemerkenswert gut erhaltenen Spuren einerseits und der besonders fein entwickelten Grabungsmethode andererseits förderten eine Basilika mit flacher Apsis, mit quadratischem Chor zwischen zwei Nebengebäuden und einem dreigeteilten Kirchenschiff

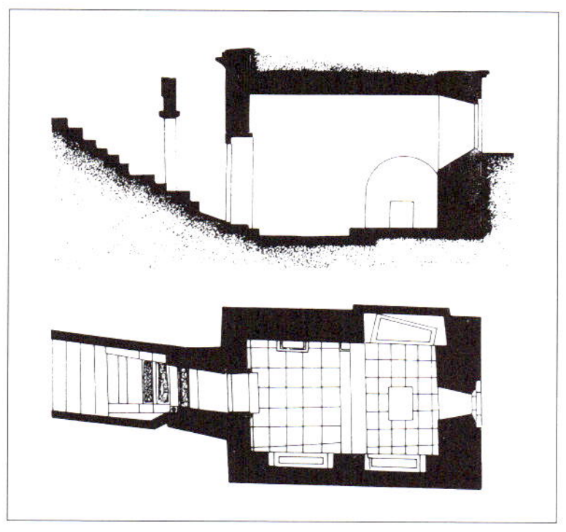

Im Stadtviertel Dunes von Poitiers liegt die kleine Grabkirche von Abt Mellebaudes aus dem 7. Jahrhundert mit deutlich antiken Zügen.

Vorhergehende Seite:

Oben: *Schmuckdetails frühchristlicher Herkunft verbinden sich mit merowingischer Ornamentik, was andernorts auch in der Juwelierskunst beobachtet werden kann: Die Heiligen oder Engel, sei es als Figur oder in der Inschrift des Abtes, stehen sowohl in merowingischer als auch in römischer und syrischer Tradition.*
Die beiden Figuren auf dem Basrelief, das einst als Kreuzbasis fungierte, entsprechen mit ihren in Höhe der Querung des Kreuzes liegenden Armen antiken Vorbildern. Es handelt sich dabei um die beiden gleichzeitig mit Jesus gekreuzigten Diebe.
Unten: *Grabplatte mit den beiden Evangelisten Matthäus und Johannes sowie den Erzengeln Raffael und Raguel.*

zutage, von dem bisher erst der Anfang ausgegraben werden konnte. Darüber hinaus sind Beobachtungen zur Architektur der Kirche gelungen, die für diese Art Spuren ungewöhnlich sind: Die Archäologen konnten den Bau der Kirche dank einer eingestürzten Seitenmauer mit einem Fenster zum Teil rekonstruieren. Im Chor und in den angrenzenden Räumen fanden sie Altarreste und wiesen nach, dass die Außen- und Innenmauern weiß bemalt waren. Letztere zeigten Reste einer roten Schmuckbemalung. Den Kirchenboden bedeckte roter Mörtel, der stellenweise Mosaikfragmente mit kleinen vergoldeten Stücken und die Negativabdrücke von rautenüberzogenen Schmuckelementen aufwies. Außerdem wurden zahlreiche Splitter farbiger Glasfenster gefunden, in manchen Fällen wiesen sie sogar noch Spuren ihrer Bleieinfassung auf, die wir als die gegenwärtig ältesten in Frankreich bekannten Fenster ansprechen müssen. Schließlich tauchten auch noch Skulpturfragmente auf (Rankenornamente und die Reste eines menschlichen Gesichts, beide Reste eng verwandt mit den aus der Grabkirche von Dunes bekannten Elementen), die von dem Dekor der Kirche oder von Grablegen in ihr stammten. Falls notwendig, könnten diese beiden Beispiele beweisen, dass wir unser Wissen über die Bauwerke des Hochmittelalters und ihre Ausschmückungen sehr wohl anhand neuer Formen archäologischer Ausgrabungen weiter entwickeln können.

Auf dieser Stele aus Niederdollendorf bei Bonn aus dem 7. Jahrhundert wurden komplexe Themen auf eher populäre Weise dargestellt: Auf der einen Seite erkennt man den Verstorbenen, um dessen Kopf sich die mythische Schlange windet, auf der anderen Christus mit Heiligenschein und einer Lanze in der Hand. Auf seiner Brust prangt ein Löwen- oder Gorgonenhaupt in der Art, wie es die römischen Kaiser auf ihren Rüstungen trugen: Der siegreiche Herr ist mit allen Attributen der kaiserlichen Macht dargestellt. Bonn, Rheinisches Landesmuseum

Grabskulpturen

Die Oberflächen merowingischer Grabstätten – Stelen oder (in Grabkirchen) Epitaphe – haben wenige Spuren bis in die Gegenwart hinterlassen, wofür die archäologischen Gründe auf der Hand liegen. Neben Steinstelen, deren Oberflächen wie bei jenen im französischen Vexin zwischen Seine, Oise und Epte ziemlich verwischt sind und gerade noch geometrische oder christlich angehauchte Motive vermuten lassen, kennen wir auch einige besser verarbeitete Exemplare, die wir wie die berühmte Stele von Königswinter-Niederdollendorf einer volkstümlichen künstlerischen Ausdrucksform zuschreiben müssen. Dieser Grabstein befindet sich im Landesmuseum Bonn und gilt als ausgezeichnetes Beispiel für die Verwendung heidnisch-christlicher Inhalte. Die Vorderseite zeigt einen Mann, wahrscheinlich den Toten, mit seiner Feldflasche. In der einen Hand hält er sein Sax, ein einschneidiges Kurzschwert, und mit der anderen fährt er sich mit einem Kamm durchs Haar. Sein Haupt überragt eine doppelköpfige Schlange, ein beliebtes Motiv, das an die Unterwelt der Toten und die Wiedergeburt des Lebens erinnert. Auf der Rückseite sehen wir den eine Lanze tragenden Christus als Auferstandenen im Strahlenkranz.

Für die zweite Hälfte der Merowingerzeit informieren nicht nur Grabsteine, sondern vor allem Stein- oder Gipssärge am besten über die merowingischen Grabskulpturen. Die mehr oder weniger ausgeprägte Trapezform der Särge, das Profil ihrer vierkantigen Deckel (manchmal noch mit Giebelplatten in antiker Tradition oder gewölbte und verzierte Zweikantdeckel), das Material, aus dem sie hergestellt sind, und vor allem die Bandbreite der skulptierten Schmuckformen erlauben ihre Einteilung in mehrere „Sargfamilien". Dementsprechend unterscheiden sich die in der Gegend um Bordeaux auftauchenden Steinsärge mit ihren hoch gewölbten und von vielen Kreuzen bedeckten Sargdeckeln von den Sarkophagen aus der Provinz Poitou, auf denen flache und mit einem dreiarmigen Kreuz geschmückte Deckel liegen. Die im Bourbonnais gefundenen Steinsärge mit ihrem sehr langen und von zahlreichen Kreuzen geschmückten Sargtrog sehen wieder anders aus als die Särge aus der Gegend um Sens, in deren Trogwände in Längsrichtung Kanneluren in Fischgrätenmuster graviert sind und die auf ihren Deckeln manchmal ein Prozessionskreuz, in manchen Fällen als Motiv aber auch einen von einem Kreuz gekrönten Palmenbaum zwischen zwei Kreuzmonogrammen am äußersten Ende des Sargdeckels besitzen. Aus Burgund und der Champagne sind auch Steinsarkophage mit sehr deutlich pro-

filierten Seiten und gewölbten Deckeln bekannt; diese sind mit eingemeißelten Elementen wie lange Kanneluren und geometrischen Motiven geschmückt.

Im Pariser Becken mit seinen vielen Gipsvorkommen versuchte man auch Gipssarkophage herzustellen, die im getrockneten Zustand ähnliche mechanische Qualitäten aufwiesen wie Sarkophage aus weichem Kalkstein: Mit Hilfe einer Doppelverschalung aus mehrfach verwendbaren Platten goss man die Sargtröge und Sargdeckel sogar ganz in der Nähe der Friedhöfe. So konnten Archäologen auf den Merowingerfriedhöfen von Paris und Saint-Denis, auf denen die kunstvollsten Reliefs zu sehen sind, mehr als zweihundert verschiedene geometrische Elemente (Rosetten, Scheiben, Sterne etc.) und Motive christlicher Provenienz (Daniel und seine Löwen, Christusmonogramme oder Kreuze mit Tauben etc.) nachweisen. Die Verteilung von Motiven aus denselben Gussformen, die auf jedem Friedhof verlangt wurden, zeigt, dass dieses Bestattungshandwerk populär und ein Wandergewerbe war – die „Sarghersteller" zogen einfach von Friedhof zu Friedhof.

Auf der Tunika der Königin Bathilde aus der Abtei von Chelles sind in Stickerei die drei Halsketten dargestellt, aus der der königliche Schmuck bestand. Zur zweiten dieser drei Ketten gehört das große Kreuz mit kostbaren Edelsteinen, das demjenigen auf dem Einband des Theodelinde-Evangeliars sehr ähnelt. Chelles, Musée Alfred Bonno

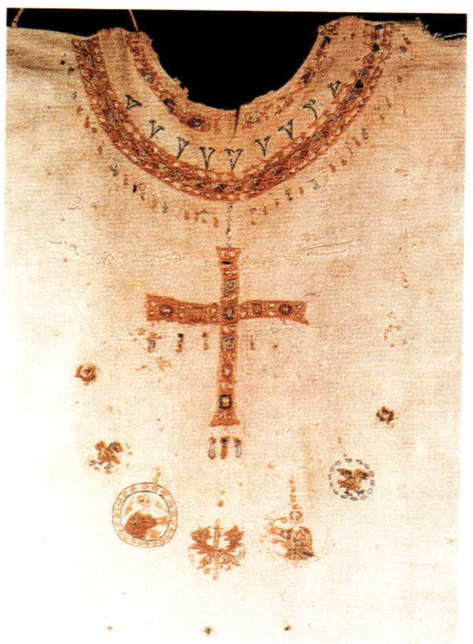

Neue Schmuckformen und -stile

Da die Toten im merowingischen Gallien und hier besonders in den Landstrichen zwischen Loire, Seine und Rhein in ihren Kleidern bestattet wurden, sind wir über die Entwicklung der Kleidermoden, insbesondere bei Frauen, bestens informiert. In dieser Beziehung läutet das Ende des 6. Jahrhunderts mit dem zunehmend deutlichen Einfluss „mediterraner" Modeformen, die wegen der zahlreichen Kontakte mit der byzantinischen Welt in Gallien eingeführt wurden, eine entscheidende Wende ein. Die merowingischen Frauen legten ihren traditionellen Schmuck, ein oder zwei Paar asymmetrische Ring-, Tier- oder Knopffibeln, die auf der Brust und an der Taille getragen wurden, ab und trugen künftig nur noch eine einzige, dafür große, runde oder vierfach gelappte Scheibenfibel. Diese Einflüsse aus dem östlichen Mittelmeerraum schlugen sich auch in der Entwicklung der „germanischen" Tierfibel insofern nieder, als in ihrem Flechtwerk zunehmend mediterrane Tiermotive auftauchten, die Helmut Roth als „Stil II", „frühzeitig" und später als „klassisch" bezeichnet. Frauen an den Höfen der gehobenen Adelsschicht trugen runde und durchbrochene Scheibenfibeln aus Bronze, während sich beide Geschlechter von den harten, großen oder kleinen Gürtelschnallen und -spangen lösten und statt dessen breite Gürtelgarnituren trugen, die aus mehreren Einzelteilen wie einer Rundschnalle, ihrem runden Gegenbeschlag und aus einer oder mehreren Schmuckapplikationen bestanden. Die Frauenmode an den Königshöfen des 7. Jahrhunderts geriet zusätzlich unter den Einfluss neu auftauchender Bügelfibeln mit symmetrischen Endstücken und von zunächst gestanzten und später emaillierten diskusförmigen Fibeln. Parallel zur Technik des Metallgusses (besonders Kupferlegierungen), die ausnahmslos von der eminenten Geschicklichkeit der Gießer (Feinguss mit verlorenen Formen aus Wachs) zeugt, tauchten mit der Damaszierung von Metallgegenständen und der Herstellung von Goldschmuck mit Halbedelsteinen zwei neue Schmuckstile auf.

Das Damaszieren, eine uralte Technik der kunsthandwerklichen Eisenverarbeitung, besteht aus der Verschmelzung oder Verschmiedung von kohlenstoffarmem Eisen mit kohlenstoffreichem Stahl. Die Römer bedienten sich dieser Technik nur selten und dann auch nur im Sinne eines schmuckergänzenden Elements. Um die Wende vom 5. zum 6. Jahrhundert verschwand das Damaszieren in Gallien völlig von der Bildfläche, tauchte aber gegen Ende des 6. Jahrhunderts, wahrscheinlich unter dem Anstoß orientalischer Künstler, eigenartigerweise wieder auf und entwickelte sich zu einer sehr beliebten Form der Oberflächengestaltung und zur Volkskunst der merowingischen Welt schlechthin. Man damaszierte damals besonders gerne Gürtelgarnituren und Schuhe aus Eisen, aber auch Waffen und Teile des Zaumzeugs für Pferde. Ausgeübt wurde diese Kunst damals vermutlich von festansässigen Hand-

Vorhergehende Seite:

Die Chorschranke von Saint-Pierre-aux-Nonnains in Metz aus dem 7. Jahrhundert ist ein seltenes Ensemble von Dekorationen, das über die Merowinger auf uns gekommen ist. Die überreiche Ikonographie, meist unfigürlich und mit den verschiedensten vegetabilischen, geometrischen und tierischen Motiven, vermengt Traditionslinien der Antike, des Orients, des Mittelmerraumes und der germanischen Welt. Die äußerst feine Ausarbeitung ließ Kunsthistoriker vermuten, dass der Steinmetz langobardisch-römischer Herkunft sein könnte. Metz, Musée d'Art et d'Histoire

werksbetrieben oder von reisenden Handwerkern. Mehrere Stilrichtungen folgten aufeinander, während sich gleichzeitig die Formen des Eisenkerns weiter entwickelten. Am Ende des 6. bis zur Mitte des 7. Jahrhunderts erzeugte die Damasziertechnik nur einfarbige Stücke. Die eingeschmiedeten „Silberfäden", in Wahrheit winzig dünne Streifen aus tordiertem Silberdraht, die in die Lamellen des Eisenkerns gehämmert wurden, zeichneten geometrische Netze und später durch Hinzufügung weiterer Silberdrähte ganze Silberdrahtgeflechte über den schraffierten Untergrund. In der zweiten Hälfte des 7. Jahrhunderts kam dann die Kunst des zweifarbigen Damaszierens auf, als man den Silbereinlagen auch noch Messingdrähte hinzufügte, ebenso die Technik der Plattierung, als „Silberfäden" über ein Netz linien- oder punktförmiger Vertiefungen gehämmert wurden, die Tiermotive im „Stil II" und später dann winzige Arabesken ergaben. Das Ende der Totenbestattung mit Grabbeigaben zu Beginn des 8. Jahrhunderts läutete in Gallien auch das Ende der Damasziertechnik ein – im Gegensatz übrigens zu den Landstrichen östlich des Rheins, wo den Toten weiterhin ihre Waffen ins Grab gelegt wurden, und damit das Fortleben dieser dekorativen Kunst bis in die zweite Hälfte des 8. Jahrhunderts bewiesen ist.

Um 600 n. Chr. verschwand die im 5. und 6. Jahrhundert in Gallien sehr beliebte Kunst des Emaillierens wahrscheinlich aus politisch-ökonomischen Gründen. Diese Technik verwendete Granatsteine oder, wie sie aus Gründen ihres im Labor nachgewiesenen hohen Eisengehalts auch bezeichnet werden dürfen, „Almandine" aus Südindien und Ceylon. Als nun um 570 n. Chr. das bisher unter byzantinischer Kontrolle stehende Rote Meer in die Hände der Vasallenvölker der Sassaniden fiel, waren die direkten Handelswege zwischen dem Mittelmeerraum und den asiatischen Ufern des Indischen Ozeans unterbrochen. Die stark magnesiumhaltigen Granatsteine („Pyrope") aus Böhmen kannte man zwar, verwendete sie aber selten, weil sich keine genügend großen Stücke aus ihnen schneiden ließen, so dass sie als Ersatz für die indisch-ceylonesischen Granate nicht in Frage kamen. Deshalb erlebte im frühen Mittelalter eine Ersatz-Schmuckform ihren Aufschwung, die mit Zelleneinlagen aus Glas, das manchmal auch noch mit einigen Granatsteinen versetzt wurde, und farbigen Halbedelsteinen arbeitete, die in den runden oder viereckigen Formen eines Steg- oder Zellenwerks gefasst wurden, das man auf das Goldblech einer Fibel schweißte. Diese zweite Form des Farbigen Stils, dessen Erzeugnisse mit Filigranmotiven und halbrunden Goldgranulaten angereichert wurde, sollte sich für die nächsten Jahrhunderte durchsetzen.

Herausragend unter den Funden der Frauengruft Nr. 142 a in Iversheim ist die runde Fibel: Mit ihren Schmucksteinen und dem bunten Glas sowie der kostbaren Filigranarbeit geht sie auf byzantinische Vorbilder zurück. Bonn, Rheinisches Landesmuseum

Das runde, goldene Schmuckstück aus dem 7. Jahrhundert, gefunden in Limons (Puy-de-Dôme), zeigt in seiner Mitte das bärtige Gesicht Christi und am Rand die Buchstaben Alpha und Omega. Die Darstellung der Tiere scheint relativ wahllos und unharmonisch und ist von klassisch christlicher wie germanischer Prägung zugleich. Paris, Bibliothèque Nationale, Cabinet des Médailles

Zwei Sternfibeln mit christlichen Motiven aus dem Grab in Fridingen an der Donau (Grab Nr. 278) einer adligen alemannischen Frau. Die kostbare Verzierung und die feine Zeichnung bezeugen einen Goldschmiedemeister von höchstem Können. Stuttgart, Württembergisches Landesmuseum

Regionale Kunstrichtungen entstehen

Im Unterschied zum 6. Jahrhundert, als im merowingischen Gallien kunsthandwerkliche Produkte aus Metall keine signifikanten Unterscheidungen aufwiesen (allenfalls durch die Menge ihres Vorkommens in Grabbeigaben, die jedoch um so mehr abnimmt, je weiter man sich von Norden nach Süden bewegt) und die Vorherrschaft des fränkischen Einflusses bezeugen, stellen wir im 7. Jahrhundert ein deutliches Aufkommen regionaler Kunststile fest. Neustrien und Austrien blieben zwar fest in der fränkischen Tradition, aber in Aquitanien und dem fränkischen Teilreich Burgund erlebte man den Aufschwung spezifischer Kunstformen, was sicher auch mit der Entstehung eines echten Regionalbewusstseins zusammenhängt, auf die Edouard Salin schon in den fünfziger Jahren hingewiesen hat.

Aquitanien, dessen Zusammenhalt die Westgoten im 5. Jahrhundert garantiert hatten, bevor es von den fränkischen Königen im 6. Jahrhundert zerschlagen wurde, erlangte im 7. Jahrhundert immer größere Autonomie, weil es von den Zentren der merowingischen Macht weit entfernt lag. Gerade aus diesem Grund entstand dort eine auf die Region beschränkte Form der Kleinkunst, die sich in den ausgesucht kunstvoll gestalteten Schnallen von Bronzegürteln besonders typisch niederschlug. Diesen „aquitanischen Stil" kennzeichnen verschiedene Schmuckmotive, z. B. das Nebeneinander von silberplattierten oder -tauschierten Gürtelschnallen und Gegenbeschlägen in Punzornamentik. Neben geometrischen, in einzelne Felder geteilten Stücken kennen wir bemerkenswerte Tierdarstellungen wie Pferde, Löwen (damals mit Daniel zwischen ihnen) und vor allem Greife und andere geflügelte Fabeltiere. Die meisten von ihnen sind in schreitender Position und mit falsch proportionierten Körperformen dargestellt, weil insbesondere die Köpfe zu klein und die Pfoten zu zierlich sind. Dieser aquitanische Tierstil, der sich sehr deutlich von den „germanischen" Tierdarstellungen im nördlichen Merowingerreich unterscheidet, geht weder auf sarmatisch-alanische noch koptische oder gar mediterrane Wurzeln zurück, wie lange Zeit behauptet wurde. Das Gleiche gilt auch für die geometrischen Bildkompositionen, die ganz offensichtlich von spätrömischen Mosaiken beeinflusst wurden, von denen viele im südwestlichen Gallien jener Zeit noch zu sehen waren. Wie sie müssen diese Tiermotive tatsächlich als Interpretationen des antiken Bildfundus gedeutet werden, der zu Beginn des Hochmittelalters in diesen vom römischen Erbe getränkten Gebieten ständig präsent war. Die sehr aufschlussreiche Verbreitungskarte dieser Gegenstände zeigt ganz deutlich, dass sie in Aquitanien und dort ganz besonders an den Ufern der Garonne zwischen Bordeaux und Toulouse hergestellt wurden; eine gewisse Verbreitung dieser Gegenstände auch nördlich der Loire ist nicht zu leugnen.

Diese nur im geographischen, nicht aber im ethnischen Sinn burgundische Kunst (die Akkulturation der burgundischen Minderheit war damals schon seit mehreren Jahrzehnten erfolgt) zeigt sich in erster Linie auf Bronzegürtelschnallen. Ihre langrechteckige Form, die Methode ihrer Herstellung und bestimmte stilistische Merkmale wie Pflanzen-, Bandgeflecht-, Bienen- oder Fabeltiermotive verweisen auf spätantike Vorbilder und entstanden wahrscheinlich in Bronze verarbeitenden Werkstätten römischer Herkunft. Die Darstellung von Greifen und geflügelten Fabeltieren beweist das Weiterleben orientalischer und in der gesamten römischen Welt weit verbreiteter Tiervorstellungen: Diese Bildmotive heidnischen Ursprungs wurden hier christlich umgedeutet, wie sich in der Abbildung von Tieren zeigt, die ihren Durst im Kantharus, dem wohlbekannten Symbol der Quelle des Lebens stillen. Andere Gürtelbeschläge enthalten höchst interessante religiöse Szenen, denn wir erfahren aus ihnen die zur Zeit der frühen Christianisierung Burgunds verbreiteten Bildvorstellungen. Die am häufigsten verwendeten, mehr oder weniger stilisierten Themen stammen aus dem Alten Testament (die Wunder der Propheten Jonas, Daniel und Habakuk) oder dem Neuen Testament wie die Erscheinung des Herrn (Epiphanie), der Einzug Christi in Jerusalem und die Himmelfahrt Marias. Die Interpretation anderer Szenen, z. B. Christus in der Maiestas Domini und Maria auf dem Thron, Personen, die einen Krummstab halten, Oranten etc., konfrontieren mit schwierigeren Fragen. Die christliche Bedeutung dieser Gürtelgarnituren wird in manchen Fällen durch lateinische Inschriften bestätigt, die die Personen identifizieren: Sie verweisen entweder auf den Namen des Künstlers, der den Gürtel schuf, oder enthalten eine religiöse Anrufung zugunsten des Gürtelträgers.

Das fränkische Burgund trug mit dazu bei, dass die Kunst des Damaszierens auf

Als Burgund unter merowingische Herrschaft geriet, behielten die Künstler ihren eigenen Stil und ihre Motive bei, die sich von jenen aus dem Norden stark unterschieden. Auf dem Verschluss einer bronzenen Reliquie aus Chalon-sur-Saône (Ende 6. bis 7. Jahrhundert) sind Daniel in der Löwengrube und der Prophet Habakuk abgebildet. Saint-Germain-en-Laye, Musée des Antiquités Nationales

Diese Schnalle aus damasziertem Eisen ist ein typisches Beispiel für „burgundische" Kunst aus Ostfrankreich im zweiten Drittel des 7. Jahrhunderts: Ihre rechteckige Form wird durch die geometrischen Friese am Rand betont, die Mitte ist verziert von einem feinen Geflecht ineinander verschlungener, tierähnlicher Wesen. Wie gestrichelte Linien aus Silber und Messing winden sich die schlangenförmigen Körper umeinander und enden am äußeren Rand der Schnalle in zwei stark stilisierten Tierköpfen mit weit aufgerissenen Mäulern. Belfort, Museum des merowingischen Friedhofs von Burgund

Im 7. Jahrhundert ließ die Gründerin des Klosters Saint-Benoît-sur-Loire mit Namen Mumma dieses Reliquiar zu Ehren von Petrus und Maria anfertigen. Auf einer Seite sind fünf Rosetten und fünf Kreuze dargestellt, von einem Flechtband umrahmt, während auf dem Deckel sechs Figuren, Engel oder Apostel, zu sehen sind. Saint-Benoît-sur-Loire, Klosterschatz von Fleury

Eisen ihr höchstes Niveau erreichte. Davon zeugen ausgezeichnete Gürtelverzierungen, deren vollendete Ausführung und Schmuckbehandlung mit Ausnahme vielleicht einiger in Paris hergestellter Stücke in Gallien einzigartig ist. Ihre großen, rechtwinkligen oder trapezförmigen, frauenschmucktypischen Metallplatten bestehen gewöhnlich aus einer Mittelkartusche, in der sich die Bildmotive des um den Körper gewundenen Gürtelriemens wiederholen: Fast immer handelt es sich um geschickte und symmetrisch angeordnete, mit Tierbildern oder Arabesken durchsetzte Kompositionen von Bandgeflechten, die in manchen Fällen von Medaillons vervollständigt werden, in die Fabeltiere oder das Malteserkreuz eingeritzt sind. Außergewöhnliche Stücke sind in klassischer Damasziertechnik mit zusätzlichen Motiven aus gedrehtem und gepunztem Silberdraht gefertigt.

Zwischen 700 und 800 n. Chr. stirbt in der Nordhälfte Galliens und auch in seinen germanischen Randgebieten der Brauch, Tote in ihren Kleidern und mit ihren Waffen sowie Gebrauchsgegenständen zu bestatten, aus. Dieses Verschwinden der Grabbeigaben beraubt uns aber einer sprudelnden Quelle archäologischer Dokumentation. Trotzdem beweist eine Reihe von Ausgrabungen (keine Gräber!) das Fortbestehen dieser kunsthandwerklichen Tradition im gesamten 8. Jahrhundert. Dasselbe gilt auch für die Sakralarchitektur oder die Grabbildhauerei. Der Übergang der Königsherrschaft von den Merowingern auf die Karolinger im Jahr 751 wirkte sich offensichtlich weder direkt noch sofort aus. Erst während der Regierungszeit Karls des Großen ereignete sich mit der freiwilligen Rückkehr zur klassischen Antike ein bedeutungsschwerer Wandel in der künstlerischen Entwicklung.

Esche und Köcher – Italien in langobardischer Zeit

Roberto Cassanelli

Zu den eindrucks- und kunstvollsten Stellen der *Historia Langobardorum* gehört zweifellos die Erzählung von der Rückkehr des Urgroßvaters von Paulus Diaconus, Lopichis, Sohn des Leupchis, aus der langen Zeit der Gefangenschaft, die er im Land der Awaren durchgemacht hatte, nach Cividale. Entschlossen, der Versklavung zu entkommen und das Land wiederzusehen, in dem „nach seiner Erinnerung das Volk der Langobarden" lebte, tritt er die Reise in Glück verheißender Begleitung eines Wolfes an. Nachdem er endlich das Haus erreicht, in dem er als Kind gelebt hatte, findet er es leer und verlassen, von Pflanzen überwuchert. Zwischen den Wänden war eine Esche hochgewachsen, an die er seinen Köcher hängt („intra eosdem parietes vastam hornum repperiens, in ea suam faretram suspendit"; *Historia Langobardorum* IV, 37). Keine Handlung könnte deutlicher eine sprechende Bedeutung übernehmen: Im Haus der Vorfahren, in der Hauptstadt des ersten Herzogtums, die „civitas" par excellence, wird ein überaus persönliches Ereignis zur Metapher für die Geschichte eines ganzen Volkes. Auf einen Schlag waren tiefe, aufrichtige Mechanismen der Verwurzelung und Identifikation freigesetzt: in Italien, dem seit Jahrhunderten als Wiege der römischen Kultur bekannten Land, lebte nunmehr das „Volk der Langobarden". Und dieses Zeugnis legte Paulus unmittelbar nach der Niederlage des letzten Königs, Desiderius, ab, der das Land der Kontrolle der Franken Karls des Großen anvertraut hatte.

Die Fresken von Santa Maria in Castelseprio (Varese), deren Datierung umstritten ist, stellen ein einzigartiges Zeugnis byzantinischer Malerei in Norditalien dar, waren mithin weitab von den traditionellen Einflusszonen von Byzanz gelegen. Die Raffinesse und die Eleganz der Malerei sowie der Raum, den der Künstler der Darstellung von Architektur gegeben hat, verweisen auf seine außergewöhnlichen Fähigkeiten; wahrscheinlich wurde er in Konstantinopel ausgebildet. Detail des Gangs nach Bethlehem.

Etappen einer Entdeckung

Die Erforschung der Langobardenzeit in Italien unter archäologischem und kunsthistorischem Aspekt wurde plötzlich in den letzten zwanzig Jahren wieder aufgenommen, insbesondere angestoßen durch einige große Ausstellungen (Mailand 1978, Udine–Cividale 1990, Brescia 2000), durch die Entwicklung der Forschungen der mittelalterlichen Archäologie und durch die Erfolge – nach englischem Vorbild – der Stadtarchäologie. Nicht dass man dem Thema vorher keine Aufmerksamkeit geschenkt hätte (man denke besonders an die durchgehenden Aktivitäten des Centro Italiano di studio sull'alto medioevo in Spoleto), doch die Herangehensweise war vor allem historisch oder rechtshistorisch; die Vorstellung von der Präsenz der Langobarden als eines im Wesentlichen der Kultur des Gebietes fremden Elements hatte schließlich deren Erforschung de facto auf die Spezialisten germanischer Themen beschränkt. Und doch war die „langobardische Frage" eine der fundamentalen Komponenten der Kultur des Risorgimento gewesen (man denke z.B. an die exemplarische Studie *Adelchi* von Alessandro Massoni). Dass die Langobarden die Verantwortlichen oder jedenfalls einer der ersten Vertreter eines historischen Umbruchs gewesen seien, war Gegenstand der Debatte wenigstens seit den *Discorsi sopra la prima deca di Tito Livio* (1513–19) Nicolò Machiavellis gewesen, der den Akzent mehr auf die Rolle des Papsttums im Augenblick des Entstehens des Kirchenstaates gelegt hatte. Der Kardinal Cesare Baronio jubelt für das Jahr 774, „annus felicissimus", seiner *Annales ecclesiastici* über die göttlich vorbestimmte Befreiung vom „durissimo jugo et tixissimo sceptro" der Langobarden durch die Franken, in perfekter Symmetrie zu den Vorgängen im protestantischen Deutschland seiner Zeit. Die zwanziger Jahre des 19. Jahrhunderts, die allerersten der österreichischen Restauration, sind für die Lombardei besonders fruchtbar mit Blick auf die Wiederentdeckung des „Vaterlands" (ein Begriff noch ohne die nationalen Färbungen, die er anschließend, vor allem nach den Ereignissen von 1848 erhält), der kulturellen Wurzeln und der starken Identität, für die die napoleonische Periode in gewissem Maß unfreiwilliges Ferment gewesen war. Im *Discorso sopra alcuni punti della storia longobardica in Italia*, den Manzoni zur Erläuterung der *Adelchi*-Studie (1822) verfasst, wird mit Entschiedenheit die These vertreten, dass die beiden Jahrhunderte der Langobardenherrschaft die totale Versklavung der besiegten Italiener gesehen hätten.

Ausdruck dieses kulturellen Klimas ist der von der Hochschule in Brescia durchgeführte und von Giulio Cordero aus S. Quintino gewonnene Wettbewerb *(Dell'italiana architettura durante la dominazione longobarda*, Brescia 1829). Man muss jedoch die Veröffentlichung des wichtigen Buches von Raffaele Cattaneo über *L'architettura in Italia dal secolo VI al Mille* (1889) beachten, in dem die erste moderne Sicht des frühmittelalterlichen Kunstschaffens vorliegt, während für das archäologische Material die gleichzeitige Untersuchung Paolo Orsis grundlegend ist, die er den in den Gräbern gefundenen Goldkreuzchen widmet (1887). Der letzte Abschnitt des 19. Jahrhunderts entspricht der Entdeckung und ersten Erkundung der großen, schon 1817 von Michele della Torre festgestellten langobardischen Gräberstätten: Cella bei Cividale, Cellole d'Illasi (Verona), Testona (bei Moncalieri, Turin), Civezzano (Trient). 1897–98 wird in Nocera Umbra die Gräberstätte ausgegraben, die zusammen mit der in Castel Trosino (Ascoli Piceno) weiterhin den Hauptfund darstellt. Dieses kurze, intensive und vom Klima des Positivismus begünstigte Forschungsstadium sollte angesichts der Dominanz der klassizistischen Rhetorik schnell am Ende sein.

Parallel dazu entwickelt sich in Deutschland eine Forschungsrichtung, die Siedlungsarchäologie, die darauf abzielt, Boden und Rasse gleichzusetzen und auf die Irrwege politischer Manipulation in der Nazizeit führen wird. Einem Rechtshistoriker, Gian Piero Bognetti, ist die großartige Forschungsarbeit zu verdanken, durch die der Freskenzyklus der kleinen Kirche S. Maria foris portas in Castelseprio freigelegt und wissenschaftlich ausgewertet wurde (1948), während sich deutsche Archäologen vorwiegend mit der Untersuchung des gotischen und langobardischen Materials Italiens befasst haben (J. Werner, V. Bierbrauer, O. von Hessen, G. Haseloff, H. Roth). Wie eingangs bemerkt, hat sich die Situation in den letzten zwanzig Jahren teilweise geändert, es gibt eine bedeutende Verlagerung des Interesses auf die Komplexität mehr des kulturellen Kontextes als auf das ethnische Faktum an sich.

Die Grabbeigaben, deren Reichtum soziale Stellung, Macht und Ansehen des Verstorbenen charakterisiert, verdeutlichen den Wandel in Mentalität und Kunstgefühl, der von einer Generation zur nächsten erfolgte. In den Langobardengräbern signalisieren die Scheibenfibeln die Öffnung hin zu neuen künstlerischen Vorbildern und Dekorationen.
Die von einem byzantinischen Prototyp inspirierte goldene Fibel oben stammt aus einem Frauengrab in Castel Trosino (Grab 16): eine einfache Scheibe, am Rand mit acht eingefassten farbigen Schmucksteinen aus Glaspaste und in der Mitte mit einer spätantiken Gemme verziert. Rom, Museo Nazionale dell'Alto Medioevo

In einem anderen Frauengrab von Castel Trosino (Grab 115) weist die Fibel einen plastisch erhabenen Ring auf, der sie in zwei konzentrische Zonen unterteilt; diese zeigen einen geriefelten Drahtdekor. Einige Merkmale der Ausgestaltung lassen vermuten, dass sie im byzantinischen Rom hergestellt und dann von einer vornehmen Langobardin benutzt wurde. Rom, Museo Nazionale dell'Alto Medioevo

Alles war im Verlauf ziemlich weniger Jahre passiert. Ein Volk von fernem Ursprung in Skandinavien waren die Langobarden, hatten sich nach verschiedenen Wanderungen lange Zeit am Unterlauf der Elbe niedergelassen, wo sie zwischen dem 1. Jahrhundert v. Chr. und dem 4. Jahrhundert n. Chr. bezeugt sind und in den Gesichtskreis der antiken Historiker von Strabon bis Tacitus treten. In der 2. Hälfte des 5. Jahrhunderts wenden sie sich in Richtung des Donaubeckens, besetzen zuerst das Land der Rugier (488 von Odoaker besiegt) und schließlich Pannonien. So geraten sie in den Einflussbereich Konstantinopels, mit dem sie eine recht vorteilhafte Allianz schließen, indem sie als Bollwerk gegen die fränkische Expansion nach Osten dienen. Doch sie befinden sich auch in einiger Nähe zu Italien, das sie wahrscheinlich an der Seite der Truppen des Narses im Lauf des griechisch-gotischen Krieges (Schlacht von Tadinae/Gualdo Tadini 552) direkt kennengelernt hatten. Die vorausschauende Eheschließungspolitik des Königs Wacho festigt die Dynastie und erlaubt die Knüpfung von Beziehungen zu den angrenzenden Völkern. Die führende Schicht bekennt sich in dieser Zeit zur katholischen Religion: Der Übertritt zum Arianismus war vermutlich ein politischer Akt Alboins (König seit 565) als Antwort auf den Bruch der Allianz von Seiten Justinians II. Im Jahre 568 schließt Alboin mit den Awaren, denen er Pannonien überlässt, ein Bündnis gegen Byzanz und ruft zur Massenauswanderung des ganzen Volkes auf, das in heilloser Flucht begriffen zu sein scheint: Die Häuser werden angezündet, und nichts von Wert lässt man hinter sich.

Die nach ihrem Fundort benannte „Fibel von Benevent“ dürfte einem Fürsten aus der Langobardia Minor gehört haben. An der Fibel hängen drei Gemmen, verziert ist sie mit Filigran und Perlschnüren und enthält in der Mitte eine eingefasste Kamee. Ob es sich dabei um eine spätantike Arbeit oder eine langobardische Imitation handelt, ist nicht genau zu bestimmen: Die langobardischen Goldschmiede entwickelten ausgeprägte Fähigkeiten darin, Vorbilder ganz unterschiedlicher Provenienz nachzuahmen. Oxford, Ashmolean Museum

Seit der Mitte der fünfziger Jahre des 20. Jahrhunderts wurden in den Langobardengräbern auf heutigem ungarischen Gebiet systematische Untersuchungen durchgeführt, die eine reiche Ernte an Informationen über Bestattungsriten und -bräuche geliefert haben, von denen sich einige auch in Italien in den Gräberstätten erster Generation wiederfinden. Die Friedhöfe enthalten Reihengräber. Der Leichnam des Verstorbenen wurde von Gegenständen begleitet, die über seine soziale Rolle und seinen Rang Auskunft geben. Die *gens Langobardorum* bildete das Heer, und seine Mitglieder *(exercitales)* waren die Kämpfer; die Volksversammlung bestand also aus den unter Waffen stehenden Männern. Die soziale Struktur wurde von der *fara* gebildet, dem auf die Verwandten, auf die zugehörigen Kinder, die Halbfreien und die Sklaven ausgeweiteten familiären Kern. Aus der Analyse der Gräber kann man ableiten, dass eine mittlere *fara* 20–25 Personen pro Generationenspanne zählte. Die Ausrüstung eines Kriegers umfasste üblicherweise die vollständige Bewaffnung: Schwert *(spatha)*, Lanze mit Weidenblattspitze, einen in der Mitte durch einen Bronzebuckel verstärkten Holzschild. Häufig begleitete das Pferd im Tod seinen Herrn in einem eigens dafür vorgesehenen Raum. Die Kinder *(faramanni)* wurden mit der Lanze bestattet; die Halbfreien *(aldii)* mit Pfeilen und Bogen. Die Frauen trugen Halsketten und ein Paar S- oder scheibenförmige Fibeln. Bei Brünn und in Poysdorf wurden die Gräber zweier Goldschmiede gefunden, die von ihren Arbeitsinstrumenten ins Jenseits begleitet wurden. Es handelt sich um kostbare Funde, durch die wir unsere Kenntnisse von einer bei den Langobarden höchst angesehenen künstlerischen Technik vertiefen können. Gerade im Schmuck der Bügelfibeln der pannonischen Grabstätten kann man Züge von Originalität finden, wie die Umgestaltung der geometrischen Kerbschnittornamentik von merowingischer Herkunft und die Tierornamentik des I. Stils, auch in der Variante der Schlaufenornamentik.

Alboin dringt mühelos nach Italien vor, fast ohne auf Widerstand von Seiten der byzantinischen Truppen zu stoßen („sine aliquo obstaculo“, sagt Paulus Diaconus). Wie Hannibal in der Erzählung bei Titus Livius ersteigt er einen Berg, um auf das Land hinabzuschauen, in das es einzufallen galt. Der König blickte auf ein verarmtes und von langen Jahren des Krieges und des Mangels geschwächtes Land. Die Invasion schreitet schnell voran, hinterlässt unbesetzte Flecken auf der Karte, Widerstandsnester oder auch regelrechte Enklaven wie das weite Gebiet um Ravenna, das Exarchat, das später den Namen Romagna erhielt, oder das Gebiet Latiums um Rom herum, die alle durch die Via Flaminia verbunden waren. Cividale (das antike Forum Iulii) ist der Sitz des ersten Herzogtums, das territoriale Verbindungsgelenk der Macht, an dessen Spitze der Neffe des Königs Gisulf gestellt wird. Pavia wird belagert, kapituliert 572 und wird Residenz des Herrschers, der sich im *palatium* Theoderichs niederlässt. Die führende Klasse von senatorischer Herkunft wird enthauptet oder, ihres Grundbesitzes beraubt, zu großen Teilen nach Ravenna oder Konstantinopel zur Flucht gezwungen. Die wenigen Zurückgebliebenen zetteln Intrigen an wie die Ermordung Alboins durch Rosamunde in Verona. Der Nachfolger Clephi stirbt nach nicht einmal zwei Regierungsjahren, und sein Sohn Authari nimmt wie Theoderich bei der Thronbesteigung den Titel *Flavius* an. Die Byzantiner hatten indes nicht die Hoffnung aufgegeben, das Territorium zurückzuerobern, als sie sich von den noch unter ihrer Kontrolle befindlichen Gebieten zurückzogen; mit Geschenken versuchten sie, die Herzöge zu bestechen. Authari hatte die katholische Bajuwarenprinzessin Theodolinde geheiratet, die, Witwe geworden, die Königsmacht dem neuen Ehegatten übeträgt, dem thüringischen Herzog von Turin Agilulf. Die Residenz wird nach Mailand verlegt (604 wird dem Volk im Circus der Erbe Adaloald präsentiert), und Monza wird zur Sommerresidenz erwählt. Der lange Prozess des Glaubenswechsels wird eingeleitet, der zu Beginn des 8. Jahrhunderts unter Liutprand abgeschlossen sein wird und sich unauflöslich mit der fortschreitenden kulturellen Angleichung verbindet.

Für dieses komplexe Phänomen geben die ersten langobardischen Gräberstätten in Italien ein wertvolles Zeugnis ab, in deren Grablegungen nach Jahrhunderten die gleiche Grabausstattung wieder auftaucht. Im Norden des Wohnbereichs von Cividale wurde 1817 die Gräberstätte von S. Giovanni-Cella entdeckt, die insofern den ältesten Fund dieser Art bildet (die Fundstücke wurden leider ganz in Unordnung gebracht). In jüngerer Zeit (1960) wurde die Gräberstätte von S. Stefano in Pertica aus dem Anfang des 7. Jahrhunderts erforscht. Das Gebiet von Castel Trosino bei Ascoli Piceno, also im Dukat von Spoleto, hat zahlreiche Gräber wieder hergegeben, unter denen die wichtigsten die von der Anhöhe von S. Stefano sind; sie enthalten Bestattungen, die auf die zweite Hälfte des 6. Jahrhunderts zurückgehen. Entlang der Via Flaminia, der Hauptverbindungsstraße zwischen Rom und dem Exarchat, wurde bei Nocera Umbra die zweite wichtige Bregräbnisstätte der Langobarden gefunden, die Nekropole von Portone. Die große Zahl an Gegenständen erlaubt es, die kulturelle Assimilation bzw. Akkulturation der Bevökerung recht gut zu rekonstruieren, die langsam die germanischen Traditionen aufgibt, um sich in den Kreis der vorgefundenen kulturellen Vorbilder des Mittelmeerraumes einzureihen. Freie Männer und Frauen werden in Kleidung und mit Accessoires bestattet, von denen nur die Metallbestandteile übrig geblieben sind. Die männlichen Grablegungen enthalten Waffen (*spatha*, Schild und Lanze), die weiblichen dagegen Schmuckstücke und S-förmige Fibeln. Die Keramik ist sehr einfach und mit Stempeln verziert. Neu und von besonderem Interesse mit Blick auf die Bestattungen in Pannonien ist das Vorhandensein kleiner Kreuze aus getriebenem Goldblech (Goldblattkreuze), die wahrscheinlich eine apotropäische Funktion besitzen.

Auch dieses mit Prägungen verzierte Goldblechkreuz gehörte zu den reichen Beigaben des Grabes von Stabio (Kanton Tessin). Das auf den vier Armen identische Dekorationsmotiv mit Volutenranken und fantastischen Tieren hat seine ikonographischen Vorläufer im Mittelmeerraum und in Byzanz. Zürich, Schweizerisches Landesmuseum

Aus einem Grab der unmittelbar auf die Ankunft der Langobarden folgenden Jahre (dem sog. Grab des Herzogs Gisulf) stammen das Goldblechkreuz (links) und der Gold- und Emailbesatz eines Reliquiars (Mitte). Die acht kleinen Köpfe, die das Kreuz zieren, wurden als Porträts oder als Antlitz Christi gedeutet. Die Machart der Köpfe und die Einfassung des Steins erinnern an Byzanz, der Besatz des Reliquiars wird ebenfalls als byzantinische Arbeit angesehen. Cividale del Friuli, Archäologisches Nationalmuseum

Die Niederlage des byzantinischen Heeres und die Enthauptung der führenden einheimischen Klasse ermöglichte es den Langobarden, sich an den Plätzen der Macht und in den prestigeträchtigsten Bauten niederzulassen. Dabei legten sie eine ausgeprägte Bevorzugung der gotischen Tradition (d.h. der zahlreichen von Theoderich in Norditalien errichteten Paläste) an den Tag, an die man bewusst anzuknüpfen verstand. Von der Bautätigkeit ist nicht viel erhalten; ein wenig trägt zu ihrer Erhellung lediglich ein dem Edikt Rotharis beigefügter maßgebender Text mit Vorschriften bei, das *Memoratorium de mercedibus commacinorum,* der die Vergütungen für die am Bau oder bei der Ausschmückung beschäftigten Arbeiter festsetzt.

Im Domschatz von Monza werden Kunstwerke verwahrt, die mit Agilulf, Theodelinde und Gregor dem Großen im Zusammenhang gebracht werden. Sie sind von feinster Machart, und in einigen Fällen ist sich die Wissenschaft unsicher darin, ob sie lokalen oder viel erfahreneren römischen Goldschmieden zuzuweisen sind.

Rechts: Das Kreuz Agilulfs, ursprünglich zu einer verloren gegangenen Votivkrone gehörig.

Von einfacherer Machart, doch für die Zeit ebenfalls außergewöhnlich ist die sog. Votivkrone Theodelindes.

In der ökonomischen, politischen und sozialen Krise, die den Übergang von der Spätantike zum frühen Mittelalter kennzeichnet, reduzierte sich die Gesamtheit der römischen Handwerksbetriebe drastisch. Ein Indikator von höchstem Interesse in dieser Richtung ist die Produktion der Bildhauerkunst, die Anleihen bei den epigrafischen Werkstätten vornahm. Diese gravierten in die Steinplatten ein, und auch in der Plastik ging man jetzt dazu über, „in negativo" zu arbeiten. So verbreitete sich die Praxis der „Gravurtechnik" in der Bildhauerei, die den Ausgang des 6. und das 7. Jahrhundert charakterisiert, auch in Kirchen von hohem Prestige wie der Palastkapelle von Monza. Von der von Theodolinde nahe dem eigenen Palast gegründeten und schon seit Jahrhunderten infolge der Errichtung des Doms im 13. Jahrhundert verschwundenen Kirche sind nur wenige Bauelemente erhalten, u.a. zwei Platten der liturgischen Ausstattung, von denen eine – mit zwei Lämmern in Anbetungshaltung zu Seiten des Kreuzes – eine Psalm 14 entnommene Inschrift trägt, die auf ein zu erfüllendes Gelübde anspielt (wahrscheinlich die Mutterschaft der Königin). Der außergewöhnlichste Befund aus der Präsenz der Langobarden in Monza ist zweifellos der großartige ursprüngliche Kern des Kirchenschatzes, der neben wahrscheinlich von Papst Gregor dem Großen als Geschenk gestifteten Werken, wie dem Einband des Evangeliars, erlesene Goldschmiedearbeiten wahrscheinlich aus königlichem Auftrag enthält, insbesondere die Reihe von Votivkronen mit Kreuzen (sog. Krone Theodolindes und Krone Agilulfs, die leider entwendet und in Paris zerstört wurden). Sie erinnern stark an den westgotischen Schatz von Guarrazar, der jetzt im Archäologischen Museum von Madrid liegt.

DE DONIS DI · OFFERIT
THEODELENDA REG
GLORIO · SIS SEMA
SCO · IOHA · NNI BAPT

INBAS ELICA
QVAMIP SAFVND
INMO DICIA

Aus dem Oratorium von San Michele alla Pusterla in Pavia stammen zwei Chorschranken, von denen die eine zwei Meeresungeheuer mit Löwenkopf darstellt, die einem Lebensbaum zugewandt sind. Die andere zeigt zwei Pfauen, die aus einem Kantharos trinken, auf dem ein Kreuz ruht. In der ersten Hälfte des 8. Jahrhunderts waren Künstler herangereift, die formale Eleganz mit harmonischer Verteilung der Figuren zu verbinden in der Lage waren und mit ihrer Technik wirkungsvolle Helldunkeleffekte erschlossen. Pavia, Musei Civici

Ein rätselhaftes, geheimnisvolles Monument, über das die Wissenschaftler immer noch diskutieren, denn die Datierungen schwanken zwischen der Mitte des 6. Jahrhunderts bis hin zum 10. Jahrhundert, ist die kleine Kirche S. Maria foris portas von Castelseprio, einem befestigten Flecken im Tal der Olona an der von Mailand nach Varese führenden Straße. Von den ursprünglichen Apsiden (drei Konchen und ein kurzer Saal gegenüber) ist nur die erhalten, die im Jahr 1944 einen ganz erstaunlichen, leider ziemlich schlecht und lückenhaft erhaltenen Freskenzyklus preisgegeben hat, der mit seinen den apokryphen Evangelien entnommenen Episoden die Kindheit Christi zum Thema hat. Die Flüssigkeit des Pinselstrichs, die Unmittelbarkeit und „impressionistische" Frische der Farben, die sichere Raumaufteilung weisen auf die Hand eines Künstlers, der Rom und Konstantinopel im Blick hat. Also eine byzantinische „Insel" im langobardischen Italien oder ein seltener Rest der kurzen Phase, die der Invasion von 568 unmittelbar nach dem griechisch-gotischen Krieg vorherging? Oder aber ein Wiederaufleben des Klassizismus nach der Unterbrechung durch den Ikonoklasmus?

Die geradezu schwindelerregende Reihe von Thesen zur Datierung wird dank einem Graffito auf dem Putz der Apsis glücklicherweise im 10. Jahrhundert unterbrochen, der den Mailänder Bischof Ardarich erwähnt. Leider haben die archäologischen Untersuchungen keine eindeutigen Hinweise geliefert, auch wenn es vielleicht so scheint, dass sie vorzugsweise auf die karolingische Zeit (Anfang des 9. Jahrhunderts) weisen. Auf diese Hypothese konzentrieren sich neuerdings die Untersuchungen, auch wenn der Vergleich mit dem benachbarten Zyklus des Turms von Torba sie schwer annehmbar macht.

Vorhergehende Doppelseite: Der Einband des Evangeliars der Theodolinde folgt in der Flächeneinteilung und der Verzierung klassischem Geschmack mit reichen östlichen, besonders syrischen Einflüssen. Monza, Domschatz

Auf der folgenden Doppelseite: Seitlich des Medaillons mit der Büste des bärtigen Christus im oberen Register der Apsis von Santa Maria in Castelseprio sind Szenen aus dem Leben Marias dargestellt, in die ursprünglich rechts und links zwei – heute verlorene – Medaillons eingefügt waren, die Maria und Johannes den Täufer darstellten. Links die Prüfung des bitteren Wassers (nach den Apokryphen), rechts der Engel, der Johannes im Traum erscheint.

Fast vollständig verloren, weil verändert oder zerstört, sind die Gebäude. Daher bleibt die Plastik als einzig wesentliches Zeugnis, insbesondere die Grabsteine und die Platten der liturgischen Ausstattung. Pavia bewahrt einen ziemlich bedeutenden Reichtum an Grabinschriften, der wegen seiner Verbindung zu den Herrschern und den hohen Würdenträgern des Reiches von besonderem Interesse ist. Der Umstand größerer Raffinesse dieser Arbeiten passt zur Zeit Liutprands (erste Hälfte des 8. Jahrhunderts), in der bewusst klassische Vorbilder verwertet und in flüssig ausgeführten Grafismen von insularer Herkunft abgewandelt werden. Ein sprechendes Beispiel ist die Grabplatte des heiligen Cumian, die von König Liutprand selbst dem Kloster S. Colombano in Bobbio geschenkt und von einer Werkstatt in Pavia gearbeitet wurde; erhalten ist der Name ihres Verantwortlichen, „magister Johannes". Wahrscheinlich zur selben Werkstatt gehören die Platten, die man früher dem Sarkophag der Äbtissin Theodota zurechnete, die jedoch Teile einer liturgischen Schranke aus dem Oratorium von S. Michele alla Pusterla sind. Den spätantiken Vorbildern verwandte Pfauen sind geflügelte Greifen entgegengestellt, die in einer zweidimensionalen, höchst gedrängten Komposition fantasievoll ausgearbeitet sind, in der jeder Platz ausgefüllt ist.

Von der Kapelle S. Anastasio, die der Herrscher bei seiner Jagdresidenz in Corteolona errichten ließ, ist nur das Fragment eines aus einem Kantharos trinkenden Lamms geblieben (in den Musei Civici von Pavia). Noch bemerkenswerter ist das, was von der Kirche S. Maria di Aurona in Mailand geblieben ist, die 1868–69 ganz unzulänglich erforscht wurde. Die Stücke befinden sich in den Civiche Raccolte d'Arte Antica in Mailand.

Eine außergewöhnliche Reihe von Skulpturenmaterial, das sich um die Mitte des 8. Jahrhunderts verteilt, wird in Cividale aufbewahrt. Von der zerstörten Kirche S. Giovanni Battista stammen der Reliquiar-Altar von Ratchis, jetzt im Museo Cristiano, der an der Vorderseite die *Maiestas Domini* darstellt, mit Christus in der Mandorla, gehalten von vier Engeln mit expressionistisch verformten Armen, und das sog. Baptisterium des Callixtus mit dem achteckigen, von Säulen überstandenen Taufbecken, auf denen mit Tierfiguren und geometrischen Motiven geschmückte Bogen ruhen. Im Sockel ist die sog. Sigwald-Platte eingelassen, die in verknüpften Ringen die kühn abbreviierten Symbole der Evangelisten aufweist; die Ringe enthalten Schriftrollen, auf denen sich Verse des *Carmen Paschale* von Caelius Sedulius befinden, eines lateinischen Dichters aus dem 5. Jahrhundert n. Chr. Problematischer ist die Stellung des sog. Langobardentempels oder Oratoriums von S. Maria in Valle, ebenfalls in Cividale, der zusammen mit S. Salvatore in Brescia eine Episode an der Grenze zur bevorstehenden karolingischen Zeit bildet. Die beiden Monumente sind auch durch die üppige Verwendung von Stuckdekoration vereint, die, insbesondere in der Prozession der heiligen Jungfrauen des Oratoriums, Charakteristika einer subtilen Rückbesinnung auf das spätantike Erbe annimmt.

Das Bildprogramm der Fresken von Santa Maria in Castelseprio enthält zahlreiche Szenen aus dem Leben Marias in einer erzählerischen Fülle, die anderswo kaum ihres Gleichen hat. Hier die Darstellungen Mariä Geburt und Verkündigung an die Hirten (oben) sowie Mariä Verkündigung und Mariä Heimsuchung (rechts).

Zur Zeit des Königs Liutprand ließ der Patriarch Callixtus dieses Baptisterium errichten; seine Bögen sind verziert mit Tieren, Weinreben, Trauben, Blättern und Blumen. In den Sockel ist die sog. Sigwald-Platte eingefügt. Cividale del Friuli, Museo Cristiano

Während des Übergangs von der langobardischen zur karolingischen Zeit wurde das Oratorium von Santa Maria in Valle gebaut, eine mit einem Frauenkloster verbundene Kapelle. Hier ist eine der elegantesten weiblichen Heiligenfiguren aus dem Zug auf der Ostwand in – ursprünglich polychromem – Stuck wiedergegeben. Der Realismus der Details ist durch eine sakrale Würde charakterisiert, deren stilistische und ikonographische Wurzeln in spätantiken Vorbildern liegen. Cividale del Friuli

Die Langobarden des Südens

Die von Paulus Diaconus so lebendig dargelegte Geschichte wird jäh mit dem Tode Liutprands (744) unterbrochen. Die lebhafte politische und militärische Aktivität seiner Nachfolger, insbesondere Aistulfs, der Ravenna erobern wird, löst jenen Mechanismus der Verteidigung von Seiten des Päpstlichen Stuhls aus, der zur Hineinziehung der Franken, der Niederlage des letzten Königs Desiderius und der Vernichtung der Langobarden im Europa der Karolinger führen wird. Einzig im Dukat von Benevent überleben sie, das selbst zum Fürstentum aufsteigt und bis zur Ankunft der Normannen standhalten wird.

Zu den bedeutsamen Monumenten des Dukats gehört die Basilika des Erzengels Michael auf dem Monte Gargano, der die Herzöge Romoald und Grimoald ihre Aufmerksamkeit gewidmet hatten. Fast ganz verschwunden ist die Abtei von Montecassino, und so stellt den bedeutendsten Klosterkomplex des Dukats S. Vicenzo am Volturno dar, der in jüngerer Zeit gründlich untersucht worden ist. Doch der bedeutendste Moment ist wieder einmal die Mitte des 8. Jahrhunderts. Arichis II., der

In Benevent – in der Langobardia Minor – ließ Herzog Arichis neben dem eigenen Palast die Kirche Santa Sofia errichten, den komplexesten Bau der langobardischen Architektur.

Im Inneren bilden große Freskenfragmente das bedeutendste Zeugnis der Malerei dieser Zeit in den langobardischen Gebieten im Süden. Das Fragment mit der Verkündigung an Zacharias in der linken Apsis verweist in Ikonographie und Stil, in seiner starken Expressivität und seinem betonten Realismus auf die syrisch-palästinensische Malerei vom Anfang des 8. Jahrhunderts.

Mit ihrem konzentrischen Grundriss in Sternform und mit Dreikonchenapsis steht die Kirche Santa Sofia in direkter Verbindung mit der gleichnamigen Kirche von Konstantinopel, der Hagia Sophia. Sie diente dem Fürsten als Palastkapelle und der gens Langobardorum als Heiligtum.

erste, der sich als Fürst bezeichnen ließ, „ließ sich von den Bischöfen salben, setzte sich die Krone auf und verfügte, dass am Ende seiner Urkunden geschrieben werde ‚verfasst in unserem allerheiligsten Palast'" (Leo von Ostia, *Chronica*). Ihm ist die Gründung der Kirche S. Sofia in Benevent (758) zu verdanken, „templum ... opulentissimum ac decentissimum", wie Erchempert schrieb, eine Rückbesinnung auf die byzantinischen Vorbilder (von denen er auch die Widmung kopiert), was den Zentralgrundriss betrifft. Dieser wird durch die einzigartige Stern-Lösung variiert, die jetzt in einer gründlichen modernen Rekonstruktion ihre Würdigung findet. Arichis passt sich den Einstellungen der Herrscher von Pavia an, die nach dem Übertritt zum Katholizismus in der Errichtung von Kirchen und Klöstern eine der Manifestationen ihres Wohltätertums sahen – nicht ohne eine genaue Kontrolle der kirchlichen Hierarchien: Die erste Äbtissin des Klosters S. Sofia war die Schwester des Herzogs selbst. Sehr schwer zu beurteilen ist die chronologische Stellung der spärlichen Freskenfragmente, die im Lauf der Restaurierungsarbeiten an der Kirche gefunden wurden und jedenfalls eines der beachtlichsten Zeugnisse der frühmittelalterlichen Malerei in Süditalien bilden.

Auch wenn man bereits über eine gute Kenntnis des frühmittelalterlichen Schaffens auf dem Gebiet der Skulptur verfügt, weit intensiver und reicher als man noch bis vor einigen Jahren gemeint hätte, als man glaubte, dass der Zeitraum vom 7. bis zum 10. Jahrhundert fast ganz ohne Skulpturenzeugnisse sei, findet man nicht selten, insbesondere in deutschsprachigen Veröffentlichungen, noch den Begriff „langobardisch“ zur Bestimmung der Skulptur mit komplexem geometrischem Flechtwerk, der

Die Kirche San Salvatore in Brescia wurde im Auftrag von König Desiderius und seiner Gattin Ansa gestiftet. Im Innern weist sie drei durch Säulen gegliederte Schiffe auf, die Kapitelle sind fein ausgearbeitet. Die Bogenlaibungen und Bogenrücken waren in Stuckdekor mit einer Vielzahl von Motiven verziert: Flechtwerk, Trauben, Blattwerk. Die Wände des größeren Schiffes waren vollständig mit Fresken geschmückt. Die Eleganz des Raumes und die Feinheit der Formen, eine Wiederaufnahme der byzantinischen Tradition von Ravenna, machten die politische und wirtschaftliche Macht der Dynastie spürbar. Brescia, Santa Giulia-Museo della Città

Plastik also von im Wesentlichen nichtfigürlicher Struktur, deren dekoratives Gerüst aus einem Flechtwerk von Bändern besteht, die sich ineinander schlingen und in begrenztem Maß stilisierte vegetabilische und tierische Elemente eindringen lassen.

Es handelt sich bei dieser Sehweise um das Überbleibsel eines kritischen Standpunkts nach dem Muster des 19. Jahrhunderts, der dazu tendiert, in den germanischen Völkern den Träger der Verbreitung dieser Art Dekor zu sehen, das über eine große Zeitspanne, vom 4. bis mindestens zum 13. Jahrhundert und manchmal, in den Quellen der „Volkskunst“, noch darüber hinaus, und auf einem ebenso weiten räumlichen Gebiet (von Irland bis nach Italien) verbreitet und unterschiedslos auf römischen Fußbodenmosaiken, barbarischen Goldschmiedearbeiten, irischen Miniaturen, skulptierten Platten der karolingischen liturgischen Einrichtung oder romanischen Architekturgesimsen vertreten ist. Es sind jedoch Phänomene, die nicht gleichzeitig aufgekommen sind; für die Plastik muss man bis zur Mitte des 8. Jahrhunderts warten.

Wenn man sich auf Italien beschränkt, bietet ein gutes Beispiel für das erste Vorkommen das herrliche Treppengeländer am Ambo der Basilika S. Salvatore in Brescia, die um 753 von Desiderius und seiner Gattin Ansa gestiftet wurde. Die dreieckige Platte ist zur Gänze von einem heraldisch gelagerten großen Pfau ausgefüllt, der von weichen Rankenvoluten in klassizisierender Tradition umgeben ist, ganz in der Manier der Wiederaufnahme antiker Vorbilder, die die sog. „liutprandische Renaissance“ kennzeichnet. Die untere Begrenzung wird dagegen von einem Streifen markiert, der von einer „insularen“ Miniatur abgeleitet scheint. Auf ihm gehen aus einem Knoten zwei Reihen parallel laufender Flechtbänder hervor, die eine Art Rahmen bilden. Hier liegt der erste zaghafte Auftritt eines dekorativen Schemas vor, das sich in der zweiten Hälfte des Jahrhunderts gebieterisch durchsetzen und so als nichtfigürliches Instrument einen Großteil des karolingischen und nachkarolingischen Schaffens auf dem Gebiet der Plastik charakterisieren wird.

Bei dem auf dieser Platte dargestellten Pfau handelt es sich um ein recht bekanntes ikonographisches Thema, das die frühchristliche Tradition von der klassischen Antike übernahm. Die Ausführung des Flachreliefs ist von sehr hoher Qualität, die des Pfauen und der ihn umgebenden Weinreben ist byzantinisch inspiriert. Das darunter liegende Flechtwerk hingegen folgt irischen Vorbildern. Brescia, Santa Giulia-Museo della Città

Man hat sich gefragt, warum solche Motive in dieser Periode diesen ganz besonderen Erfolg haben konnten. Zweifellos hatte die Kirchenreform Chrodegangs von Metz es notwendig gemacht, dafür zu sorgen, dass sich bei der durchgreifenden Neugestaltung zahlreicher Presbyteriumsschranken der liturgische Raum des Zelebranten und der für die Gläubigen bestimmte voneinander abheben. Die Steinmetzwerkstätten waren daher gehalten, alle verfügbaren Repertoires von Vorbildern auszunutzen und u.a. auf Schemata zurückzugreifen, die sich durch ihre Natur zu vielfältigen Wiederholungen und Variationen eigneten.

Wahrscheinlich ist Rom das Zentrum, in dem man eine solche Entwicklung besser verfolgen kann, dank der Vielzahl sich gegenseitig erhellender Zeugnisse der erhaltenen kirchlichen Kontexte und dank der kostbaren Quelle des *Liber Pontificalis,* das die liturgischen Erneuerungsmaßnahmen an den Sakralbauten zu den verschiedenen Pontifikaten in Beziehung setzt. Wenn die jüngst vorgebrachte Hypothese ohne weiteres verführerisch erscheint, in diesem besonderen Schaffen eine Art „westliche" Antwort auf die Ikonoklasmusdebatte zu sehen, ist doch die Komplexität der ursprünglichen Ausstattung der liturgischen Einrichtung nicht zu vergessen, die Ausbauten und Ergänzungen in unterschiedlichen Materialien vorsah (derselbe Stein konnte eine farbige Ergänzung bekommen und zugleich „figürlich" und „nichtfigürlich" sein), wie es das Presbyterium von S. Ambrogio in Mailand bezeugt, das durch die Hinzufügung des goldenen Altars Vuolvinios durch Angilbert II. in der ersten Hälfte des 9. Jahrhunderts erneuert wurde.

Der Einfluss des Mittelmeerraumes auf die Kunst Britanniens und Irlands

Peter Harbison

Die Verankerung des Christentums in Irland und unter den Angelsachsen

Zu Lebzeiten des Propheten Mohammed fanden zwei Ereignisse statt, die jedes auf seine Art in den folgenden Jahrhunderten dem angelsächsischen Britannien den mediterranen Stempel aufprägen sollten: im Jahr 597 das Eintreffen der römischen Mission des Augustinus in Canterbury auf Geheiß Papst Gregors des Großen, und die Gründung des Klosters in Bobbio in Norditalien durch Kolumban den Jüngeren etwa fünfzehn Jahre später. Das Erstere war eine direkte Einpflanzung der römischen Kirche in England, während das Letztere quasi einen nördlichen Finger darstellte, der sich südwärts über die Alpen ausstreckte, um anschließend in die gewaltige Ideenwelt des Mittelmeerraums einzutauchen und dort belebende Stärkung zu finden.

Die Absicht Augustins war es, im südlichen Britannien das Licht des Christentums neu zu entzünden. Den religiösen Anfängen, die sich spätestens bis zum 3. Jahrhundert in England etabliert hatten, war es schwergefallen, ihre Rettungsleine zum Heiligen Stuhl festzuhalten, nachdem die römischen Legionen Britannien im Jahr 409 verlassen hatten, während die Glut ihres christlichen Reiches allmählich erlosch und Stämme germanischer Heuschrecken bei der Durchquerung Europas von Ost nach West eine Spur der Verwüstung zurückließen. Die Ankunft von Angeln, Sachsen und Jüten im Rahmen derselben Wanderung des 5. Jahrhunderts vergrößerte das Problem nur noch, und die in Canterbury beginnende Mission Augustins kann mit einem Blasebalg verglichen werden, der warme Luft in ein Feuer bläst, um es wieder anzufachen. Dennoch gelang es dem Christentum außer Reichweite der Angelsachsen, im Westen Britanniens, von Cornwall bis hinauf nach Wales und weiter nördlich, bemerkenswert gut, zu überleben. Vom Norden Britanniens aus überquerte das Christentum wahrscheinlich auch das Meer in Richtung Irland und verbreitete sich dort spätestens bis zum frühen 5. Jahrhundert. Als Papst Coelestin I. den Gallier Palladius im Jahr 431 zum Bischof weihte, sandte er ihn sicherlich aus, damit er sich jener Iren annehme, die bereits an Christus glaubten.

Da die Angeln und Sachsen Irland ebenso unbehelligt ließen wie zuvor die römischen Legionen, konnte das Christentum auf der Insel ungestört und mit bemerkenswerter Geschwindigkeit Wurzeln schlagen, trotz der Tatsache, dass alle mit der neuen Religion verbundenen Handschriften in einem Alphabet geschrieben wurden, das die Menschen erst lernen mussten, und das in einer Sprache – Latein –, die sie

Diese Originaldarstellung einer Kreuzigung in einem Evangelium, das wahrscheinlich von irischen Mönchen nach Sankt Gallen gebracht wurde, enthält ein stilistisches Detail, durch das es in Verbindung steht mit einem Fresko aus Santa Maria Antiqua in Rom: das Blut, das in das Auge des Longinus spritzt. Das von Christus getragene Tuchgewand ist eine freie Interpretation des orientalischen Colobium. Sankt Gallen, Stiftsbibliothek MS. 51, S. 266

nicht kannten. Dennoch war es die Kenntnis dieser *lingua franca* der Christenheit, die es den Iren später ermöglichen sollte, in die Welt biblischer Gelehrsamkeit und Exegese einzutreten und ihren Beitrag dazu zu leisten. Das bischöfliche Diözesansystem, von dem wir annehmen müssen, dass Palladius es einführte und dass sein Nachfolger Patrick sich danach richtete, wurde im 6. Jahrhundert allmählich vom Aufstieg der Klöster eingeholt, der letzten Endes zweifellos von den Vätern in der ägyptischen Wüste inspiriert war. Diese Neugründungen, die wie Gänseblümchen aus den grünen Wiesen Irlands sprossen, übernahmen bald die religiöse Führung im Lande und wurden mit der Zeit auch die Förderer von Kunst, Kunsthandwerk und Kultur. Eine der bedeutendsten Persönlichkeiten in diesem Zusammenhang war Kolumban der Ältere, der das Land seiner Geburt verließ, um sich ins freiwillige Exil auf die Hebrideninsel Iona zu begeben, von wo aus seine Mönche das Evangelium zu den Pikten des östlichen Schottland brachten und südwärts nach Northumbria in Nordostengland vordrangen, wo sie direkt mit den nach Norden ziehenden Nachfolgern Augustins zusammenstoßen sollten. Eine weitere starke Persönlichkeit, die aus diesen irischen Klöstern hervorging, war Kolumban der Jüngere, der Irland ebenfalls verließ und kurz vor seinem Tod im Jahr 615 an den südlichen Ausläufern der Alpen das Kloster Bobbio gründete, von wo aus später mediterrane Kunst und Kultur zurück in seine Heimat fließen sollten.

Augustinus, ein ergebener Diener des Papsttums, unterscheidet sich erheblich von dem hitzigen Kolumban, der vor einer Meinungsverschiedenheit mit dem Papst nicht zurückschreckte, als er es in der Frage, wann das Osterfest begangen werden sollte, für angebracht hielt. Beide Männer bewegten sich, geographisch und in gewissem Umfang auch geistig, etwa um dieselbe Zeit in entgegengesetzte Richtungen. Dennoch personifizierten ihre jeweiligen Taten unterschiedliche Aspekte aus dem Strom kultureller und künstlerischer Ideen des Mittelmeerraumes zu den britischen Inseln und nach Irland, die in ihrer Mehrzahl, wenn auch nicht vollständig, im Dienst der Kirche standen.

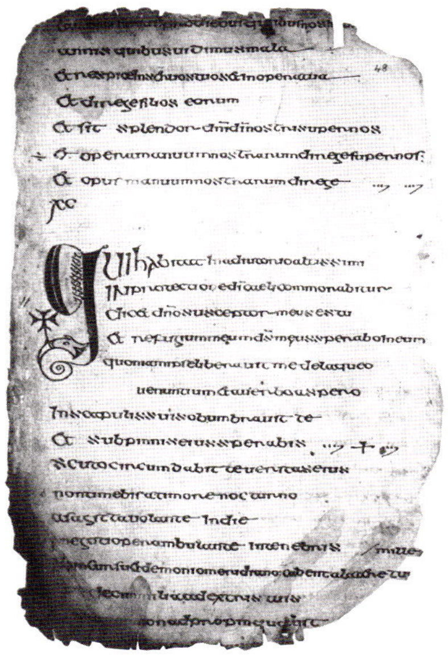

Die „Cathach" genannte Handschrift gehört zu den ältesten der irischen Miniaturkunst. Die Psalmen in lateinischer Sprache wurden von irischen Schreibern in spätantiker Kalligraphie dargestellt. An den Initialen sind erste Anzeichen von Verzierung zu erkennen, die auf Ornamente aus der letzten Eisenzeit zurückgehen. Die Kreuze auf dieser Seite haben ihre Vorbilder in den metallenen Kreuzen des Mittelmeerraumes und aus Italien. Dublin, Royal Irish Academy, The Cathach, f. 48

Unterschiedliche Routen vom Mittelmeerraum nach Norden

Selbstverständlich waren diese Ereignisse aus der Zeit um das Jahr 600 herum nicht die frühesten diesbezüglichen Verbindungen. So lassen sich Kontakte zwischen dem Mittelmeerraum und Nordwesteuropa, teils zur See, teils über Land, bis weit zu den Nebeln der Vorgeschichte zurückverfolgen. Etwa zu Beginn des 6. Jahrhunderts n. Chr. gab es mehrere Sendungen aus rotem, geschlämmten Ton, Amphoren und Schalen, die zum größten Teil aus der Westtürkei, in geringerem Umfang aber auch aus Tunesien stammten. Sie erreichten auf dem Seeweg über verschiedene Atlantikrouten den Westen Britanniens, vor allem Tintagel in Cornwall, wo Zinn vielleicht der Anreiz war, das man auf der Rückreise mit nach Hause nehmen wollte. Johannes der Almosenpfleger, ein alexandrinischer Patriarch, der im Jahr 616 starb, entsandte ein mit Getreide beladenes Schiff, das der Kirche gehörte, nach Britannien, das ebenfalls mit einer Fracht desselben Minerals zurückkehrte. Ein gallischer Bischof namens Arculf erlitt beinahe ein Jahrhundert später auf der Fahrt nach Norden an der Westküste Britanniens Schiffbruch und erreichte die Insel Iona, wo er, vom Abt des Klosters, Adamnan, ausgefragt, von einer früheren Reise ins Heilige Land erzählte. Adamnan gab die Schilderungen Arculfs in seinem Buch *De Locis Sanctis* („Von den heiligen Stätten") wieder und verschaffte uns damit den wahrscheinlich ältesten erhaltenen Plan der Grabeskirche in Jerusalem.

Andere Routen aus dem Mittelmeerraum nach Norden dürften über Land verlaufen sein. Eine von ihnen, das Rhônetal aufwärts, trug möglicherweise die Idee des Mönchstums nach Norden, die aus Ägypten kommend die Insel Lérins vor Nizza erreicht hatte. Eine weitere dürfte über die Alpen und dann rheinabwärts verlaufen

Die Dekoration dieser Seite nach Art eines „Teppichs" aus dem Book of Lindisfarne hat in der Mitte ein rundes Paneel, von dem aus vier weitere Paneele ein Quadrat entwickeln. Die Zwischenräume sind von einem Band durchzogen. Die Umrahmung des Ganzen enthält Köpfe von Vögeln und anderem Getier, deren Körper im Rand aufgeben. Das Innere der Paneele hingegen weist Schmuckelemente der späten Eisenzeit auf, die über die Juweliers- und Steinmetzkunst in die Miniaturen gelangt sind. London, British Library, Cotton Nero D.IV, f. 94v.

sein. Dies ist mit ziemlicher Sicherheit der Weg, dem die Träger koptischer Bronzegefäße folgten. Neunzehn dieser Gefäße begleiteten Angelsachsen in deren Gräber in England. Das berühmteste dieser Gefäße ist die in der großen Schiffsbestattung in Sutton Hoo in Suffolk gefundene Schale, die dort wahrscheinlich irgendwann in den zwanziger Jahren des 7. Jahrhunderts deponiert wurde. Zu den Grabbeigaben gehörten auch ein Silberteller mit Prägungen Anastasius' I., des byzantinischen Kaisers, der im Jahr 518 starb, sowie eine Garnitur von zehn Silberschalen, die mit einem Kreuz verziert waren, das wahrscheinlich eine christliche Bedeutung hatte, obwohl die mit ihnen begrabene königliche Persönlichkeit wahrscheinlich Heide war. Aber bei all ihrer Bedeutung als Luxusgegenstände in ihrer Zeit hatten solche wertvollen

Metallgefäße wenig Einfluss auf das angelsächsische Metallgewerbe, das es vorzog, auf den von ihr hergestellten Broschen und anderen Gegenständen die Tradition germanischer Tierornamentik fortzusetzen.

Mediterrane Einflüsse auf dem Wege über irische und angelsächische Skriptorien

Etwa um dieselbe Zeit brachte Spanien eines der produktivsten Genies des frühen Mittelalters in der Gestalt Isidors von Sevilla hervor. Isidor führte im Jahr 633 den Vorsitz beim vierten Konzil von Toledo, das die Formulierung einer Verherrlichung Gottes billigte, die in griechischen Buchstaben seitlich an einer großen Steintafel in Fahan Mura im nordwestirischen County Donegal wiedergegeben wurde – wenngleich die Inschrift möglicherweise erst viele Jahre nach dem Konzil eingeritzt wurde. Die enzyklopädischen Werke Isidors und vor allem seine *Etymologiae* wurden schnell kopiert und überall in Europa verbreitet. Von den neun aus dem 7. Jahrhundert erhaltenen bekannten Handschriften seiner Werke wurden drei in Bobbio angefertigt und eine vierte entweder dort oder in Irland. Sie zeigen, in welcher Weise das norditalienische Kloster, aber auch Irland selber, schon sehr früh und deutlich sichtbar mit der Verbreitung der Werke Isidors zu tun hatte. Weil die Iren fasziniert von Isidors Gelehrsamkeit und Wortgewandheit waren, wurde er von fast allen irischen Autoren des 8. Jahrhunderts zitiert, die lateinische Abhandlungen verfassten.

Aber das Skriptorium von Bobbio spielte auch eine wichtige Rolle beim Sammeln neuer Ideen in der Handschrift-Ornamentik, die es vorteilhafterweise ebenfalls nach Irland zurückvermittelte, wo die jüngsten italienischen Neuerungen ausprobiert und bereitwillig übernommen wurden. Einer der neuen vom Skriptorium in Bobbio angewendeten Kunstgriffe war die Hervorhebung bestimmter Buchstaben, indem man sie mit roten Punkten umgab, ein typisches Merkmal, das in der Folge bei in Irland hergestellten Handschriften Verwendung finden sollte. Bobbio gehörte zu den ersten Orten, von denen man weiß, dass dort wichtigen Textabschnitten eine ganze Seite reinen Ornaments vorangestellt wurde. Man begegnet diesem Ganzseiten-Ornament im Bobbio-Exemplar des *Chronicon* von Orosius in der Biblioteca Ambrosiana in Mailand (D.23.sup.), das etwa aus dem Jahr 620 datiert. Eine Weiterentwicklung ist ein Jahrhundert oder noch später das *Book of Durrow*, bei dem manche Buchstaben ebenfalls mit roten Punkten eingefasst sind.

Doch Handschriften waren in Irland schon hergestellt worden, bevor der Einfluss von Bobbio durchzusickern begann, wie wir durch das *Cathach* in der Royal Irish Academy von Dublin wissen. Der Name leitet sich von einem irischen Wort her, das „der Kämpfer" bedeutet, weil die Handschrift von der Familie O'Donnell, deren bedeutender Nachfahre der oben erwähnte, im Jahr 597 verstorbene Kolumban war, als Talisman mit in die Schlacht genommen wurde. Die Überlieferung schreibt Kolumban die Handschrift zu, aber weil sie aus kunsthistorischen Gründen normalerweise auf die Zeit um 600 datiert wird, ist das nicht möglich. Es handelt sich beim *Cathach* um ein monochromes Exemplar der Psalmen, die jeweils von einem vergrößerten und verzierten Anfangsbuchstaben, der Initiale, eingeleitet werden, auf den Buchstaben folgen, die in der Größe allmählich abnehmen, bis sie mit der Höhe der übrigen Textlettern übereinstimmen. Die Verzierung der Initialen ist teilweise von keltischen Mustern aus der prähistorischen La-Tène-Zeit abgeleitet, doch ist sie mit Fischmotiven verbunden, die ihren Ursprung zweifellos in spätantiken Handschriften aus dem Mittelmeerraum haben. Die Form der Kreuze, die man mit den Initialbuchstaben des *Cathach* verbunden fand, erinnert an solche aus Metall, wie man sie aus dem östlichen Mittelmeerraum kennt. Ein ähnliches Kreuz wurde kürzlich als Zier an einem hölzernen Bischofsstab im Moor von Lemanaghan im County Offaly in Zentralirland gefunden und dendrochronologisch auf die Zeit um das Jahr 594 datiert.

Der Codex Amiatinus, eine der wichtigsten angelsächsischen Handschriften, entstand im Skriptorium von Monkwearmouth/Jarrow als bewusste und gewollte Nachahmung des spätantiken, mediterranen Stils, und zwar hinsichtlich seines Inhalts, seiner Schrift und seiner Miniaturen. Die Darstellung des Propheten Esra entspricht in ihrer Dreidimensionalität, in der Verwendung von Licht und Schatten, in der Platzierung auf der Seite und in der Marmor imitierenden Einfassung einem weit verbreiteten Kanon. Florenz, Biblioteca Laurenziana, Ms Amiatino 1. c. V.

4v
CODICIBVS SACRIS HOSTILI CLADE PERVSTIS
ESDRA DO FERVENS HOC REPARAVIT OPVS

Die nächste Generation erhaltener insularer Handschriften, für die der Bestand mit der Signatur A.M.TTO.10 in der Bibliothek der Kathedrale von Durham anschauliche Beispiele liefert, bringt nicht nur Farbe in die Verzierung, sondern führt auch das Rankenwerk in das Repertoire der Motive ein.

Rankenwerk findet sich in unzähligen Variationen in der Lombardei, doch ist Norditalien möglicherweise nicht die einzige mediterrane Quelle für diese Art der Verzierung, die auf den nördlichen Inseln Britanniens im 7. Jahrhundert allmählich die Ornamentik bereicherte. Natürlich findet sie sich in reichem Maße in der bedeutendsten erhaltenen insularen Handschrift dieses Jahrhunderts, dem bereits erwähnten *Book of Durrow*, Ms. A.4.5 (57), in der Bibliothek des Trinity College in Dublin. Hier beleben die Verzierung mit Punkten und das Ganzseiten-Ornament den Text mit etwas „südlicher Sonne". Die Idee, jedem Evangelium das Symbol des entsprechenden Evangelisten in einem Rahmen aus Rankenwerk voranzustellen, wurde wahrscheinlich von irgendeinem spätantiken Vorbild südlich der Alpen angeregt, das nicht mehr erhalten ist.

Zusammenstoß der Kulturen auf der Synode von Whitby

Für die Bestimmung von Entstehungsort und Datierung dieses „Buches der vier Evangelien" hat es mannigfache Vorschläge gegeben. Irland, Iona und Northumbria wurden allesamt erwähnt, und wer für die letztgenannte Option votiert, datiert die Handschrift gewöhnlich auf die Zeit nach der Synode von Whitby, die im Jahr 664 in Northumbria stattfand.

In Whitby traf die „keltische" Kirche des Nordens, deren Repräsentanten die Mönche aus Irland und Iona waren, auf die Nachfolger Augustins und deren römische Kohorten aus dem Süden. Augustinus war im Jahr 597 nach Canterbury gekommen, dem Jahr, als Kolumban auf Iona starb, und hatte ein silbernes Prozessionskreuz und eine Christus-Ikone mitgebracht. Die Kirchen, die er rings um Canterbury in Kent erbauen ließ, wurden von Zimmerleuten errichtet, die er aus Gallien mitgebracht hatte, doch die Entwürfe, die den Anbau einer Apsis am Ostende beinhalteten, stammten wahrscheinlich aus dem Mittelmeerraum. Die Heirat zwischen den königlichen Häusern von Kent und Northumbria ermöglichte es der Kirche, ihren Missionar Paulinus im Jahr 625 zur Bekehrung des Königs nach Northumbria zu entsenden, und es war hier, wo die ganze Kraft mediterraner Kunst spürbar werden sollte – aber erst, nachdem die römische Fraktion auf der Synode von Whitby in einem Streit über den Termin des Osterfestes triumphiert hatte, der auch ein Zusammenstoß der Kulturen des nördlichen und des südlichen Europa war. Die Iren behaupteten, im Recht zu sein, ginge ihre Art der Berechnung doch auf die Zeit der Apostel zurück, wohingegen Rom die neueste Berechnungsmethode übernommen hatte und auf ein anderes Datum gekommen war. Das Konservative zog den Kürzeren gegenüber dem Progressiven, und die Iren zogen sich auf ihre Insel im Westen zurück. Erhalten blieb ihr Einfluss auf die Kunst Northumbrias, wo die beiden gegensätzlichen Seiten ihren je eigenen Beitrag zur berühmtesten Handschrift Northumbrias, dem heute in der British Library in London aufbewahrten *Book of Lindisfarne* (Cotton Ms. Nero D.IV), leisten mussten.

Das Book of Lindisfarne aus der Feder des Schreibers Eadfrith enthält auch neuartige Darstellungen, die – in begrenztem Umfang – den Naturalismus der aus dem Mittelmeerraum kommenden Prototypen wieder aufnehmen. Der Evangelist Matthäus ist im Dreiviertelprofil zu erkennen und stärker stilisiert als die Esra-Figur im Codex Amiatinus. Verglichen mit dieser verliert die Gesamtkonzeption ihren Bezug zur Umgebung und besteht eigentlich nur aus dem Inbezugsetzen des Evangelisten mit der Figur hinter dem Vorhang und dem Engel.

imagohomi nis
O AGIOS
MATT
heus

Das *Book of Lindisfarne* gilt als einer der beiden bedeutenden Höhepunkte der Buchmalerei des ersten Jahrtausends in Britannien und Irland. Ein Signet aus dem 10. Jahrhundert schreibt seine Erschaffung Eadfrith zu, einem Bischof, der im Jahr 721 starb, und es ist durchaus möglich, dass das Buch im Zusammenhang mit der Übertragung der Reliquien Cuthberts von Lindisfarne im Jahr 698 entstand. Die herrlich ausgeführte Evangelienhandschrift kombiniert die einheimische Spiral-Verzierung und germanisches Tier-Rankenwerk mit einer neuen Welle mediterraner Elemente, darunter die Kanontafeln, die für eine Konkordanz zwischen den Evangelien sorgen, und der Einführung von Porträts der Evangelisten. Im Gegensatz zu den Rechteckrahmen der Tafeln im *Book of Durrow* hat *Lindisfarne* oben einen großen Bogen, der drei oder vier kleinere Bögen überspannt, ein Arrangement, das zuerst wahrscheinlich in italienischen Handschriften des 6. Jahrhunderts wie dem vor 546 geschriebenen *Diatesseron* von St. Victor in Capua entwickelt worden ist. Noch stärker fällt die mediterrane Herkunft bei der Serie der Evangelisten-Porträts auf, deren Quellen jedoch noch nicht zufriedenstellend nachgewiesen werden konnten. Mit Ausnahme des heiligen Johannes, der dem Betrachter mit einer Schriftrolle in Händen, auf der er jedoch nicht schreibt, frontal zugewandt ist, sieht man alle anderen

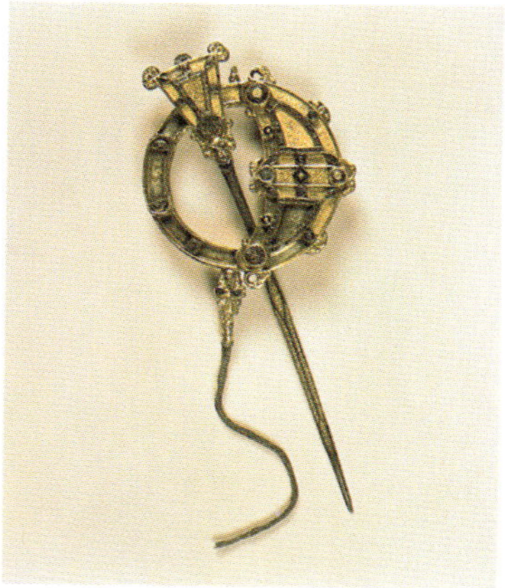

Die Fibel aus Tara aus vergoldetem Silber hat die Form eines gänzlich geschlossenen Ringes. Die gesamte Oberfläche ist sehr säuberlich verziert mit Damaszierungen, Edelsteinen, Stücken von dunklem Glas und Goldfiligran, das Bänderungen und Spiralen bildet, aber auch einen Tierkörper. Dublin, National Museum, Durchmesser 8,7 cm

Der silberne Kelch aus Ardagh diente liturgischen Zwecken. Am oberen Rand verläuft ein Zierband, darunter umfassen vier runde Medaillons ein Kreuz mit einem emaillierten Stein in der Mitte. Auch der Kelchfuß ist verziert. Es handelt sich hier wegen seiner fein ausgearbeiteten Details, der harmonischen Komposition und dem offensichtlich großen technischen Können seines Meisters um ein kostbares Einzelstück. Die beiden halbrunden Henkel finden sich in dieser Art auch auf anderen liturgischen Kelchen des östlichen Mittelmeeres. Dublin, National Museum, Höhe 17,8 cm

im Halbprofil sitzend beim Schreiben. Jeder der vier Heiligen wird namentlich genannt, wobei dem Namen das griechische Wort *agios*, Heiliger, vorangeht, was auf ein byzantinisches Vorbild hindeutet. Doch wegen der zahlreichen griechischen Päpste auf dem Thron des heiligen Petrus während des 7. und 8. Jahrhunderts könnte Rom der wahrscheinlichere Ort sein, über den ein östlicher Prototyp seinen Weg zurück nach Norden gefunden haben könnte. Aber die Namen der Heiligen sind ins Lateinische transponiert, was zeigt, dass entweder in Italien oder in Northumbria Veränderungen vorgenommen worden sein müssen und man die Möglichkeit berücksichtigen muss, dass der offensichtlich unabhängig denkende Schreiber des *Book of Lindisfarne* sein Vorbild abwandelte, um es seinem eigenen Gesamtkonzept anzupassen.

Aber mit einer der Evangelisten-Miniaturen kann man der Quelle des Künstlers näherkommen. Es ist das Bild von Matthäus, das den von einem Heiligenschein eingerahmten Heiligen auf einem Stuhl sitzend und mit einer Feder in der Hand zeigt, wie er sein Buch schreibt, während über seinem Kopf sein Symbol – eher ein Engel als ein Mensch – eine Trompete bläst. Die Komposition kommt einem Porträt Esras nahe, dem Autor eines der Bücher des Alten Testaments im *Codex Amiatinus*

Auf den folgenden Seiten:

Die Kreuze von Ruthwell (links) und Bewcastle (rechts) zeigen ein reichhaltiges ikonographisches Repertoire, darunter Szenen aus dem Leben Christi, Christus als Weltenrichter oder die heiligen Mönch-Eremiten in der Wüste. Das Ruthwell-Kreuz trägt eine Runen-Inschrift aus dem angelsächsischen Gedicht „Der Traum vom Kreuz", das der Lobpreisung des siegreichen Kreuzes gewidmet ist. Vom Bewcastle-Kreuz wird hier der Ausschnitt mit den Rebenschösslingen dargestellt. Pfarrkirche von Ruthwell, Dumfries; St. Cuthbert, Bewcastle, Cumberland

Die Ornamentierung des Sarkophags von St. Andrews zeigt sowohl Darstellungen in lokaler Tradition als auch Szenen mediterranen, orientalischen oder sassanidischen Ursprungs. Jagdszene mit David. St. Andrews Cathedral Museum, Schottland
Unten: Zur Gruppe der Northumbria-Kreuze gehört auch das aus Rothbury, von dessen erhaltenen Fragmenten hier der Triumphierende Christus abgebildet ist. Newcastle-upon-Tyne, Museum of Antiquities

(Florenz, Biblioteca Medicea-Laurenziana, Amiatinus 1), der in Northumbria unter Verwendung einer italienischen Handschrift als Vorlage geschrieben wurde. Das *Lindisfarne*-Bildnis enthält jedoch eine Figur, die mit einem Buch in Händen hinter einem Vorhang hervortritt. Sie fehlt im *Codex Amiatinus* und entspricht stilistisch jenen Figuren, die in spätantiken Handschriften die Muse des Autors verkörpern, ein Hinweis darauf, dass Eadfrith möglicherweise zwei getrennte Bilder zu einer einzigen Illustration zusammenfasste und dabei die Perspektive des Evangelisten-Stuhls verzerrte.

Der *Codex Amiatinus* selber ist eines *der* klassischen Beispiele für den Einfluss des Mittelmeerraumes auf die Kunst Northumbrias. Der Name selber mag italienisch klingen, gehörte die Handschrift doch früher dem Kloster Monte Amiato. Aber weil es sich um eine der am besten dokumentierten englischen Handschriften des Mittelalters handelt, wissen wir, dass sie zweifelsohne aus dem in der Nähe der Tyne-Mün-

dung gelegenen Kloster Jarrow in Northumbria stammt. Ebenso wie das Kloster in Wearmouth wurde auch Jarrow von Benedict Biscop gegründet, einem northumbrischen Adligen, der sechs verschiedene Reisen nach Rom unternahm. Auf einer dieser Reisen erwarb er „gemalte Darstellungen", die er seinen Klosterkirchen mitbringen wollte, wahrscheinlich Ikonen der Heiligen Jungfrau und der Apostel, die eine Empore über dem Chorbogen in Wearmouth zierten. Für Jarrow brachte er andere mit, darunter Szenen aus dem Leben Christi, und er bestimmte, offensichtlich fasziniert von Rom, dass seine Klöster und vor allem Jarrow wie eine in northumbrische Erde verpflanzte römische Kolonie und eine vom keltischen Einfluss in der Folge der Synode von Whitby unberührte Zitadelle römischer Orthodoxie sein sollten. Benedict Biscop transportierte auch viele Bücher für seine klösterlichen Bibliotheken, was sein Protégé Ceolfrith ebenfalls tat.

Bei einer der von Letzterem um das Jahr 678 mitgebrachten Handschriften könnte es sich durchaus um den im italienischen Skriptorium von Vivarium geschriebenen *Codex Grandior* gehandelt haben. Über ihn schrieb Cassiodor in seinen *Institutiones*, er enthalte unter anderem einen Plan des Tempels von Salomo. Es handelt sich wahrscheinlich um die Bibel, von der Beda Venerabilis meinte, sie habe sich in Jarrow befunden, und sie dürfte drei Bibel-Handschriften beeinflusst haben, die Ceolfrith im dortigen Skriptorium anfertigen ließ. Seine Absicht war, Wearmouth beziehungsweise Jarrow je eine Handschrift zu schenken. Die dritte wurde möglicherweise nach Italien geschickt, als Geschenk für Papst Gregor II., dem sie durch eine Inschrift gewidmet war. Allerdings erreichte sie ihren Bestimmungsort nie und landete stattdessen, wahrscheinlich ein paar Jahrhunderte später – auf welchen Wegen, wissen wir nicht –, in Monte Amiato.

Der *Codex Amiatinus* beeindruckt durch sein großes Format (mehr als 50 x 34 cm) ebenso wie durch seine Unzialschrift, die ein direkter Import aus Italien ist und die mit der im *Book of Lindisfarne* verwendeten Semi-Unzial kontrastiert. Er enthält einen Plan des Tempels von Salomo, den Beda als „Cassiodors Bild" beschrieb, eine Darstellung Christi in Majestatis Domini und ein Porträt Esras, des jüdischen Rechtsreformers und Autors des alttestamentarischen Buches. Die Esra-Seite kommt direkt aus der Spätantike – ein illusionistischer, Marmor imitierender Rahmen, die Werkzeuge des Schreibers auf dem Boden verstreut und ein Bücherregal mit neun gebundenen Bänden, wahrscheinlich die neun Bücher, in welche Cassiodor nach eigener Aussage die Bibel unterteilt hatte. Selbst der sonderbare Vogel, der die Tafel darunter ziert, hat offenbar italienische Vorfahren. Aber obwohl behauptet wurde, sie sei von einem byzantinischen oder italienischen Künstler ausgeführt worden, wurde diese Esra-Miniatur mit an Sicherheit grenzender Wahrscheinlichkeit von einem englischen Künstler in England gemalt, der die Einzelheiten einer Handschrift, die aus Italien nach Northumbria gebracht worden war, genau kopierte.

Aber abgesehen davon, dass er als Quelle von Einzelheiten für das Matthäus-Porträt im *Book of Lindisfarne* fungierte, beschränkten sich der großartige Stil und die Unzialschrift des *Codex Amiatinus* auf Jarrow und spielten in der nachfolgenden Entwicklung der englischen Buchmalerei keine bedeutende Rolle. Ein anderes gutes Beispiel, wo sich wahrscheinlich das Skriptorium von Jarrow italienischer Vorbilder, möglicherweise aus dem 6. Jahrhundert, bediente, ist die *Cassiodor*-Handschrift in der Bibliothek der Kathedrale von Durham (B.M.TTO.30). Sie weist zwei David-Figuren auf, deren eine ihn in einem Umhang in römischem Stil zeigt. Er trägt einen Speer und steht in Kontrapost-Haltung auf einer zweiköpfigen Schlange.

Holzschnitzerei, Metallarbeiten, Steinskulptur

Bischof Cuthbert von Lindisfarne – die Übertragung seiner Reliquien könnte die Schaffung des *Book of Lindisfarne* angeregt haben – wurde in einem hölzernen Sarg beigesetzt, der sich ursprünglich in Lindisfarne befand und heute in Durrow steht. Er wurde von einem ortsansässigen Handwerker mit einer Reihe von Abbildungen verziert, darunter Apostel und eine Heilige Jungfrau mit Kind, die ebenfalls einen mediterranen Hintergrund hatten. Weil jedoch alles auf eine lineare Gestaltung reduziert wurde, ist es unmöglich, über den Ursprung oder gar das Medium zu spekulieren, das hier als Inspiration diente.

Im *Book of Lindisfarne* finden sich eindeutige Spuren, dass einige der Motive Metallwerkstätten entlehnt wurden. Allerdings handelt es sich um einheimische, insulare Muster, denn angelsächsische Metallarbeiten zeigen kaum irgendeine klassische Ausrichtung. Irische Metallarbeiten hingegen zeugen sehr wohl von einer gewissen römischen Inspiration, nicht nur in ihrer Verwendung der Emaillen, sondern auch hinsichtlich der Form ihrer runden Broschen mit Nadeln, die letzten Endes offensichtlich von spätrömischem Schmuck abstammten. Das zweifellos vollendetste Beispiel ist die sogenannte Fibel von Tara aus dem 8. Jahrhundert, die sich heute im National Museum in Dublin befindet und die sicher zu den schönsten persönlichen Schmuckgegenständen überhaupt gezählt werden muss, die aus dem ersten Jahr-

tausend erhalten sind. Ihre Verzierungstechniken, darunter Golddraht und erhabene Emaille-Verzierungen, wurden auch bei einem anderen irischen Meisterstück angewendet, dem im County Limerick gefundenen Kelch von Ardagh. Ein weiterer ähnlicher, obschon weniger gut gearbeiteter und wahrscheinlich jüngerer Kelch wurde vor etwa zwanzig Jahren zusammen mit einem höchst ungewöhnlichen Hostienteller und -ständer sowie einem kellenförmigen Sieb, die wahrscheinlich sämtlich mediterrane Prototypen hatten, in Derrynaflan im benachbarten County Tipperary gefunden. Beide Kelche unterscheiden sich vollkommen von anderen erhaltenen europäischen Beispielen aus jener Zeit, besitzen sie doch zwei Griffe, deren engste Parallele an einem heute im Bostoner Museum of Fine Arts befindlichen syrischen Kelch aus Rusafa zu finden ist. Wie dieses für den östlichen Mittelmeerraum typische Merkmal Irland erreicht haben könnte, ist schwer zu sagen, aber es ist durchaus möglich, dass es um die zweite Hälfte des 8. Jahrhunderts herum auf die Insel kam, zusammen mit anderen Ideen, die aus derselben Gegend stammten und die

Zwei Schmuckpaneele mit Christus und Maria Magdalena vom Ruthwell-Kreuz und der Triumphierende Christus mit den Tieren vom Bewcastle-Kreuz.

ihren bildhauerischen Ausdruck in Steindenkmälern in Schottland und England fanden.

Das auffallendste dieser Denkmäler ist der Sarkophag von St. Andrews in Schottland. Viele seiner Schmucktafeln fügen sich in den Rahmen der einheimischen piktischen Kunst ein, aber die Hochrelief-Abbildung von David und dem Löwen neben einer Jagdszene an einer der Längsseiten erinnert vom Aussehen her eindeutig an den östlichen Mittelmeerraum, ob byzantinisch oder sassanidisch, und könnte von irgendeiner Stuckplastik oder einer Silberschale des 6. oder 7. Jahrhunderts aus sehr viel weiter südlich gelegenen Ländern inspiriert worden sein. Zweifellos stammte die Idee zu einem vermutlich königlichen Begräbnis in einem Sarkophag ebenfalls aus diesen Gefilden, obwohl man eigentlich sagen sollte, dass die irische heilige Brigida und ihr Bischof Colead im 7. Jahrhundert in verzierten Metallsarkophagen vor dem Altar ihrer Kirche in Kildare zur letzten Ruhe gebettet wurden. Eine Anzahl aus Stein gehauener, vermutlich architektonischer Fragmente aus Breedon-on-the-Hill im einstigen Königreich Mercia und heutigen Leicestershire ist nicht gänzlich ohne Zusammenhang zu diesen schottischen Sarkophagen. Diese Fragmente weisen Vögel und andere Tiere auf, die aus einem unterhöhlten Hochrelief herausragen, das an sassanidische Stile des Nahen Ostens erinnert. Die länglichen Hälse einiger Tiere erinnern an jene, die man auf östlichen Seidengewändern fand, und ein tänzelnder Löwe sowie ein Weinranken-Ornament gehen letzten Endes wahrscheinlich ebenfalls auf den östlichen Mittelmeerraum zurück.

Die Weinranke war bereits auf einer Vielzahl von Steinkreuzen aufgetaucht, die etwa im zweiten Drittel des 8. Jahrhunderts in northumbrischen Klöstern und besonders in Hexham aufgestellt worden waren, das zum Wahrer mediterraner Traditionen in der Bildhauerkunst wurde, so wie Jarrow es bei Handschriften gewesen war. Weinranke und Rankenwerk, zweifellos erfüllt von Abendmahls- und anderem Symbolismus, waren die hauptsächlichen Schmuckkomponenten dieser northumbrischen Kreuze, aber als die Idee, Steinkreuze aufzustellen, auf andere Teile Britanniens übersprang, wurde die figürliche Plastik wie auf den beiden Kreuzen aus der zweiten Hälfte des 8. Jahrhunderts in Bewcastle in Cumbria und in Ruthwell hinter der heutigen schottischen Grenze in Dumfries zu einem wichtigen Merkmal. Hier veranschaulichen die eleganten, oft paarweise und, wie in Bewcastle, in Rundbogen-Nischen platzierten figürlichen Darstellungen Christus, erzählerische Bibelszenen wie Mariä Verkündigung, die Flucht nach Ägypten und die Heilung des Blinden sowie einige ikonographische Raritäten, beispielsweise den auf den Tieren stehenden Christus, der sich auch auf einer bekannten karolingischen Elfenbeinschnitzerei findet. Auch hier stoßen wir wieder auf Nachklänge der Väter aus der ägyptischen Wüste, diesmal in den Darstellungen von Paulus und Antonius, die als Modelle für die Mönche gedeutet werden könnten, die vor solchen Kreuzen gebetet hätten. Steinerne Abbildungen im Relief der Art, wie man sie auf diesen nördlichen Kreuzen findet, müssen sicherlich in die Tradition der römischen Plastik eingeordnet werden, wenngleich das Kreuz sich mit dem Fortschreiten des 8. Jahrhunderts stilistisch immer weiter von seinem klassischen Prototyp entfernte. Doch als dann um das Jahr 800 herum schließlich ein Kreuz wie das aus Easby in Yorkshire entstand, heute im Londoner Victoria and Albert Museum, deuten eine neue klassische Würde und die klassischen Gewänder der mit einem Heiligenschein umgebenen Figuren auf eine absichtliche Imitation kaiserlicher römischer Bildhauerei, möglicherweise durch einen karolingischen Vermittler, hin.

Das Jahr 800, als Karl der Große in Rom zum Kaiser gekrönt wurde, beendete ein Jahrzehnt, in dessen Verlauf der fränkische König eine Besessenheit vom klassischen Erbe des antiken Rom entwickelt und begonnen hatte, Marmorplastiken – Gebäudeteile und Skulpturen – nach Norden in seine mitteleuropäische Heimat zu importieren, wie der Sarkophag belegt, in dem er im Jahr 814 in Aachen beerdigt werden sollte. Sofern sie nicht durch längst zerfallene Stuckreliefs ersetzt worden war, wurde die Steinskulptur niemals Teil der karolingischen Wiedergeburt in der Kunst. Eine Blütezeit als Kunstform sollte die Steinskulptur hingegen im 9. Jahrhundert in Britannien und Irland erleben, als in Irland und Schottland ein paar besonders schöne Exemplare hergestellt wurden. Die Iren übernahmen möglicherweise erst zu Beginn des 9. Jahrhunderts die Idee, Kreuze aus Stein zu errichten. Einige der frühesten Beispiele glichen in ihrer Konzentration insbesondere auf die symbolische Plastik, auf menschliches und tierisches Rankenwerk ebenso wie auf Tiere, Hexham. Das beliebteste Tier war der Löwe, und manche Exemplare erinnern an das oben erwähnte Beispiel aus Breedon-on-the-Hill. Dass der Löwe hier das bevorzugte Motiv war, mag eine ehrerbietige Huldigung des damals gerade regierenden Papstes gewesen sein, dessen Name zufällig identisch mit dem lateinischen Namen des Tieres war, Leo III. (795–816).

Mediterrane Einflüsse auf dem Wege über das Karolingerreich

Im Laufe des 9. Jahrhunderts trugen die Einflüsse aus dem Mittelmeerraum, die Britannien und Irland erreichten, unweigerlich den Stempel der beherrschenden Rolle des Karolingerreiches in Mitteleuropa, wo der Engländer Alkuin eine wichtige kulturelle Rolle spielte. Dieser Filterungsprozess setzte sich während der gesamten Herrschaft der Söhne Karls des Großen fort, was sich nirgendwo eindrucksvoller zeigt als in den großen steinernen Hochkreuzen in Irland, die größtenteils aus der zweiten Hälfte des 9. Jahrhunderts stammen. Was an diesen Kreuzen, bei denen ein kreisrunder Ring zugleich als Armstütze und als kosmisches Symbol fungierte, so bemerkenswert ist, das ist die Art und Weise, wie die skulptierten Bildpaneele mit Bibelszenen sowohl im Schaft als auch auf der Spitze des Kreuzes erscheinen: Es ist dieselbe Struktur wie die an einer emaillierten Schatulle aus der Herrschaftszeit Papst Eugens I. (817–824), die sich heute im Vatikanmuseum befindet. Die biblischen Szenen hier sind oft in Dreiergruppen angeordnet, im Gegensatz zu den Paaren auf den oben erwähnten nördlichen Kreuzen Britanniens, und die Ikonographie, die in einer neuen Welle vom Kontinent herüberkommt, reicht allgemein vom Buch Genesis bis zum Jüngsten Gericht und enthält einmal mehr auch die Wüstenväter Paulus und Antonius. Der Bildaufbau der Steinmetztafeln erinnert sehr stark an die Freskenzyklen römischer Kirchen, die auf das 5. Jahrhundert zurückgehen, und da die naturalistische figürliche Plastik der einzelnen Szenen des Hochreliefs sich derart stark von der stilisierten Reproduktion der menschlichen Gestalt in irischen Handschriften und Metallarbeiten abhebt, dürfte sie von klassischen Vorbildern inspiriert gewesen sein, was auch für die Figuren auf den britischen Kreuzen gilt, wenngleich die Meinungen darüber auseinandergehen, ob jene Vorbilder in der karolingischen Renaissance Mitteleuropas gesucht werden sollten oder ob sie früher aus Rom über England kamen. Aber das Gewicht auf der Ikonographie des heiligen Petrus auf den Kreuzen von Monasterboice im County Louth ist sicherlich ein Hinweis darauf, dass Rom selber die letztendliche Inspiration für diese biblischen Skulpturen auf den Hochkreuzen gewesen sein dürfte.

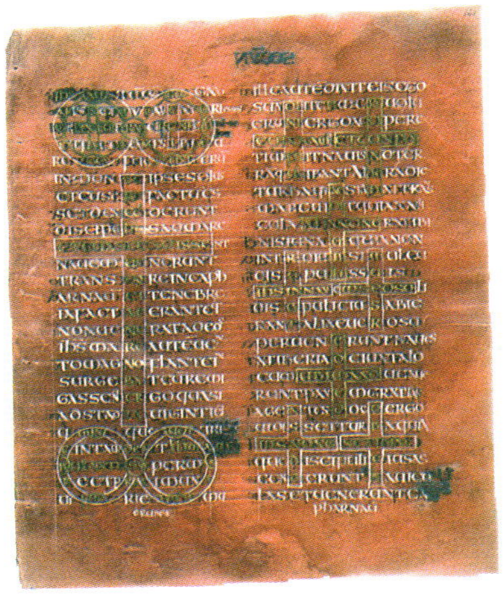

Der Codex Aureus aus Canterbury hat seinen Namen wegen des reichhaltigen Gebrauchs von Gold in seiner Schrift, wegen der kostbaren „Kaiserfarbe" Purpur sowie der Sternendekoration, womit an den Glanz Roms erinnert werden soll. Stockholm, Königliche Bibliothek, MS A.135, f. 16

Entwicklungen in der Handschriftenproduktion in Britannien und Irland

Die Tendenz, dass Gegenden in Britannien außerhalb Northumbrias bei der Steinskulptur bis zur zweiten Hälfte des 8. Jahrhunderts die künstlerische Führungsrolle übernahmen, spiegelte sich auch auf dem Gebiet der Handschriften-Produktion wider. Diese Entwicklung mag von Canterbury angestoßen worden sein, das vielleicht darauf aus war, die Vorrangstellung wiederzuerlangen, die es in der Zeit nach der Mission des Augustinus innegehabt hatte, und dort kam der alte mediterrane Einfluss in den Handschriften wieder zum Vorschein (falls er jemals wirklich verschwunden gewesen war). Eine dieser Handschriften ist der *Codex Aureus* in der Königlichen Bibliothek in Stockholm, bei dem der purpurne Hintergrund auf einer Seite, die das Kreuz zeigt, wahrscheinlich den Glanz des kaiserlichen Rom in Erinnerung rufen sollte, wie es vermutlich auch ein Jahrhundert früher der Fall gewesen war, als Wilfrid, Bischof der alten römischen Stadt York, in einer Handschrift ebenfalls Purpur als subtilen Hinweis darauf benutzt hatte, dass die Kirche die natürliche Nachfolgerin des Reiches sei. Ein zweites Beispiel ist der Vespasian-Psalter in der British Library, der diesen Namen trägt, weil er auf ein Bord gelegt wurde, das eine Büste dieses römischen Kaisers ziert. Der Psalter datiert vielleicht schon aus dem zweiten Viertel des 8. Jahrhunderts und enthält ein einzelnes reizvolles Porträt Davids, des Autors vieler Psalmen, umgeben von seinen Musikern. Man geht davon aus, dass er auf irgendeine italienische Handschrift aus dem 6. Jahrhundert zurückgeht, die vielleicht in einem Zentrum mit byzantinischen Verbindungen wie Ravenna angefertigt wurde. Eine weitere englische Handschrift etwas jüngeren Datums ist das Evangeliar in der Vatikanischen Bibliothek mit der Signatur Barberini Lat. 570. Die dort abgebildeten Evangelisten sind bärtig und besitzen keine Symbole – ein Wesenszug des östlichen Mittelmeerraums, und die jeweils über ihrem Thron angebrachten Vorhänge dürften auf ähnliche Quellen zurückgehen, während der Eindruck, dass die Evangelisten in einem landschaftlich gestalteten Garten sitzen, die Vorstellung üppiger südlicher Vegeation nur noch verstärkt.

Irische Handschriften ungefähr aus dieser Zeit verraten ebenfalls eine gewisse Verbindung zum Mittelmeerraum. Das sonderbar kolorierte Evangeliar, Handschrift 51 in der Klosterbibliothek von St. Gallen, enthält eine Kreuzigungsszene mit einem einzigen sehr ungewöhnlichen Merkmal: dem Blut, das aus der Wunde Christi in die Augen von Longinus strömt, ein Umstand, der nach apokrypher Tradition den römischen Soldaten von seiner Blindheit heilte. Einer der seltenen Fälle, in denen diese Ikonographie auftaucht, ist ein Fresko in der Kirche Santa Maria Antiqua in Rom, das vielleicht eine Quelle für den St. Gallener Buchmaler war. Ungefähr aus derselben Zeit stammt das Evangeliar 0.IV.20 in der Biblioteca Nazionale in Turin, dessen abstrakte geometrische Ornamentik auf einen irischen Ursprung hindeutet, aber das Bild in einem Medaillon, das Christi Himmelfahrt zeigt, verrät den Einfluss des Landes, in dem die Handschrift heute aufbewahrt wird.

Abrunden können wir unserer Untersuchung mit der zweiten wirklich bedeutenden Handschrift unserer Epoche, dem *Book of Kelts* in der Bibliothek des Trinity College in Dublin. Mit seiner „keltischen" abstrakten und tierischen Ornamentik, die hier sogar noch stärker dominiert als in dem Vorläufer, dem *Book of Lindisfarne*, zeigt das *Book of Kelts*, dass die Künstler der Insel dem Geist der Synode von Whitby trotzen und einen Kodex anfertigen, der mehr keltisch als klassisch ist, obwohl sein Bildnis der Madonna mit Kind doch auf eine byzantinische Ikone zurückgehen muss, die vielleicht einmal in Rom war. Die Handschrift wurde irgendwann um das Jahr 800 herum verziert, wahrscheinlich entweder auf Iona oder in Irland, und in gewissem Sinne kann man sie als die Antwort Irlands auf die Luxus-Kodizes betrachten, die am Hofe Karls des Großen angefertigt wurden, wo zu dieser Zeit die meisten mediterranen Einflüsse konzentriert gewesen sein dürften und von wo aus sie selektiv nach Norden weitergegeben wurden.

Auf seine eigene Art fasst das *Book of Kelts* den Standort des mediterranen Einflusses auf die Kunst Britanniens und Irlands von der Zeit Mohammeds bis zur Herrschaft Karls des Großen zusammen. Dieser Einfluss war ganz zweifelsohne ein bereicherndes Element, und die zahlreichen dekorativen Ideen und Modelle, besonders für die menschliche Gestalt, die er mit sich brachte, fanden ihren Niederschlag sowohl in den Handschriften als auch in der Bildhauerkunst. Er gab den Künstlern des Nordens einen klassischen Impuls, die es wiederum verstanden, ihn ihren eigenen Erfordernissen anzupassen. Aber nur in Northumbria, vor allem in Jarrow und Hexham, wurde das mediterrane Element in den Status eines Kanons erhoben, der praktisch jede andere einheimische künstlerische Intervention ausschloss. Ansonsten trugen die Ideen aus dem Mittelmeerraum glücklicherweise und Seite an Seite mit keltischer und germanischer Ornamentik zu einer der großartigsten Blüten in der Kunst des mittelalterlichen Britannien und Irland bei. Eines ist sicher: Ohne die pulsierenden Triebkräfte aus dem Mittelmeerraum wären diese Kunst und diese Leistung sehr viel unergiebiger, um nicht zu sagen unmöglich gewesen.

Das Book of Kelts ist eine der bedeutendsten irischen Handschriften und enthält die älteste überlieferte Darstellung der Jungfrau mit dem Kind aus einer abendländischen Werkstatt. Die Jungfrau sitzt dem Betrachter zugewandt, den Arm um das Jesuskind gelegt, das die linke Hand hebt. Zwei Engel umrahmen den oberen Teil der Szene. Wegen der engen Beziehungen zwischen irischem, angelsächsischem und römischem Kulturkreis besteht Grund zur Annahme, dass hier eine römische Ikone Pate gestanden hat, zumal kein direktes Vorbild bekannt ist. Dublin, Trinity College, Book of Kelts, f. 7v.

PRIMVS

Linien des Ostens in Rom

Maria Andaloro

Byzanz kehrt nach Rom zurück

Den Horizont dieser Seiten bildet das Panorama der Malerei in Rom zu der Zeit, in der die Stadt unter historisch-politischem Aspekt ein Zentrum des byzantinischen Reiches wird; chronologisch handelt es sich um die Spanne zwischen der Mitte des 6. Jahrhunderts und dem vorgerückten 8. Jahrhundert, zwischen dem Zeitalter Justinians kurz nach dem blutigen Gotenkrieg und dem Herannahen des karolingischen Reiches, in dessen Grenzen Rom schließlich aufgehen wird und das dem Schicksal der ehemaligen Hauptstadt des größten und mächtigsten Reiches in den Breiten des Mittelmeers eine neue Ausrichtung nach Norden auf Europa hin aufprägt.[1]

Innerhalb dieses Panoramas ist die besondere Absicht daher die, mit Blick auf die römischen Spezifika die Reihe der figurativen Elemente von fremder Herkunft zu erfassen, also die byzantinische, würde man sofort sagen. Gewiss, doch nur in dem Bewusstsein, dass der künstlerischen Dimension, die wir gemeinhin als byzantinisch bezeichnen, Teilelemente verschiedenen Ursprungs innewohnen, die bisweilen durch so ausgeprägt selbständige Merkmale charakterisiert sind, dass man sie nur schwer als Geschwister aus der Wiege einer gemeinsamen figurativen Kategorie begreifen kann. Daher die Hervorhebung des Aspekts, der im Titel *Linien des Ostens in Rom*[2] zum Ausdruck gebracht wird. Der Osten, das ist Byzanz als Emanation der Kunst und des Nachdenkens über das Bild, die beide auf die Hauptstadt Konstantinopel zurückführbar sind; das ist aber auch der Osten als Ausdruck der Kunst und der Bildstrukturen, die Gegenden wie Syrien, Palästina oder Ägypten eigentümlich sind, wohl eingebunden in den Radius von Byzanz, aber doch von Beginn an mit autonomer Vitalität und eigenen Traditionen ausgestattet, nicht nur auf der Ebene formal-stilistischer Strukturen, sondern auch ikonographischer Konzepte und Lösungen.

Das mit Edelsteinen besetzte Kreuz mit einem ein Christusbildnis enthaltenden Medaillon an seiner Spitze beherrscht das Apsismosaik von Santo Stefano Rotondo. Ihm zur Seite sieht man zwei Heilige, die beide wie Würdenträger des byzantinischen Hofes gekleidet sind. Das Thema des triumphalen Kreuzes war in Rom gut bekannt, doch die Ikonographie besitzt Vorgänger auf den Ampullen des Heiligen Landes. Das Mosaik wurde von Papst Theodor (642–649), der palästinensischer Herkunft war, in Auftrag gegeben.

Auf den folgenden Seiten:

Die Art und Weise der Darstellung der fünf Personen auf dem Apsismosaik von San Teodoro – Christus auf der Erdkugel und vier Heilige – markiert den Einzug einer neuen Figürlichkeit byzantinischen Typs in Rom.

Das sind in großen Zügen der Umriss des Problems und das zeitliche und räumliche Raster. Bleibt hinzuweisen auf die Existenz von Phänomenen, deren Auswirkung mit Blick auf die Welt der Malerei und die Bildkonzeption von fundamentaler Bedeutung ist. Darunter ist an wenigstens drei zu denken: die Mönchsgemeinden mit griechischer Sprache und Kultur,[3] die nach Rom strömen und dort Wurzeln fassen; die fortwährende Anwesenheit zahlreicher Päpste von griechischer oder orientalischer Herkunft und Kultur; das Aufflammen des Ikonoklasmus in Byzanz über etwa siebzig Jahre hinweg, von 726 bis 787.[4]

Kurz nach der Eroberung Roms durch Byzanz, nach einem zermürbend langen Hin und Her, wobei die Truppen zuerst des Belisar, dann des Narses mit den verschiedenen Anwärtern auf die Gotenherrschaft zusammenstießen, die nach dem Tode von Amalaswintha aufeinander folgten, war die Stadt ziemlich erschöpft; bekanntlich erreichte die Bevölkerung ihren historischen Tiefststand von ungefähr 30.000 Einwohnern, die städtische Infrastruktur bedurfte der Instandsetzung und Pflege, doch äußerlich waren die Stadt und ihre Monumente bereits durchgehend in eine neue Ordnung eingefügt.[5] Auf allen Ebenen war Rom zu einer christlichen Stadt geworden, alle ihre Viertel verfügten nun über Basiliken und verschiedene Kultstätten. Kirchen, Oratorien, Taufkapellen, Friedhöfe prunkten mit großzügigen Gemälde- oder Mosaikdarstellungen, Resultat einer Betriebsamkeit und eines wahrhaft beeindruckenden ikonographischen Niveaus. Die Hauptlinien des gesamten christlichen Bildprogramms waren schon vorgezeichnet, nach einer Regie, für die die Rolle Roms gewiss nicht unbedeutend ist.[6]

Man muss diesen Rahmen im Gedächtnis behalten, wenn man verstehen will, was zu Anfang des neuen Kurses die Entscheidung bedeuten konnte, sich an die Errichtung einer neuen Basilika zu machen, die den Aposteln Jakobus und Philippus geweihte Kirche, die Pelagius I. (555–561) nicht weit von den Kaiserforen entfernt in der Nähe der Konstantinsthermen erbauen ließ. Diese Basilika ist heute völlig verschwunden. An ihre Stelle ist die jetzige Kirche Santi Apostoli getreten, ein prächtiger Bau aus dem 18. Jahrhundert, der damit sowohl den Namen, wenn auch nicht in der ursprünglichen, für die Zeit des Papstes Paul I. (757–767) dokumentierten Form,[7] als auch den Ort[8] bewahrt.

Die Basilika war mit Mosaiken und Malereien geschmückt, wie wir einer offiziellen Quelle entnehmen können, nämlich dem Brief Hadrians I. an Karl den Großen, doch außer dem Verweis auf die vielen figurenreichen „historias diversas"[9] ist es nicht möglich, weitere Angaben zu entnehmen, und auch die Hinzuziehung einer Quelle wie des *Liber Pontificalis* erbringt keine nützlichen Informationen zur Ausstattung mit Malereien.[10]

Wenn man hingegen einer anderen Spur folgt, deren höchst risikohafte Grenzen sich im Übrigen in keiner Weise bagatellisieren lassen, tritt der Schimmer einer Hypothese hervor. Die Hypothese besteht darin, dass sich einige Züge der „Aura" der ursprünglichen Dekoration einem Echo gleich in dem bekannten Gemäldeschmuck der Basilika feststellen lassen. Wir denken dabei an das hervorragende Fresko von Melozzo da Forlì, an die hell strahlende *Himmelfahrt* mit dem in Licht gekleideten Christus und den winddurchwehten Engeln, die die Oberfläche der Apsis der alten Basilika bedeckte. Von dieser Komposition sind drei Stücke erhalten, die teils im Quirinalspalast (die Gestalt Christi) und teils in der Galerie der Vatikanischen Museen aufbewahrt werden (die fragmentierten Figuren der Engel und einige Köpfe der Apostel), Stücke, die 1708–1711 im Zuge der Arbeiten für den Neubau[11] abgenommen worden sind. Vielleicht ist es nur ein Eindruck, aber der Gedanke wäre reizvoll, dass einige Elemente von Melozzos Fresko, sei es das Thema Himmelfahrt, sei es die wunderbare, von Licht durchwirkte malerische Anlage der Figur Christi, eine Verbindung, eine „humanistische" Neuinterpretation des Themas und des Charakters der ursprünglichen Malerei offenbaren, die sich möglicherweise in der Apsis des sechsten Jahrhunderts befand und von der wir uns vorstellen, dass sie wohl figurativen Ideen aus byzantinischer Wurzel entstammen könnte.

Folgt man den Eindrücken dieser äußerst schwachen Spur, drängt sich beim Ausdruck der Figur Christi von Melozzo der Vergleich mit einigen figurativen Lösungen auf, die in den Mosaiken des sechsten Jahrhunderts erreicht wurden: vom beherrschenden Christus in der Apsis der Basilika Santi Cosma e Damiano bis zu einigen Mosaikstücken in der Apsis von San Teodoro.[12] Wenn man hinter der in Licht ge-

kleideten Figur Melozzos den Christus der großartigen Komposition der Basilika auf dem Forum unter Papst Felix IV. (526–530) erahnen kann, führt die sich aus der Schöpfung Melozzos ergebende nicht nur *leichte*, sondern auch lichte Ahnung dazu, noch in anderen Vorbildern die Quelle zu entdecken, aus der der moderne Maler in der Absicht hat schöpfen können, das Gefühl kompakter Dichte abzumildern, das seine Gemälde gewöhnlich hervorrufen.

Das Mosaik von San Teodoro und die Malereien von Santa Maria Antiqua

Wenn wir jetzt die Aufmerksamkeit dem Panorama der Malerei im Rom des 6. Jahrhunderts zuwenden, wird sichtbar, wie der Prozess der Byzantinisierung eine seiner bedeutendsten Stufen in der Betriebsamkeit erreichte, die aufgewandt wurde, um das Register der kompositorischen Strukturen zu lockern und zu erleichtern. Die Veränderung lässt sich am Grad der Verschiedenheit ermessen, der auf der einen Seite besteht zwischen der Fülle, der Festigkeit, dem Hervortreten einer abgrenzbaren Masse, d.h. der Beschaffenheit der Figuren – Statuen geradezu – des Apsismosaiks der Basilika Santi Cosma e Damiano, und auf der anderen der weniger dichten atmosphärischen Beschaffenheit des Mosaiks von San Teodoro, wo die Körper weniger durch ihre Körperhaftigkeit als mehr durch ihre Expressivität zählen, durch die elegante Be-

schaffenheit des Gewebes der Chlamys des heiligen Theodorus, durch die konzentrierte Zartheit der Silhouette Christi, der auf der Weltkugel vor dem zeitlosen Fond des goldenen Hintergrundes sitzt. Der Unterschied zwischen den beiden Kompositionen, zwischen dem feierlichen *adventus* Christi bei Aposteln und Heiligen von Santi Cosma e Damiano und der Komposition mit fünf Personen in San Teodoro, ist durch das Verhaftetsein der ersteren in einer ganz im Römischen wurzelnden Figurentradition gekennzeichnet, während man zu Recht meint, dass man in der zweiten einer umgekehrten Tendenz gegenübersteht, die begründeterweise der Begegnung mit einem anderen Typus von Figürlichkeit zuzuschreiben ist, nämlich der byzantinischen Matrix. Da es nicht möglich ist, aus der verlorenen Dekoration der Basilika Santi Apostoli Schlüsse zu ziehen, ist als erste Äußerung der Malerei Roms nach der Eroberung durch Byzanz das Apsismosaik von San Teodoro zu würdigen, dessen wahrscheinlichste und im Übrigen gemeinhin anerkannte Datierung es den achtziger Jahren des Jahrhunderts zuweist.[13]

Jedoch, abgesehen von dem Vorhandensein byzantinischer Spuren, die im Mosaik von San Teodoro zutage treten: Um nicht nur im römischen Panorama den Auftritt einer Malerei mit derart innovativen byzantinischen Merkmalen zu erfassen, dass Entdecker und Forscher jahrzehntelang in Verwirrung gerieten, bleibt nichts weiter, als sich in einen anderen Kontext zu begeben. Wir sind auf dem Forum Romanum, jener großartigen Gegend zu Füßen der Kaiserpaläste auf dem Palatin, in jenem klassischen Bauwerk, das im Laufe des sechsten Jahrhunderts zunächst weiter im Sinne christlicher Intentionen umgestaltet und darauf in eine Kirche umgewandelt wurde, bei jener Palimpsestwand rechts von der Öffnung der Apsis, auf der, abgesehen von den Malereien der klassischen Zeit, gut vier verschiedene Freskenverzierungen in der Zeit zwischen etwa 530 und den Jahren des Pontifikats Johannes' II. (705–707) dicht aufeinander gefolgt sind.[14]

Zur zweiten Dekorationsschicht gehört das Paneel mit der *Verkündigung*. Von ihr sind die Gesichter der Jungfrau Maria und des Erzengels Gabriel zusammen mit einem Teil seiner Gestalt erhalten. Um die Einzigartigkeit des Gemäldes der *Verkündigung* auf der Palimpsestwand von Santa Maria Antiqua zu ergründen, ist ein guter Hinweis durch die Art der Erklärungen gegeben, die sein Schicksal begleitet haben.

Kurz nach seiner Entdeckung im Jahre 1900 sprach man vom „schönen Engel" oder vom „pompejanischen Engel"; später findet sich immer wieder die hellenistische Merkmale heranziehende Erklärung des Gemäldes. Tatsache ist, dass verbreitet wirklich der Gedanke geteilt wird, dass nach dem Niedergang der ruhmreichen hellenistischen Malerei des 4. Jahrhunderts v. Chr. und der auf sie bis zum 2. Jahrhundert n. Chr. folgenden und von ihr geprägten Malerei keine derart vollständige Reduzierung der Form in impressionistischem Sinn auf der Grundlage eines solchen „richtigen" Gemischs von Licht und Schatten mehr zu sehen war, so wie wir es im römischen Beispiel in Santa Maria Antiqua vorfinden.[15]

Um geeignete Vergleiche auf der Ebene der stilistischen Strukturen zu finden, muss man tatsächlich die gleichzeitigen chronologischen Bande überspringen und auf zeitlich entfernte Beispiele zurückgreifen: hervorragende Malereien wie die im Museum von Vergina (Makedonien) befindlichen Gesichter auf den bemalten Stelen aus dem 4. Jahrhundert v. Chr. oder die schönen Zeugnisse der pompejanischen Malerei, von den bekanntesten Beispielen bis zu der kürzlich in Kampanien[16] gefundenen Galerie mit den Gestalten der Musen. Die Gesichter von Klio, Kalliope und Thalia sind in wunderbarer Weise mit denen des Erzengels und Marias verwandt. Die Musen gehören zum 4. Stil und wurden kurz vor dem Vesuvausbruch von 79 v. Chr. gemalt.[17]

Die Stücke der *Verkündigung* in Santa Maria Antiqua mit ihren außerhalb der hellenistischen Epoche entstandenen hellenistischen Merkmalen verblüfften die Entdecker in höchstem Grade. Der Archäologe Giacomo Boni macht das Problem sehr offen und scharfsinnig mit präzisen Begriffen fest. Er behauptet, wenn nicht die

Vorhergehende Seiten:

Die Palimpsestwand der Kirche Santa Maria Antiqua (links) zeigt vier verschiedene übereinander gelagerte Gemäldeschichten, die ab der ersten Hälfte des 6. Jahrhunderts bis in die ersten Jahre des 8. Jahrhunderts geschaffen wurden. Die Kirche, hervorgegangen aus einem kaiserlichen Gebäude auf den Foren, dem Wohnsitz der byzantinischen Regierungsvertreter, stand in einer privilegierten Beziehung zu den Kaiserpalästen auf dem Palatin. In der Malerei der verschiedenen Schichten erkennt man die aufeinander folgenden Wellen byzantinischer Einflüsse mit hellenisierendem Charakter aus Konstantinopel in Rom.

Der Engel aus der Verkündigung (der „schöne Engel") auf der zweiten Schicht unterscheidet sich von der zeitgenössischen Malkunst durch seine figurativen Besonderheiten und bildet das erste Beispiel konstantinopolitanischer Malerei in Rom. Rom, Santa Maria Antiqua

Reihenfolge der Überlagerung der Freskenschichten der Wand dazu führte, die chronologischen Grenzen der Malerei der zweiten Schicht zwischen 530–540 (der Zeit der Madonna Regina der ersten Schicht) und ungefähr 650 (dem zur Malerei der dritten Schicht mit den Gestalten der Kirchenväter[18] passenden Datum) festzulegen, wäre es unmöglich gewesen, die *Verkündigung* korrekt zu datieren. In der Tat verwirrt ihre figurative Substanz außerordentlich, indem Perspektiven suggeriert werden, die bald auf eine klassische Verankerung, bald im Gegensatz dazu auf einen modernen Bezugspunkt zielen. Für Boni z.B. ist sie mit Ausdrucksweisen verknüpfbar, die gänzlich typisch für die Renaissance sind.[19] Kurz, das Schicksal der nachantiken hellenisierenden Malerei am Beginn des 20. Jahrhunderts, als sie in Santa Maria Antiqua sichtbar wurde, sah so aus, dass es nicht gelang, sie als selbständige Periode zu erkennen, jenseits der historischen Grenzen des Hellenismus und der noch unwahrscheinlicheren Interpretation aus der Renaissance heraus.

Die Anbetung der Könige im Presbyterium von Santa Maria Antiqua repräsentiert die letzte Welle hellenisierenden Einflusses zu Beginn des 8. Jahrhunderts.

Das Paneel mit Salomo und den Makkabäern steht wegen seiner formalen und technischen Qualitäten in nächster Nähe zur besten römisch-hellenistischen Tradition. Rom, Santa Maria Antiqua

Das Erkennen der hellenisierenden Merkmale der Malereien in Santa Maria Antiqua – der *Verkündigung*, von der der Diskurs seinen Ausgang nimmt, aber auch vieler anderer, von denen hier nur wenigstens an das Paneel mit den Makkabäern erinnert werden soll – wird zu einer der Hauptfragen der byzantinischen Geschichtsschreibung im 20. Jahrhundert. Wenn einmal die durch die Existenz „hellenistischer" Gemälde, die in das 6. und 7. Jahrhundert n. Chr. zu datieren sind, ausgelöste Überraschung verdaut ist, kreist die Frage hauptsächlich um die Schwierigkeit der Herkunft dieses Malereityps und damit um die Notwendigkeit, zu bestimmen, was die Heimat einer vergleichbaren figurativen Kultur sein könnte. Kurz, es wächst das Verlangen, das Gebiet einzugrenzen, in dem man sich die Bedingungen vorstellen kann, unter denen die Ausarbeitung einer vergleichbaren Sprache möglich ist. Unaufhebbare Bedingung scheint die Existenz einer deutlichen Kontinuitätslinie zwischen der modernen Schwelle, hier des 6.–7. Jahrhunderts, und der Vergangenheit zu sein, die sich unter diesem Blickwinkel hinter den Zügen irgendeines der treibenden Zentren der Epoche des Hellenismus verbirgt.

Es ergibt sich eine geschlossene Historiographie, wenn man die Stadt Rom aus dem Kreis der Zentren ausschließt, die potentiell mit den Voraussetzungen dazu ausgestattet waren, im Verlauf der Nachantike Strukturen der hellenistischen Sprache wieder hereinzuholen und auszuarbeiten, und folglich reift der Gedanke, dass das frische Beispiel der *Verkündigung* auf der Palimpsestwand in Santa Maria Antiqua als Schatten von Freskenmalern zu betrachten ist, die von außen kamen, als Resultat einer Verpflanzung. Einer Verpflanzung – doch woher, aus welchem Horizont?

Zunächst steigen die Quotierungen Alexandrias, der ägyptischen Stadt mit reichem hellenistischen Erbe – ein naheliegender Gedanke.[20] Anschließend kommt die These der zentralen Lage Konstantinopels auf, und diese einmal vorgetragene These, wenn auch ohne direkte Zeugnisse mit Beispielen aus der Stadt am Bosporus, besitzt die Kraft, Wurzeln zu schlagen und eine Periode von Forschungen von seltener Kohärenz zu befruchten. Diese Linie wird schließlich durch die Entdeckung eines „Nachweises" von eigenem Wert belohnt. Ungefähr ein Jahrzehnt zuvor war in der Kalenderhane Camii (Moschee) in Istanbul[21] das Mosaik mit der *Vorstellung im Tempel* gefunden worden, ein Werk, das mit der Kraft eines realen Beispiels in der Lage war, die Richtigkeit des Ansatzes zur Problemlösung in der Dissertation des blutjungen Ernst Kitzinger zu belegen: Danach war Konstantinopel als Hauptstadt des Reiches – und daher eben keine andere Stadt der Spätantike – das Zentrum, wo es statthaft war, sich eine Schmiede vorzustellen, die auf die Wiederaneignung der hellenistischen Bildersprache[22] ausgerichtet war; gerechtfertigt war das aufgrund ihrer Rolle und der ideologischen Führung, die ein solches Unternehmen gemäß dem, was z.B. die hellenistische Serie von Silbermünzen des Kaisers Heraklios (610–641) bezeugt, vermuten lässt.

Konstantinopel also als Zentrum des byzantinischen Griechentums, des „ewigen Griechentums" nach der kitzingerschen Definition;[23] Konstantinopel als Heimat der Maler und Gemälde, die nach Rom eindringen und die bisher ungestörten Richtungen der Malertradition(en) der Stadt durcheinanderbringen. Doch wann geschieht all das? Ungefähr um 630,[24] d.h. zur Zeit des Kaisers Heraklios, als Konstantinopel sich der Produktion hellenisierender und antikisierender Werke wie des berühmten Satzes von Silbertellern mit den Geschichten Davids oder anderer Silbergegenstände mit Reliefs von profanen Sujets rühmen konnte?[25] Oder, einige Jahrzehnte zuvor, in den Jahren des Kaisers Justin II. (565–578), des Nachfolgers Justinians, des Kaisers, von dem Münzen sowohl innerhalb als auch außerhalb der Kirche Santa Maria Antiqua gefunden wurden[26] und auf den das Geschenk der getriebenen silbernen Kreuzreliquie[27] mit dem Motiv der üppigen Rebe, die auf das Feld der Arme ausgreift, das Antlitz Christi in der Mitte und die Porträts Justins und seiner Gemahlin Sophia an den äußeren Seiten, zurückzuführen sind, des Kreuzes, das noch im Kirchenschatz der Vatikansbasilika aufbewahrt wird?

Kreuzreliquie, ein Geschenk Kaiser Justinians II. Rom, Petersdom, Schatzkammer

Aus archäologischen und historischen Gründen ist diese letztere Datierung – und nicht die in die Zeit des Heraklios – die passende für die *Verkündigung* auf der Palimpsestwand von Santa Maria Antiqua, die erste Malerei östlichen Charakters in Rom, ein wahrhaftiges konstantinopolitanisches Werk außerhalb Konstantinopels mit strukturell hellenisierenden Merkmalen zu einem frühen Zeitpunkt, d.h. im vorgerückten 6. Jahrhundert.

Um sie zu akzeptieren, können wir nicht daran vorbeigehen, dass es sich um eine besondere Kirche handelt, die mitten in das Areal der noch in kaiserlichem Besitz befindlichen Foren gesetzt wurde. In Santa Maria Antiqua spielen Konstantinopel und die höfische Gesellschaft auf eigenem Platz, am Ende des 6. Jahrhunderts, aber auch danach.

In der Kirche auf dem Forum folgen, wie bekannt, verschiedene Mal-Kampagnen mit dem unumgänglichen hellenisierenden Charakter in Wellen aufeinander: Es sind Ikonenpaneele wie die mit der Darstellung der Deesis oder Salomos und der Makkabäer oder von Heiligengestalten wie des heiligen Demetrius, der heiligen Anna, der heiligen Barbara; Bildfelder mit den christologischen Geschichten auf den Wänden des Presbyteriums, die Malereien auf den Wänden der *schola cantorum;* schließlich ein großer Teil der ausgedehnten Mal-Kampagne in den Jahren des Papstes Jo-

Das Paneel mit der Ikone des heiligen Demetrius in Santa Maria Antiqua (links) steht den zeitgenössischen Mosaikpaneelen der Basilika Hagios Demetrios in Thessaloniki (rechts) ziemlich nahe.

hannes VII. (705–707). Von dieser Kampagne beschränken wir uns auf die Erwähnung der großartigen *Lobpreisung des Kreuzes* auf der Wand über der Apsis, Ort auch einer monumentalen Inschrift auf Griechisch, und der christologischen Geschichten auf den Wänden des Presbyteriums, von denen einige – die *Anbetung der Heiligen drei Könige* z.B. oder der *Gang auf den Kalvarienberg* – noch als Bruchstücke auch auf der Ebene der stilistischen Manifestation[28] Genuss bereiten.

In ihnen fließt ein malerischer Glücksstrom von frischem, sich wohl kontrollierendem Gepräge, wo ein beständiges Spiel mit dem Ineinandergleiten fließender Schatten in die Lichtpartien herrscht und umgekehrt. Dieselben stilistischen Merkmale finden wir in den Mosaiken auf den Wänden des Oratoriums Johannes' VII., das er zu Ehren der Theotokos gegenüber der Petersbasilika im Vatikan errichten ließ. Hier bilden die Szenen des christologischen Zyklus, die auf verschiedenen Registern neben der monumentalen Figur der stehenden Jungfrau Maria angeordnet waren, kompositorische Abschnitte, ikonographischen Schmuck und nicht nur gleichartige, sondern sogar den Fresken der Forumskirche überzuordnende stilistische Ausdrucksformen.[29]

Was jedoch mehr überrascht, ist die Geschicklichkeit der Mosaizisten in der Zusammenfügung der Mosaiksteinchen, des konstitutiven Unterscheidungsmerkmals jeder Mosaikkomposition, dieses harten, kompakten, aus Marmor oder Glaspaste hergestellte Materials, mit dem man malerische Effekte von außerordentlicher Zartheit erzielen konnte. Einige der bei der Zerstörung des Oratoriums 1609 erhalten gebliebenen Stücke[30] – ich denke z.B. an die Figur der Hebamme in der Episode der *Waschung des Kindes,* aufbewahrt in den *Vatikanischen Grotten,* die Jungfrau Maria in der *Geburt Christi* im Diözesanmuseum von Orte, das Antlitz der Theotokos, Florenz, Basilika San Marco – erinnern an die impressionistischsten Effekte, die in Freskenmalerei oder Enkaustik mittels der Verwendung rascher Pinselstriche und der Flüssigkeit der Farbe erzielt wurden.

Die Kirche Santa Maria Antiqua entwickelt die Funktion eines Heiligtums der von hellenisierenden byzantinischen Merkmalen konstantinopolitanischer Provenienz durchdrungenen Malerei in jeder der drei Wellen, die sie kennzeichnen: Die erste umfasst die *Verkündigung* auf der zweiten Schicht der Palimpsestwand gleichzeitig mit der Umgestaltung des Raumambientes zu Füßen der Kaiserpaläste auf dem Palatin in eine Kirche im vorgerückten 6. Jahrhundert; die zweite im Laufe des 7. Jahrhunderts, um die Mitte herum, sei es im Zusammenhang mit den Gemälden mit den Kirchenvätern oder nicht, die auf dem unteren Teil der Palimpsestwand untergebracht waren und um 650 zu datieren sind; schließlich die wichtige umfassende Kampagne, die auf den Auftrag eines Papstes wie Johannes VII. (705–707) zurückgeht. Auf dem Gradienten des byzantinischen Charakters jeder dieser Malereien werden die Vergleiche deutlich, die mit für diesen Horizont im eigentlichen Sinne repräsentativen Werken zwingend anzustellen sind: Einmal ist es der Vergleich mit dem schon genannten einzigartigen Mosaik aus Konstantinopel, das die *Vorstellung im Tempel* zeigt, früher in der Kalenderhane-Moschee und jetzt im archäologischen Museum von Istanbul aufbewahrt.[31] Zum anderen ist es die perfekte Entsprechung von kultischem, typologischem und figurativem Klima, das Ausdrucksformen wie die Paneele mit der Deesis oder mit dem heiligen Demetrius in Santa Maria Antiqua in Rom und die gleichzeitigen Ikonenpaneele in der Basilika Hagios Demetrios in Thessaloniki[32] miteinander verbindet; schließlich sind da, in der Strukturierung des Hintergrundes hinter den Gestalten der Päpste am Fuße der Lobpreisung, die Verweise auf den Zyklus von Castelseprio, wo verwandte Lösungen[33] wiederkehren.

Die Ikone der Hodegetria, der auf das Kind weisenden Gottesmutter, stammt aus der gleichen Zeit wie die Umwandlung des Pantheons in die Basilika Santa Maria ad Martyres. Es ist sogar wahrscheinlich, dass mit diesem Bild die 609 erfolgte Konsekration des Baus besiegelt wurde, das von Beginn an öffentliche und liturgische Aufgaben erfüllte. Die Art der Malerei erinnert an die Grabporträts von Fayyum. Rom, Santa Maria ad Martyres (Pantheon)

Das Ende der byzantinischen Periode in Rom und andere östliche Einflüsse

Wenn es richtig ist, dass Santa Maria Antiqua die Hochburg der hellenisierenden Malerei bildet, heißt das nicht, dass sie das ausschließlich ist.

Byzantinische Merkmale weisen, mit unterschiedlichem Grad, wichtige Werke wie das Apsismosaik der Basilika Santa Agnese auf, die von Papst Honorius I. (625–638) in Auftrag gegeben wurde.[34] Dort ist es jenseits der stilistischen Handschrift die Bildkonzeption von dichter Ikonenhaftigkeit auch in der sublimen Verfeinerung des visuellen Apparats, die sie als Bild mit byzantinischer Wurzel[35] erkennen lässt, oder Fresken innerhalb eines weniger erhabenen Kontextes wie das Paneel mit Christus unter Heiligen auf dem Friedhof von Generosa[36] oder auch die Ikonenreihe mit der Hodegetria in der Basilika Santa Maria Nuova am Forum Romanum (früher in Santa Maria Antiqua), von der zwei originale Stücke erhalten sind: das Antlitz der Theotokos und das des Kindes;[37] die Ikone im Pantheon aus dem Jahr 609, deren Malerei mit Ausnahme des Antlitzes des Kindes[38] stark abgekratzt ist, von überraschender Ausdruckskraft und Qualität und einer Anmutung, die sie nicht auf Konstantinopel, sondern in den alexandrinischen Horizont hinein auf Werke wie die Porträts von Fayyum oder die Miniaturen der Genesis Cotton zurückführen lässt;[39] die Tafel von Santa Maria in Trastevere, speziell das Stück, das das Gesicht des Engels zur Rechten aufweist;[40] schließlich jene Ikone der Hagiosoritissa vom Monasterium Tempuli (jetzt im Oratorio del Rosario in Monte Mario), für das übereinstimmend konstantinopolitanische Herkunft angenommen wird.[41]

Wenn es gestattet ist zu denken, dass die Gestalt eines Auftraggebers wie Johannes VII. wegen der griechischen Kultur, von der er tief durchdrungen war,[42] bestimmend dafür gewesen sein mag, die figurativen Entscheidungen aufgrund der direkt initiierten malerischen und musivischen Kampagnen bewusst im byzantinischen Sinne auszurichten (man denke an die Fresken in Santa Maria Antiqua und die Mosaiken im Oratorium der Vatikansbasilika), ermächtigt das dennoch nicht dazu, sich das Vorhandensein der byzantinischen Komponente im gesamten Panorama der Malerei Roms rhapsodisch und punktuell vorzustellen, sondern dass im Gegenteil die Malerei mit byzantinischer Wurzel schließlich das Rückgrat der gesamten Produktion des 7. Jahrhunderts bildet.

Die Fragmente der Genesis von Cotton sind ein Beispiel für hellenistische, vielleicht in Alexandria entstandene Malerei. Abraham und die Engel, London, British Library, Otho B. VI, f. 26v

Mit Johannes VII. endet vielmehr die Spanne dieser Periode.

Wenn wir uns vorstellten, in Santa Maria Antiqua stehenzubleiben, und uns dafür entschieden, nachdem wir die Fresken Johannes' VII. oder des „schönen Engels" gesehen haben, uns in die Theodotuskapelle vor die monumentale *Kreuzigung* zu begeben, vor die verschiedenen Ikonentafeln, schließlich vor die Szenen des Martyriums der heiligen Quirico und Giulitta, hätten wir den deutlichen Eindruck, dass hier eine andere Musik spielt. Die hinreißende, blendende Malerei von hellenistischem Gepräge ist hier nicht mehr zuhause.

Die klare, geschlossene Kreuzigungsszene, die wie die gesamte malerische Ausstattung der Kapelle in die Jahre des Papstes Zacharias (741–752) zu datieren ist, verweist durch die Grammatik ihrer Komposition, durch die Abwandlung ihres Stils beredt auf eine andere *Kreuzigung*, diesmal als Tafelbild, die im Katharinenkloster auf dem Berg Sinai aufbewahrt wird.[43]

Die Richtigkeit des Vergleichs hatte stimulierende Kraft. Indem man die Ankoppelung des römischen Freskos an ein Werk von zweifelsfrei palästinensischem Charakter wie des Tafelbildes auf dem Sinai festmachte, gelangte man zur Entdeckung eines neuen Epizentrums. Es ist das Epizentrum Palästinas, Jerusalems, das mit Elan viele malerische Ausdrucksweisen aus dem Rom der ersten Hälfte des 8. Jahrhunderts anzieht: außer den Fresken der Theodotuskapelle in Santa Maria Antiqua die Gemälde mit Szenen des *Martyriums und der Lobpreisung des heiligen Erasmus* in den Räumen der Diakonie von Santa Maria in Via Lata oder die Malereien der Kirche San Saba.[44] Die Potenz und Unidirektionalität dieses langen Weges verstärken sich logischerweise während der Zeit des Bildersturms, als sich notwendigerweise der bis dahin herrschende, von der Kultur Konstantinopels repräsentierte Pol verdunkelte und durch andere Linien aus dem Osten ersetzt wurden. Zwei Phänomene können auf verschiedene Weisen die Rolle des Transmissionsriemens durch die Begünstigung der Formen des neuen Malereikurses in Rom entfaltet haben, auf die schon am Beginn dieser Seiten hingewiesen wurde: die Mönchskreise mit östlicher und insbesondere jerusalemischer Tradition – wie die Mönche von San Saba – und die Präsenz vieler Päpste von orientalischer Herkunft. Die Päpste sind es, die weiterhin die zuverlässigsten und überzeugtesten Auftraggeber darstellen: von Fresken, von Ikonen, von Stoffen jeder Art, durch die es Rom faktisch gelingt, eine stabile Politik des religiösen Bildes im Gegensatz zur um sich greifenden Negation des Bildes in Byzanz zu formulieren. Im Laufe des 8. Jahrhunderts ist ein Teil der Malerei in Rom Resultat aus dem Osten stammender Maler, von denen wir uns vorstellen müssen, dass sie unter dem Antrieb vielfältiger, einander begleitender Gründe – des Fortdauerns der ikonoklastischen Krise in den byzantinischen Gebieten, der Präsenz von Mönchen und Päpsten östlicher Herkunft in Rom – nach Rom übersiedelten, während es danach, zwischen dem vorgerückten 8. Jahrhundert und der ersten Hälfte des 9. Jahrhunderts, die Stoffe von orientalischer Provenienz – konstantinopolitanischer, aber auch syrischer und koptischer – waren, von verschiedenen Seidenqualitäten, von unterschiedlichen Purpurarten, reich an Geschichten und Bildern, die nach Rom importiert wurden, wo sie den alten römischen Basiliken von den Päpsten zum Geschenk gemacht wurde.[45]

Auf den folgenden Seiten:

Ikone der Theotokos (Muttergottes). Rom, Basilika Santa Francesca Romana oder Santa Maria Nova

Auf der Ikone des Monasterium Tempuli ist die Muttergottes als Brustbild dargestellt, nach reinster byzantinischer Typologie mit dem Gesicht und drei Vierteln des Körpers dem Betrachter zugewandt. Das Bild, das den ikonographischen Typus der sog. Hagiosoritissa widerspiegelt, ist griechisch-konstantinopolitanischen Ursprungs. Rom, Oratorium von Santa Maria del Rosario in Monte Mario

SCA MARIA
LONGINVS
SCS IOANIS
EVANGELISTA

Der neuartige Kunstsinn in Rom wird dokumentiert durch die Kreuzigung in der Theodotuskapelle, ebenfalls in Santa Maria Antiqua (links). Der künstlerische Einfluss aus dem palästinensischen Osten hat sein genaues Gegenstück in der vom Sinai stammenden Ikone über die Kreuzigung (rechts), auf der Christus mit dem traditionellen orientalischen colobium bekleidet ist. Links und rechts von ihm sind als kleinere Figuren die beiden Räuber dargestellt. Die stilistischen Merkmale, u.a. die Gesichter und die Augen, weisen das Bild nach Palästina und in das 8. Jahrhundert. Sinai, Katharinenkloster

Vom Bilderstreit zur makedonischen Renaissance (8.–10. Jahrhundert)

Tania Velmans

Bilderstreit und erneute Bilderverehrung

Die Kaiserkrönung Karls des Großen im Jahre 800 in der St. Peters-Kirche von Rom legalisierte nicht nur seine vielen Eroberungszüge, sondern wurde in Byzanz auch als regelrechter geistiger Schock empfunden. Die Griechen betrachteten diese Erhebung Karls zum Kaiser als Usurpation, weil es in ihren Augen nur ein Kaiserreich als Erbe des *Imperium Romanum* und eine einzige Kirche geben konnte. Diese Vorstellung, man kann sie auch als Axiom bezeichnen, wurde übrigens auch in Rom anerkannt, und als Papst Leo III. Karl krönte, dachte er nicht an die Errichtung eines zweiten Kaiserreichs. Eher schon wollte er das von vielen als dekadent empfundene Reich von Konstantinopel in die neue christliche *Ökumene des Abendlands* eingliedern. Diese Vorstellung ließ sich in der Realität aber nicht durchsetzen. Die seit längerer Zeit und vor allem durch den Bilderstreit vorbereitete Trennung zwischen Orient und Okzident wurde nun auf politischem Gebiet konkret vollzogen.

Damals schwächte der Bilderstreit das Byzantinische Reich, die schlimmste Religionskrise seiner Geschichte. Bilder, die Christus oder Heilige zeigten, wurden aus vielfältigen Gründen verboten.[1] Wir werden uns daran aber nicht aufhalten, denn nicht sie bestimmten die Entwicklung künftiger Bildprogramme oder ihren Malstil, sondern die Lehren der Bilderverehrer. Uns genügt es zu wissen, dass sich die Krise um so mehr zuspitzte, als sie ehemalige Häresien, z.B. den Monophysitismus, neu belebte, der die Menschennatur Christi leugnete, während sich seine göttliche Natur natürlich nicht darstellen ließ. Eine andere zentrale Idee des ikonoklastischen Gedankenguts fand sich in den Traktaten des Kaisers Konstantin V. (741–775), der, auf magische Vorstellungen aus dem Orient gestützt, behauptete, zwischen einem Bild und seinem Inhalt bestehe nicht nur absolute Identität, sondern sogar Konsubstanzionalität.

Die Bilderverehrer und an ihrer Spitze der heilige Johannes Damaszenus hingegen bemühten die Inkarnation Christi zur Rechtfertigung von Bildern mit religiösem Inhalt. Sie stützten sich dabei auf die offizielle Lehrmeinung der Kirche und die Entscheidungen des Konzils von Chalkedon (451), die ausdrücklich festgelegt hatten, dass Christus Menschennatur und Gottesnatur gleich und unteilbar in sich vereinige. Deshalb konnte man ihn nach Meinung der Bilderverehrer auch durchaus bildhaft darstellen, schließlich sei er Mensch geworden. Die Bilderstürmer hingegen vertra-

Nach Beendigung des Bilderstreits wurde in der Hagia Sophia in Konstantinopel die Abbildung von Gesichtern wieder aufgenommen. Von den beiden Erzengeln auf dem Bema-Bogen ist nur Gabriel erhalten geblieben. Mit seinen riesigen Flügeln, den großen Augen und dem ebenmäßigen Antlitz scheint er direkt der Spätantike zu entstammen.

In der Apsis der Hagia Sophia in Kontantinopel wurde die anikonische Ornamentik der justinianischen Epoche durch die Darstellung der Muttergottes mit dem Kind als Inkarnation, Mittlerin und Symbol der Kirche ersetzt. Gleichsam um ihre ganze Figürlichkeit wieder herzustellen, ist sie in äußerst natürlicher und ungezwungener Haltung gemalt, was noch durch die Wahl der Farben unterstrichen wird. Die Gesichter von Mutter und Kind sind für die byzantinische Malerei von ungewöhnlicher Frische und Jugend.

ten eine neuplatonische Sichtweise und behaupteten, es bestehe ein wesentlicher Unterschied zwischen Bild und Abgebildetem. Trotzdem gestand man mit Theodoros Stoudites zu, dass eine Verbindung zwischen Bild und dem, den es darstellt, bestand, denn „die Gnade steigt auf die Ikone herab und sie bewahrt ein Stück von ihr.“[2]

Nach einem Jahrhundert heftigen Streits und blutiger Verfolgung der Bilderverehrer führte Kaiserin Theodora im Namen ihres Sohnes Michael III. und unter Mithilfe des Patriarchen Methodios die Bilderverehrung wieder ein. Die Kirche ging aus dieser Krise gestärkt hervor, und das Bild als Übermittler göttlicher Ausstrahlung erhielt seine sakrale Bedeutung wieder zurück.

Die Ausschmückung von Kirchen mit Bildern wurde künftig als gleichwertige Entsprechung zu den Bitten und Sakramenten in der Messe gesehen, nur eben mit plastischen Mitteln. Das steigerte ihre Bedeutung, verlangte aber eine genaue Ordnung, wo sie in den Kirchen jeweils angebracht wurden. Die Kirche wurde auch mit einem Mikrokosmos, das heißt der Nachbildung des gesamten Universums in kleinem Maßstab, verglichen und die Heiligen dort entsprechend einer unveränderbaren Hierarchie dargestellt. Von ganz oben in den Kirchenkuppeln strahlte das Bild des thronenden und von Engeln umgebenen Christus als dem Alleinherrscher der Welt

(Pantokrator) herab. An den Wänden der Gewölbetrommel erschienen die Apostel und Propheten. Das Halbrund der Apsis war Maria mit dem Kind als dem Mittel der göttlichen Inkarnation oder, was seltener vorkam, als bittende Jungfrau und Mittlerin oder Symbol der Kirche vorbehalten. Die oberen Partien des Kirchenschiffs zeigten die Bilder der bedeutenden Feste im Kirchenjahr, die das Dogma und die christliche Lehre versinnbildlichten. Sie boten auch einen Überblick der Heilsgeschichte, die mit Mariä Verkündigung begann und mit der Himmelfahrt Christi oder Pfingsten endete. Im Lauf der Zeit folgten auf diese Bilder entweder ein Zyklus, der die Wunder und Lehre Jesu erzählte, eine Bilderfolge zu seiner Passion oder ein (Bild-)Bericht über

In der Kunst wird ein neuer Grad der Verehrung kaiserlicher Macht erreicht: In der Lünette oberhalb des Narthex findet sich das Bildnis Leos des VI., des Weisen, in demütiger Haltung vor dem thronenden Christus. Die Darstellung der Maria und des Erzengels Gabriel in den beiden Medaillons zu Seiten Christi hat zu sehr kontroversen Interpretationen geführt. Konstantinopel, Hagia Sophia

das Leben Marias, der sich auf apokryphe Schriften stützte. Die en face dargestellten Heiligen besetzten die unteren Teile der Kirchenmauern.

Die neuen Mosaiken der Hagia Sophia

Während des Bilderstreits hatte man die Heiligen durch das Kreuz in der Apsis, durch dekorative Rankenornamente oder durch Vögel ersetzt, wie es noch heute die Kirchen zum heiligen Prokop und zur heiligen Kyriaki in Griechenland, genauer in der Gegend von Magne oder in Kappadokien (Hagios Basilios) zeigen. Nach dem Sieg der Bilderverehrer sollte die Hagia Sophia in Konstantinopel so rasch wie möglich dem neuen Kunstgeschmack angepasst werden. Leider war die Pantokratorgestalt aus der Kuppel verschwunden, und von den vier Seraphim auf den Gewölbezwickeln waren nur zwei Engel übrig geblieben, die 1346 konserviert wurden. Dasselbe gilt für den Zyklus der großen Kirchenfeste und andere Mosaiken.

Dafür aber vermitteln uns die Schmuckornamente der Apsis ein Bild der neuen Zeitströmungen. Die *Jungfrau mit dem Kind* (843 oder 867 entstanden) in der halb-

kreisförmigen Apsis hat, wenn auch nur für einen ziemlich kurzen Augenblick, ihre traditionelle Strenge verloren.[3] Ihre großen Augen und ihr kleiner, aber volllippiger Mund lassen an eine sehr junge Frau denken, und Jesus ist als nachdenkliches Kind mit größeren als bisher üblichen Händen und Füßen gezeichnet. Der figürlichen Harmonie, die aufgrund des Faltenwurfs der eng anliegenden Bekleidung von den Körperproportionen und -formen ausgeht, entspricht eine glänzende, fast Emailfarben ähnliche Palette. Das Kobaltblau ihres Schutzmantels *(maphorion)* lässt den goldfarbenen Bildfond noch mehr schwingen, der sich wiederum in der Tunika des Jesuskindes fängt und seinerseits den Glanz der Kleider Marias verstärkt. Einer der beiden dieses Bild flankierenden Engel ist erhalten und sein Gesicht verrät ein spätantikes Grundmuster, das der Künstler kaum verändert hat. Ganz offensichtlich kannte er die Schriften der Bild verehrenden Theologen. Die Wertschätzung, die diese der Inkarnation Christi entgegenbrachten, erlaubte es ihm, sich ein wenig von der Tendenz zur Abstraktion mit dem Ziel zu entfernen, die menschliche Begrenztheit zu überwinden und Heilige bis zu einem gewissen Grad als Wesen aus Fleisch und Blut erscheinen zu lassen. Aber diese Mariendarstellung bildete eine Ausnahme, denn unter der Muschel derselben Apsis erscheinen in strikter Frontalität die drei heiligen Bischöfe Johannes Chrysostomos, Ignatius von Antiochia und Ignatius der Jüngere mit ihren asketisch ausgemergelten Gesichtszügen; alle wurden vor 878 gemalt.

Eine weitere, etwas jüngere Kaiserikone der makedonischen Dynastie zeigt Konstantin den Großen und Justinian zu Seiten der Muttergottes: Der eine bietet ihr das Modell der Stadt an, der andere das der Kirche. Es handelt sich hier um die Betonung der kaiserlichen Macht, auf deren Grundlage Basileios II. seine eigenen politischen und militärischen Handlungen rechtfertigte. Konstantinopel, Hagia Sophia

Die Himmelfahrt, die nach Ansicht der Bilderverehrer genauso wie die Wiederkehr Christi auf die Erde am Ende der Zeiten dargestellt werden sollte, ist in großartiger Weise in der Kuppel der Hagia Sofia von Saloniki abgebildet.

Unter den bisher erhaltenen Mosaiken der Hagia Sophia aus damaliger Zeit findet sich über der Eingangstür des Narthex ein Bild Kaiser Leos VI., des Weisen (886–912), der vor dem Bild des thronenden Christus ausgestreckt am Boden liegt.[4] Dies erinnert an einen Brauch des Kaisers, der, immer wenn er die Kirche betrat, genau am Ort des Mosaiks[5] die *Proskynese* vollzog, bevor er sich durch den Narthex zum Naos, dem Hauptraum für die Gläubigen, begab. Über dem demütig, mit dem Gesicht nach unten liegenden Kaiser erkennen wir zwei Medaillons, die Maria im Gebet und ein Brustbild des Erzengels Gabriel zeigen – und ein Interpretationsproblem aufwerfen. Die mit erhobenen Armen betende Maria lässt den Gedanken aufkommen, dass sie bei dem verklärten Christus für den Kaiser bittet. In einem seiner geistlichen Traktate hatte Leo VI. übrigens den Schrecken beschrieben, den er vor der Hölle empfand. Darauf pflegte er sich zu beziehen, wenn er die Fürsprache Marias und der Engel suchte,[6] und dieser Text liegt möglicherweise auch der ungewohnten Ikonographie des Mosaiks zugrunde. Maria mit dem Erzengel Gabriel als Bildmotiv weist nämlich auch auf Mariä Verkündigung hin, und Leo VI. hatte in einem anderen Traktat dieses Thema kommentiert und den göttlich verklärten Christus, das heißt die Christusfigur im Mosaik der Hagia Sophia, dabei ausdrücklich erwähnt. Zum Bedeutungsgehalt dieses Mosaiks wurden inzwischen viele Hypothesen geäußert.[7] Unserer Ansicht nach erflehte der vor dem Christusbild liegende Kaiser die Fürbitte Marias um Vergebung seiner Fehler durch Christus, wobei er auf ihr Erbarmen und seine Schriften, insbesondere sein Traktat über Mariä Verkündigung anspielte.

Ein anderes Kaiserporträt aus der Hagia Sophia (989 oder 1019 entstanden) finden wir auf dem südwestlichen Tympanon einer Außenvorhalle (Exonarthex). Die Kaiser Konstantin, Gründer von Konstantinopel (324), und Justinian, der die Hagia Sophia im 6. Jahrhundert wieder aufbauen ließ, schenken der zwischen ihnen thronenden Maria mit dem Kind Modelle der Stadt und der Hagia Sophia. Diese „face-à-face“-Darstellung ist absolut anachronistisch, da beide Herrscher zwei Jahrhunderte trennen. Deshalb ist dieses Mosaik als symbolische Erinnerung zu verstehen. Kaiser Basileus II., der das Mosaik in Auftrag gab, bewunderte seine beiden Amtsvorgänger und wollte ihnen durch sein Bemühen um die Vergrößerung des Reichsterritoriums durch Eroberungszüge gleichkommen. Deshalb pflegte er seine Siege, und besonders den, den er 1019 über die Bulgaren errungen hatte, der heiligen Sophia zu weihen.

Der Stil dieser beiden Mosaikbilder weist keine Verbindung zu dem Marienbild mit Kind und Engel in der Apsis auf. Man würde auch vergeblich nach Einflüssen antiker Vorbilder suchen. Diese qualitativ so herausragenden Kompositionen bezeugen eher die ästhetischen Grundprinzipien der byzantinischen Kunst. Die rhythmische Linie ist souverän gezeichnet und ordnet allein die Massen und Körperlichkeit der Dargestellten, wenn wir bei diesen sehr flachen Figuren überhaupt von Körper sprechen können. Sogar ihre Gesichter sind von Strichen durchzogen, die die anatomischen Formen entstellen. Lassen wir einmal die Gestalt des erleuchteten Christus und der Jungfrau mit dem Kind beiseite, denen die Bildsprache übrigens bestens steht, so erhebt der Künstler die beiden außergewöhnlichen Kaiser – Konstantin I. wurde sogar heilig gesprochen – hier wegen ihrer großen Verdienste und ihrer Barmherzigkeit mit rein zeichnerischen Mitteln in den Rang von Heiligen, und das sagt viel über die suggestive Kraft und Ausdrucksfähigkeit des byzantinischen Stils aus.

Auch die Mosaiken der Hagia Sophia in Saloniki wurden um die Mitte des 9. Jahrhunderts erneuert. Das Kreuz, das die Bilderstürmer in der Apsis hatten errichten lassen, wurde durch eine thronende Maria mit dem Kind ersetzt, während die Kuppel ein Bild der Himmelfahrt Christi bedeckt, dessen Thema bezüglich seiner Platzierung hinter seiner Zeit herhinkt. In diesem Bild sitzt Christus im Kreis der Apostel auf einem von Engeln getragenen Regenbogen. Insgesamt beeindruckt das Bild dennoch, was vielleicht an den Dimensionen der Kuppel liegt.

Nachdem Byzanz in Kiew die Konversion zum Christentum sowohl des Herrschers als auch der Bevölkerung erreicht hatte, fanden zahlreiche byzantinische Vorstellungen aus Architektur und bildender Kunst ihren Weg in die Metropole. In der Apsis der Kathedrale der heiligen Sophia ist die Muttergottes mit zum Gebet erhobenen Händen und einem weißen Tüchlein am Gürtel dargestellt, ganz nach dem stilistischen Vorbild Konstantinopels.

ΜΡ
ΘΥ

Links:

Auf einem der Fresken im Hauptschiff der Hagia Sophia von Kiew ist die Familie des Fürsten Jaroslaw, eines der Kirchenstifter, abgebildet. Der Bildausschnitt zeigt eine seiner Töchter in der Tracht des byzantinischen Hofes mit dem weißen Schultertuch, das über den Kopf gezogen ist, und einem reich verzierten Gewand aus Samt und Seide.

Nach dem Tod Karls des Großen und seiner unmittelbaren Thronnachfolger stand das Frankenreich vor seiner Auflösung und Byzanz im Zenit seiner Macht. Glänzende militärische Siege und eine geschickte Verhandlungspolitik hatten sein Gebiet unter der Dynastie der Makedonenherrscher (867–1056) deutlich vergrößert. Aber diese widmeten sich auch anderen, schon seit langer Zeit gesteckten Zielen wie der Mission der slawischen Völker mit Erfolg. Zwischen 864 und 989 wurden die Bulgaren, Serben und als Letztes die Russen des Fürstentums Kiew durch griechische Missionare zum Christentum bekehrt. Mit der Religion und den Heiligen Schriften übernahmen diese Länder auch die politisch-administrative Organisation, das Zeremonienwesen und die Kunst von Byzanz.

Die Fürsten von Kiew begannen rasch mit dem Bau von Kirchen und luden zur Ausführung der Arbeiten Architekten, Mosaikkünstler und Maler aus Konstantinopel ein. Zu den aus dieser Epoche erhaltenen Kirchen zählt die zwischen 1043 und 1046 erbaute Sophienkathedrale in Kiew, deren Kuppel und Altarraum mit Mosaiken geschmückt sind, während Wandmalereien die Mauern ihrer Schiffe, ihrer Türme und ihres Treppenhauses bedecken. Die Künstler malten exakt nach dem aus Konstantinopel vorgegebenen Bildprogramm, mit dem Pantokratorbild in der Kuppel und der mit erhobenen Armen bittenden Maria in der Kalotte der Apsis. Ihr schließt sich das Bild des Abendmahls der Apostel an, das die himmlische, von Christus vollzogene Liturgie symbolisiert, die die Menschen den byzantinischen Exegeten zufolge in ihren Gottesdiensten nachahmen. Im untersten Register erheben sich die heiligen Bischöfe (Kirchenväter und große Theologen), unter denen ein Papst herausragt. *Mariä Verkündigung* ist auf den östlichen Pfeilern abgebildet.

Ein ganz anderer und sogar origineller Wandschmuck ziert den Westteil der Kirche. Direkt unter der Tribüne, wo die Fürstenfamilie während der Messen saß, be-

In Kiew sind Beispiele von Malerei an byzantinischen Palästen erhalten geblieben, die andernorts verloren gingen. Ein Fresko aus einer etwas jüngeren als der hier behandelten Zeit zeigt den Kathisma-Palast, von wo aus der Kaiser und sein Gefolge den Spielen im Hippodrom zuschauten. Der primitive Charakter dieser Malerei, insbesondere der grob und wenig ausgearbeiteten Gesichter, beweist, wie stark trotz allem die heimische, barbarische Tradition bei solchen Künstlern vorherrschte, die nicht in Konstantinopel geschult worden waren. Kiew, Südturm der Hagia Sophia

Folgende Seiten:

Das Triptychon von Harbaville ist eine der großartigsten byzantinischen Elfenbeinarbeiten, bei der die Ausgestaltung der einzelnen Figuren trotz ihrer nicht zu stark betonten Plastizität vollkommen untereinander harmoniert. In der Mitte des oberen Registers ist eine Deesis dargestellt: Johannes der Täufer und Maria zu beiden Seiten Christi legen Fürbitte für die Menschen ein. Die übrigen Figuren des Triptychons werden ebenfalls in diese Gebete mit eingeschlossen. Paris, Louvre

findet sich ein riesiges Familienporträt. Fürst Jaroslaw, der Stifter der Kirche, bietet das Modell seiner Kirche dem auf einem Thron sitzenden Christus an, während seine Gemahlin ihre Hände in bittender Gebärde erhebt. Die fünf Söhne zur Rechten des fürstlichen Paares und die fünf Töchter zu seiner Linken tragen Kerzen in ihren Händen und neigen sich ihren Eltern zu.[8] Insgesamt handelt es sich um eine feierliche Prozession, deren Personen in Übergröße dargestellt sind. Die Bilder an den Wänden des Südwestturmes wecken in einer byzantinischen Kirche Erstaunen, denn es handelt sich um Profanbilder über Spiele im Hippodrom von Konstantinopel, denen der Kaiser regelmäßig beiwohnte. Auf diesen Wänden sieht man Tänzer, Musikanten, Tiere, die kaiserliche Loge und Jagdszenen.[9] Vergleichbares war in der byzantinischen Welt unbekannt. Der Fürst von Kiew, der sich in der byzantinischen Ikonographie noch nicht genügend auskannte, wollte auf diese Weise seinen Untertanen vielleicht zeigen, dass er über das Leben in Konstantinopel aufs Beste informiert sei und in Gedanken daran teilnehme.

Den Stil dieser Fresken können wir nur schwer analysieren, denn sie sind mehr oder weniger schwer beschädigt. Die Mosaiken kommen den Kaiserporträts der Hagia Sophia in Konstantinopel, von denen soeben die Rede war, recht nahe. Sie zeigen eine stark ausgeprägte Formsprache mit majestätischen und feierlich-steifen Figuren auf einer goldblitzenden Leinwand. Die Körper sind etwas gedrungen und die Gesichter ausdruckslos, weil absolut symmetrisch gezeichnet. Trotzdem musste die Gesamtkonzeption auf den Gläubigen wie eine Himmelsvision wirken.

Die makedonische Renaissance

Die militärischen und politischen Erfolge des byzantinischen Staates und seine kulturelle Ausdehnung wirkten auch auf den Streit zwischen den gelehrten Patriarchen Photios und Papst Nikolaus I. um den Primatsanspruch zurück, den jede der beiden Kirchen für sich einforderte. Diese Situation spitzte sich zusätzlich zu, als zwischen beiden Kirchen noch ein Streit über das Wesen des Heiligen Geistes ausbrach. Die Byzantiner betrachteten ihn seit ewigen Zeiten als gleich mit dem Vater und dem Sohn, während die römischen Theologen ihn vom Vater und vom Sohn „ausgehen" ließen (*ex patre filioque*). Beide Konfessionen näherten sich auch der Frage der Eucharistie sehr unterschiedlich. Diese Streitigkeiten wurden auf dem Konzil von Konstantinopel im Jahr 867 beigelegt, das den Papst exkommunizierte und jegliche päpstliche Einmischung in die Angelegenheiten der Ostkirche für ungerechtfertigt erklärte. Der endgültige Bruch, der schon viel früher hätte stattfinden können, wurde dieses Mal vollzogen.[10]

Dieses Schisma schärfte in der Ostkirche genau wie die Kaiserkrönung Karls des Großen das Bewusstsein ihrer Besonderheit und ihrer besonderen Beziehung, die sie mit der Kultur der Antike verband. Außerdem war ihre Stellung inzwischen genügend gefestigt, um nicht mehr wie in vergangenen Zeiten in Furcht auszubrechen, wenn sich eine Handvoll Gelehrter oder Künstler für diese Kultur interessierte. Schließlich öffnete die humanistische Strömung, die als Folge der Schriften der Bilderverehrer über das Wirken Christi auf Erden aufgebrochen war, die Menschen für die Schönheit der Welt und die Wertschätzung dessen, was Heilige nicht nur an Reinheit und Majestät, sondern auch an liebenswürdiger Barmherzigkeit zu bieten hatten.

Eine derartige Stimmung konnte in jener Zeit das Interesse für antike Literatur und Kunst nur begünstigen. Diese Voraussetzungen zusammengenommen ermöglichten das Aufblühen der sogenannten makedonischen Renaissance, die etwa auch so lange dauerte, wie die Dynastie der Makedonenherrscher das Reich regierte (867–1056).

ΙC
ΧC
ΜΡ ΘΥ
ΠΑΥΛΟC
ΑΝΔΡΕΑC
ΠΡΟΚΟΠΙΟC

Diese künstlerische Bewegung entfaltete einen unerhörten Glanz, blieb aber auf Werke für gesellschaftlich herausragende Persönlichkeiten wie Fürsten, Adlige, Bischöfe und Äbte beschränkt. Für die große Masse der Bevölkerung waren diese Arbeiten nicht gedacht. Die neue Kunstströmung äußerte sich vor allem in Kleinkunst wie Elfenbein- und Goldschmiedearbeiten oder kunstvoll bemalten Handschriften. Die künstlerische Entwicklung bei der Gestaltung großer Flächen ging unterschiedliche Wege, wie wir auf den vorangegangenen Seiten feststellten.

Bevor wir fortfahren, sollten wir noch festhalten, dass sich die makedonische Renaissance nicht auf alle Werke der Kleinkunst erstreckte, selbst wenn sie in den Werkstätten der Hauptstadt Konstantinopel entstanden. Das gilt für den prachtvollen, in Zellenschmelz mit eingelassenen Edelsteinen ausgeführten Einband des Evangeliars aus dem 9. Jahrhundert, das sich heute im Museo di San Marco[11] in Venedig befindet. Am Kreuz in der Mitte des Einbands hängt der in ein syrisches *colobium* gehüllte starre Körper Jesu mit kaum geneigtem Haupt.

Die fast um die gleiche Zeit entstandene Predigtsammlung des heiligen Gregor von Nazianz (867–886), die für Kaiser Basileios I., den Begründer der makedonischen Dynastie, gebunden wurde und heute in der Pariser Nationalbibiliothek (B. N. 510) zu sehen ist, lässt uns über ein echtes Wunder nachdenken. Einige Seiten füllende Miniaturen dieses Kodex erinnern an Werke aus der Spätantike, die ein inspirierter byzantinischer Künstler neu gesehen und korrigiert hat. Die Vision des Ezechiel über die *Wiederbelebung der Totengebeine*[12] (Ez. 37, 1–11) versetzte er in eine Landschaft voller Grün und einzelnen Felsen während des Sonnenaufgangs. Das lebhafte rosige Licht des Bildhintergrunds bestrahlt auch die Kleidung und nackten Füße des Propheten, während das Gesicht durch seine realistische Darstellung beeindruckt. Die anmutige Engelsgestalt, die ihn an der Hand führt, berührt uns wegen ihrer geradezu lyrischen Schönheit zutiefst, so sehr prägen liebliche Zartheit und harmonisch ausgeglichene Züge ihr Gesicht. In diesem Bild sind keinerlei feste Konturen zu erkennen, dafür aber eine zarte Formgebung, die die Figuren belebt und die Tuniken der beiden gegen ihre Körper presst, um sie noch gegenwärtiger erscheinen zu lassen. Die anderen Vollseiten-Miniaturen dieser Predigtsammlung sind eher in typisch byzantinischem Stil gehalten, z.B. im Bild über die *Verklärung Christi*, in dem die Konturlinien wieder auftauchen und so die Formgebung durch die Gestaltung von Licht und Schatten verhindern.

Nur wenig später entstanden die Miniaturen des griechischen Psalters (Nationalbibliothek von Paris Nr. 139), die uns verschiedene Kunstgattungen vor Augen führen. Von diesen Miniaturen interessieren uns aber allein die, die eine ganze Seite bedecken und eine antike Formgebung aufweisen. Auf einigen der schönsten dieser Bilder finden sich biblische Szenen, wie die des kranken und geheilten Hiskia,[13] König von Juda. Der Ort der Handlung liegt in einem Garten, dessen Bäume sich gegen einen blassrosa Himmel abheben. Eine personifizierte Sonne verteilt Strahlen, die uns an die Farbe von Alpenveilchen erinnern. Der auf seinem Bett ausgestreckte Kranke nimmt die Bildmitte ein, lässt aber viel Raum für ein Haus mit Terrassen und einer breiten Treppe, deren Profil hinter ihm auftaucht. Der Schatten zieht eine schräge Linie über diese Treppe, die durch antike Raumperspektive und zwei Blautöne wiedergegeben wird. Körper und Gesicht des Kranken drücken die Mattigkeit eines geschwächten Wesens aus. Die anderen Personen des Bildes stehen aufgrund ihrer Haltung und Farbgebung in Einklang mit der Figur im Bildmittelpunkt. Erst der geheilte und aufrecht stehende Ezekias (im oberen rechten Bildrand) wendet dem Kranken den Rücken zu, um zu zeigen, dass es sich um eine andere Zeitfrequenz handelt.

In dieser Handschriftengruppe darf die Bibel des Patriarchen Leo in der Bibliothek des Vatikan (Reg. Svev. gr. I) nicht vergessen werden. Sie enthält unter anderen Bildern eine Zeichnung, wie Moses die Gesetzestafeln[14] empfängt. Die Personen sind so wahrheitsgetreu in eine Landschaft mit Bäumen, Bächen und Felsen integriert,

Vorhergehende Seiten:

In der Predigtsammlung des Gregor von Nazianz wird, wie auch in anderen Handschriften, die Rückkehr zur Ganzseiten Miniatur deutlich. Die Auswahl der Farben, die Anmut der Gesichter und die Harmonie der Figuren zeugen von einer gänzlich neuen Genauigkeit in der Beobachtung des an antiken Traditionen geschulten Künstlers. Die Prophetie von den ausgetrockneten Gebeinen (Ezechiel 37), Paris, Bibliothèque Nationale, Ms Gr. 510, f. 438v.

Die Reminiszenzen an die Antike, die die byzantinische Kunst nach Beendigung des Bilderstreits auszeichnen, werden auch in der Bibel des Patriarchen Leo deutlich: Moses steht da in feierlicher Haltung, und die nackte Figur rechts unten ist, nach klassischem Vorbild, die Personifizierung des Entstehungsortes des Kunstwerks. Moses empfängt die Gesetzestafeln, Biblioteca Vaticana, Reg. Gr. 1, f. 155 v.

Anstatt in Form eines Kodex, wie es bereits gebräuchlich geworden war, liegt diese Handschrift nach klassisch antikem Vorbild wieder als Schriftrolle vor. Die Darstellung der Geschichten aus dem Buch Josua erinnert an antike Vorbilder, insbesondere bei den Gewändern der siegreichen Truppen, womit die Brücke geschlagen wird zwischen biblischer Vergangenheit und kaiserlicher Gegenwart. Die Botschaft der Gabaoniter, Biblioteca Vaticana, Vat. Pal. Gr. 431, f. 12

dass sie sich fast nicht voneinander unterscheiden lassen. Die Felsen im Vordergrund schaffen zusätzlich eine Art Perspektive und lassen die Figur des Moses, der auf dem Berg Sinai die Tafeln an sich nimmt, in einer örtlich nicht näher bestimmbare Position nahe dem Himmel erscheinen. Im rechten Vordergrund steht eine Person von makelloser Anatomie mit dem Rücken zum Betrachter – was schon ungewohnt ist – nackt da. Dieses Bildelement war in der Antike natürlich wohlbekannt. Eine andere illustrierte Handschrift, die berühmte Schriftrolle des Josua[15] in der Vatikanischen Bibliothek (Palat. gr. 431), reflektiert wahrscheinlich die militärischen Erfolge byzantinischer Truppen in Palästina im 10. Jahrhundert. Die Bilder dieser Handschrift stehen antiken Vorlagen mindestens ebenso nahe wie die soeben zitierten Miniaturen, sie unterscheiden sich aber durch ihre Pastellfarben und verschiedene Stufen von Zeit und Handlung; diese folgen aufeinander wie echte Erzählstreifen über demselben Bild.

Bei den Elfenbeinarbeiten der makedonischen Renaissance interessieren uns nicht so sehr die Schnitzereien auf Schmuckkästchen mit Darstellungen aus der Sagenwelt wie beispielsweise die sogenannte Veroli-Schatulle aus dem 10. Jahrhundert,[16] die offenbar sehr bedeutenden antiken Vorbildern nachempfunden sind, weil es sich schlicht um Kopien handelt und nicht mehr. Dagegen ist die Elfenbeinschnitzerei im Cabinet des Médailles von Paris als typisch byzantinisches Werk aus der Zeit um 950 anzusprechen. Es zeigt Christus, wie er Kaiser Romanus Lakapenos II. und seine Gemahlin Eudoxia[17] krönt. Die Schönheit und Sanftmut der Gesichter und der unbestimmbare Ausdruck Christi wurden von antiken Werken beeinflusst. Hier ist Christus wahrhaft Mensch, aber welche Harmonie und tiefen Frieden versteht der Blick des Künstlers doch auszudrücken! Dieselbe Vergeistigung durch die Schönheit der Gesichtszüge und der Körperformen finden wir auf dem Triptychon aus Elfenbein (um 988) im British Museum in London,[18] mit dem Bild der Kreuzigung in der Mitte und Heiligen verschiedener Kategorien auf den Seitenflügeln. Hier erscheint Maria wieder als sehr junge Frau mit vollen Wangen, während das Gesicht Johannes des Täufers ein wenig traurig aussieht. Dass Kaiser Konstantin der Große und seine Mutter, die heilige Helena, am Fuß des Kreuzes dargestellt sind, ist eine Ausnahme. Andere Elfenbeinschnitzereien derselben Qualität und ebenfalls aus der Zeit der makedonischen Renaissance befinden sich vor allem in den Staatlichen Museen von Berlin-Dahlem[19] und im Louvre.

Unter den Elfenbeinarbeiten im Louvre lässt das Triptychon von Harbaville (Ende des 10. Jahrhunderts)[20] die so genannte paläologische Renaissance im 13. Jahrhundert vorausahnen. Alle Figuren des Altarschreins sind um die Deesis im Mittelbild angeordnet. Auf diesem Bild der Fürbitte Marias für die Menschen finden wir wieder eine jugendliche Maria, während Christus mit einem undefinierbaren, aber sehr klaren Augenausdruck auf dem Thron sitzt und Johannes der Täufer so traurig aussieht wie auf dem Triptychon im British Museum. Echte menschliche Gefühle billigte man Heiligen in Byzanz erst im 12. Jahrhundert zu, aber in allen bedeutenden Kunstströmungen kennen wir Zeichen, die als Vorboten von manchmal erst lange danach einsetzenden künstlerischen Erneuerungen oder einer neuen Kunstpraxis auf breiter Ebene auftauchen. Die oben erwähnten Personifikationen von Sonne und Mond erinnern an antike Medaillen. Die verschiedenen Heiligen auf den anderen Flächen des Triptychons schließen sich den Fürbitten von Maria und Johannes dem Täufer an. Die gleiche Figurenanordnung beobachten wir auch auf dem Triptychon aus dem 10. Jahrhundert im Palazzo Venezia in Rom,[21] aber hier wirkt das Ganze viel weniger harmonisch; auch die Gesichtszüge sind nicht so vornehm und weniger schön.

Diese Kleinkunstobjekte ließen sich leicht transportieren, weshalb sie heute sehr oft an Orten des Abendlands aufbewahrt werden, und spielten in der karolingischen Renaissance vermutlich eine wichtigere Rolle als auf den ersten Blick deutlich wird. Dies und das Wirken griechischer Künstler im Abendland sorgten in einem Europa, das sich an die Vorherrschaft der Ornamentik und die ungehobelten Formen der merowingischen Kunst gewöhnt hatte, für die Verbreitung der Botschaft der hellenistischen Kunst. Übermittelt wurde sie zweifellos über Norditalien, dessen Stadt Mailand sich fast zu einer Art byzantinischer Hauptstadt entwickelte, und – ganz zu schweigen – über das aufblühende Ravenna. In diesem Sinn gelten die um 1000 illuminierten Handschriften der drei lateinischen Evangelien, die heute der Kathedrale Aix-la-Chapelle, dem kunsthistorischen Museum in Wien und der königlichen Bibliothek in Brüssel[22] gehören, als Werke, die in Norditalien entstanden sind. Diese kleinformatigen Buchblätter mit ihren Seiten füllenden Miniaturen zeigen großzügig gezeichnete und offensichtlich von antiken Vorbildern inspirierte Evangelisten in freundlichen Landschaften. Welche Vorbilder und welche Antike sind aber gemeint? Beantworten wir diese Frage übergreifend: Bei den antiken Bildmustern handelt es sich um die, die das Byzantinische Reich im Lauf der Jahrhunderte bewahrt und entsprechend seinem eigenen Kunstverständnis interpretiert hat, und um andere, die insbesondere byzantinische Künstler während der makedonischen Renaissance wieder entdeckt und freier als früher ihrer eigenen Weltsicht angepasst haben. So trägt das lateinische Evangelium von Wien den Vermerk *Demetrius presbyter*, ein griechischer Name in latinisierter Form.[23] Die byzantinischen Wurzeln und alexandrinischen Vorbilder des berühmten Psalters von Utrecht[24] sind ebenfalls wohlbekannt, aber die Verbindung zwischen dem Lothar-Evangeliar,[25] dem Evangeliar Karls des Kahlen[26] und dem St. Emmerans-Evangeliar von Regensburg[27] und Byzanz ist sicher nicht geringer, wobei es sich wohl gemerkt nur um drei Exemplare unter vielen handelt, auf die hinzuweisen wir uns begnügen.

*Die Weiterführung **klassischen Erbes** durch die **makedonische Renaissance** zeigt sich **an verschiedenen Details** dieser **Elfenbeinarbeit** über den Einzug in **Jerusalem**: so am rechten Arm der Christusfigur, der von der Schlaufe des himation, des antiken griechischen Mantelüberwurfs, gehalten wird; das Kind, das sich einen Dorn aus dem Fuß zieht; und am Baldachin mit den Akroteren, den Giebelverzierungen. Berlin, Staatliches Museum für spätantike und byzantinische Kunst*

Die ursprüngliche Bildkunst des christlichen Orients vom 6. bis zum 10. Jahrhundert

Tania Velmans

Der Orient zwischen byzantinischer und islamischer Herrschaft

Als Karl der Große im Abendland die karolingische Renaissance vorantrieb und das Kaiserreich Byzanz vom Bilderstreit, der tiefsten ideologischen Krise seiner Geschichte, erschüttert wurde, kämpfte das christliche Morgenland, das Byzanz nach Osten abgrenzte, gegen seine Eroberung durch die Araber. Diese hatten im Verlauf des 7. Jahrhunderts die von Christen bewohnten Gebiete in Syrien, Palästina und Ägypten entweder vollständig und in Georgien, Armenien und Nubien etwa zur Hälfte erobert, während andere Regionen im Nahen Osten wie Äthiopien unbehelligt blieben. Kleinasien und ganz besonders Kappadokien, das Kernland des Byzantinischen Reiches, hingegen musste sich der feindlichen Einfälle erst im 11. Jahrhundert erwehren. Der Zerfall der Kirchen und Klöster in Syrien resultierte wahrscheinlich aus dem Auftauchen der Araber in dieser Gegend des Nahen Ostens und vermutlich auch die Tatsache, dass christliche Bauwerke in Ägypten so selten vorkommen, abgesehen von denen in Wüstengegenden. Wegen der Kämpfe gegen die arabischen Eroberer verschwanden auch viele von Christen errichtete Gebäude in Armenien und Georgien.

Die Regionen, von denen hier die Rede ist (Syrien, Palästina und Ägypten), gehörten zur Zeit Justinians (527–565) entweder direkt zum Byzantinischen Reich oder standen wie Georgien, Armenien und Nubien deutlich unter dem kulturellen Einfluss Konstantinopels. Die Hellenisierung hatte in diesen dünn besiedelten Gegenden einen schwachen oder, wie an der Westküste von Syrien und Georgien, nur geringen Eindruck hinterlassen; die größeren Städte wie Alexandria, Ephesus, Milet und Smyrna bildeten darin allerdings eine Ausnahme. Jede dieser Gegenden hatte außerdem schon vor ihrer Christianisierung eine eigene Lokalkultur besessen, wobei sich in der Ikonographie und dem Malstil ihrer Bilder Einflüsse aus Persien, dem Hügelland zwischen den Oberläufen von Euphrat und Tigris sowie aus Zentralasien und sogar Indien zeigten.

Der im 5. Jahrhundert aufbrechende Religionsstreit zwischen Byzanz und seinen östlichen Randzonen erlaubt es uns, die manchmal unterschiedlichen ikonographischen Entscheidungen zu verstehen, die diese beiden so eng verwandten Kulturgemeinschaften trennten. Der Kampf gegen den Arianismus, der die göttliche Natur Christi leugnete, hatte mit der Bestätigung der Göttlichkeit Jesu und seiner Wesens-

Die Skulpturornamentik von Kirchenwänden ist in Georgien so ausgeprägt wie zu jener Zeit weder in Byzanz noch im Abendland. Die Frontmauer der Kirche zur Heiligen Jungfrau in Ateni ist mit zahlreichen Reliefs fürstlicher Persönlichkeiten und Heiliger versehen, und zwar frontal, unbeweglich und würdig, was auf Vorbilder aus Persien hinweist. Distrikt Gori, Georgien

einheit mit dem Vater geendet, die anschließend zum Dogma erhoben wurde. Danach aber tauchten im christlichen Orient neue Fragen auf, insbesondere über die Verbindung des göttlichen und des menschlichen Wesens Christi. Dabei standen sich die Schule von Antiochia mit ihrem hochberühmten Vertreter Nestorius und die Schule von Alexandria gegenüber, deren Mönch Eutyches die Lehre seiner Schule vollendete. Ihm zufolge waren die beiden Wesensheiten Christi (Menschensohn und Gottessohn) nach seiner Menschwerdung zu seiner einzigen – göttlichen – Natur verschmolzen. Diese Lehre, als Monophysitismus bekannt, wurde wie alle anderen auf dem 4. ökumenischen Konzil von Chalkedon unter dem Vorsitz von Kaiser Markianos 451 als Irrlehre verdammt. Stattdessen verkündete das Konzil das Dogma der beiden Naturen Christi[1] als unvermischt und ungetrennt in einer Person und Substanz.

Trotzdem bekannten sich mehrere Ostkirchen zum Monophysitismus, besonders die Kirchen in Ägypten, Äthiopien und etwa zur Hälfte auch die Kirchen in Nubien, Nord-Syrien und Armenien, also in Ländern, in denen ein Teil der Bevölkerung der Orthodoxie weiterhin treu blieb. Georgien und natürlich Kappadokien hielten sich jedoch an die Beschlüsse von Chalkedon. Die Verbindungen zwischen diesen beiden Regionen und dem Rest des christlichen Ostens blieben jedoch so eng, dass sie sich dessen Einfluss nicht entziehen konnten. Dadurch wirkte sich die Irrlehre des Monophysitismus in gewisser Weise auch auf die Liturgie der Kirchen insbesondere in Ägypten und Äthiopien aus, das die jakobitische Religionsgemeinschaft pflegte. Von den Monophysiten ging kein direkter Einfluss auf das Bildprogramm der Kirchen aus, aber das religiöse Empfinden, das seine Ausbreitung gefördert hatte, drückte sich in der Betonung des Triumphes Christi, im Ruhm seiner Wiederauferstehung und seines endgültigen Sieges am Tage seiner Wiederkehr aus, während seine Menschwerdung und sein Opfer als Bildmotive in den Hintergrund rückten.

Auf hohem Niveau schufen die syrischen Goldschmiede ein reichhaltiges Repertoire an Juwelierskunst, voller Feinheit und Präzision, das direkt von der Spätantike inspiriert war.

Ein Beispiel für die syrische Goldschmiedekunst ist die Reliquientafel aus getriebenem Silber mit dem heiligen Symeon auf der Säule: Um die Säule windet sich die Schlange der Versuchung. Die Muschel über dem Haupt des Heiligen ist eine Anleihe an klassische Vorstellungen. Paris, Louvre

Das künstlerische Schaffen in Palästina und Syrien: Goldschmiedearbeiten, Handschriften und Ampullen mit heiligem Öl

Wenn wir von der künstlerischen Produktion in der östlichen Peripherie des Byzantinischen Reiches sprechen, müssen wir zwei wichtige Tatsachen bedenken:

Die künstlerische Aufarbeitung der ersten Evangelien fand im 4. Jahrhundert in Palästina statt, um die Gräber der christlichen Märtyrer und die Kirchen über den Orten zu schmücken, wo Christus gepredigt und gelitten hatte.

Das ungeheure Prestige, das Jerusalem genoss und das durch seine Kirchen voller Schätze und kostbarer Reliquien, seine Grabstätten, in denen keine Anbetung der in einem anderen Märtyrergrab glich, seine feierlichen Prozessionen, die uns der Pilger Etherius[2] so gefühlvoll beschrieben hat, und schließlich wegen der heiligen Stätten, die die wichtigsten Stufen im Leben Jesu geprägt hatten, noch vergrößert wurde. Das palästinensische Mönchstum galt wie die in den ägyptischen Wüstengebieten entstandenen Mönchsgemeinschaften im 4. Jahrhundert als eine frühe und weitreichende Ausnahme, die das Interesse und die Bewunderung der Christen weckte, denn derartige Gemeinschaften gab es in dieser Form sonst nirgendwo. Aus all diesen Gründen machte sich eine große Zahl christlicher Pilger aus dem Abendland nach Palästina auf den Weg. Von ihrer Reise brachten sie Amulette, bemalte Handschriften, Ampullen mit geweihtem Öl und andere mit religiösen Motiven kostbar verzierte Gegenstände sowie Schmuckstücke mit. Auf der anderen Seite arbeiteten Künstler aus dem Vorderen Orient im Abendland, besonders in Ravenna und Rom, wo im 7. und 8. Jahrhundert syrische Meister wirkten.

In syrischen Kirchen sind uns nur wenig Wandmalereien erhalten. Sie beschränken sich auf einige Apsiden mit Kreuzdarstellungen aus dem 6. und 7. Jahrhundert. Unter ihnen ist die Apsis von Sergiopolis (Rusafa) aus der vom 6. bis 10. Jahrhundert dauernden Epoche noch am besten erhalten. Trotzdem bestehen in Syrien heute noch immer große Kirchen, während das Land sonst Ruinen christlicher Kultstätten und Klöster bedecken. Die wenigen Kunstgegenstände und bemalten Handschriften, die dort gefunden wurden, stellen für den Kunsthistoriker unersetzliche Beweisstücke dar. Aufgrund ihrer geographischen Verteilung und ihrer gleichbleibenden Bildschemata können wir uns ein Bild von ihnen machen, während Byzanz sie nach der Krise des Ikonoklasmus durch Neuschöpfungen ersetzte.

Der syrische Gold- und Silberschmuck war sowohl in Asien und Afrika als auch in Italien verbreitet.[3] Ein Hostienteller (Patene) aus Silber, der in Struma, einem Ort nahe bei Antiochia, gefunden wurde und sich heute im Archäologischen Museum von Istanbul befindet (Nr. 3759), wurde aufgrund seiner Kontrollpunzen auf die Zeit Justinians (565–578)[4] datiert. Diese Patene zeigt ein neues Bildmotiv, das wir nur von einem anderen syrischen Kunstwerk aus dem 6. Jahrhundert, dem Evangelium von Rossano,[5] kennen. Es verweist auf das Abendmahl der Apostel, ein Motiv, das erst im 7. Jahrhundert in der Kirchenbemalung byzantinischer Künstler wieder auftauchte. Beide Male erscheint Christus unter einem Zyborium hinter dem Altar, wo er das Brot und den Wein der Eucharistiefeier an zwei Apostelgruppen verteilt. Auf diese Weise stellte man die göttliche Liturgie im Himmel dar, die man für das Vorbild der Liturgie auf Erden hielt. Trotz einiger Zweifel rechtfertigen nach unserer Meinung der Fundort des Objekts und sein ebenso ausdrucksvoller wie strenger Stil die enge inhaltliche Nähe zu der verzierten Vase von Homs (6. Jahrhundert) im Louvre[6] und seine Zuweisung zu einer syrischen Werkstatt. Dasselbe gilt auch für eine andere Patene mit dem Bildnis des Abendmahls der Apostel aus dem 6. Jahrhundert, die in Riha am Ufer des Orontes gefunden wurde und nun zur Sammlung Dumbarton Oaks zählt.[7] Eine Reliquientafel im Louvre mit dem Säulenheiligen Symeon als jungem Mann[8] ist ein packendes Zeugnis des syrischen Eremitentums. Der Heilige (gest. 592) sitzt auf der Spitze der Säule, auf der er sein Leben verbrachte, hält das Evangelium in seinen Händen und ist in tiefe Meditation versunken. Die Muschel über seinem Kopf, eine Anleihe aus der antiken Tradition, unterstreicht seine Bedeutung, während sich die Schlange der Versuchung vergeblich um die Säule windet: Der Heilige hat seine Augen geschlossen und sieht sie nicht.

Die Vase aus Homs zeigt ein von zwei Kordeln eingefasstes Zierband, auf dem floreale Motive mit Personenmedaillons abwechseln, darunter solche mit Christus und der Jungfrau. Das Vorbild hierfür ist in griechisch-römischer Kunst zu finden. Paris, Louvre

Auf dem silbernen Hostienteller (Patene) aus Riha ist unterhalb des mit einer Muschel verzierten Rundbogens Christus zu sehen, der die heilige Kommunion spendet. Um die Szene in ein Gleichgewicht zu bringen, ist er doppelt dargestellt, und die Apostel, ebenfalls zweifach zu sehen, schauen voller Inbrunst auf Christus, den Quell ihres Glaubens. Washington, Dumbarton Oaks Collection

Zwei Gruppen bemalter Handschriften von sehr hoher künstlerischer Qualität stammen möglicherweise ebenfalls aus Syrien. Die Miniaturen der einen Gruppe folgen hellenistischen Vorbildern, zeigen aber nicht die vor Ort üblichen stilistischen und ikonographischen Merkmale, so dass ihre Herkunft manchmal bezweifelt wird. Dazu zählen die berühmte Genesis von Wien[9] (nach 550 entstanden) mit ihren eleganten, grazilen und naiven Figuren in pittoresken Hirtenlandschaften oder auch die Genesis von Cotton aus dem 5. bis 6. Jahrhundert, die vielleicht in Alexandria gemalt wurde, und von der nur noch einige Blätter im British Museum[10] übrig sind.

Die zweite Gruppe der Handschriften, die Evangelien von Sinope (6. Jahrhundert) in der Pariser Nationalbibliothek und der Codex Rossanensis in der Kathedrale von Rossano aus dem 6. Jahrhundert, weisen dagegen einen ganz anderen Stil auf.[11] Beide sind in Gold- oder Silberbuchstaben auf purpurgefärbtem Pergament gemalt und zeigen Miniaturen in der üblichen ikonographischen Tradition des Byzantinismus im christlichen Osten. Sämtliche unnützen und romantischen Bilddetails sind verschwunden, die hellenistisch-lyrische Bildsprache ist einer dramatischen Darstellungsform gewichen und die Bildkompositionen einschließlich der Figuren sind in sehr strengen Formen gezeichnet. Bei einigen Miniaturen aus dem Codex Rossanensis haben großflächige Wandzeichnungen Pate gestanden, denn wie sonst sollte man die Szene des Richtspruchs von Pilatus deuten, die nach oben in einem gekrümmten Rand endet, so als ob es sich um das Bild eines Kirchengewölbes handeln würde?[12]

Der dramatische Gesichtsausdruck tritt uns in den Miniaturen eines Evangeliums in syrischer Sprache noch deutlicher entgegen, das 586 in Zagba, einem Ort in Nordmesopotamien, unter der Anleitung des Mönches Rabula – es trägt seinen Namen – bemalt wurde, und das heute in der Laurentiusbibliothek in Florenz liegt.[13] Die vor-

13
ΛΟΓΙΝΟϹ

nehmen und würdevollen Mienen der Personen in der byzantinischen Bildkunst werden durch volkstümliche, aber sehr erschöpfte Gesichter ersetzt. Auch dieses Evangelium enthält ein *Abendmahl der Apostel*. Eine andere Miniatur auf demselben Blatt zeigt die *Kreuzigung* sowie *Auferstehung Christi* und erinnert so an das Dogma der Erlösung. Es handelt sich um eine erzählende und fast realistische Szene, die den ans Kreuz genagelten Christus in einer ärmellosen Tunika (*colobium*) zeigt. Sie stellt ihn aber als noch lebenden Menschen mit weit aufgerissenen Augen und ohne jede Spur von Leiden dar. Um ihn herum befinden sich die ebenfalls gekreuzigten Schächer, Sonne, Mond, die Lanze und der Schwamm. Etwas weiter entfernt sind der römische Hauptmann, die Teilung der Kleider, die verzweifelten heiligen Frauen und natürlich Maria und Johannes der Täufer zu erkennen. Unmittelbar unter die Bildkomposition hat der Maler die *Auferstehung* gestellt, indem er die heiligen Frauen am Grab zeigt. Außerdem fügte er dieser Szene die *Erscheinung Christi vor den Marien* hinzu, um die Realität der Auferstehung herauszuarbeiten.

Wir kennen Bilder dieser Art auch aus anderen Orten des christlichen Orients, insbesondere von den Felskapellen in Kappadokien, zum Beispiel in Sakli Kilise (um 1070) und anderswo. Auf diesen Wandbildern trägt Christus ebenfalls noch die im Syrien der Spätantike übliche ärmellose Tunika, die aus den postikonoklastischen Werken unter dem Einfluss Konstantinopels aber verschwunden ist.

Die Miniatur über die Himmelfahrt aus dem Zagba-Zyklus unterstreicht besonders den Ruhm und die Majestät Christi. Das kleine Bild präsentiert eine Vision des Himmels, in der Christus im Glorienschein und von Engeln getragen gerade die Huldigung zweier anderer Engel entgegennimmt, die ihm Kronen anbieten. Unter seinen Füßen erscheinen die in Form eines Tetramorphs geordneten himmlischen Heerscharen mit Augen und Rädern auf ihren Flügeln (Ez. 1, 4–21; Is. 6, 2–4; Off. 3, 6–8). Die Kronen anbietenden Engel und die himmlischen Heerscharen gehören nicht zum Bild der Himmelfahrt, sondern zu einer besonders im Orient verbreiteten Gottesvision, auf die wir später noch einmal eingehen werden.

Eine syrische Bibel aus dem 7./8. Jahrhundert in der Bibliothèque Nationale von Paris (Syr. 341) enthält Miniaturen, die in einem eher unbeholfenen Stil gezeichnet sind, aber aufgrund bestimmter und selten vorkommender Bildmotive besonderes Interesse wecken, zum Beispiel, unter anderem, das Bild der göttlichen Weisheit (Lat. 118): Maria mit dem gottgesandten Jesus auf dem Arm vor ihrer Brust und in einem blauen, ihre gesamte Figur umfließenden Heiligenschein steht zwischen König Salomo auf ihrer linken und einer die Kirche personifizierenden Figur auf ihrer rechten Seite, die ein Buch und ein Kreuz an einer langen Stange trägt.

Der Künstler illustriert dergestalt einen Spruch Salomos (Sal. 1, 1–7; 10ff.), dessen Sinn die Kirchenväter, insbesondere der heilige Athanasius von Alexandria, als eine Anspielung auf Christus und die Kirche als Inkarnation der göttlichen Weisheit[14] betrachten.

Auch in Palästina stoßen wir im 6. Jahrhundert wieder auf die Vorstellung einer vielseitigen Himmelfahrt, die nun aber mit dem Thema der Erlösung verknüpft ist. Das fragliche Motiv ziert eine Ampulle mit geweihtem Öl, die wie so viele andere Kunstgegenstände im 6. bis 8. Jahrhundert aus dem Heiligen Land nach Italien gelangten, und im Kollegium des heiligen Johannes in Monza und in der ehemaligen Abteikirche von Bobbio[15] aufbewahrt werden. Tatsächlich zeigt Ampulle Nr. 20 von Bobbio das Bild des auf einem Regenbogen sitzenden Christus in einer von vier Engeln getragenen, sternenbesetzten Aureole. Aus ihr quellen Bäche mit Leben spendendem Wasser, während die Sonne und den Mond personifizierende Figuren Fackeln tragen. Darunter die betende Jungfrau mit dem Stern von Bethlehem auf ihrem Haupt und flankiert, aber nicht von Aposteln wie in den gängigen Bildschemata der Himmelfahrt, sondern von Johannes dem Täufer auf ihrer linken Seite, dem ein Engel folgt (die Engelsfigur ist verwischt), und auf ihrer rechten Seite vom Vater des Täufers, dem Priester Zacharias, dem ebenfalls ein Engel folgt. Auf dem Phylakterion,

Vorhergehende Seiten:

Das Evangelium des Mönches Rabula ist in seiner Bildsprache schlicht und doch von großer Wirkkraft. Bei der Kreuzigung ist Christus ins Colobium gehüllt, die lange syrische Tunika, anders als die beiden Diebe, die nur von einem Lendentuch bedeckt sind. Christus hat einen ernsten Gesichtsausdruck und weit aufgerissene Augen: Er ist der noch lebendige Mensch. Gleich darunter ist die Auferstehung dargestellt. Florenz, Biblioteca Laurenziana, Plut. I, 56 f. 13

In dieser Darstellung der Himmelfahrt vertieft sich die Jungfrau, im unteren Bildteil dargestellt, betend in den Sohn, der sich im Glorienschein und inmitten von lobpreisenden Engeln zum Himmel aufschwingt. Darunter befindet sich der Tetramorph, die frühchristliche vierköpfige Engelsgestalt mit den vier Flügeln voller Augen und den Feuerrädern, nach der Vision des Ezechiel das Sinnbild der vier Engelsgruppen. Diese Art der Theophanie-Darstellung war besonders im christlichen Orient weit verbreitet. Florenz, Biblioteca Laurenziana, Plut. I, 56 f. 13v.

Diese syrische Miniatur zeigt die Göttliche Weisheit, Urbild Christi und der Kirche, wobei mehrere Einzelmotive zu erkennen sind: die Jungfrau mit dem Erlöser im Leib, der König Salomo, die Personifikation der Kirche. Die Jungfrau, Gebärerin der Weisheit, Paris, Bibliothèque Nationale, Bibl. Syr. 341 f. 118

das Johannes trägt, lesen wir: „Das Lamm Gottes, das die Sünde der Welt trägt" (Joh. 1, 29), eine ganz offenkundige Anspielung auf den christlichen Erlösungsgedanken.

In ein anderes Bild der Himmelfahrt Christi fließt ein weiteres Bildthema ein, das die Ampulle 10 in Monza[16] darstellt: Zwischen dem mit den Engeln in die Höhe entschwebenden Christus und der „Gottesgebärerin" im Kreis der Apostel schwingt sich die Taube des Heiligen Geistes vom Himmel herab. Hier vereinigen sich Himmelfahrt und Pfingsten in einem Bild, eine Verbindung übrigens, die wir aus dem Mittelalter in Kappadokien und Georgien in wenig abgeänderter Form kennen.

Kreuzigungsbilder auf Ampullen mit geweihtem Öl und Fresken

Die vielen aus Palästina stammenden Ölfläschchen in Monza und Bobbio sind von größter Bedeutung für bestimmte Bildschemata, die sich im Mittelalter in den östlichen Provinzen der byzantinischen Welt verbreiteten. Die meisten unter ihnen zeigen Kreuzigungsbilder in einer Wahrnehmung, die sich von dem Geist, in dem das Evangelium des Rabula gemalt ist, sehr deutlich unterscheidet. Die Kreuzigung erscheint unter einem besonders triumphalen Aspekt, da auf zweien dieser Bilder der Gekreuzigte gar nicht mehr vorkommt. Auf Ampulle Nr. 6 von Bobbio zum Beispiel ist das Brustbild Christi über ein leeres Kreuz gesetzt, das zwischen den beiden Schächern am Kreuz, zwei kleinen sitzenden Figuren, wahrscheinlich Anhänger oder Soldaten, Sonne und Mond steht. Außerdem fehlen auf dieser Ampulle, was für die meisten dieser Bilder charakteristisch ist, Maria und Johannes der Täufer, während Lanze und Schwamm besonders deutlich auftauchen, d.h. Christus befindet sich nach der Auferstehung bereits im Himmel.

Eine andere Kreuzigungsszene platziert das Brustbild Jesu am Schnittpunkt der beiden Kreuzarme, wie uns zum Beispiel die Ampulle Nr. 3 von Bobbio zeigt. Die Figuren und Symbole um das Kreuz sind dieselben. Die Botschaft des Künstlers konzentriert sich auf die Tatsache, dass Christus am Kreuz den Tod besiegt hat. Um das aber ganz unmissverständlich zu zeigen, stellt er das Bild der heiligen Frauen am Grab entweder unter die Kreuzigungsszene oder auf die Rückseite der Ampulle. Die Idee dieser Komposition leuchtet ein: Was zählt, ist nicht das freiwillige Opfer Gottes, sondern seine Wiederauferstehung! Außerdem sollten wir noch festhalten, dass ein Kreuz ohne Brustbild, aber mit einem Christusmongramm in einer Krone aus Lorbeerblättern mitten zwischen den Aposteln oder mit Szenen der Passionsgeschichte versehen, im 4. Jahrhundert die römischen Sarkophage schmückte und die Auferstehung des Verstorbenen bedeutete. Dieses Christusmonogramm war in der Kunst der frühen Christenheit weit verbreitet und konnte als Ausgangspunkt für unsere Bildkompositionen dienen.

Die Kreuzigung von Sabeerebi, Georgien (Kirche Nr. 5), hat trotz einiger Unterschiede ihr Vorbild in den Ampullen der palästinensischen Künstler aus dem Heiligen Land. Kopie eines Aquarells von T. Seviakova

Die Kirchenväter deuteten das Kreuz schon sehr früh als Zeichen für den Sieg Christi.[17] Auf den Ölampullen taucht es häufig als Stamm einer Palme auf und erinnert so auch an den Baum des Lebens im Paradies (Gen. 2, 9; 3, 22–24), der ebenfalls die Unsterblichkeit symbolisiert, und an die Apokalypse des Johannes (Off. 2, 7), wo er als Versprechen der ewigen Glückseligkeit interpretiert wird. Die Syrer sahen in dem Kreuz das Gegenstück des Baumes im Paradies. Diese uns so fremden Kreuzigungsbilder entsprechen allerdings exakt bestimmten apokryphen Texten wie den *Acta Johannis*, wo beispielsweise eine Vision der Kreuzigung mit folgenden Worten beschrieben wird: „... er zeigte mir ein Kreuz aus Licht ... es war Gott selbst, den ich über dem Kreuz erblickte ..."[18] In der *Geschichte des Johannes in Rom* wirft Christus dem Apostel Johannes, der die Kreuzigung gemalt hatte, vor, dass „es nicht gut von Dir war, mich nach meiner Auferstehung von den Toten wieder zu kreuzigen. Es wäre besser gewesen, Du hättest das Bild gezeichnet, das Du nach meiner Auferstehung gesehen hast".[19]

In formaler Hinsicht orientieren sich die beiden Bildschemata auf den Ampullen an der Ikonographie der römischen Kaiserzeit, an frühchristlichen Kunstwerken und an den Malgewohnheiten Konstantinopels. In Rom brachte man den Schild des Siegers tatsächlich über der Trophäe seines Sieges an, während die unterworfenen Völker darunter erschienen. Die „christianisierte" Form römischer Triumphdarstellungen beobachten wir übrigens auch auf den römischen Sarkophagen in frühchristlicher Zeit. Darüber hinaus sollten wir festhalten, dass die Byzantiner Kreuze auf Säulen neben dem Porträt eines Kaisers[20] anzubringen pflegten, ohne die verschiedenen Kaiserbüsten zu zählen, die samt und sonders an deren Triumphe erinnern sollten. Für diese Hinweise auf militärische Triumphe bieten vor allem die Diptychen der Konsuln ein hervorragendes Beispiel.[21]

Die Kreuzigungsszenen auf den kleinen Ölflaschen aus dem Heiligen Land wurden im mittelalterlichen Byzanz nicht fortgeführt, aber ihre Muster inspirierten die Künstler im christlichen Teil des Nahen Ostens weiterhin. So zeigt das Prozessionskreuz von David Kuropalatus (978–1001)[22] Kopf, Hals und Brust des himmlischen und triumphierenden Christus über dem Bild des Gekreuzigten und der Schächer. Auf dem Bild von Martvili (1027–1972)[23] tritt uns ein siegreicher und segnender Christus entgegen, während unter dem Bild der tote Jesus nach seiner Qual und Pein auftaucht. In beiden Bildern wollte man entgegen dem vorherrschenden Kunsteinfluss aus Konstantinopel, der das Motiv des Toten am Kreuz bevorzugte, nicht nur den Körper des Gekreuzigten zeigen. Die anderen Figuren um diesen zentralen Kernpunkt sind mehr oder weniger banal und ohne Bedeutung für die Vorstellungen und Mentalität, die sich mit diesem Bildmotiv verknüpften.

Der Brauch, Außenmauern von Kirchen mit Skulpturen zu verzieren, war auch in Armenien weit verbreitet. Dies gilt besonders für die Heilig-Kreuz-Kirche in Aght'amar, der Hauptstadt eines aus abbasidischer Sicht peripheren Reiches. Dargestellt sind Szenen aus dem Alten Testament, weltliche Bilder oder Ausschnitte aus dem Alltagsleben. Rund um die Kirche läuft ein Fries mit Rebenschösslingen und Tieren. Die vielen verschiedenen Themen und die Art der Ausführung weisen auf byzantinische ebenso wie auf persische und abbasidische Einflüsse hin. Jonas und der König von Ninive, Schmuckfriese

Auf einer Freske in der Kirche Nr. 5 in Sabereebi (10. Jahrhundert) in der Einöde von David Garedja,[24] sind die auf den Ampullen vorkommenden Symbole im entgegengesetzten Sinn angeordnet. Das perlenumrahmte Kreuz als Zeichen des Triumphes Christi taucht in einem purpurnen Glorienschein über dem Bild des Gekreuzigten zwischen Personifizierungen von Sonne und Mond auf.

Das zweite Kreuzigungsmotiv auf den Ampullen – ein Brustbild Christi am Schnittpunkt der vertikalen und horizontalen Kreuzbalken – finden wir mit zwei betenden Engeln an seiner Seite in der Adamskapelle der Kirche zum Heiligen Grab in Jerusalem[25] aus dem 6. Jahrhundert wieder. Dieser Kreuztypus taucht selbst in Kappadokien auf und dort besonders an den Tympana der Nord- und Südseite von Tokali Kilise (10. Jahrhundert)[26] und auch in Nubien. In der Kathedrale von Faras (8. Jahrhundert) wird das Medaillon mit dem Brustbild Christi in dem besagten Motiv durch die vier Wesen[27] an Land gebracht. Es steht auf einem mittelhohen Podium und wird von einer Schnur mit kleinen Glocken umgeben, was seinen triumphierenden Charakter noch verstärkt. Die Widmung auf dem Bild beruft sich auf das Kreuz als Symbol der Erlösung. Sieben ähnliche Bilder, die man alle unter das Stichwort „Visionen des Christus triumphans" einzuordnen hat, werden in Nubien aufbewahrt.[28] In manchen Fällen stehen noch Passionsszenen dabei wie insbesondere in den Kirchen Abdallah Nirqi und Abd-el-Qadir.

Wegen des verkürzten Zyklus der großen liturgischen Festtage müssen wir noch einmal auf unsere Ölampullen aus Palästina zurückkommen. Einige von ihnen zeigen in Medaillons und allein durch ein Gesicht die folgenden sieben Feiertage:[29] Mariä Verkündigung und Heimsuchung, Geburt, Taufe und Kreuzigung Christi, die heiligen Frauen am Grab und Christi Himmelfahrt. Eine Silberplatte mit syrischer Inschrift (9./10. Jahrhundert), die in Perm gefunden wurde, unterscheidet sich von diesen Glasgefäßen durch eine zwar analoge, aber auf drei Szenen (Kreuzigung, die

heiligen Frauen am Grab und Himmelfahrt Christi) verkürzte Bildfolge. Neben dem möglichen Einfluss der Ölgefäße auf die Anordnung der erwähnten Bildkompositionen, die übrigens um einige, allerdings zweitrangige Figuren[30] ergänzt sind, weist der Werkstil auch auf den iranischen Kunsteinfluss im mittelalterlichen Syrien hin.

Skulpturen an den Außenfassaden von Kirchen in Georgien und Armenien

Syrien und Palästina sind mit künstlerisch verzierten Objekten in der uns interessierenden Epoche nicht gerade üppig ausgestattet, wohl aber die kaukasischen Länder und Ägypten. Seit einer weit zurückliegenden Epoche im 5. bis 7. Jahrhundert stellen

wir in den georgischen und armenischen Kirchen Skulpturen als Schmuckelemente fest, zum Beispiel eigenartige Stierköpfe, die aus einer vorchristlichen, lokalen Tradition herrühren und auf der Stirnseite der georgischen Kirche in Bolnisi[31] (5. Jahrhundert) angebracht sind. Dort haben sie sich wie an der Kirche von Sveti Choveli[32] neben anderen schmückenden Elementen das gesamte Mittelalter hindurch erhalten. Noch deutlicher sticht der Skulpturenschmuck an den Außenwänden der Kirche zum Heiligen Kreuz in Mcheta (6./7. Jahrhundert) mit seinen großen, auf eine zentrale Platte mit einem Christusbild[33] hin gerichteten Fürstenfiguren hervor. Sie sind alle und deutlich sichtbar durch die persische Kultur der Sassanidenzeit beeinflusst, was übrigens auch für die Kirche zur Heiligen Jungfrau in Ateni (7. Jahrhundert)[34] gilt. Hier sind die Fürsten und Bildstifter en face, unbeweglich, schroff, steif, in rechteckige Rahmen gezwängt und ohne Verbindung untereinander dargestellt. Ihre Körperhaltung, Kleidung und Fußstellung verraten, auf welche Vorbilder sich der Künstler gestützt hat. Das trifft ebenfalls, wenn auch in geringerem Ausmaß, auf die Kirche von Martvili[35] aus dem 7. Jahrhundert zu, wo unmittelbar vor der Skulptur der Verfolgung des heiligen Eustachius ein Fabeltier (Greif) steht. In der Kirche von Borzomi aus dem 9. Jahrhundert sitzt die Jungfrau mit dem Kind[36] so breitbeinig, dass ihre Knie wie bei thronenden Sassaniden-Herrschern eine Horizontale bilden.

Auf den vorhergehenden Seiten:

Auf der Außenfassade der Kathedrale von Sveti Choveli in Kartlia sind reichhaltige Skulpturen wie Flechtbänder, ein Engelsrelief oder ein Stierkopf deutlicher Hinweis darauf, dass hier sehr verschiedene Kunsteinflüsse Pate standen. Distrikt von Mchketa, Georgien

Auf der östliche Apsisseite der georgischen Heilig-Kreuz-Kirche in Mchketa gehört der Bildhauerschmuck zur wichtigsten Dekoration, darunter die Skulptur des Gottessohnes, der den Kirchenstifter Erisamtaver Stefanos segnet. Der byzantinische Einfluss zeigt sich insbesondere im Faltenwurf des Gewandes Christi.

Skulpturen an den Fassaden von Kirchen waren auch in Armenien schon sehr früh verbreitet, wie wir an der Kathedrale von Mren (640)[37] sehen, die im Inneren Teile der Kirchenbemalung noch so erhalten hat wie die Kirche von Zvartnoc (um 650),[38] deren Standfiguren (Fürsten, Würdenträger und Stifter) deutlich an die Gestalten von Mcheta erinnern. Der persische Einfluss ist zwar überall spürbar, schadet aber der Ursprünglichkeit dieser Skulpturen nicht, wie auch die Plastiken aus dem 8. Jahrhundert in Ojun[39] beweisen. Aber die für armenische Bildhauer typische Kreuzblume findet sich nicht weit vom Ufer des Van-Sees in der heutigen Türkei. Dort steht die kleine Kirche von Aght'amar (915–921),[40] deren Außenmauer eine Vielzahl von Steinmetzarbeiten zieren. Szenen aus dem Alten und Neuen Testament sind dort in fortlaufenden Friesen angeordnet und werden durch Darstellungen armenischer Hei-

Die vier mit Miniaturen geschmückten Seiten aus dem Evangelium von Ečmiadzin vereinigen eine Vielzahl von Einflüssen, die für das Armenien des 7. Jahrhunderts charakteristisch sind. In den beiden Blättern Verkündigung an Maria und Verkündigung an Zacharias sind die Flügel des Erzengels voller Augen, und das gesamte Umfeld der Szene spricht einmal mehr eine hellenistische Sprache.
In der Anbetung der Magier sind die Gewänder persisch, die Muschel, die die Jungfrau bekrönt, ist hellenistisch, und das Kind auf dem Schoß byzantinisch. Im Taufbild erscheint der jugendliche Jesus, untergetaucht bis zum Ellenbogen, aus antiker Tradition inspiriert, und die Pelikane an den Seiten symbolisieren die Eucharistie. Eriwan, Matenadaran, Nr. 2374

liger wie Gregor dem Erleuchter, der Armenien missionierte, und Sahak Arcruni als Märtyrer aus fürstlichem Haus durch echte oder phantastische Tiergestalten zum Beispiel als Greif oder in Pflanzenornamenten dargestellt. Ihre Anordnung und Formgestaltung zeugen von einer sehr durchdachten Konzeption der großflächigen Mauergestaltung und einer geradezu sinnlichen Liebe zur Natur (Pflanzen und Tiere), die durch ein sehr sicheres Gespür für Ornamentik und die Fähigkeit zur ausdrucksvollen Vereinfachung von Formen verdoppelt wird. Die zahlreichen Einflüsse, denen sich diese Künstler ausgesetzt sahen, stammten vor allem aus byzantinischen und persischen Quellen. Die Innenmauern der Kirche bedecken Wandmalereien aus derselben Epoche.

Bemalte Handschriften aus Armenien

Während uns in Georgien seit dem 7. bis 9. Jahrhundert Wandmalereien in Kirchen und ein Mosaik in der Apsis der Kirche in Cromi[41] erhalten sind und ihre Zahl (aber nur in Bezug auf die Fresken) ständig zunahm, bevorzugte man in Armenien seit dem 11. Jahrhundert offenbar Miniaturzeichnungen. In der Sammlung Matenadaran in der armenischen Hauptstadt Eriwan und anderswo schlummern tatsächlich tausende von

Handschriften, während Kirchenmalereien in Armenien viel seltener vorkommen. Trotz der großen Zahl der Handschriften stammt keine, abgesehen von einigen Blättern im Evangeliar von Ečmiadzin, aus vorikonoklastischer Zeit. Die älteste Handschrift wird entsprechend dem Namen ihrer Auftraggeberin als „Evangeliar der Königin Mlke", der Gattin von König Gagik I., bezeichnet und stammt aus dem Jahr 862. Sie wird heute in der Bibliothek der Abtei San Lazzaro in Venedig aufbewahrt (Nr. 1144). Entgegen den meisten armenischen Miniaturen dieser Epoche sind die Kleinbilder dieser Handschrift in einem antikisierenden Stil gezeichnet, wie sich beispielsweise an dem Bildchen über die Himmelfahrt Christi zeigt, in dem Maria und auch die Engel, die die Mandorla Christi halten, in einer deutlich graziösen Haltung dargestellt werden. Ein besonderer Platz kommt auch dem Evangelium von Ečmiadzin (Nr. 2374 in der Sammlung Matenadaran) zu, das 989 in einem klassizistischen Stil auf den oben erwähnten Blättern mit eingestreuten Miniaturen des 7. Jahrhunderts entstand. Diese Bildchen zeigen die *Verkündigung des Engels an Zacharias* (Lk. 1, 11–20), die *Verkündigung Marias*, die *Anbetung der Weisen* und die *Taufe Jesu*.[42] Persische Einflüsse treten in dieser Miniatur weniger zutage als in zeitgenössischen Skulpturen, beeindrucken aber in dem Bild über die *Anbetung der Weisen* dennoch durch deren Fußstellung und Bekleidung. Ihre Gesichter mit den infolge der betonten Ränder großen schwarzen Augen erinnern an die in der zeitgenössischen koptischen Kunst üblichen Augenzeichnung. Die eher belanglosen Elemente dieses Bildes wie die architektonische Ausschmückung und die Muschel, die Maria „krönt", sind Anklänge an den Hellenismus, die vermutlich durch Werke byzantinischer Abstammung nach Armenien gelangt sind. Das Kind, das Maria so trägt, als ob es auf einem Schild dargeboten würde, entspricht dem Bildausdruck der Jungfrau Blachernitissa, die Byzanz von der Ikonographie des römischen Kaisertums entlehnt hat. Diese eher symbolischen als narrativen Zeichnungen könnten auf Vorbilder in Palästina oder auf die Ausschmückung von Märtyrergräbern an den heiligen Orten zurückgehen, die häufig Gotteserscheinungen zeigen.

Diese aufgrund ihres Alters seltene ägyptische Ikone zeigt die Menschwerdung Christi auf sehr naturalistische Weise, ein Thema, das für Byzanz während der ikonoklastischen Krise von höchster Bedeutung sein würde. Im oberen Bildteil sitzt Christus mit Heiligenschein auf dem Thron, umgeben von Engeln, als personifizierte Gottheit, die in ihm zum Menschen wird. Darunter sieht man die Muttergottes mit dem Kind, die vom Menschen zur Göttlichkeit erhoben wird. The Cleveland Museum of Art, Leonard C., Hanna Jr. Fund

Das Aufblühen der christlichen Kunst in Ägypten: Ikonen und Gottesvisionen

In Ägypten gelangte diese Kunst im 5. und 6. Jahrhundert zu großer Blüte, und dank der Kopten hielt dieser Zustand bis ins 7. und 8. Jahrhundert an. Das von der griechischen Kultur geprägte Alexandria spielte bei der Entwicklung des byzantinischen Stils und der byzantinischen Ikonographie in dieser Gegend eine besonders wichtige Rolle. Die Kirche zu den Drei Aposteln in Konstantinopel, die zwar nicht mehr besteht, aber in minutiöser Genauigkeit beschrieben wurde, verdankt Alexandria ihre Art der Interpretation der Evangelien.[43] Wir wissen heute, dass Kunstateliers in Alexandria bereits seit dem 1. Jahrhundert Handschriften kolorierten und einige dieser Miniaturen die Vorlagen für spätere illustrierte Bücher im byzantinischen Stil lieferten, zum Beispiel für die berühmte Buchrolle Josuas in der Vatikanischen Bibliothek oder den nicht minder bekannten Psalter von Paris (gr. 139).[44]

Zwei in Ägypten gemalte Ikonen aus dem 6./7. Jahrhundert zählen zu den wenigen präikonoklastischen Werken dieser Gattung, die es heute noch gibt. Die eine Ikone, ein Brustbild des Bischofs Abraham, befindet sich heute in Berlin[45] und die andere, ein Bild gleicher Art von Christus, schildert, wie er den ägyptischen Heiligen und Märtyrer Menas beschützt; dieses Bild hängt im Louvre in Paris. Beide Werke weisen eine antiklassische Tendenz auf, aber die stämmigen Körper mit den großen Köpfen von Menas und Christus, die Tiefe ihrer Blicke und die Harmonie der warmen Farben fesseln unsere Aufmerksamkeit trotzdem. Die ägyptische Kunst während ihrer Blütezeit zeichnet sich auch durch Skulpturen und reich bemalte Historiengemälde aus. Einige von ihnen sind heidnischen Themen wie der *Geburt der Aphrodite* auf dem Wandteppich im Louvre (6. Jahrhundert),[46] andere wiederum religiösen In-

Auf dieser berühmten Ikone aus Baouît tritt Christus als Beschützer des heiligen Menas, des Klosterabtes, auf. Das mit Edelsteinen verzierte Buch in seiner Hand und der Heiligenschein auf den Köpfen beider Figuren zeugen von byzantinischem Erbe. Die den Betrachter direkt anschauenden Gesichter, Größe und Unbeweglichkeit der Augen, die mangelnden Proportionen von Kopf und Körper sowie auch die Auswahl der Farben weisen auf eine nicht gänzlich zur Reife gelangten Sensibilität des ägyptischen Künstlers hin. Paris, Louvre

halten gewidmet. Auch eine großartige Jungfrau mit dem Kind zwischen zwei Engeln fällt auf; sie überragt ein im Glorienschein thronender Christus, den zwei stehende Engel halten. Dieses Werk, heute im Cleveland Museum of Art zu sehen, wird von Blüten eingerahmt, aus denen die Porträts der zwölf Apostel in Form von Medaillons ragen. Mehr Informationen über die ägyptische Kunst liefern uns indes die Wandmalereien in den großen ägyptischen Wüstenklöstern.

In den Kapellen der Klöster zum heiligen Apollonius in Baouît und zum heiligen Jeremias in Saqqara leuchtet wie in den Apsiden der Kirchen in allen östlichen Randgebieten der byzantinischen Welt zwischen dem 6. und 8. Jahrhundert eine Gottesvision von der Wand. Die Propheten Ezechiel (Ez. 1, 10) und Isaias (Is. 6, 1–3), gelegentlich auch Daniel und Habakuk, beschreiben in erster Linie nicht nur, dass sie Gott gesehen, sondern auch wie sie ihn gesehen haben. Diese Visionen inspirierten den Evangelisten Matthäus (Matth. 24, 30) bei seiner Vision der Rückkehr Christi am Jüngsten Tag. Die Offenbarung (4, 2–8) stützt sich offensichtlich auf den Matthäus-Text, und die Kirchenväter von Alexandria und Antiochia griffen auf einige Elemente aus diesen Quellen zurück. Auch die Liturgie bedient sich all dieser Schriften, um die Ehre Gottes zu beschwören und wie die Zweite Parusie die Rangfolge der ihn umgebenden Engel zu beschreiben. Dank ihrer liturgischen Interpretationen vollzog sich bezüglich der im Alten Testament vorkommenden Gottesvisionen ein allmählicher Bedeutungswandel, denn nun konnten sie im Gewand einer christlichen Theophanie erscheinen, ohne dass man ihre Existenz im Neuen Testament zu verleugnen brauchte.

Um diese Synthese zwischen Altem und Neuem Testament bildlich darzustellen, setzten die Künstler Christus in seiner ganzen Glorie auf einen Thron und umgaben ihn mit Sternen, den vier Wesen, die Ezechiel in seiner Vision erschienen sind (Ez. 1, 5–14), mit Engelsscharen, Flammen und anderen Symbolen seines endgültigen Triumphes am Jüngsten Tag. Die Engel treten als Cherubim (Ez. 10, 9–10, 12; 24–27) oder als Seraphim mit sechs Flügeln (Is. 6, 2–3) oder als viergesichtige geflügelte Wesen auf (Ez. 1, 5–14), neben denen feurige Räder als eine unvollständige Version des Wagens Gottes (Ez. 1, 15–21) rollen. Dank der christlichen Kommentatoren, insbesondere des Dionysius Areopagita, sind diese Engel in einer dreistufigen Hierarchie mit neun Chören klassifiziert, die er den Seraphim und Cherubim[47] zugesellt. Deshalb erscheint auf den Bildrändern auch häufig ein Erzengel.

Eine der schönsten Darstellungen dieser Art finden wir in Kapelle 17 (7. Jahrhundert) des Klosters von Baouît,[48] in der Christus inmitten eines gestirnten Glorienscheins thront. Seine rechte Hand hat er nach Art römischer Triumphatoren erhoben und hält in seiner Linken das aufgeschlagene Buch mit der Inschrift „Heilig, Heilig, Heilig". Die vier geflügelten und von Augen bedeckten Wesen und zwei Flammenräder ordnen sich um den Glorienschein. Auf beiden Seiten Christi stehen in Medaillons die Personifikationen von Sonne und Mond, die seine in alle Ewigkeit währende Herrschaft bezeugen und der Vision somit eine kosmische Bedeutung verleihen. Zwei Erzengel tragen in bedeckten Händen Kronen ähnlich wie in der Miniatur über die Himmelfahrt auf einer der Ölampullen aus dem Heiligen Land. Darunter steht genau wie auf diesem Fläschchen die betende Jungfrau auf gleicher Höhe mit den Aposteln. Ein ähnliches Bildprogramm wie in dieser Apsis zeigt auch die Kapelle 6 von Baouît (6.–8. Jahrhundert),[49] das heute im Koptischen Museum von Kairo aufbewahrt wird. Es unterscheidet sich von dem in Kapelle 17 durch seine zweite Ebene, auf der die Jungfrau mit dem Kind zwischen den Aposteln thront. Dieses Bild entfernt sich von den üblichen Darstellungen der Himmelfahrt, um die Menschwerdung Christi und die gleich zweifache Theophanie Gottes deutlich herauszuarbeiten. An den Innenwänden dieser Kapellen erheben sich unbewegliche, den Betrachter anblickende und wie in Verzückung geratene Heilige und Mönche aus der Gegend in voller Größe.

In der Kirche des heiligen Stefan in Lmbatavank, Armenien, blieb das Fragment eines Freskos erhalten, das, ganz nach östlicher Tradition, die Vision der Theophanie eines Cherubs mit Flammenrädern und Flügeln voller Augen darstellt.

In Äthiopien gibt es keine Wandbilder der Epoche, die uns hier interessiert. Dennoch dürfen wir zu Recht annehmen, dass auch dort Gottesvisionen von den Decken der Seitenkapellen herabblickten, wie in den beiden sehr bekannten Kirchen aus dem 13. Jahrhundert Korkor Marjam und Gannata Marjam in der Nähe von Lalibela.[50]

Eine Gottesschau schmückt auch die Apsis der auf Felsen gebauten Pantokrator-Kirche in den Bergen von Latmos im westlichen Kleinasien.[51] In Kappadokien kommen diese Visionen vom 7. bis zum 10. Jahrhundert, aber auch später sehr häufig vor, wie wir beispielsweise in der Kirche von Çavusin (7./8. Jahrhundert)[52] oder in der zu den Heiligen Aposteln in Sinasos (10. Jahrhundert) sehen.[53] Diese Bilder enthalten zahlreiche Varianten. Manchmal ist Christus von einem an den Rändern irisierenden Glorienschein umgeben, der an den Regenbogen der Offenbarung (Off. 4, 2–10) erinnert, und die vier Wesen treten häufig aus dem Glorienschein Gottes heraus. Die Räder neben ihnen erscheinen unterschiedlich: einmal in Flammen wie bei Daniel (Dan. 7, 9), dargestellt in der Kirche Hasli Kilise (10. Jahrhundert), oder als Räder mit augenbesetzten Felgen wie bei Ezechiel (Ez. 1, 18–19) oder in beiden Formen gleichzeitig wie in Tokali II.[54] Einige Darstellungen zeigen zusätzlich das Feuermeer oder den gläsernen See, „gleich einem Kristall" (Off. 4, 6) wie in der Theodora-Kirche in Ürgüp (9.–11. Jahrhundert).[55] Gelegentlich erscheinen, wie in den Kapellen 1 und 3 von Güllü Dere,[56] Propheten zu Füßen Christi wie der eine Schriftenrolle verspeisende Ezechiel (Ez. 2, 8; 3, 3) oder Isaias, dessen Lippen einer der Seraphim mit einem glühenden Stein reinigt (Is. 6, 6–7). In den Kommentaren der christlichen Exegeten, z. B. des heiligen Johannes Chrysostomos, handelt es sich um Vorwegnahmen der christlichen Eucharistie im Alten Testament.

In Armenien sind die meisten Wandmalereien zerstört; nur in den Bildern der Apsiden der Kirchen von Talin (7. Jahrhundert) und Lumbat (7. Jahrhundert) können wir heute noch Fragmente von Gotteserscheinungen erkennen. In der Kirche zum heiligen Stephan von Lumbat trifft das Bild, obwohl teilweise zerstört, eine ungewöhnlich dichte Aussage:[57] Christus sitzt in einem vielfarbigen Glorienschein auf einem mit Edelsteinen über und über geschmückten Thron und um ihn herum die viergesichtigen Wesen; hinter Flammen sind mit Augen und Flammenrädern bedeckte Cherubim zu erkennen.

In Georgien haben sich etwa zehn Gottesvisionen aus dem 9. bis 11. Jahrhundert in den Apsiden der Felskapellen des Klosters Sabeerebi,[58] in anderen Kapellen im Bergland von Swanetien (Großer Kaukasus)[59] und im Kloster des heiligen Dodo in der Wüstengegend von David Garedja bis heute erhalten. Gerade in das Bild dieser Kirche aus dem 11. Jahrhundert sind in einem Strahlenkranz um das Haupt Christi Hinweise auf die göttliche Trinität eingefügt wie die aus dem Himmel ragende Hand Gottes und die Taube des Heiligen Geistes. Mit diesen Stilmitteln unterstreicht der Künstler die Gottesnatur Christi, der zweiten Person der Trinität. Vor einem nachtblauen Hintergrund mit einzelnen Sternen suggerieren Personifikationen von Mond und Sonne die Teilnahme des gesamten Universums an dieser Verherrlichung des Erlösers.[60] Andere Bildelemente stellen Engelshierarchien dar.

Die künstlerische Originalität des christlichen Orients und der Einfluss Konstantinopels

Die Wandbilder theophanischen Inhalts in den Apsiden von Kirchen im christlichen Orient, die meistens dem Thema des Triumphes Christi am Jüngsten Tag gewidmet sind, entfalten ihre ganze Bedeutung aber erst im Vergleich mit den byzantinischen Bildprogrammen aus dem 9. und 10. Jahrhundert. Sie legen wie die Lehren der Bildverehrer während des Bilderstreits (726–843) mehr Wert auf die Inkarnation Christi.

Die Dekoration in der Apsis von Kapelle Nr. 6 aus Baouît zeigt die Auferstehung in einer zweifachen Theophanie-Darstellung: im oberen Register als Herrlichkeit des Himmels, im unteren Register als Inkarnation durch das Kind auf dem Schoß der Mutter. Kairo, Koptisches Museum

Deshalb sitzt in diesen Bildern die Jungfrau mit dem Kind auf einem Thron oder steht in betender Haltung aufrecht, wobei sie wiederum von zwei Engeln angebetet wird. Dieses Motiv wurde bereits im 6. Jahrhundert gezeigt,[61] aber damals befand sich die Bildersprache noch im Fluss. Seit dem 9. Jahrhundert festigte sie sich und wurde schließlich im 11. und 12. Jahrhundert so verpflichtend, dass sie sich fast nur noch auf das Geheimnis der Eucharistie und die Rolle der Kirche in der Heilsgeschichte konzentrierte. Trotz aller Unterschiede, die in den Wandbildern der (Neben-)Kapellen von Kirchen des christlichen Orients und von Kirchen unter dem Vorbild der byzantinischen Kultur festzustellen sind, sollte man sich hüten, den künstlerischen Einfluss von Konstantinopel als gering zu bewerten, er blieb nämlich erheblich. Auch im christlichen Orient finden wir Jungfrau-mit-dem-Kind-Darstellungen, nur viel später und viel seltener als in den Bildern, die wir bisher näher betrachtet haben. In diesen Fällen sind die Räume unter den Bildern meist unterschiedlich gestaltet.[62]

In diesem Sinn entschieden sich die östlichen Teile des Byzantinischen Reiches, die durch ihre „Übersetzung" von Dogmen und wichtigen Episoden aus dem Evangelium von der Schrift- in die Bildersprache im 5. und 6. Jahrhundert zur Erarbeitung byzantinischer Bildschemata beigetragen hatten, sehr früh für andere Bildthemen als die in Konstantinopel weiterhin verwendeten. *Grosso modo* handelt es sich zwar um dieselben Bildinhalte, die aber in jeder dieser manchmal weit von einander entfernten Regionen mehr oder weniger deutliche Unterschiede aufweisen. Vor dem Hintergrund der Vorschriften Konstantinopels, die von den Balkanländern und Russland übernommen wurden, bestätigen sie aber ihre ikonographische Einheit. Die Entfernung zwischen der Hauptstadt des Byzantinischen Reiches und seinen Grenzgebieten sollte indes nicht als radikal entscheidend und auf sämtliche künstlerischen Gestaltungsformen der Kirchen anwendbar betrachtet werden, sondern nur in Bezug auf deren wichtigste Schmuckformen, zum Beispiel in den Kapellen, in den Kuppeln oder an den Decken, an den Chorwänden und bestimmten anderen Gegenständen, die wir an dieser Stelle nicht erwähnen konnten.[63] Andere ehemalige Bildmotive, beispielsweise die Kreuzigungsszene, wurden weniger in mittelalterlichen Kirchen weiter entwickelt als vielmehr auf Objekten der praktischen Religionsausübung oder in prachtvoll bemalten Evangelientexten. Aber vor allem lassen uns der in den Bevölkerungsschichten des christlichen Orients weit verbreitete Monophysitismus, der innere Abstand zum Bilderstreit oder zu den Lehren der Bilderverehrer, die in Byzanz einem neuen Humanismus den Weg bereitet hatten, und schließlich die vorchristlichen Lokalkulturen verstehen, warum wir die besondere religiöse Empfindsamkeit des christlichen Orients und ihre Umsetzung in das ursprüngliche künstlerische Schaffen dieser Randbezirke erkennen können.

Der Beitrag des christlichen Orients zur karolingischen Renaissance lief nicht nur über das Byzantinische Reich, obwohl es als Wahrer des antiken Erbes eine beachtliche Rolle spielte: Sein Hauptverdienst bestand in der Überlieferung der Formen einer von klassischen und humanistischen Werten geprägten Bildersprache an das Abendland, das diese verloren hatte. Aber auch der christliche Osten trug seinen Teil zu diesem Kulturtransfer von Ost nach West bei. Die Pilgerzüge in das Heilige Land, der Austausch von Geschenken zwischen Fürsten und Kirchenprälaten, der Handel und später die Kreuzzüge ermöglichten das Vordringen von Bildformen und -inhalten aus dem christlichen Osten nach Italien, Deutschland, Frankreich und noch sehr viel weiter. Zahlreiche Miniaturobjekte und Wandmalereien in Apsiden bezeugen diesen Einfluss, wie insbesondere in den Kirchen Saint Apollinaire in Classe, Santa Prasseda und Santo Stefano Rotondo in Rom (817–824), Germigny-des-Prés (um 806), im Dom von Aix-en-Chapelle und anderswo.[64] In Italien wirkten die konstantinopelisch-byzantinischen Einflüsse praktisch bis ans Ende des 18. Jahrhunderts fort. Spuren von ihnen finden sich auch im mittelalterlichen Deutschland (Schule von Reichenau) und in Frankreich.

Die karolingische Renaissance

Jerrilynn D. Dodds/Jenny H. Shaffer[1]

In der Apsis der heute zerstörten römischen Kirche Santa Susanna sollte nach den Plänen Papst Leos III. ein Mosaik mit Christus als Zentralfigur angebracht werden, zu seinen Seiten der päpstliche Stifter mit einem Miniaturmodell der Kirche in der Hand und Karl der Große mit zum Gebet erhobenen Händen. Aus den Aufzeichnungen des päpstlichen Notars Giacomo Grimaldi, ca. 1640. Biblioteca Vaticana, Barb. Lat. 2062, f. 62r.

Im Kern der weitreichenden Schlussfolgerungen Henri Pirennes in seinem Aufsatz aus dem Jahr 1937, *Mahomet et Charlemagne*, kann man eine gewisse Trauer um ein verlorenes Römisches Reich ausmachen. Pirenne behauptete, der Islam – als eine der antiken Tradition fremde, äußere Kraft betrachtet – habe die ökonomischen Bande zerrissen, die das Reich zusammenhielten, und die gemeinsame Kultur zerschlagen, die selbst den Einfall der germanischen Stämme überstanden habe, und dadurch die politischen Ordnungen Europas der Isolation überlassen. Obwohl viele seiner Schlussfolgerungen heute in Frage gestellt werden, zieht Pirennes These uns auf mannigfache Art zurück in die karolingische Welt, enthält sie doch Annahmen über die Identität eines mythischen, geschlossenen Europa als Erbe des Römischen Reiches, die Bestandteil einer sehr spezifischen ideologischen Programmatik für die am Hofe Karls des Großen entwickelten schönen Künste waren.

Karolingische Kunst war offizielle Hofkunst, und jene Werke, die in unmittelbarer Nähe des Zentrums der Macht geschaffen wurden, waren Teil der politischen, sozialen und ökonomischen Agenda des Reiches. Die schönen Künste waren üppig und weit verstreut, und sie begründeten eine Schirmherrschafts-Kampagne, wie sie im mittelalterlichen Europa ohne Beispiel war.

Im Zentrum dieser selbstbewussten ideologischen Kunstpolitik stand die bekannte *renovatio romanorum imperii*, ein fließendes, aber durchschlagendes politisches Konzept, das seine sichtbarste Artikulation auf den Münzen Karls des Großen fand.[2] Die besonders in der Baukunst und in der Buchmalerei in Aachen, Fulda und in der Benediktinerabtei Centula beschworenen klassischen Vorbilder waren gemeinsam mit der Begründung eines mehr rhetorischen liturgischen Gepränges, der Verbreitung von Texten sowie der Herstellung von Gegenständen und der Buchmalerei nicht, wie man sehr wohl weiß, als eine generelle Wiedergeburt Roms gedacht, sondern als Wiederbelebung des Konstantinischen Roms zu dem Zeitpunkt, als die Kirche dort offizielle Staatsreligion wurde.[3]

Die Ausstrahlungskraft der hellenistischen Welt inspirierte die karolingischen Auftraggeber von Kunstwerken zur Wiederaufnahme spätantiker Malstile und Ikonographie. Vor dem Hintergrund einer offenen Landschaft ist der Evangelist Matthäus in Kleidung und Körperhaltung antiken Vorstellungen nachempfunden. Krönungsevangelien, Wien, Kunsthistorisches Museum, XIII. 18, f.

Die Kultur der Erneuerung sollte in den Ländern, in die das Reich sich ausdehnte, zum Kennzeichen der kaiserlichen Gegenwart Karls des Großen werden. Der über den eroberten Ländern aufgespannte Schirm der *renovatio* sollte den Glanz der Einheitlichkeit im Reich Karls des Großen spenden. Ein Gefühl der Geschlossenheit gegenüber dem ständig wachsenden Kollektiv unterschiedlicher Gruppen erfasste die karolingische Gemeinde.

Tatsächlich war die Reichsvision, die mythische Vorstellung, dass das Römische Reich in irgendeiner Gestalt erneuert werden könnte, nur durch eine Allianz mit der einzigen Institution möglich, welche die Länder des weströmischen Reiches noch vereinte oder darauf abzielte, sie zu vereinen: der römischen Kirche. Papst Leo III. wiederum bedurfte einer Allianz mit einem überragenden Herrscher, der ihm half, seine Vorherrschaft über sein eigenes weltliches Herrschaftsgebiet wie über die gesamte Kirche durchzusetzen. Nach der Kaiserkrönung Karls des Großen am Weihnachtstag des Jahres 800 waren Leos Sicherheit und Autorität gewährleistet. Eine öffentliche Deutung dieser Allianz konkretisierte Karl anschließend in einer überschwenglichen, an die klassische Antike gemahnenden Schirmherrschafts-Kampagne in Rom, einem Werbefeldzug, der ihn fest mit der kulturellen Ideologie der Wiedergeburt verknüpft. Zu den aus diesem Anlass restaurierten frühchristlichen Denkmälern gehörten auch Konstantins Lateran und die alte Peterskirche. Ein Altertumskenner des 16. Jahrhunderts, Panvinius, sah die Mosaik-Verzierungen in einem der *Triclinia,* den im Lateranpalast errichteten Festsälen im römischen Stil, und seine Beobachtungen wurden von einem päpstlichen Bibliothekar namens Grimaldi im Jahr 1617 bestätigt.[4] In einer Szene übergab Christus dem heiligen Petrus die Schlüssel der Kirche und Konstantin das *Labarum* – die „patrizische" Kreuzesfahne. In der nächsten Szene wurde der heilige Petrus sitzend zwischen den demütigen Gestalten Leos („Unser heiliger Herr, Papst Leo III.") und Karls des Großen („Unser Herr, König Karl") gezeigt. Er reicht dem Papst ein Pallium und dem König ein Banner, womit er ihre Rollen im Reich Petri und im Reich Christi mit symbolischer Genauigkeit definiert.

So ist das Märchen einer Renaissance eines Reiches, das die ungleichen Kämpfe der verschiedenen Erben des Römischen Reiches in einem mächtigeren und vertrauteren Ganzen aufzuheben scheint, auch der kulturelle Zweig einer expandierenden Kirche mit universalen Zielen. Klassische Formen und Stile beschworen die Erinnerung an die Vereinigung unter einer einzigen Macht, und die Kunst Roms, die Domäne des Papstes und der Kern des Römisches Reiches, wie es in der Erinnerung existierte, wurde sinnbildlich für das neue weströmische Reich, für die Gleichheit der Religion, des liturgischen Ritus, für die im Osten nicht anerkannte Autorität des heiligen Petrus. Wie Konstantin weitete auch Karl der Große die Grenzen der Autorität der Kirche aus, förderte den Übertritt zum Christentum und gründete Klöster an den Grenzen, um die sich verschlingenden Interessen von Kirche und Monarchie zu konsolidieren. In frisch eroberten Ländern würde der Stempel kultureller Erneuerung sowohl das Kennzeichen der kaiserlichen Gegenwart Karls des Großen als auch der römischen Kirche sein, und es wären in erster Linie kirchliche und klösterliche Institutionen, durch welche die Botschaft einer größeren Zuhörerschaft vermittelt würde.

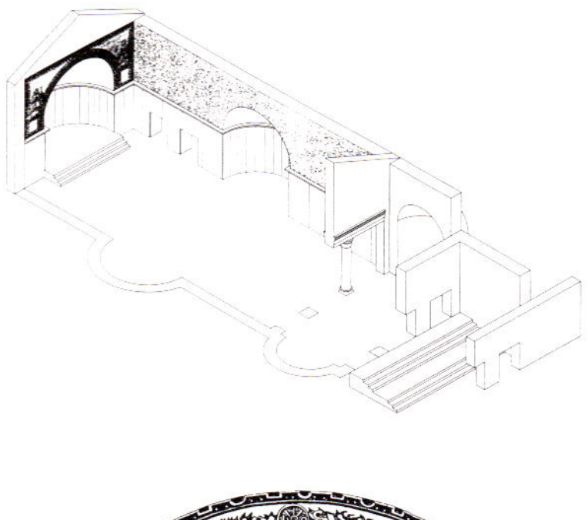

Bald nach seiner Wahl zum Papst verlieh Leo III. seinen politischen Ambitionen auch dadurch Ausdruck, dass er den Lateranpalast rekonstruieren ließ. Zwischen dem privaten und dem öffentlichen Bereich gelegen, fungierte das Triclinium, der antiken Vorstellungen nachgeahmte Festsaal, gleichzeitig als Thronsaal und als Zeremonienraum. Das klassische Erbe wird vor allem an der langgezogenen Form des Raumes und an seinem imponierenden Eingangsbereich deutlich. Duch die Mosaiken und kostbaren Materialien in der Dekoration werden Macht und Herrschaftsanspruch unterstrichen. Rekonstruktion von M. Luchterhandt

Das goldfarbene Apsismosaik des Tricliniums mit dem auferstandenen Christus und den Aposteln hat die Zerstörung des Palasts um mehr als ein Jahrhundert überlebt. Der Gelehrte Giovanni Ciampini konnte es in seinem Werk Vetera Monumenta für die Nachwelt erhalten. Vetera Monumenta II, Rom 1699, Tafel 39

Die karolingische Renaissance und die schönen Künste

Der Durchbruch einer großzügigen Schirmherrschaft über die schönen Künste unter Karl dem Großen und seinem Hof ist wohlbekannt,[5] und diese Künste des Reiches entwarfen ein Bild von der Legitimität und Gegenwart der kaiserlichen christlichen Ordnung. Die bewusste Beschwörung vergangener Formen und Stile, die Aneignung und Transformation der Antike im Besonderen, bot ein stabiles Gerüst für die weitreichendere Wiederbelebung der Antike. Als Mittel zur Beförderung eines sinnträchtigen, vielschichtigen Bildes der Macht verstärken Baukunst und Handschriften, die unmittelbar mit Karl dem Großen verbunden sind, dieses Vertieftsein in die Antike. Kein Denkmal ist so eng mit dem Kaiser verbunden wie sein heute verschwundener Palast in Aachen.[6] Im fränkischen Kernland Austrien strategisch gelegen, beendete

Das Mosaik auf dem Apsisrund des Tricliniums zeigte an der rechten Seite den heiligen Petrus, Beschützer und Herr ebendieser Stätte des Patrimonium Petri, wie er Papst Leo III. als seinen Stellvertreter einsetzt, indem er ihm das Pallium überreicht. Zugleich ernennt er Karl den Großen zu seinem Diener, was durch die Übergabe einer Standarte bezeugt wird. Aufbau und Motiv des Mosaiks haben den Zweck, die Macht des Papstes wieder zu festigen, nachdem seit 751 das Exarchat von Ravenna seine Herrschaft über Rom verloren hatte. Nach 1595 rekonstruierte der Kirchenhistoriker die rechte Mosaikhälfte der Apsis. Biblioteca Vaticana, Vat. Lat. 5407, S. 186. Rechts das Duplikat, das im Jahr 1743 von Papst Benedikt XIV. an die Stelle des Originals gesetzt wurde.

die von ca. 792 bis 805 erbaute kaiserliche Pfalz die lange Tradition umherziehender Herrschaftsausübung, indem sie sowohl dem beständig expandierenden Reich Karls einen Mittelpunkt als auch der emporgekommenen karolingischen Dynastie ein eindrucksvolles öffentliches Antlitz verschaffte. Zu dem Komplex gehörten protzige öffentliche Räume wie die weitläufige Empfangshalle, doch das Herzstück der Pfalz war die berühmte Kapelle Karls des Großen.

Einhard verlieh der Vorstellung eines Halteseils, das Karl den Großen mit seiner Kirche verband, Ausdruck.[7] Er hielt schriftlich fest, dass dem nahen Tod des Herrschers im Jahr 814 eine greifbare Beklommenheit vorausgegangen sei, und das Ende Karls des Großen sei von beunruhigenden Zeichen, Sonnen- und Mondfinsternissen, einem Sonnenflecken, einem Meteor und Erdbeben, begleitet worden, die keinen Zweifel an der Verheerung hatten aufkommen lassen, die da kommen sollte. Doch nicht nur die natürliche Welt sei in Aufruhr gewesen. Auch die berühmten Schöpfungen des Herrschers hätten seinen bevorstehenden Tod angekündigt, und keine sei stärker davon betroffen gewesen als seine Pfalzkapelle. Einhard berichtet, dass „die Kirche, in der er nachmals seine Grabstätte fand, vom Blitz getroffen und dabei der goldene Apfel, der die Spitze des Daches schmückte, vom Blitzstrahl heruntergerissen und auf den Bischofshof neben der Kirche geschleudert“ worden sei. Überdies habe die Kapelle aktiven Anteil am Sterben Karls des Großen gehabt:

„Auf dem Reif des Kranzes, der zwischen den oberen und unteren Bogen im Innern dieser Kirche herumging, war eine Inschrift in roter Farbe, die besagte, wer der Gründer des Gotteshauses sei, und in deren letzter Zeile die Worte standen: Karolus princeps (der Fürst Karl). In seinem Sterbejahr, wenige Monate vor seinem Tode, wurde, wie das etliche bemerkt haben, das Wort princeps ganz und gar verlöscht.“[8]

Das legendäre Erlöschen von Karls Titel enthüllt die Kapelle als empfindsame Verlängerung des Herrschers. In der Tat beschwört das Bauwerk, die architektonische Verknüpfung von Religion und Reich, eine Vielzahl mächtiger, überlagerter Vergangenheiten, um ein komplexes Bild christlicher Herrschaft zu verbreiten.

Das von Papst Leo III. in seinen letzten Amtsjahren in Auftrag gegebene Apsismosaik der Kirche der heiligen Nereum und Achilleus in Rom ist Ausdruck der zweiten wichtigen Kunstidee der Zeit: der anikonischen Darstellung. Die Komposition wird beherrscht von dem großen, juwelengeschmückten, siegreichen Kreuz. Von dem Apsismosaik, das um ca. 1500 ersetzt wurde, kennen wir nur diese Kopie. Biblioteca Vaticana, Museo Sacro

Das Bauwerk Karls des Großen war eine zweistöckige, sechzehneckige Konstruktion, der nach Westen eine Frühform des mehrgeschossigen Westwerks vorgelagert war.[9] Wie ein Chamäleon kann die Kapelle mit beliebig vielen Vergangenheiten harmonieren. Sowohl typologisch und formal als auch aufgrund seiner verschiedenen Funktionen mit römischen wie byzantinischen Bauten vergleichbar, steht Aachen in einer Reihe, die zurückführt zu zentralen konstantinischen Grundrissen wie Santa Costanza, doch am häufigsten wird die Kapelle mit Justinians achteckiger Hofkirche San Vitale in Ravenna verglichen.[10] Die massiven Bronzetüren der Kapelle, die Bronzegitter im Innern und das heute verschwundene Kuppelmosaik Christi und der 24 Ältesten offenbaren die strenge Befolgung antiker und frühchristlicher Formen, Stile und ikonographischer Muster.[11] Die Spoliensäulen des inneren Säulenschirms zwischen Umgang und Mittelraum, die, wie Einhard berichtet, mit päpstlicher Erlaubnis von den antiken Momunenten Roms und Ravennas abgetragen wurden, brachten die christliche Vergangenheit des Reiches in die gegenwärtige karolingische Kapelle ein. In der Tat war das gesamte Umfeld der Pfalz eine formbare, auf klassische Vorbilder verweisende Landschaft, die Karl den Großen nicht nur in eine stärker verallgemeinerte antike Vergangenheit, sondern ausdrücklicher in die Gesellschaft Justinians und vor allem Konstantins rückte. Die Empfangshalle beispielsweise erinnerte auffallend an so berühmte Bauwerke wie die Empfangshalle von Konstantius I. Chlorus und Konstantin in Trier. Krautheimer verwies besonders auf den sich abzeichnenden Geist des Konstantinschen Lateran, angezeigt durch ein Reiterstandbild – vielleicht von Theoderich, den man aber zweifellos für Konstantin hielt –, das ebenfalls aus Ravenna nordwärts nach Aachen transportiert wurde, während eine möglicherweise aus dem südlichen Gallien herbeigeschaffte Wölfin die Stelle der *lupa* Roms einnahm.[12]

Karolingische Texte erwähnen tatsächlich vage einen „Lateran“ in der Aachener Pfalz,[13] und der Zauber dieses gebieterischen konstantinischen Denkmals, das Reich und Papsttum überspannte, scheint hinter dem Bild des Lebensbrunnens im *Godeschalk-Evangeliar* auf.[14] Die Handschrift ist ein frühes Beispiel karolingischer Buchmalerei und wurde in den Jahren 781–783 für Karl den Großen und seine Frau zum Gedenken an die Taufe ihres Sohnes Pippin im Lateran zu Rom angefertigt. Diese aufwendige Anerkennung dynastischer Kontinuität offenbart den Zug des Imperialen und des Antiken, angefangen vom purpur eingefärbten Pergament mit seinem Text in Gold und Silber bis hin zu den ganzseitigen, umrahmten Illustrationen, die mediterrane Vorstellungen von Raum und Körperform durch das Objektiv fränkischer Kunst filtern. Der Lebensbrunnen, ein aus byzantinischen Quellen geschöpftes Thema, bezeichnet den spezifischen Kontext der Handschrift. Im Mittelpunkt des kontrastarmen, gemusterten Bildes, unterbrochen von reichlich Gold, steht ein Becken oder Taufstein, umgeben von Säulen im klassischen Stil, die eine kunstvolle Kuppel stützen, die wiederum von einem Kreuz gekrönt und von exotischen Vögeln und einem Hirsch flankiert wird. Wie Mütherich und Gaehde bemerken, veranschaulichte der Lebensbrunnen in seinem östlichen Kontext die Harmonie der Evangelien, während das Bild in der karolingischen Handschrift paradiesische Untertöne annehme und ausdrücklicher den Ritus der Taufe in den Vordergrund stelle.

Santa Maria in Domnica ist eine der Kirchen, die im Zuge der von Papst Paschalis I. initiierten Bautätigkeit und Kunstproduktion erschaffen wurde, womit Rom zum zweiten Mittelpunkt der karolingischen Renaissance wurde. Das Apsismosaik zeigt die auf dem Thron sitzende Jungfrau mit dem Kind, umgeben von Engelscharen. Ihr zu Füßen ist der in Anbetung versunkene Stifterpapst zu sehen. Die Jungfrau ist in der Art einer Ikone dargestellt, und die Haltung des Papstes drückt Verehrung für die Theotokos, die Gottesgebärerin, aus. Dies entspricht den Beschlüssen des Konzils von Nicäa im Jahr 787.

Das *Godeschalk-Evangeliar* mit seinem etwas vorsichtigen Herantasten an klassische Form und klassischen Stil steht im Gegensatz zu den ebenfalls eng mit Karl dem

ONFRACTARVINIS NVNCRVI

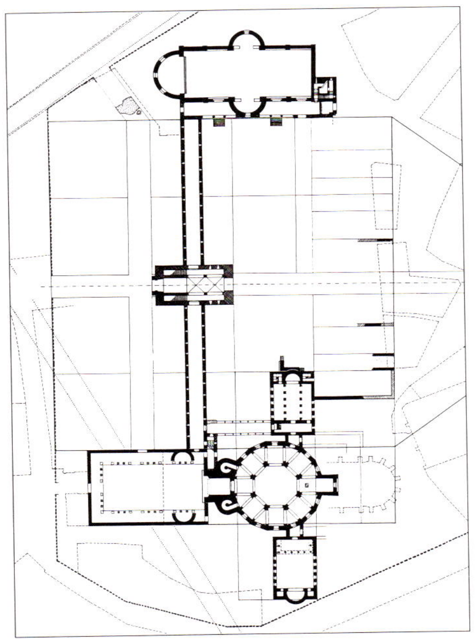

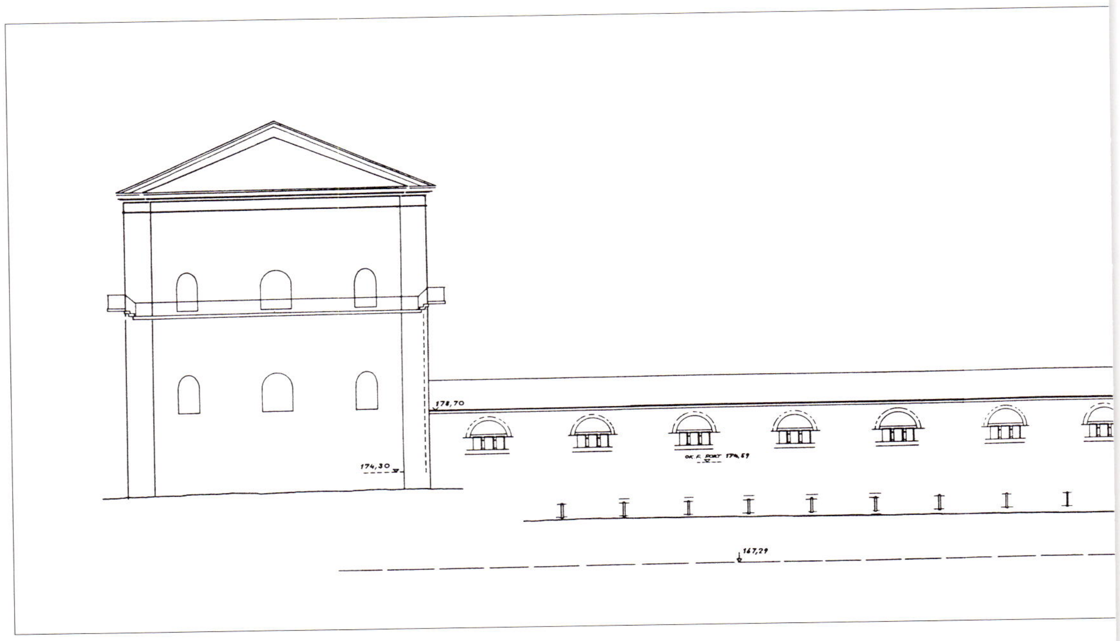

Großen verbundenen *Evangeliar von Soissons* aus dem frühen 9. Jahrhundert, das sich in der manchmal extravaganten Interpretation einer verallgemeinerten antiken Vergangenheit gefällt.[15] Auch hier taucht der Brunnen des Lebens auf, doch das Becken, jetzt zwischen zwei Hügel geschmiegt, erscheint durch eine Neigung dreidimensional, so dass wir das Wasser sehen können, und stützt sich gegen ein überwältigendes, mit Nischen versehenes Gebäude in klassischem Stil, das jedes weitere räumliche Zurückweichen verhindert. In den Porträts der Evangelisten bewegen sich die eleganten Verfasser der Evangelien, die jeder mit einer Toga bekleidet sind, in Räumen, die von Bögen umschlossen werden, die auf schlanken, von kräftigen korinthischen Kapitellen gekrönten Säulen ruhen, wobei der heilige Markus eine seltsam stilisierte Landschaft überflutet und der heilige Johannes, der auf einem verwegen geneigten Thron sitzt, einem phantasievollen Ausbruch geschwungener Formen gegenübergestellt ist, die an eine Art Turm erinnern. Die Bögen und Rahmen der Handschrift sind gesprenkelt mit genau nachempfundenen und zart gearbeiteten imitierten Gemmen und antiker Ornamentik, die dem Werk im klassizistischen Detail etwas vornehm Bedächtiges und Freudiges verleihen.

Der kaiserlichen Kunst, die kühn die Vorstellung eines christlichen Reiches verfolgte, gesellten sich kirchliche Werke hinzu, die eng mit der Krone verbunden waren. Die deutliche Anspielung auf den charakteristischen T-förmigen Grundriss der Basilika der alten Peterskirche bei der Abteikirche von Fulda ist wohlbekannt.[15] Die gewaltige Kirche, die formal und ideologisch im Verhältnis zu derjenigen Konstantins konzipiert war, wurde im Jahr 819 vollendet und zeigte die karolingische Verflechtung entgegengesetzter östlicher und westlicher Apsiden, die östliche Apsis für den Erlöser und die westliche für den heiligen Bonifatius. In dieser Aneignung verlieh der eigenartige, abendländisch ausgerichtete Mittelpunkt der alten Michaelskirche in Fulda als monumentaler Feier des christichen Triumphs über lästige Ungläubige eine offen politische und religiöse Bedeutung: Bonifatius, „der Apostel der Deutschen", der in Friesland den grausamen Märtyrertod starb, wurde in der westlichen Apsis beerdigt, so wie Petrus, „der Apostel der Römer", seine letzte Ruhestätte im Westende seiner eigenen Kirche fand.

Der lange Schatten karolingischer Gegenwart umschloss eine Vielzahl von Formen und Innovationen. Solchermaßen verkörperte der 790 gegründete und bis 799 vollendete Klosterkomplex in Centula (Saint-Riquier) leicht die Vorstellung des christ-

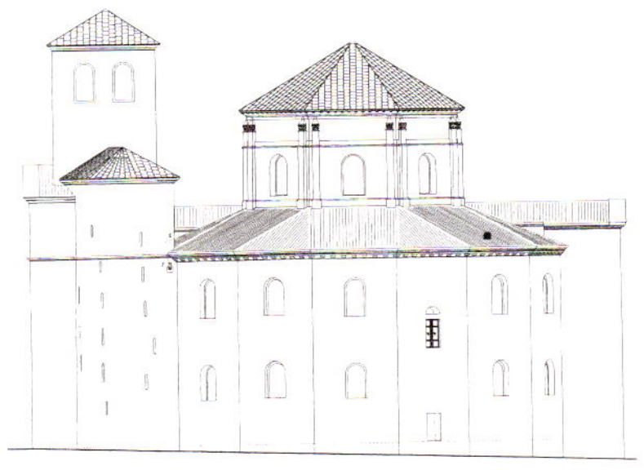

Palast und Pfalzkapelle in Aachen sind die bedeutendsten Baudenkmäler der von Karl dem Großen in Auftrag gegebenen Architektur. Sie stellen für das nördliche Europa eine Neuerung dar. Der Versuch, der antiken römischen Kunst neues Leben einzuhauchen und gleichzeitig auch justinianische und byzantinische Elemente zu berücksichtigen, ist eines der hervorstechendsten Merkmale karolingischer Kunst. Dies wird besonders an der Westseite und im Grundriss der Pfalzkapelle deutlich. Der lange Bogengang verband die Aula regia links mit dem Vorhof der Kapelle rechts. Etwa in seiner Mittel lag die monumentale Tür, die zum Palast führte.
Unten: Rekonstruktion der südlichen Außenansicht der Pfalzkapelle von Felix Kreusch

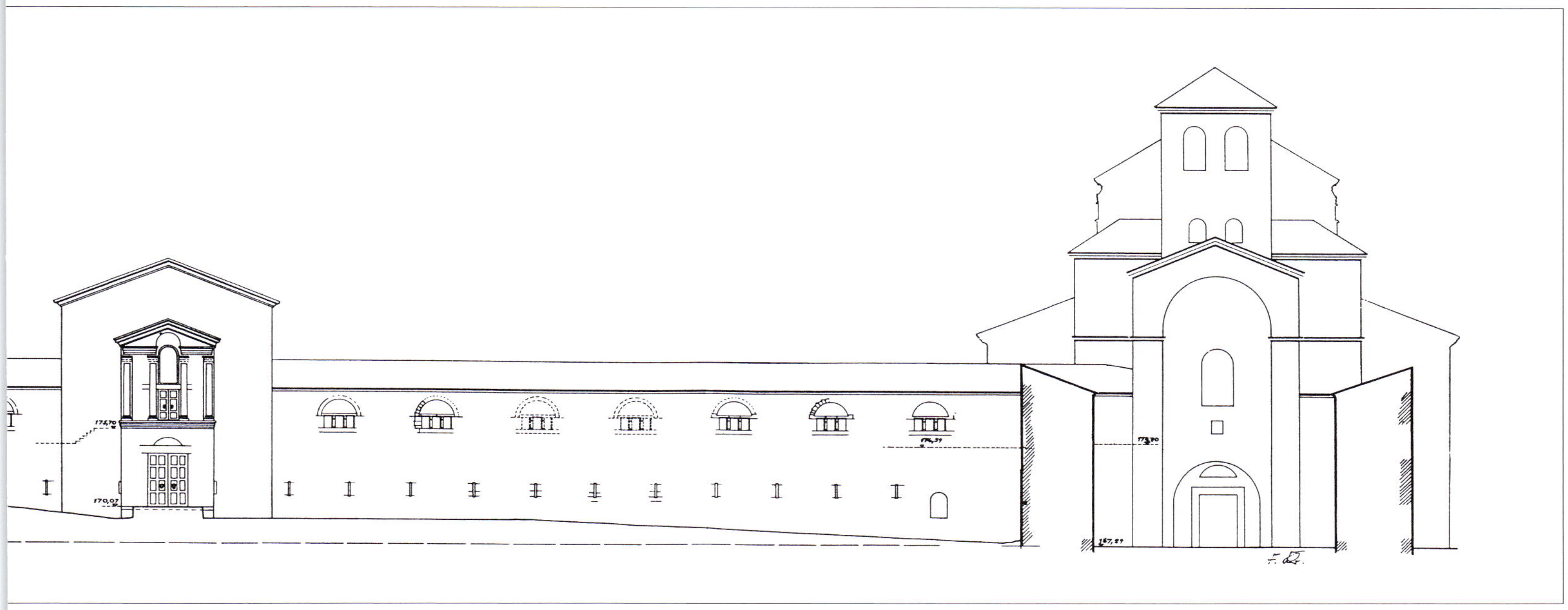

lichen Reichs Karls des Großen. Die nur durch Kupferstiche des 17. Jahrhunderts nach einer aus dem 11. Jahrhundert stammenden Zeichnung bekannte Abtei[17] wurde zwischen 790 und 799 von ihrem Gründer, dem Franken Angilbert, erbaut, der Aachen doppelt verbunden war, zum einen als Angehöriger des inneren Kreises Karls des Großen und zum anderen als Liebhaber einer der Töchter des Kaisers. Die kleine Basilika für den heiligen Benedikt erinnerte durch ihre Widmung an die maßgebliche Gestalt des westlichen Mönchtums, Benedikt von Nursia, während die Marienkirche durch ihren zentralen Grundriss und ihre Widmung der römischen Tradition verpflichtet war.[18] Die wuchtige Hauptkirche St. Riquier dient als gelehrter Maßstab für die karolingische Transformation vertrauter architektonischer Formen. Das Bauwerk beherrschte das Gelände und veranschaulichte durch seine Form einer Basilika, bei der östliches Querschiff und östliche Apsis, St. Riquier gewidmet, durch das gewaltige, dem Erlöser gewidmete Westwerk mit seinen Türmen harmonisch ausgeglichen wurden, auf kraftvolle Weise die Absichten eines christlichen Reiches. Das mehrstöckige, multifunktionale Westende war vollständig in die komplexe, wandernde Liturgie der Kirche integriert, wobei sein oberes Stockwerk, wie Heitz nachgewiesen hat, beim Ostergottesdienst als der *locus* des Heiligen Grabes – eine Stätte, die ihre bauliche Form von Konstantin erhalten hatte – fungierte.[19] Kleinformatige Gegenstände konnten einen ebenso starken Hinweis auf die Vergangenheit verkörpern. Der gewiss von der Resonanz der Antike begeisterte Einhard war neben seiner Funktion als Biograph Karls des Großen ein bedeutender Förderer der schönen Künste. Der Sockel für den Reliquienschrein, den er für das Kloster St. Servatius in Maastricht geschaffen hatte und den man nur von Zeichnungen des 18. Jahrhunderts kennt, offenbart ein tiefes Verständnis der Art und Weise, wie erkennbare Formen des kaiserlichen Rom und ihre Bedeutungen angeeignet und ihnen neue Bedeutungsschichten verliehen werden konnten.[20] Der Sockel maßt sich an, ein Triumphbogen des klassischen Rom im Kleinformat zu sein, und baut solchermaßen auf dem auf, was diese vertraute Form über Kraft und Sieg von Kaiser und Reich mitzuteilen hat. Die Klarheit und die Hierarchie klassischer Komposition wurden in den drei ausgeprägten Ebenen des Sockels bewahrt. Auf der obersten thronte Christus mit seinen Jüngern, während die Hohlkehlen auf der darunter liegenden Zwischenebene die Evangelisten mit ihren Symbolen enthielten und an den Seiten Mariä Verkündigung und das Lamm Gottes gezeigt wurden. Die unterste Ebene wurde von irdischen Ge-

Folgende Seiten:

Das Godeschalk-Evangeliar, so genannt nach seinem Schreiber, übernimmt einige Merkmale spätantiker und byzantinischer Malerei, insbesondere die Dreidimensionalität, die Körperlichkeit und die Position der Figuren insgesamt. Der Brunnen des Lebens, Paris, Bibliothèque Nationale, Nouv. Acq. Lat. 1203, f. 3v.

Das für das Abendland neue byzantinische Thema vom Brunnen des Lebens (links oben) findet sich wieder im Evangeliar von Soissons, in dem mit einer ganz anderen Plastizität gearbeitet wurde. Evangeliar von Saint-Médard de Soissons, Paris, Bibliothèque Nationale, Ms 8850, f. 6v.

Nur wenige Jahre nach Godeschalk findet der Miniaturenkünstler des Soissons-Evangeliars (links unten) ganz unterschiedliche Ausdrucksformen, um den antiken Charakter zu betonen: Die Majestät der Evangelisten, die Farbauswahl und der sensible Gesamtaufbau scheinen nachgerade exemplarisch auf klassische Vorstellungen hinzuweisen, was in weiteren Kodizes dieser Art immer wieder auftaucht. San Marco, f. 81v.; San Giovanni, f. 180v.

Diptychon über die Passion, genannt „das Lateinische“. Mailand, Dommuseum

stalten des Reiches bevölkert: Soldaten mit Speeren und Schilden und Höflinge mit Bannern umgaben wachsam das Äußere des Bogens, während an den Innenwänden Kaiser zu Pferde Drachen niedertrampelten. Neben Einhard bleibt Theodulf, der von Karl dem Großen zu den Schlüsselpositionen eines Bischofs von Orléans und Abts von Fleury ernannte spanische Theologe, das bekannteste Mitglied von Karls Hof. Heute eigentlich hauptsächlich als begabter Autor in Erinnerung, steht Theodulf als Wahrzeichen für die intellektuellen Ambitionen von Karls Traum der antiken Wiedergeburt. Das bekannte Gedicht, in dem er eine antike Silberschale beschreibt, offenbart sowohl sein waches Bewusstsein für den klassischen literarischen Präzedenzfall[21] als auch ein Gespür für eine lebendige, zuweilen heftige Metaphorik:

„Ich besitze eine schöne und uralte Schale
aus reinem Metall und nicht leicht von Gewicht,
auf ihren Reliefs sieht man die Verbrechen des Cacus:
die auf Stöcke aufgespießten verwesenden Menschenköpfe;
die Felsblöcke, gehalten von Ketten, und andere Spuren
von Plünderung.
Die Erde gerötet vom Blut von Menschen und Schafen,
wo des Herakles Wut gegen die Knochen des
Volcanus hämmerte,
und diese Bestie das väterliche Feuer aus seinem Maul spie.
Und wo Herakles ihm Bauch und Unterleib mit Knie und
Fuß zerquetschte,
und ihm seine rauchende Kehle und das
Gesicht zerschmetterte.
Auf ihr kann man wohl die Stiere von dem hohlen Felsen
herankommen sehen,
wie sie fürchten, an ihren Schwänzen wieder
zurückgezogen zu werden.
Dies sieht man auf der Innenseite, deren ebener Rand
von geringer Breite kleine Abbildungen aufweist.
Sie zeigen, wie der Knabe aus Tiryns
die Zwillingsschlangen bezwang,
und vermerken auch zehn Arbeiten in Folge.
Die Außenseite jedoch ist glattpoliert vom
vielen Gebrauch, und die alten,
schwächer gewordenen Abbildungen verblassen allmählich.
Hier wetteifern der Enkel des Alkaios, der Fluss Kalydon
und der Kentaur Nessos um deine Schönheit, Deianira.
Das tödliche Gewand, getränkt mit des Nessos Blut,
ist ebenso zu sehen wie das schreckliche Schicksal
des unglücklichen Lichas.
Auch Antäos verliert sein Leben in des Herakles harten Armen,
die verhinderten, dass er auf seine gewohnte Art den
Boden berührte."[22]

Das elfenbeinerne Diptychon der heiligen Frauen am Grab greift frühchristliche Details, die bereits mehrere spätantike Interpretationen erfahren haben, wieder auf, etwa die Position der beiden am Grab eingeschlafenen Wächter. Dieses Motiv findet sich auch auf einer Gürtelschnalle aus der ersten Hälfte des 6. Jahrhunderts. Florenz, Museo del Bargello

Während seine Schriften oftmals von der Kenntnis der klassischen Vergangenheit durchdrungen sind, erinnert Theodulfs Oratorium aus dem frühen 9. Jahrhundert in Germigny-des-Prés, das ihm in seiner Villa nahe Fleury als private Kapelle diente, an den Eklektizismus, der innerhalb der nur grob umrissenen *renovatio* gerngesehen war. Textquellen berichten, dass Theodulf seine heute verschwundene Villa mit solchen an die klassische Antike gemahnenden Themen wie den sieben Geisteswissenschaften und einer Weltkarte dekorierte, während die von ihm geschaffene private Kapelle eine formale und strukturelle Besonderheit unter den bekannten karolingischen Bauwerken ist.[23] Während der seltsame quadratische Grundriss und die Überfülle der Apsiden, Kuppeln und hufeisenförmigen Bögen von Germigny ihm einen isolierten Platz in der Geschichte westlicher Baukunst zuweisen, entfaltet die machtvolle Gegenwart Theodulfs eine solche Kraft, dass Letaldus von Micy, ein ortsansässiger Mönch, im 10. Jahrhundert erklären konnte, Germigny sei „nach dem Bildnis Aachens" erbaut worden.[24]

Die schönen Künste des Reiches konkretisierten die kühne Idee eines vereinigten christlichen Imperiums, und diese Politur der Renaissance wurde über das sichere fränkische Kernland Nordeuropas hinaus in die unterschiedlichen Länder ausgedehnt, die Karl der Große unter seine Herrschaft zwang. In der Kunst der Grenzgebiete, ungleicher Länder an den Rändern des Reiches, sehen wir indes die Koexistenz – die Konfrontation gar – des Traditionellen und Einheimischen mit dem Importierten und Aufgezwungenen.

Der triumphierende Christus auf der Vorder- und Rückseite des Lorscher Evangeliars. Die Vorderseite zeigt in der Mitte die Jungfrau mit dem Kind, zu ihrer Linken Zacharias und zu ihrer Rechten Johannes den Täufer, der mit seiner Hand auf Jesus weist. Im oberen Schmuckregister halten zwei Engel ein Medaillon mit dem Bildnis des Erlösers. Die Rückseite zeigt in der Mitte den jugendlichen Jesus zwischen zwei Engeln. Das darüber liegende Schmuckregister enthält ähnlich wie vorne zwei Engel mit dem Kreuz in einem Medaillon. Es gibt zahlreiche karolingische Nachahmungen spätantiker Werke und römischer Ikonen, aber auch in der Miniaturkunst finden sich immer wieder klassische Vorbilder. Vorderseite: London, Victoria and Albert Museum; Rückseite: Biblioteca Apostolica Vaticana, Museo Sacro. Pal. Lat. 50

Die schönen Künste in den Grenzgebieten

Italien

Für Karl den Großen und für den Papst war die Kontrolle über Italien, das Kernland der Macht des Römischen Reiches, wesentlich für das wiederbelebte christliche Reich. Das entscheidende Territorium Norditaliens befand sich im Besitz der Langobarden, die das durch den Tod Justinians (565) hinterlassene Machtvakuum gefüllt hatten und selber zu dynamischen und bestens bewanderten Förderern kirchlicher Künste wurden. Einhard charakterisierte die Langobarden als Dorn in der Seite von Karolingern und Kirche; eine widerspenstige Rasse, im Widerspruch zur etablierten kaiserlichen Ordnung.[25] Er erzählte, dass der Vater Karls des Großen, Pippin der Jüngere (der „Kurze" oder der „Kleine"), auf Ersuchen Papst Stephans III. Krieg mit den Langobarden angefangen habe, und Karl der Große habe ebenfalls „auf die Bitten des Bischofs Hadrian von Rom den Krieg gegen die Langobarden" unternommen.

Die Unterwerfung der Langobarden durch Karl den Großen im Jahr 774 wird als vollständig beschrieben, als legitime Wiederherstellung der richtigen Ordnung im Gefolge des Chaos. So erzählt Einhard uns: „Dieser Krieg endete übrigens damit, dass Italien unterjocht, König Desiderius auf ewig verbannt, sein Sohn Adalgis aus Italien vertrieben und die Eroberungen der Langobarden dem Adrian, dem Lenker der römischen Kirche, zurückgegeben wurden." Um eine dauerhafte Herrschaft über die langobardischen Lande zu gewährleisten, setzte Karl seinen Sohn Pippin als König von Italien ein. Einhards Beharren darauf, der Papst habe gegenüber Karl dem Großen „Bitten" geäußert, in die Lombardei einzufallen, erinnert uns daran, dass Karls Biograph sich verpflichtet fühlte, die Verantwortung für die gewaltsame und entsetzliche Intervention eindeutig dem Papst zuzuschieben. Nach Einhard waren es die Karolinger, die mit dem Schwert Ordnung und Kultur brachten. Forscher haben Einhards Ansatz in der Vergangenheit gestützt und in der Überzeugung, dass die karolingische Renaissance der Ursprung aller sich an der klassischen Antike ausrichtenden hohen Kunst sein müsse, die bemerkenswertesten und vollendetsten langobardischen Kunstwerke der karolingischen Periode zugeschrieben.

Manchmal muss man ein wenig auf Distanz zu Aachen gehen, um wieder in Kontakt mit der komplexen kulturellen Szenerie Norditaliens zu kommen. In der Lombardei kann die Beziehung zwischen der karolingischen Renaissance und dem starken vorkarolingischen Klassizismus komplex sein, eine Tatsache, die durch die vom langobardischen Königreich durchgeführte lebhafte und mannigfache Bautätigkeit in den letzten Jahrzehnten vor der Eingliederung in das Karolingerreich bekräftigt wird.

Die Kirche San Salvatore in Brescia war eine königliche Gründung, eine Hallenkirche mit einem Querschiff und mehreren Apsiden. Als größerer Bau ohne Querschiff wiedererrichtet, gehören zu der Kirche, die wir heute sehen, elegante, gewaltige Arkaden, die sich aus Skulpturen im klassischen Stil und antiken Spolien zusammensetzen. Eine etwas spätere Renovierung dieses zweiten Bauwerks fügte Fresken- und Stuckdekorationen hinzu, welche den Einfluss klassischer Vorbilder widerspiegeln. Bis vor kurzem hat man dieses Werk Ludwig dem Heiligen zugeschrieben, zu nicht geringen Teilen wegen dieses klassizistischen Schmucks und seiner gelungenen Anklänge an die Renaissance. Es wurde vorausgesetzt, dass, obwohl Stuckarbeiten im langobardischen Königreich eine lange Tradition hatten, diese von einer neuen, genauen Beachtung antiker Vorbilder zeugten, die darauf hindeute, dass man sich hier von denselben Gedanken hatte leiten lassen, wie sie auch in Aachen zum Ausdruck kamen.[26] Jüngere Untersuchungen deuten allerdings darauf hin, sowohl auf Grundlage der Archäologie wie der lokalen Tradition, dass die drei Bauphasen in Brescia allesamt aus der Zeit vor der karolingischen Hegemonie datieren.[27] Unser Eifer, hinter jedem der klassischen Antike verpflichteten Muster die karolingische Renaissance zu entdecken, könnte uns dazu verleitet haben, den eigenen Mythos Karls des Großen zu vergrößern, wobei wir das Kleinere, das erhalten blieb und wiederbelebt wurde und dessen Manifestationen die gesamte frühmittelalterliche Geschichte Europas durchziehen, ignorierten.

Ein ähnliches Problem stellt Brescias außerordentliches versilbertes Prozessionskreuz dar, dessen ausgezeichnete Arbeit aus über 200 überzogenen Gemmen und kostbaren Steinen fest in langobardischer Tradition verwurzelt ist.[28] Auch hier haben die Großzügigkeit der Ausführung und ihr Rückgriff auf antike Gemmen Forscher veranlasst, es der karolingischen Periode zuzuschreiben, wobei sie komplizierte ikonographische Verbindungen in das Kreuz hineininterpretierten, die der besten Exegese durch Karls eigenen Hof in nichts nachstehen. Tatsächlich büßte es in manchen Kreisen sogar seinen traditionellen Namen, „Kreuz des Desiderus", ein. Henderson zählte zu jenen, die das wichtige gold-gläserne antike Porträt-Medaillon einer Adelsfamilie an dem Kreuz dahingehend deuteten, dass es verwendet worden sei, um das *Labarum* wachzurufen, jene christlich-kaiserliche Fahne Konstantins, zu der ein Medaillon mit den Brustbildern des Kaisers und seiner Familie gehörte.[29] Handelt es sich um einen ausgeklügelten Hinweis auf Konstantins Herrschaft, ersonnen am Hofe Karls des Großen, oder wurde hier, vielleicht unter dem Langobardenkönig und Herzog von Tuscien Desiderius, eine antike Gemme als Teil einer anderen Art von klassischem Programm in lombardischer Zeit verwendet? Die Grenze zwischen karolingischer Ideologie auf der einen und langobardischer Politik und Tradition auf der anderen Seite ist im Netz des norditalienischen Klassizismus so schwer zu erkennen, dass Wissenschaftler stattdessen anfangen könnten, die mögliche Wirkung des langobardischen Klassizismus auf den Klassizismus des Kaisers in Aachen zu betrachten.

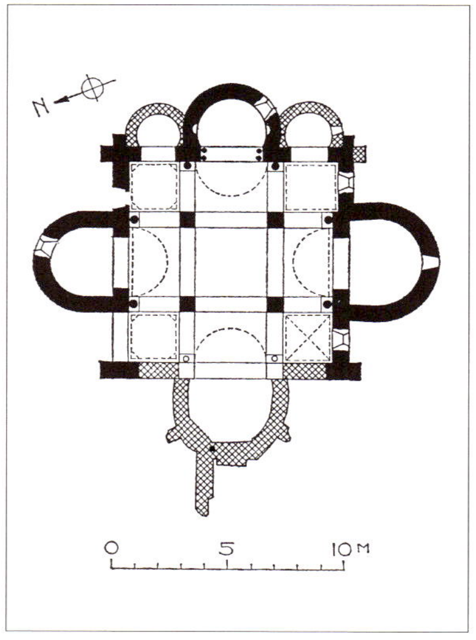

Das Oratorim des Erlösers, erbaut von Theodulf in Germigny-des-Prés, mit quadratischem Grundriss und einer zentralen Kuppel, hatte denselben Zweck wie die Pfalzkapelle in Aachen, wie uns seine Ikonographie verrät: einen „neuen Tempel" zu bauen als Nachfolger des salomonischen Tempels.

Katalonien

Katalonien wurde in der Vergangenheit so dargestellt, als sei ihm seine Unabhängigkeit gewährt worden: gerettet vor einem dämonisierten Islam durch die Intervention Karls des Großen. In Wirklichkeit stimmte wahrscheinlich eher das Gegenteil. Kurz vor dem karolingischen Einfall in Katalonien hatte der islamische Regent in Barcelona die aktive Unterstützung der im 8. Jahrhundert in der Stadt lebenden Christen erhalten, und die Provinz war erblüht. Tatsächlich praktizierte der karolingische Hof, der das Bild eines vereinten christlichen Reiches zu schaffen suchte, die zwangsweise Schaffung geistiger und kultureller Gleichförmigkeit, während die islamischen Herrscher Kataloniens, das Emirat von Cordoba und später die Dynastien der Banu Qasi und Banu Sabrits unter ihrer jeweiligen Vorherrschaft weder auf religiöser noch auf kultureller Uniformität bestanden. Die karolingische Usurpation lieferte Katalonien dann lediglich dem Zugriff einer weiteren Politik mit expansionistischen Zielen aus.

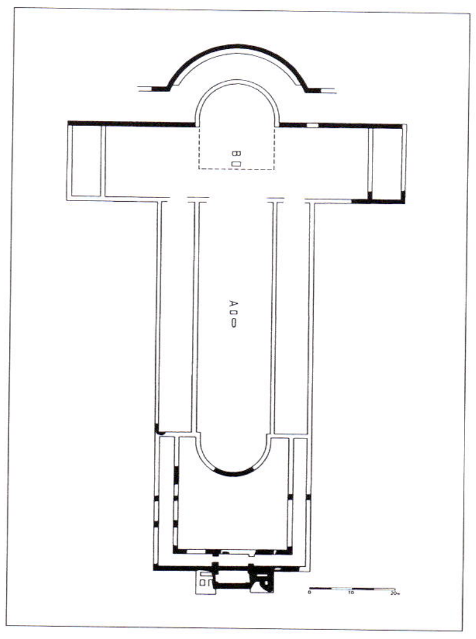

Bei der Erneuerung der Abteikirche von Fulda in der traditionellen Form einer Basilika wurden eine doppelte Apsis und ein zweites Transept im Westen miteinander verbunden, in Nachahmung des „römischen Modells". Die Verdoppelung der Apsis war eine Neuerung für liturgische Zwecke, wodurch die Messe sowohl auf der östlichen wie auf der westlichen Seite gelesen werden konnte.

In dem großartigen Klosterkomplex von Centula (Saint Riquier) sind mehrere Typen karolingischer Architektur vereint: vom einfachen Betsaal der Klosterkapelle Sankt Benedikt über die Rotunde mit angeschlossenem westlichen Schiff der Kirche Santa Maria bis zur majestätischen Klosterkirche von Saint Riquier, welche einen basilikalen Grundriss mit Westwerk aufweist. Stich von P. Petau, 1612

Trotzdem hinterlässt die karolingische Renaissance Spuren in diesen Grenzgebieten: Die karolingische Minuskel wurde irgendwann nach 829 einheitlich übernommen, und man startete eine Kampagne, um die einheimische Liturgie, die noch in asturischen und mozarabischen Institutionen angewandt wurde, durch den fränkisch-römischen Ritus zu ersetzen. Die künstlerischen Spuren deuten darauf hin, dass die Vorstellungen der Wiedergeburt sich um diese Zeit auch bei der Schirmherrschaft vorsichtig durchsetzen, wenngleich auf dem Wege über lokale Werte und Deutungen. Dies behauptet Guardia i Pons, der angedeutet hat, die Gemälde in Santa Maria de Terrassa könnten das einzige erhaltene Beispiel einer Nachahmung spätantiker Kuppelverzierung auf karolingische Art sein. Das spätrömische Mausoleum in Centcelles in Katalonien bietet in Registern ein monumentales Beispiel spätantiker Kuppelverzierung, aber weil es stilistisch und ikonographisch weit von Terrassa entfernt ist, wird es normalerweise nicht als Modell im traditionellen Sinne betrachtet. Katalonien besaß eine starke, verinnerlichte Verbindung zu seiner eigenen spätantiken Vergangenheit. Tatsächlich hat Guardia auch nachgewiesen, dass die Ikonographie dieses christologischen Zyklus so besonders, so einzigartig sei, dass sie keinesfalls unter Bezug auf andere karolingische Werke entschlüsselt werden dürfe.[30]

Die Idee ist karolingisch, aber trotz dieser ideologischen Übereinstimmung ist das Werk lokal und einzigartig. Auch das Bistum Egara, heute Terrassa, ordnete sich dem politischen Machtanspruch der Karolinger nicht so ohne weiteres unter. Die Maßnahmen, mit denen Katalonien einschließlich Egaras juristische und liturgische Gleichförmigkeit aufgezwungen wurde, führten anfangs zu erheblichen Spannungen. Mundo i Marcet entdeckte eine „kirchliche Rebellion", welche die Gestalt des Bischofs Frodoi von Barcelona umgab, einen von Karl II. dem Kahlen zur Reform der Diözese entsandten Franken.[31] Weitere „örtliche Koalitionen von Franken und Mauren", behauptet Bisson, „belästigten fränkische Führer in den kommenden Jahrzehnten".[31] Der karolingische und päpstliche Kreuzzug für Uniformität konnte auch eine reaktive Haltung hervorrufen, die dazu diente, Allianzen zu schaffen, die Feuer lokaler Nationalismen zu schüren und einheimische Ausdrucksformen zu stärken. Und sie schufen tatsächlich reaktive politische Bündnisse, die leicht religiöse Grenzen sprengten.

Karl der Große wiederum hatte niemals eine besondere Gegnerschaft zu islamischen Herrschaften an den Tag gelegt, und es gibt keinerlei Anzeichen dafür, dass hinter seinen mannigfaltigen Interaktionen in Spanien irgendein Kreuzzugs- oder Rückeroberungskonzept als treibende Kraft gestanden hätte.[33] In der Tat geschah sein erster Einfall in al-Andalus als Verbündeter einer Reihe arabischer Herrscher aus dem Ebro-Tal, die seine Hilfe beim Widerstand gegen die Expansion des Omayyaden-Emirats von Cordoba suchten. Karl reagierte einer Quelle zufolge in der „alles andere als eitlen Hoffnung, bestimmte Städte in Spanien zu gewinnen".[34] Diese Art von Militärbündnis, das sich nicht entlang religiöser Grenzen zerstritt, war typisch in der Epoche, die den Kreuzzügen vorausging, welche dem mittelalterlichen Westen dann im 11. Jahrhundert das Paradigma für die Führung von Kriegen im Namen der Religion lieferten. Am Ende einer chaotischen und enttäuschenden Reihe von Gefechten wandten Karl und sein Heer sich heimwärts und überquerten die Pyrenäen bei Roncesvalles. Und hier massakrierte ein baskisches Kontingent einen Teil der Nachhut des Kaisers, darunter wichtige Mitglieder des Hofes. Als diese Geschichte später ins Rolandslied eingeflochten wird, stilisiert der Verfasser die Schlacht zu einer kosmischen Begegnung zwischen Christen und Muslimen, und aus den Gefallenen wurden Märtyrer. Doch bei Einhard gibt es solche Mythenschöpfung nicht. Er schrieb als Zeitzeuge der Ereignisse und macht uns begreiflich, dass die Polarisierung von Christen und Muslimen nicht zur Ideologie der Renaissance gehörte, zumindest nicht in Aachen.

Die Vorstellung, Europa sei der Westen und der Westen sei christlich, ist eine Idee, die von dieser Allianz des 9. Jahrhunderts zwischen Kaiser und Kirche hervor-

gebracht wurde. Unter Berufung auf eine solche uralte und voreingenommene Quelle können die Omayyaden Spaniens noch immer als „östlich" und „orientalisch" bezeichnet werden, obwohl sie einige der westlichsten Bereiche Europas bewohnen. Sie sind getrennt – nicht vom geographischen Westen –, sondern von der nicht greifbaren Vorstellung eines von einem weltlichen Herrscher und einem Papst erträumten westlichen Reiches. Und doch wurde der Islam bezeichnenderweise in dieser Matrix der Bedeutungen nicht dämonisiert.

Über eine Zeichnung aus dem 17. Jahrhundert kennen wir ein kostbares Stück karolingischer Juwelierskunst, das dem Eginhart zugeschrieben wird. Darauf ist ein reich verzierter Triumphbogen in Miniaturausführung zu erkennen. Der Kubus oberhalb des Bogens stellt den Fußpunkt des Kreuzes dar. Man hat ausgerechnet, dass dieses Objekt 31,9 cm Höhe gehabt haben muss. Paris, Bibliothèque Nationale, Fr.10440, f. 45

Aachen und Jerusalem

In der Lombardei kann ein komplexes Netz kultureller Verbindungen in diesem so häufig als uniform und monolithisch dargestellten Reich entdeckt werden. Dieselben Spuren wechselseitiger kultureller Abhängigkeit können in der künstlerischen Beziehung der Karolinger zum Heiligen Land aufgedeckt werden. Hier lag ein Teil des christlichen Reiches Konstantins, den Karl nicht zu beherrschen hoffen durfte, befand Jerusalem sich doch fest in Händen des legendären abbasidischen Kalifen von Bagdad, Harun ar-Rašid. Selbst Aachen ist in diese von abbasidischer Hegemonie und karolingischem Begehren aufgeladene Landschaft verwickelt, war doch Jerusalem ihrer beider Dreh- und Angelpunkt. Kühnel betrachtete den Felsendom der Omayyaden aus dem 7. Jahrhundert als naheliegendsten Prototypen für die Pfalzkapelle in Aachen.[35] Den spätantiken zentralen Grundriss Aachens stellt man sich gewöhnlich vermittelt durch San Vitale in Ravenna vor, und San Vitale könnte immer noch eines der direkten leibhaftigen Vorbilder Aachens sein, aber einiges deutet darauf hin, dass Karl der Große dabei war, seine Vorstellung eines weströmischen Reiches auf die heiligen Stätten des Wirkens und der Passion Christi auszudehnen und dabei Aachen als Anspielung auf diese Verbindung zu benutzen.

Sollte Aachen mehrere spätantike Vorbilder wachrufen, dann muss der Felsendom tatsächlich eines davon sein. Beide Bauwerke sind im Innern achteckig, besitzen Kuppeln, die auf Säulentrommeln ruhen, und Inschriften, die das Innere jeder Kuppel umkreisen.[36] Die Marmorverkleidung, die in Aachens restauriertem Erdgeschoss alternierende Wölbungen bildet, findet eine auffallende visuelle Parallele in den Verkleidungen der kreisförmigen Arkade des außerordentlichen Omayyaden-Denkmals aus dem 7. Jahrhundert, eine, die bei allen anderen in Vorschlag gebrachten Prototypen fehlt.

Für die Karolinger lag die Verbindung in der Vorstellung, dass der Felsendom eigentlich der legendäre Tempel Salomos sei. Schon im Jahr 870 setzte ein Bericht des fränkischen Mönchs Bernard den Felsendom mit dem Tempel Salomos gleich, der ihm zufolge als „sarazenische Synagoge" mit Beschlag belegt worden sei.[37] Tatsächlich wird Aachen als „Tempel" bezeichnet, und wenn Notker der Stammler von der Gründung Aachens spricht, nennt er Karl den Großen nicht nur bei seinem Titel als römischer Kaiser, sondern vergleicht ihn auch mit Salomo. Er beginnt seinen Bericht über die Bauprojekte Karls mit der Feststellung, er beabsichtige zu berichten, „von den Bauwerken, die Cäsar Augustus Kaiser Karl in Aachen in seiner Weisheit nach dem Vorbild des Salomo in wunderbarer Weise errichten ließ".[38]

Vorhergehende Doppelseite:

Von den reichhaltigen Mosaiken der Theodulf-Kapelle ist, trotz mancher Renovierungen, das der zentralen Apsis erhalten geblieben. Es zeigt die goldfarbene Bundeslade aus dem Alten Testament, die von zwei Engeln gepriesen wird, deren Flügel sich in der Mitte überkreuzen. Dieses Mosaik, obwohl vollkommen originär, zeigt viele verschiedene Stilelemente: römische, spätantike und byzantinische Vorstellungen, darüber hinaus aber auch westgotische, spanisch-islamische und jüdische Ideen. Das Motiv selbst betont die Bedeutung, die die Karolinger dem Alten Testament beimaßen, und führt zugleich erneut auf die Frage hin, wie man das Göttliche überhaupt darstellen konnte, was in jener Zeit sowohl im Abendland als auch im christlichen Orient sehr kontrovers diskutiert wurde.

Natürlich war die Vorstellung von Geschichte, von einer präzisen vergangenen Zeit in Aachen von geringerer Bedeutung als die Konzepte und Metaphern, die seinen künstlerischen Formen anhafteten. Die Verbindung mit dem Rom Konstantins bestand nicht darin, das Ebenbild einer konstantinischen Palastkapelle zu schaffen; eher wird sie durch Denkmäler gezogen, die von Assoziationen überlagert sind, welche den Interessen Karls für sein gegenwärtiges Reich dienlich waren. Auf diese Weise konnte ein islamisches Denkmal angeeignet und neu erfunden werden, um sich in einen Diskurs über die Beherrschung der gesamten römisch-christlichen Welt durch Karl den Großen einzufügen.

Die Arme vom Kreuz des Desiderius sind mit einer erstaunlichen Anzahl an Edelsteinen und Juwelen verziert, darunter auch wiederverwendete antiker Herkunft. Die überreiche Farbenpracht zeugt vom Triumph des Kreuzes, was in der spätantiken und orientalischen Kunst immer wieder als Thema auftaucht. Im Gegensatz dazu frappiert die ätherische Ausstrahlung des in der Mitte dargestellten Christus auf dem Thron. Das farbige Glas römischen Ursprungs auf dem unteren Kreuzabschnitt zeigt das Portrait einer adeligen Familie, deren Gesichter, ganz dem spätantiken Stilkanon entsprechend, frontal und mit einem starren Ausdruck dargestellt sind. Vermutlich wollte man damit auf die kaiserliche Symbolik der konstantinischen Ära zurückgreifen. Brescia, Santa-Giulia-Museo della Città

Tatsächlich hat Shaffer an Notgers aus dem 10. Jahrhundert stammenden Kirche St. Jean L'Évangeliste in Lüttich zeitlose, sich überlagernde Anspielungen nachgewiesen. St. Jean spielte die Rolle einer Kopie Aachens und einer Vorstellung vom Heiligen Grab.[39] Shaffer verknüpft ihre Befunde mit der Arbeit von Stephen Nichols, der für das 10. und 11. Jahrhundert zusammen mit starken Verbindungen zwischen Karl dem Großen und dem Heiligen Land ebenso starke Bindungen zwischen Aachen und dem Heiligen Grab entdeckte.[40]

Die karolingische Vorstellung eines christlichen römischen Reiches war seltsam unvollständig ohne die Schauplätze des Lebens und Leidens Christi – der Heilsgeschichte –, besonders weil dieser Stätten erstmals unter Konstantin baulich gedacht worden war. Und trotzdem war die Unmöglichkeit, eine Hegemonie über ein Land zu errichten, das fest unter der abbasidischen Herrschaft von Harun ar-Rašid stand, offenkundig.

Es gibt jedoch Textquellen, die versuchen, diese Kluft für Karl den Großen zu überbrücken, indem sie wie Aachen Vorstellungen von Souveränität übereinanderschichteten, die sowohl an Rom als auch an das Heilige Grab erinnerten. Die *Fränkischen Reichsannalen* sind der früheste dieser außergewöhnlichen Berichte, unter anderem über diplomatische Missionen zwischen Karl dem Großen und Harun ar-Rašid, und sie sind die wahrscheinliche Quelle für Anspielungen auf die Gesandtschaften in Einhards *Vita Caroli*.[41] Es ist unklar, in welchem Umfang es tatsächlich zu den in den frühesten Berichten über Karls Gesandschaften an den Kalifen geschilderten Kontakten gekommen ist, aber es handelt sich um wertvolle Dokumente für die Ausgestaltung eines Textes, eines Textes, der die karolingische Vision des Kaisers als Herrscher der gesamten Christenheit hütete.

Es lohnt sich, hier Einhards Darstellung zu zitieren:

„Mit dem Perserkönig Harun, der mit Ausnahme Indiens fast das ganze Morgenland beherrschte, stand Karl der Große in so freundschaftlichem Einvernehmen, dass Harun seine Huld der Freundschaft aller Könige und Fürsten des ganzen Erdkreises vorzog und ihn allein hoch ehren und beschenken zu müssen glaubte. Als daher Karls Gesandte, die er mit Gaben zu dem Heiligen Grabe unsers Herrn und Heilandes und zum Orte seiner Auferstehung geschickt hatte, auch zu Harun kamen und ihm den Wunsch ihres Herrn eröffneten, so ließ er nicht bloß das zu, um was man ihn bat, sondern bewilligte auch, dass jene heilige und heilbringende Stätte seinem Machtbereich zugewiesen würde. Und als die Gesandten heimkehrten, so gesellte er ihnen seine eigenen bei und überschickte dem König neben Kleidern und Wohlgerüchen und andern Kostbarkeiten des Morgenlandes noch ungemein reiche Geschenke, nachdem er ihm wenige Jahre vorher auf seine Bitte den einzigen Elefanten, den er damals besaß, geschickt hatte."[41]

Später findet ein ergreifender Bericht über den Elefanten Aufnahme in die *Reichsannalen*, der eine Erwähnung verdient. Karl der Große, der mit dem Dänenkönig Gotfrid wegen eines gebrochenen Vertrages uneins war, marschierte in Richtung Weser gegen ihn, wobei er den Elefanten benutzte, dessen Name „Abu al-Abbas" war. Aber, so wird uns erzählt, das traurige Tier, ein misshandeltes Symbol aus einer entfernten Welt, die Karls Hof sich lediglich einbildete, starb in der Lüneburger Heide, bevor es dem Feind gegenübertreten konnte.[43]

Man kann sich nur schwer vorstellen, wie ein solches Tier von Bagdad nach Aachen transportiert worden sein könnte, doch dieser Bericht wird von Historikern kaum angezweifelt,[44] die in diesem Zusammenhang eine ungewöhnlich natürliche und anatomisch korrekte Darstellung eines Elefanten im Berner *Physiologus* anführen, welche auf das Vorhandensein eines leibhaftigen Modells in Nordeuropa verweise.[45]

Wie auch immer, der Text enthält jedenfalls ein komplexes Bündel von Bedingungen sowohl materieller als auch mythischer Natur für die Kontakte zwischen Abbasiden und Karolingern. Haruns unbestrittene Hegemonie über Jerusalem und das Heilige Land akzeptiert der Text mit einem Hauch der Bewunderung. Unter all jenen, die seine Gegenwart suchen, sei Karl der Große jedoch der erste und vornehmste, dergestalt, „... dass Harun seine Huld der Freundschaft aller Könige und Fürsten des ganzen Erdkreises vorzog und ihn allein hoch ehren und beschenken zu müssen glaubte". Augenscheinlich weil Karl der Große im Westen ein so erhabener Monarch war, „bewilligte Harun auch, dass jene heilige und heilbringende Stätte Karls Machtbereich zugewiesen würde". Das ist natürlich der Schlüssel zu der Geschichte, der Teil, der höchstwahrscheinlich nicht stimmt.

Obwohl Haruns Bild in dem Dreieck mediterraner Mächte hinreichend exotisch ist, gibt es in diesem Bericht kein Gefühl von Entfremdung oder politischer Polarisierung. Genau das Gegenteil ist der Fall. Harun ar-Rašid war nicht nur der Kalif der Abbasiden, er war auch der gefürchtete Feind der Byzantiner. Im Jahr 781 stand sein Heer vor den Toren der byzantinischen Hauptstadt, die sich von der Belagerung nur durch die Zahlung eines enormen Lösegeldes an die Abbasiden freikaufen konnte, und eine Anzahl wichtiger byzantinischer Edler zählte in der Tat zu Haruns Vasallen.[46]

Somit verschafft ein Bericht, der Karl dem Großen die Hegemonie über das Heilige Land einräumt und einer besonderen Beziehung zu Harun ar-Rašid Ausdruck verleiht, dem fränkischen Kaiser einen hierarchischen Vorteil gegenüber seinen beharrlichen byzantinischen Gegnern.

Aber die Kontakte zwischen den Karolingern und den Abbasiden gingen über die Diplomatie hinaus und begründeten eine Art wechselseitiger ökonomischer Abhängigkeit. Die Untersuchung von Hodges und Whitehouse deutet an, dass die umfassenden Programme Karls des Großen und seines Hofes zur Förderung der schönen

Detailansicht aus dem Umgang der Pfalzkapelle in Aachen, die Karl der Große außerordentlich prachtvoll schmücken ließ. Einst gab es hier reiche Verzierungen aus Marmor und Mosaiken. Sie sind heute jedoch verloren oder nachgemacht.

Künste und der Architektur, so eingeschlossen in den Diskurs der Wiedergeburt sie auch waren, mit abbasidischem Silber hätten finanziert worden sein können, das aus einem komplexen Geflecht von Handelsbeziehungen stammte, welches sich von Nordeuropa ausbreitete. Massen von abbasidischen Silber-Dirhem bestätigen diesen Austausch über den Handel bis zu den 820er Jahren, als der Trend durch einen Aufruhr in Bagdad und den karolingischen Bürgerkrieg gestoppt wurde.[47] Die Polarität, die die Wissenschaft traditionell zwischen „Christenheit" und „Islam" ausmacht, wird hier gründlich in Frage gestellt. Der Islam darf nicht als die störende Kraft für Kultur und Wirtschaft des Mittelmeerraumes angesehen werden; eher erleichtert er sie beide. Und der für die Ideologie der späteren Epoche der Kreuzzüge so bedeutsame religiöse Gegensatz taucht, wie wir gesehen haben, in karolingischen Texten nicht auf.

In den Jahrzehnten, die seit dem Erscheinen von Pirennes außerordentlichem Werk vergangen sind, haben archäologische und Quellenforschungen dazu beigetragen, unser Verständnis des ökonomischen und gesellschaftlichen Gefüges des karolinigischen Europa zu vervollständigen. Sie erinnern uns daran, dass die Renaissance der römisch-christlichen Kultur ein bewusst konzipiertes und durchgeführtes kulturelles und politisches Programm zur Förderung der karolingischen Herrschaft und der päpstlichen Autorität war, während die karolingische Welt in Wirklichkeit ein Palimpsest war und nicht nur die offiziellen Interessen der Wiederbelebung, sondern auch lokale Kulturen, kraftvolle, langjährige Traditionen und Werte und Bewunderung für mächtige Herrscher wie die Abbasiden, die außerhalb der Autorität sowohl der Kirche als auch des Staates lagen, übereinanderschichtete.

Weil die spektakulärsten Beispiele karolingischer Kunst im Namen der Renaissance geschaffen wurden, können wir ihrem Charme erliegen und glauben, dass das Europa des Karolingerreiches im Geiste ein beschränktes, kämpfendes, blindes weströmisches Reich war. Dass jene Objekte und Bauwerke ohne abbasidisches Silber vielleicht nicht möglich gewesen wären, ist eine grundlegende ökonomische Erwägung, die uns aus unseren Träumen eines vereinigten, unabhängigen christlichen Europa reißen sollte. Das Bild des Elefanten, ob es nun das Echo auf einen echten, heimgesuchten Dickhäuter in der Lüneburger Heide ist oder ein Mythos von den Kontakten Karls des Großen mit Harun ar-Rašid, erinnert uns daran, wie komplex und schillernd karolingische Erfahrung tatsächlich war.

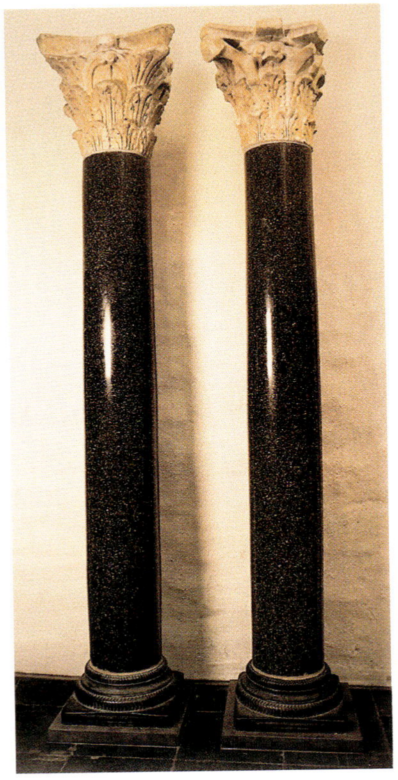

Diese Säulen, einst zum Umgang der Pfalzkapelle gehörig, sind spätantiker, mediterraner Herkunft und Teil der von Karl dem Großen angeordneten Materialtransporte aus Ravenna oder Rom nach Aachen. Seine Absicht war, mit diesen Spolien die wertvollen Bauwerke des zeitgenössischen Italien nachzuahmen. Aachen, Domkapitel

Die Pfalzkapelle ist ein achteckiger Raum mit deutlich vertikaler Ausrichtung und zweigeschossigem, überkuppeltem Umgang. Mit der Wiederaufnahme spätantiker und byzantinischer Ideen strebte Karl der Große die architektonische Verkörperung seiner politischen Ideale an, die Vereinigung kaiserlicher Macht mit göttlichem Auftrag. Eine Lobesinschrift läuft in Höhe der Empore rings um den Innenraum.

TUTUM STABILI FUNDAMINE TEMPLUM
CONDIDIT ESSE VELIT
PACIS COMPAGE

Asturien und die Spanische Mark

Eduard Carbonell

Dieser fein gearbeitete Altar wurde in Auftrag gegeben, als König Ramiro I. seinen Palast auf dem Monte Naranco bei Oviedo zur Kirche Santa Maria umbauen ließ. Ursprünglich in der östlichen Säulenhalle, befindet er sich heute im Archäologischen Museum von Oviedo.

Auf der Iberischen Halbinsel verschwindet das im 7. Jahrhundert bedeutende Westgotenreich mit der islamischen Invasion zu Beginn des 8. Jahrhunderts (711).

Die im Norden der Halbinsel gelegenen Regionen Asturien und Kantabrien bilden einen Kern des Widerstands und entwickeln sich sehr bald zu einem klar umrissenen und blühenden Reich, das im 10. Jahrhundert seine Herrschaft bis an den Duero ausdehnt und seine Hauptstadt von Oviedo nach Leon verlegt.

Im Gegensatz zu Asturien geraten die Gebiete, die später Katalonien bilden, nach der islamischen Invasion in den Machtbereich des Karolingerreiches, dem sie Ende des 8. Jahrhunderts angegliedert werden. Die Stadt Girona etwa wird im Jahre 785 von der Herrschaft der Muslime befreit und Barcelona im Jahre 801. Diese Gebiete bilden die Spanische Mark und sind somit Teil des karolingischen Europa. In diesem Zusammenhang beginnt ein Prozess der inneren Konsolidierung dieser Territorien, indem sich die feudalen Strukturen in der Form der Grafschaften festigen, während die Kirche in dem Maße an Macht gewinnt, wie sich die Region allmählich von der fränkischen Macht löst. Den endgültigen Bruch mit dem Frankenkönig Ludwig V. vollzieht Graf Borrell von Barcelona im Jahre 987, nach dem Überfall al-Mansurs auf Barcelona im Jahre 985.

Dennoch haben beide Regionen im 9. und 10. Jahrhundert trotz ihrer unterschiedlichen historischen Entwicklung die Grundlage der westgotischen Kunst und Kultur und damit die Spätromanik gemein, welche die Westgoten angewandt, weiterentwickelt und schließlich weitergegeben haben.

Detail eines Kapitells aus dem oberen Saal des Palasts auf dem Naranco, mit Verzierungen in Form eines Dreiecks und einer Raute. Auf der Raute sind nach dem Vorbild byzantinischer und sassanidischer Wappenkunst kämpfende Tiere dargestellt.

Annäherung an die asturische Kunst

Die Kunst im Nordwesten der Halbinsel nennt man asturische Kunst. Sie stellt eine spezifische Kunstrichtung dar und kann chronologisch klar abgegrenzt werden. Sowohl aus historischer Sicht als auch durch ihre künstlerische Sprache besitzt sie konkrete, unverwechselbare Merkmale. Es ist eine Kunst, die eng mit dem Hof in Verbindung steht, die Kunst einer Monarchie, und in sehr bestimmender Weise die Kunst einer Stadt, Oviedo. Es ist eine höfische Kunst, die auch die religiöse Kunst umfasst und einer genau umgrenzten politischen Ideenwelt zu entsprechen scheint.

Der obere Saal des Palastes auf dem Naranco, der ursprünglich repräsentativen Zwecken diente, stellt eine einzigartige Räumlichkeit dar, deren Rhythmus durch steinerne Querbögen, worin ein Rückgriff auf eine spätantike Bautechnik zu sehen ist, durch eine Vielzahl salomonischer Säulen, die sich an die Außenwände anlehnen, sowie durch Schmuckmedaillons bestimmt wird. Die Schmuckmedaillons entstammen lokaler Produktion, behandeln jedoch orientalische Themen.

Die Gesamtansicht des Palastes zeigt seine vertikale Ausrichtung. Die Meisterschaft seiner Erbauer kommt vor allem in den Säulengängen an den Schmalseiten zum Ausdruck. An ihnen fallen die breiten seitlichen Öffnungen auf, vorne das dreiteilige Bogenwerk sowie die salomonischen Säulen mit stilisierten korinthischen Kapitellen.

Doch bald zeigt sich die Notwendigkeit der Wiederbesiedlung der neuen Gebiete und damit die wachsende Bedeutung der religiösen Orden und die Entstehung neuer Machtzentren. Die Verlegung der Hauptstadt nach Leon bereits im 10. Jahrhundert findet auch in der Kunst ihren Niederschlag. In der Geschichtsschreibung ist der Begriff der Kunst der *repoblacion* (Wiederbesiedlung) geprägt worden; teilweise spricht man auch von mozarabischer Kunst.

Die Historiographie hat verschiedene Versuche einer Definition der asturischen Kunst unternommen. Auch Asturien wurde ein Opfer der für diese Epoche verbreiteten orientalistischen Thesen von Dieulafoy und Strzygowski, die die asturische Architektur von Damaskus und Cordoba her interpretierten. Eine andere These von Haupt, welche man die germanische These nennen könnte, ging von einem Bruch mit der spätromanischen und westgotischen Tradition zum Zeitpunkt der islamischen Invasion aus und verglich die asturische Architektur mit der zeitgenössischen europäischen Architektur. So verglich Haupt[1] Santa Maria del Naranco mit den offenen Sälen in den Palästen der germanischen Könige oder stellte Verbindungen mit Norditalien und den *magistri comacini* her. Diese germanische These betrachtete die asturische Kunst als eine Manifestation der karolingischen Renaissance in einer entlegenen Provinz und suchte Parallelen zwischen den baulichen Eigenheiten von Santullano und der Aachener Pfalzkapelle oder den Klöstern auf der Reichenau. Auch die Beziehung

zwischen dem Monarchen Alfons II. und Karl dem Großen wurden zur Untermauerung dieser These herangezogen. Für Jean Hubert gibt es eine Analogie des asturischen und des karolingischen Programms, die auf gemeinsame Ursprünge zurückgeht, aber tiefgehende Unterschiede im Detail. Gomez Moreno hat ebenso wie ein Teil der französischen Historiographie die asturische Baukunst als frühromanisch eingestuft.

Auf einer anderen Ebene schlägt J. Fontaine,[2] ausgehend von den asturischen Chroniken, eine Lesart vor, wonach in diesen alten asturischen Schriften der Wille zum Ausdruck kommt, dem sich auf das Römische Reich berufenden karolingischen Imperium eine politische Renaissance des westgotischen Reiches mit Toledo als Hauptstadt entgegenzusetzen. Die politische und militärische Offenheit Asturiens im 9. Jahrhundert ermöglicht die Aufnahme ausländischer Einflüsse.

Er zeigt auch den starken Einfluss des fränkischen Mönchtums auf die Spanische Mark im Bereich der Pyrenäen, worauf später einzugehen sein wird.

Tafel mit einer Abbildung des asturischen Kreuzes, das von von drei großen Edelsteinen überragt wird. Die Buchstaben Alpha und Omega hängen von den beiden seitlichen Armen des Kreuzes. Die lange Inschrift enthält ein Gebet an den Herrn, er möge den Ort vor dem „Racheengel" (gemeint sind die Normanneneinfälle) schützen. Oviedo, Archäologisches Museum. Aus den Ruinen des Palastes Alfons' III.

Links:
Detail des dreifachen Fensters mit seinen erhöhten Bögen, die so im oberen Teil des Säulenganges den Rhythmus der drei kleinen Bögen unten wiederholen. Oviedo, Santa Maria del Naranco

Auf die eine oder andere Weise dienen Ansehen und Macht Karls des Großen als Anstoß für die Herausbildung eines territorialen Selbstbewusstseins im Norden der Iberischen Halbinsel im 9. und 10. Jahrhundert. Viktor Nieto[3] geht prinzipiell nicht von einer Kontinuität der westgotischen Kunst aus. Er stützt sich dabei auf die spärliche Präsenz westgotischer Kunst in den asturischen Gebieten und darauf, dass diese Gebiete schon in westgotischer Zeit eine gewisse Unabhängigkeit gegenüber Toledo bewahrt hätten. Dabei beruft er sich auf die Chroniken. Die spätrömische künstlerische Tradition sieht er hingegen in der asturischen Kunst bewahrt. Erst später, als das Reich Alfons' II. gefestigt ist, finden die westgotischen Vorstellungen bei der Bevölkerung Anklang.

Isidoro Bango[4] geht von einer spätrömischen Grundlage der westgotischen Kunst aus. Ebenso wie Pedro de Palol[5] propagiert er eine Kontinuität zwischen der westgotischen und der asturischen Baukunst auf der Grundlage des spätrömischen Charakters beider Baustile. Ein weiterer Historiker, der diese Ansicht vertritt, ist J. Puig i Cadafalch, der in seinem postum erschienenen Werk[6] von der asturischen Baukunst als einer Phase der asturischen Kunst spricht. Für I. Bango liegen die Wurzeln der romanischen Renaissance des 11. und 12. Jahrhunderts in einem Aufleben der klassischen asturischen Kunst. Diese Kontinuität erscheint plausibel für die so genannte frühromanische katalanische Baukunst des 10. Jahrhunderts, wie an anderer Stelle zu erläutern sein wird.

Während der Wiederbesiedlung der im 9. und 10. Jahrhundert eroberten Gebiete werden Bauwerke unter Anwendung fast vergessener Bautechniken und traditioneller hispanogotischer Motive wiederhergestellt. In der *Cronica de Albelda*, geschrieben von einem Mönch am Hofe Alfons' III., finden sich Beschreibungen von Bauwerken, die unter dem vorigen König Alfons II. realisiert worden waren, so auch von Kirchen und Palästen mitsamt ihrer dekorativen Malerei. Die Chronik dient somit zusammen mit den bedeutsamen erhaltenen Bauwerken als Grundlage für die These der Kontinuität der westgotischen Kunst.

Diese Kontinuität postuliert für die Wanddekoration die kompendiumartige Arbeit von H. Schlunk und M. Berenguer.[7] Auch stellt H. Schlunk eine Kontinuität her zwischen der westgotischen Miniatur und der Miniatur des 10. Jahrhunderts.[8]

Jedenfalls gehen diese Autoren (Palol, Schlunk, Bango) ebenso wie der Verfasser von einem Aufgreifen spätrömischer Vorbilder aus, die in der westgotischen Baukunst präsent sind und welche die islamische Invasion auf die eine oder andere Weise verdrängt hatte. Dieser Bruch der Tradition ist dadurch relativiert, dass westgotische Formen offensichtlich überlebt haben und in der islamischen Baukunst von al-Andalus verwendet worden sind, abgesehen von der orientalischen Komponente der Spätantike, welche die islamische Welt über den Kontakt mit Byzanz und Syrien dem Abendland mitteilt. All dies führt uns zu einer Baukunst, die sowohl in der Architektur als auch in der Dekoration eng mit der Spätantike verbunden ist. Eine Baukunst, die noch aus der provinzialrömischen Welt der Hispania überliefert worden

ist, in westgotischer Zeit eine Kontinuität erlebt und im Kontext des asturischen Königreiches in die Kategorie der höfischen Kunst mündet.

Detail der flachen Apsis der Kirche in San Tirso, die Teil des von Alfons dem Keuschen in Oviedo errichteten königlichen Hofes war. Von der steinernen Konstruktion heben sich die Ziegelwand und die kleinen Marmorsäulen ab. Die korinthischen Kapitelle der kleinen Säulen sind Spolien, während die Kapitelle in der Mitte eine asturische Nachahmung sind. Das halbrechteckige Profil der Kranzleiste (alfiz) ist ein hispano-arabisches Merkmal.

Die Bautätigkeit der asturischen Könige

Von einigen Beispielen wie der Kirche Santianes de Pravia abgesehen, erreicht die asturische Baukunst ihre volle Blüte unter König Alfons II. (791–842). Die Stadt Oviedo ist die Hauptstadt, welche die Könige Alfons II., Ramiro I. (842–850; seine Bautätigkeit entfaltete sich auf dem Monte Naranco nahe der Stadt) und Alfons III. mit religiösen und weltlichen Gebäuden schmücken. Sie schaffen so eine Hauptstadt von großem Ansehen, die von einigen Historikern als Nachfolgerin Toledos als Hauptstadt des Westgotenreiches verstanden wird.

Alfons II. geht beim Ausbau seiner Hauptstadt Oviedo planmäßig vor. Die Erlöserkathedrale, die den Mittelpunkt der Stadt bildete, ist nicht erhalten geblieben,

In der Gesamtansicht von San Julian de los Prados (Santullano in volkstümlicher Diktion) in Oviedo herrscht der Eindruck von Größe vor. Der Grund sind die Dimensionen insbesondere des hohen Transepts, das gleichsam ein Querschiff zu bilden scheint. Einigen Autoren zufolge stellt es einen Raum dar, der dem König und seinen hohen Würdenträgern zugedacht war.

sondern musste dem bis heute erhaltenen gotischen Bau weichen. In der Nähe des über einem L-förmigen Grundriss errichteten Palasts befand sich die Kirche San Tirso. Von ihr ist der Karnies oder *alfiz* erhalten, der das dreifache Fenster des Chorraums einrahmt. Alle diese Bauwerke werden in der Dokumentation aus dem Jahre 812 beschrieben und geben uns eine Vorstellung von der großartigen Pracht der Stadt. Erhalten ist die Heilige Kammer, ehemals ein Teil des Palasts. Nach der *Cronica ad Sebastianum* (um 885) gab es im Palast Audienzzimmer, Gerichtssäle und sogar Thermen. Die Heilige Kammer hat den Grundriss einer Märtyrerkirche. Sie ist zweigeschossig, wobei das Erdgeschoss ein Gewölbedach hat. Das dem heiligen Michael geweihte Obergeschoss ist im 12. Jahrhundert umgestaltet worden und hat Vorbilder in der frühchristlichen Architektur der Hispania und in der westgotischen Architektur, wie etwa in der Krypta von San Antolin in Palencia.

Das für die asturische Baukunst der Epoche Alfons' II. grundlegende Bauwerk ist San Julian de los Prados in Santullano. Es ist in der *Cronica ad Sebastianum* dokumentiert. Sie wurde außerhalb der Stadt über einem basilikalen, dreischiffigen Grundriss errichtet. Das Querschiff ist durchgehend, der Chorraum dreigeteilt wie in der

Das Innere von San Julian de los Prados besticht durch die Weite des Raumes. Ein Widerhall römischer Baukunst findet sich in der Kombination von Mauersteinen und Ziegeln und vor allem in den großen Bögen, die Hauptschiff und Transept verbinden und vollendete Halbkreise bilden. Sie erinnern an die Tore der Stadt sowie ihrer Monumentalität wegen an Triumphbögen.

frühchristlichen Architektur Nordafrikas, die im 6. Jahrhundert auf der Iberischen Halbinsel rezipiert worden war, mit der Funktion von *pastophoriae*. Der Chor ist von einem Tonnengewölbe bedeckt. Das Querhaus, das höher ist als die drei Schiffe, teilt den Altarraum ab. An seinen beiden Enden befinden sich zwei in jeweils zwei Stockwerke unterteilte Kammern. Die westliche Kammer war vielleicht ein dem König vorbehaltener Raum, die königliche Loge mit direktem Zugang in die Kirche (Schlunk). Wenngleich ein Teil der Historiker (Bango) diesem Querhaus Vorbilder in der westgotischen Architektur zuschreibt, so denken andere (Palol, Dodds) an einen unzweideutigen Kontakt mit der karolingischen Architektur, als ein Ort, der für hohe Würdeträger und den König selbst bestimmt war. Im Sanktuarium konzentriert sich der Skulpturenschmuck bestehend aus Spolien, Wandpfeilern und Säulen mit monolithischem Schaft unter Blendbögen zu beiden Seiten der mittleren Kapelle.

Die Schiffe sind wie in der westgotischen Bauweise durch Pfeiler voneinander getrennt, auf denen Rundbögen ruhen. Von außen erinnern Stützpfeiler, die mehr der Dekoration dienen als tragende Funktion haben, an die westgotische Architektur. Am Eingang der Kirche findet sich ein Säulengang, der westgotischen und zuvor frühchristlich-hispanischen Vorbildern folgt.

Im Inneren sind die Wände mit Malereien verziert, die nach klassischer Weise auf einen dicken Verputz aufgetragen worden sind. Die *Cronica de Albelda* erwähnt diese Gemälde und beschreibt ihren höfischen Charakter. Ohne Zweifel handelt es sich um eine Malerei mit klassischen Merkmalen. Es erscheint keine figürliche Darstellung, und das einzige verwendete Symbol ist das Kreuz. Das Repertoire der Ornamentik entstammt der romanischen Kunst und umfasst Friese mit Blumen- und Pfeilmotiven, Vasen mit Girlanden und Motive aus der Architektur. Es sind dies komplexe architektonische Entwürfe, ganze Szenographien mit der Darstellung des königlichen Palastes und mit sinnbildlichen Vorhängen, die als ein Hinweis auf das Himmlische Jerusalem interpretiert worden sind (Schlunk spricht von einer orientalischen, byzantinischen Tradition mit möglichen, heute verlorenen Vorbildern in der hispanischen Kunst des 7. Jahrhunderts). Die Malerei von Santullano stellt einen der bedeutendsten, nicht-figürlichen Bilderzyklen der abendländischen Kunst dar. Ihr origineller Stil wird später in anderen Bauwerken wie etwa in Liño und Valdedios

Zwei Details der Fresken in San Julian de los Prados. Die Ausschmückungen sind anikonisch und rund um das juwelengeschmückte, glorreiche Kreuz angeordnet, das Zeichen des auferstandenen Christus. Die großflächige, prächtige Darstellung von Architektur (rechts) geht auf antike Malerei zurück, vermutlich über byzantinische Vermittlung. Die Verzierungen im unteren Teil ahmen mit großer geometrischer Genauigkeit Mosaiken und Marmorplatten nach, wie es in frühchristlichen und antiken gemalten Ornamenten üblich war. Detail der Dekoration eines Jochs (links) mit großen ineinander verschränkten Achtecken. Dieses Motiv findet sich bereits in römischen Villen im heutigen Portugal.

fortgeführt. Sie stellen eine außerordentliche klassizistische Anstrengung dar, wie sie auch im Italien des 9. Jahrhunderts und in der karolingischen Kunst anzutreffen ist und deren Anknüpfungspunkte sich ausschließlich in den Vorbildern vorangegangener Jahrhunderte finden lassen und nicht etwa in zeitgenössischen Beziehungen.

Während König Alfons eine Hauptstadt für sein Königreich errichtet, konzentriert sich die Bautätigkeit unter Ramiro I. auf einen königlichen Wohnbereich, den er auf dem Monte Naranco bei Oviedo errichten lässt. Von diesem Ensemble im Stil der römischen *villae* der Spätantike sind das Palastgebäude sowie eine dem heiligen Michael geweihte Kirche erhalten. Der Palast Ramiros I. wurde später in eine Kirche umgewandelt und ist bekannt unter dem Namen Santa Maria del Naranco. Die *aula regia* war ein komplexes Palastgebäude mit eigenen Bädern. Erhalten geblieben ist ein rechteckiges, kuppelgedecktes Gebäude, das zu den Meisterwerken der weltlichen europäischen Architektur des 9. Jahrhunderts zählt. Das obere Stockwerk, das von außen über eine doppelte Treppe zu erreichen ist, teilt sich in drei Teile. Der mittlere Teil ist von einem Tonnengewölbe gedeckt und durch Gurtbögen verstärkt, denen an der Außenwand Stützpfeiler entsprechen. An beiden Seiten befinden sich Erker für den feierlichen, zeremoniellen Auftritt des Monarchen, wie in der europäischen Architektur der großen höfischen Bezirke häufig anzutreffen. Innen ist der Raum durch Blendbögen gegliedert, die über Säulen aus Läufern ruhen. Diese Struktur trägt als Dekoration ein Relief aus Medaillons sowie dreieckige und rautenförmige Kapitelle, die jeweils durch längsseitige Bausteine eingefasst sind, wie in der

Der geflügelte Stier, Symbol des Evangelisten Lukas, ist auf volkstümliche Weise in stilisierter Form unterhalb eines Bogens frühchristlicher Herkunft dargestellt und findet sich auf dem Sockelfuß einer Säule aus San Miguel de Lillo.

Vom Originalbau der Kirche San Miguel de Lillo sind die Fassade und die beiden ersten Joche erhalten geblieben. Sie lassen die Größe des ursprünglichen Bauwerks noch deutlich erkennen, ebenso die Wiederaufnahme der vertikalen Ausrichtung des Baus, die noch gewagter ist als in Santa Maria del Naranco. Oberhalb des Eingangsportals befindet sich eine Empore, die an eine Verwandtschaft mit dem karolingischen Westwerk denken lässt. Das Fenster an der Seite nimmt das dreigeteilte Bogenwerk der asturischen Apsis wieder auf.

westgotischen Dekoration von San Pedro de la Nave. Dargestellt sind menschliche Figuren wie auch Tiere, deren Vorbilder in der Miniatur zu suchen sind, aber auch in der Goldschmiedekunst oder Stoffen, möglicherweise aus dem Orient oder aus Byzanz. In den Ecktürmen sind die Kapitelle korinthisch. Im Skulpturenschmuck findet sich das Kreuz als königliches Emblem, gleichsam als Ausdruck einer Sakralisierung der Monarchie.

Die Kirche San Miguel in Liño, errichtet unter Ramiro I. an der Stelle einer älteren Kirche, wurde im Jahre 848 geweiht. Es ist nur der Eingangsbereich der Kirche erhalten, da sie Ende des 18. Jahrhunderts teilweise zerstört worden ist. Erkennbar sind drei durch Säulen getrennte Schiffe, von einem Tunnelgewölbe überspannt. An den Seitenwänden ermöglichen zwei Treppen den Aufgang zu der Galerie, die sich über dem Säulengang befindet. Auffallend ist der reiche Skulpturenschmuck mit seiner hervorragenden figürlichen Darstellung, die der westgotischen Skulptur in San Pedro de la Nave mit dem *Tetramorph* nahe kommt, sowie phantastische Tiergestalten wie Greife. Zwei rechteckige Stücke, die heute wie Türpfosten aufgestellt sind, nehmen einen besonderen Platz ein. Auf ihnen sind verschiedene Szenen abgebildet, in denen eine wichtige Persönlichkeit den Zirkusspielen beiwohnt. Das Motiv stammt von den Diptychen der Spätantike und erinnert in diesem Fall an das des Aerobindus vom Beginn des 6. Jahrhunderts, von 506. In dem Thema ist eine gewisse Verbindung zwischen dem Bild der kaiserlichen Macht in der römischen Spätantike und dem asturischen Königtum angelegt. In der Kirche sind Fragmente der Wandbemalung erhalten. Auf einem dieser Fragmente ist eine auf einem Thron sitzende Gestalt zu erkennen, ausgeführt in einem rustikalen Charakter im Vergleich zu dem Klassizismus, der in Santullano anzutreffen ist. In Liño findet sich jedenfalls eine Darstellung der menschlichen Gestalt. In enger Beziehung zur Regierungszeit Ramiros I. und konkret zur Dekoration des Palastes auf dem Monte Naranco steht die Kirche Santa Cristina de Leña. Sie hat einen einschiffigen Grundriss, aber drei Ebenen, eine Galerie über dem Schiff und eine Kammer über dem Portikus. Im mit einer einzigen Apsis versehenen Chorraum steht die Ikonostase.

Die Ausschmückung des Hauptschiffes von Santa Cristina di Leña (Oviedo) ist ähnlich wie in Santa Maria del Naranco. Die Ikonostase besteht aus einem dreifachen Bogen und wird von einem gemauerten Schirm überragt, in welchem perforierte Platten westgotischen, asturischen und mozarabischen Ursprungs wieder verwendet worden sind. Der mittlere Bogendurchgang ist unten durch behauene Platten abgeschlossen. Das Vorhandensein einer Ikonostase und die in vielerlei Hinsicht komplexe Aufteilung des Raumes im Hauptschiff ist reich an orientalischen Bezügen.

Das wichtigste Bauwerk aus der Zeit Alfons' III. (866–910) ist San Salvador in Valdedios aus dem Jahre 893. Die Kirche zeigt einige Unterschiede gegenüber den Vorgängerbauten. Sie ist über einem basilikalen, dreischiffigen Grundriss errichtet und besitzt einen Portikus mit einer Galerie im Eingangsbereich. Die Schiffe sind durch einfache Pfeiler abgeteilt und von Gewölben bedeckt. Hervorzuheben ist die Verwendung des Hufeisenbogens sowie das Kranzgesims in den Fenstern. Der Bilder- und Skulpturenschmuck ist von geringer Bedeutung. In der Wandmalerei in Valdedios erinnert die Darstellung der Sonne und des Mondes an Parallelen in der Miniatur des Beatus.

In derselben Zeit beginnt der Bau der Basilika im galizischen Santiago.

Unter Alfons III. schiebt sich die Grenze bis an den Duero vor, die eroberten Gebiete werden wiederbevölkert. Bald darauf löst Leon Oviedo als Hauptstadt des Königreiches ab. Wenn auch in den Gebieten des heutigen Asturien weiterhin Kirchen wie San Adriano in Tuñon, San Salvador in Priesca und Santiago in Gobiendes gebaut werden, so erstreckt sich die Kunst der Zeit der Wiederbesiedlung oder *Repoblacion*, die als mozarabisch zu bezeichnen eine unzulässige Vereinfachung wäre, über alle Territorien Leons und Kastiliens. Die Wiederbesiedlung vollzieht sich mit Hilfe von Menschen aus dem Norden der Halbinsel, aus Asturien, Kantabrien und Galizien, aber auch von Mozarabern aus dem Süden, aus den weiterhin islamisch beherrschten Gebieten. In den neuen Gebieten sind die westgotische und die spätrömische Architektur in den wieder oder neu errichteten Gebäuden präsent. Spätrömische und westgotische Tradition haben ebenso Anteil an der lebhaften Bautätigkeit wie die Beiträge der asturischen Baukunst und der islamische Einfluss, den die mozarabischen Siedler aus dem Süden mitbringen (etwa den Kragstein mit Schnörkelmotiv). Die Baukunst dieser Phase des 10. Jahrhunderts, die man als mozarabisch bezeichnet hat, entfernt sich bereits von der rein asturischen Kunst. In diesen Kontext gehört eine reiche Entfaltung der Miniatur in den Zentren der neuen Gebiete, zu sehen in den Illustrationen von Bibeln und anderen Texten und besonders in den Kommentaren zur Apokalypse, die der Mönch Beatus im Kloster von Liebana verfasst hat.

Die Kirche San Salvador de Valdedios, die letzte bedeutende Gründung seitens der Krone, greift einige Elemente der asturischen Bautradition wieder auf. Das Hauptschiff und die Seitenschiffe, obleich eher eng, sind sämtlich mit einem durchgehenden Tonnengewölbe versehen. Über dem Eingangsportikus befindet sich eine vielleicht für den König vorgesehene Galerie. An der südlichen Außenwand erstreckt sich ein niedriger Säulengang, sodass das Bauwerk von dieser Seite räumlich dreigeteilt erscheint.

Die asturische Goldschmiedekunst

In der Goldschmiedekunst Asturiens tritt das Kreuz der Engel besonders hervor. Es ist ein Reliquienschrein in der Gestalt eines Kreuzes, den Alfons II. im Jahre 808 in Auftrag gegeben hat. Das Kreuz hat die griechische Form und ist mit romanischer Glyptik verziert. Besonders ins Auge fallen die Gemme in der Mitte, die heute durch eine Kopie ersetzt ist, und mehrere Edelsteine. Dieses Kreuz ist auch unter dem Namen *Kreuz von Oviedo* bekannt und gilt als Symbol der asturischen Monarchie. Es wurde möglicherweise in einer hispanischen Werkstatt hergestellt, die sich in der Festung von Gauzon befand. Im Jahre 1977 ist es zusammen mit dem Siegeskreuz und dem Achatkästchen stark beschädigt worden. Das Siegeskreuz hat Alfons III. im Jahre 908 für die Kathedrale von Oviedo in Auftrag gegeben. Die Herstellung in einer hispanischen Werkstatt ist nicht auszuschließen, obwohl das Stück in seinen Emaillen

Auf der folgenden Seite:

Der Innenraum von San Salvador de Priesca greift in den großzügigen Proportionen des Hauptschiffes, im Triumphbogen und in den drei Blindbögen, die sich in der Apsis wiederholen, das Vorbild von San Julian de los Prados auf.

Detail eines Blattkapitells in der Apsis von San Salvador de Priesca.

mit Vogel-, Fisch- und Blumenmotiven an französische Werke erinnert. Für Schlunk haben die Emaillen große Ähnlichkeiten mit denen auf dem Altar von Walvinus in der Kirche des heiligen Ambrosius in Mailand (835) und denen der Krone von Monza. Der König hatte auch das heute verlorene Kreuz von Santiago de Compostela in Auftrag gegeben, eine Kopie des Engelskreuzes.

Die Achatschatulle gelangte 910 als eine Schenkung von Fruela, dem Sohn Alfons' III., in die Kirche San Salvador in Oviedo. Sie ist aus getriebenem Gold gearbeitet und mit Lamellen aus poliertem Onyx besetzt. An ihrem Fuß findet sich die Darstellung der vier Evangelisten, die um ein Kreuz gruppiert sind. Die Schatulle ist nach oben abgeschlossen durch eine Platte aus Gold mit Emaillen, möglicherweise karolingischer Herkunft. Das Reliquienkästchen aus der Kathedrale von Astorga stammt aus der Zeit Alfons' III., wie aus einer Inschrift hervorgeht. Es ist wahrscheinlich in derselben hispanischen Werkstatt entstanden wie das Siegeskreuz. Es besteht aus Holz und ist mit vergoldetem und getriebenem Silber überzogen. Auf dem Deckel erscheint die Darstellung des Agnus Dei mit dem *Tetramorph* und Engeln. Auf dem Kreuz selbst sind Bögen mit Bäumen und Engeln und im Hintergrund das Kreuz mit Alpha und Omega abgebildet.

Die eigenständige Entwicklung der Spanischen Mark

Das Siegeskreuz und ein Detail der Cloisonné-Verzierung mit Edelsteinen. Länge 92 cm. Oviedo, Kathedrale

Die Zugehörigkeit zum Reich der Karolinger bringt für die Spanische Mark die Neuausrichtung der Kirche durch die Reform der Liturgie und das Vordringen des Benediktinerordens sowie die Festigung der feudalen Strukturen mit sich. Beide Faktoren bringen sie in engen Kontakt zur Entwicklung des europäischen Kerngebiets. Doch bleibt die Spanische Mark ein abgelegenes Gebiet weitab des höfischen Lebens. Ihre prägende westgotische Vergangenheit und ihr reiches spätrömisches Erbe führen sie unaufhaltsam in eine Distanz und Unabhängigkeit von der fränkischen Macht.

Die historischen Voraussetzungen für die Entwicklung dieser Gebiete sind die Einheit mit Südfrankreich und ihre politische und religiöse Geschlossenheit. Diese Grundlagen treten im Prozess der Abgrenzung, im Rechtswesen und in der Kultur hervor.[9] So ist die isidorische Kultur in den katalanischen Klöstern jener Zeit spürbar, so etwa im Fall der Bibliothek des Klosters von Ripoll.

Die Neuordnung der Kirche in der Spanischen Mark stellt einen der entscheidenden Faktoren für ihren Anschluss an Europa dar. Hierbei sind die religiöse Abhängigkeit vom fränkischen Bistum Narbonne von Bedeutung sowie die folgende Neuordnung und unabhängige Stellung der Diözesen im Gebiet der Spanischen Mark. Die Neuorientierung wird von dem Wechsel der Liturgie und dem Vorrücken des Benediktinerordens bestimmt. Die Durchsetzung der romanischen Liturgie bringt noch ein weiteres Element mit sich, das vom Karolingerreich ausgeht und die Gebiete der Spanischen Mark Europa näher bringt: die karolingische Schrift, die schnell ebenso in religiösen Texten wie in weltlichen Dokumenten Verwendung findet. Die Liturgie steht in enger Verbindung zur Architektur. In der Spanischen Mark hält die römische Liturgie früher Einzug als auf der restlichen Halbinsel. Das unterscheidet sie zum Beispiel von Kastilien-Leon, wo sie erst in der zweiten Hälfte des 11. Jahrhunderts auf einen königlichen Erlass hin eingeführt wurde. Die Abhängigkeit von der Diözese Narbonne, in der die romanische Liturgie bereits 815 durchgesetzt wird, die Teilnahme katalanischer Bischöfe an fränkischen Synoden ab dem Jahr 860 und das Auftauchen romanischer liturgischer Texte auf katalanischem Boden ab 870 geben uns eine Vorstellung von der Bedeutung dieses grundlegenden Elements hinsichtlich der Teilhabe am Europa Karls des Großen.

Die Durchsetzung der neuen Liturgie vollzog sich nicht ohne Schwierigkeiten. Der Widerstand der Anhänger der alten hispanischen Liturgie gegenüber der romanischen nahm in der adoptionistischen Häresie, die durch den Bischof Felix de Urgell (786–799) angeführt wurde, und seinen Beziehungen zu Toledo und zu Bischof Elipando besondere Formen an. Die Verdammung des Adoptionismus auf dem Konzil von Frankfurt im Jahre 794 und die Abhängigkeit der Region von der Diözese Narbonne setzten dem Konflikt ein Ende. Die Einführung der neuen Liturgie erfolgte Schritt für Schritt. Die schriftlichen Quellen zeigen, dass noch bis ins Ende des 9. Jahrhunderts der Altarraum während eines Teils des Gottesdienstes geschlossen wurde, nach dem Vorbild der alten hispanischen Liturgie. In der ersten Kirche in Ripoll ist für das Jahr 888 der Gebrauch von Gardinen belegt, mit denen der Altarraum und der die Messe haltende Priester während der Zeremonie von der Gemeinde abgeschlossen wurden. Für die Einführung der romanischen Liturgie spielten die Benediktinerklöster eine überragende Rolle. Was die Architektur anbelangt, muss man sich die Bedeutung des Klosters von Cluny vor Augen halten, zu jenem Zeitpunkt das zweite Kloster, Cluny II, wo die architektonischen Vorbilder der Zeit formuliert wurden. Das Kloster von Cuixa, am Nordhang der Pyrenäen gelegen, sollte eine grundlegende Bedeutung für die Verbreitung der Liturgie wie auch der architektonischen Vorbilder erlangen. So ist der Zusammenhang der Baustile dieses Klosters und des Mutterhauses in Cluny sowie des Klosters Saint Philibert de Grandlieu untersucht worden, beide aus der zweiten Hälfte des 10. Jahrhunderts.

Ihre Unabhängigkeit erringt die Spanische Mark in der Mitte des 10. Jahrhunderts. Sie spielt weiterhin eine internationale Vermittlerrolle durch ihre Kontakte zum Reich der Karolinger, mit Südfrankreich, mit al-Andalus und mit Rom und Norditalien. Gegen 950 machen zwei unterschiedliche diplomatische Missionen den Willen nach Unabhängigkeit offenkundig: Graf Borrell schließt ein Abkommen mit dem Kalifen Abd ar-Rahman III. von Cordoba, während Angehörige des Adels und kirchliche Würdenträger, die ebenfalls dem katalanischen Adel entstammen, nach Frankreich und Italien reisen und eigene Kontakte nach Rom knüpfen. Sie erhalten die päpstlichen Bullen, die an die Stelle der karolingischen Vorschriften treten und somit die Unabhängigkeit ihrer Diözese. Cuixa erklärt sich im Jahre 950 zu einem Kloster *iuris sanctae Romanae ecclesiae.* 951 und 952 erhalten der Abt Arnulf von Ripoll und Graf Sunifred von Cerdanya in Rom Bullen für die Kathedrale von La Seu d'Urgell und für die Klöster in Ripoll und in La Grassa.

Dieser Umstand ist von wesentlicher Bedeutung. Der Adel konsolidiert das Land und sein Territorium. Dazu sucht er Unterstützung auf internationalem Parkett und gewinnt an Ansehen hinzu. Für Zimmermann ist das katalanische Projekt nicht so sehr das einer gegen den Islam gerichteten *Reconquista*, sondern vielmehr das der Eroberung eines Freiraumes der Souveränität. Mit den Worten von J. Dodds zu sprechen, überlässt der Adel die Einheit Europas der Kirche.

Die feudale Ordnung schwächt das karolingische Reich und spaltet es auf, während sie den katalanischen Adel stärkt.

Katalonien beginnt im 10. Jahrhundert eine bedeutsame kulturelle Rolle in Europa zu spielen. Diese Wirkung geht von den Benediktinerklöstern Ripoll und Cuixa sowie den Kathedralen von Vic, Girona und Barcelona aus. Als ein Beispiel, das die Bedeutung dieser Orte illustriert, sei an den Aufenthalt des Grafen Pietro Orseolo von Venedig zu der Zeit des Abtes Gari erinnert, oder von Gerbert d'Orlehac, dem späteren Papst Silvester II, der in Ripoll von 976 bis 970 die klassischen Texte studierte, die sich im Besitz der Klosterbibliothek befanden und die teilweise durch islamische Überlieferung bewahrt worden waren. Die guten Kontakte nach Cordoba im 10. Jahrhundert brachten die Vermittlung von Wissenschaft und klassischer Überlieferung mit sich. Ein beredtes Zeugnis dafür sind die Inventarlisten der Bibliotheken im Kloster Ripoll und in der Kathedrale von Vic im 10. und 11. Jahrhundert. Das Vorhandensein von Texten zu Themen der Musik, der Arithmetik, der Astronomie und der Islamkunde lassen ebenso wie die Übersetzungen der Klassiker den Stellenwert erkennen, den dieser Austausch zwischen zwei kulturellen Zentren gehabt hat. Sie zeigen auch die enorme kulturelle Bedeutung des Kalifats. Dasselbe gilt für die islamischen Kunstgegenstände, die in den Norden gelangten.

Die Verehrung des Kreuzes, die bereits in westgotischer Zeit aufgekommen war, erfuhr in der asturischen Kunst einen bedeutenden Aufschwung. Das Engelskreuz weist ausgesprochen reiche Verzierung in Filigran auf, deren Wirkung noch durch Edelsteine sowie durch römische Steinschneidekunst erhöht wird. Wahrscheinlich wurde das Kreuz in einer spanischen Werkstatt gefertigt. 46,5 x 44,5 cm. Oviedo, Schatzkammer der Kathedrale

Das „Achatkästchen" zeigt die gewohnten Merkmale asturischer Goldschmiedekunst. Das gilt für die Verarbeitung des Metalls ebenso wie für das Filigran und die Verwendung der Edelsteine. Das oben auf dem Deckel angebrachte Plättchen unterscheidet sich davon deutlich durch seine Zeichnung und die große emaillierte Fläche und ist ein Werk spätkarolingischer Goldschmiedekunst von jenseits der Pyrenäen. Oviedo, Schatzkammer der Kathedrale

Das omayyadische Emirat und spätere Kalifat ist durchaus ein fester Bestandteil der europäischen Geschichte. Besonders Cordoba hat ein großes Gewicht im Kontext der europäischen Kultur jener Jahrhunderte. Die architektonischen und dekorativen Spolien, die römische Tradition und die westgotische Baukunst in Sevilla und Toledo ergeben zusammen mit byzantinischen Einflüssen, die möglicherweise mit den Omayyaden von Damaskus auf die Halbinsel gelangt sind, eine außergewöhnlich reiche islamisch-hispanische Kunst, die sich langsam in den bildenden Künsten und in der Baudekoration entwickelt.

Das Jahr 950 kann als der Zeitpunkt gelten, von dem ab in Katalonien von einer festgefügten weltlichen wie geistlichen Ordnung auszugehen ist. Sie beruht auf dem feudalen System der Grafschaften, auf einer herrschenden Schicht von lokaler Herkunft und einer kirchlichen Hierarchie, deren Rückgrat die Bischöfe und das Mönchtum bilden. Diese Gesellschaft bringt eine kraftvolle Architektur hervor, die praktisch übergangslos in die romanische Baukunst überleitet. Was Katalonien mit der europäischen Tradition verbindet ist nicht so sehr sein Eintritt in das Karolingerreich, sondern seine Randlage in diesem Reich und seine Unabhängigkeit gegenüber der Zentralgewalt. Entfernung und politische Fragmentierung haben Adel und Klerus dem fränkischen Hof entfremdet. Das Streben nach Unabhängigkeit sowohl vom Kaiser als auch von der fränkischen Kirche hat dazu geführt, dass Katalonien für seine Zwecke eigene Wege nach Europa suchte und fand. Auch in der Kunst herrscht das Überlieferte vor und geht mit von außen kommenden Einflüssen eine Verbindung ein. Diese Impulse kommen häufig nicht vom karolingischen Hof, sondern erreichen Katalonien auf verschiedenen Wegen und durch zahlreiche politische und kulturelle Beziehungen: mit Rom, Cordoba, der Lombardei, Südfrankreich und den anderen hispanischen Reichen, und auch mit dem Karolingerreich. So kommt der Beziehung der katalanischen Grafen zu den Ottonen ebenfalls große Bedeutung zu.

Der Aufschwung der Bautätigkeit in der Spanischen Mark im 10. Jahrhundert

Im 10. Jahrhundert berichten die Quellen von der Errichtung vornehmlich ländlicher Bauwerke, was die Schwäche dieser ersten Phase der karolingischen Zeit Kataloniens

Terrassa (bei Barcelona) war seit vorrömischer Zeit besiedelt und ist heute ein bedeutender Ausgrabungsort. Hier finden sich Ruinen und Gebäude aus den verschiedenen Epochen zwischen Spätantike und dem 12. Jahrhundert. Gegenüber der romanischen Fassade der Kirche Santa Maria finden sich die Reste eines Mosaikfußbodens mit geometrischem Muster, der zu einem Gebäude mit rechteckigem Grundriss gehört haben muss. Die Apsis von Santa Maria ist von außen gesehen quadratisch, von innen jedoch halbrund und folgt somit dem Typus der ersten Kirchen, die in der Spanischen Mark errichtet worden sind.

illustriert. Dennoch werden auch Bauwerke mit einer gewissen Bedeutung erwähnt. Viele der in dieser Zeit entstandenen Bauten werden im folgenden Jahrhundert renoviert oder neu errichtet, in der Folge des kraftvollen Aufschwungs, den das Land ab dem Jahr 950 erlebt. So wird im Jahre 854 die erste Kirche von Cuixa geweiht und bereits 953 ein Neubau in Angriff genommen. Es entstehen in dieser Zeit sehr schlichte, einschiffige Kirchen mit einem Satteldach aus Holz und einem rechteckigen, manchmal runden Chorraum mit Kuppeldach. In manchen Fällen verbindet ein Triumphbogen in Hufeisenform oder als Rundbogen das Kirchenschiff mit dem Altarraum. Dieses in ganz Europa häufige Konstruktionsmodell besitzt Vorbilder in der Architektur des 6. und 7. Jahrhunderts.

Im 10. Jahrhundert erfährt die Bautätigkeit in diesen Gebieten großen Aufschwung. Die Anzahl der erhaltenen Baudenkmäler ist jedoch gering, da die meisten in romanischer Zeit ersetzt wurden. Für La Seu d'Urgell nennen die Urkunden eine bischöfliche Ordnung, die drei Kirchen umfasst, welche jeweils den Heiligen Petrus, Maria und Michael geweiht sind. Denselben Heiligen waren die drei Kirchen gewidmet, die im 10. Jahrhundert den bischöflichen Bezirk von Vic bildeten, die ursprünglich im Jahre 888 geweiht wurde. Von der Klosterkirche in Ripoll, die am 15. November 977 geweiht wurde, ist bekannt, dass sie fünf Altäre besaß. Für die Kathedrale von Barcelona ist eine Reform des ursprünglichen Bischofssitzes aus der Zeit von Bischof Frodoi (861–890) belegt, die an die romanische Kathedrale des 11. Jahrhunderts anknüpfte.

Erhalten ist hingegen der bischöfliche Bezirk von Terrassa, des alten westgotischen Egara, Bischofssitz seit dem Jahr 450, das aus den drei Kirchen Sant Miquel, Santa Maria und Sant Pere besteht. Die Kontinuität und Vielfalt der Baustile ist komplex und reicht von der spätrömischen bis in die romanische Zeit, als die Kirchen umgestaltet werden. Nicht unproblematisch ist die weithin verbreitete Datierung der Vielpass-Chöre in Sant Pere und Santa Maria in die hier behandelte Zeitspanne des 10. und 11. Jahrhunderts; ebenfalls in Frage kommt eine Datierung in westgotische Zeit.

Sant Miguel de Terrassa ist auf einem kreuzförmigen Grundriss erbaut worden, wie er für die frühchristlichen und westgotischen Kirchenbauten typisch ist. Zwischen den Kreuzesarmen befinden sich jedoch vier Anbauten, die in massiger, aber wohl proportionierter Weise das Innere des Gebäudes gliedern. Man weiß nicht genau, ob die Anbauten ursprünglich als Tauf- oder als Begräbniskapellen dienten.

Dasselbe gilt für Sant Miquel, einer Kirche auf einem zentral ausgerichteten Grundriss in Form eines griechischen Kreuzes, das an ähnliche Bauwerke im Bereich der Adria erinnert und die wohl keine Taufkirche, sondern eher eine Begräbniskirche war. Die Bauten des Bischofssitzes von Terrassa stellen in Katalonien ein Bindeglied dar zwischen Antike und Mittelalter.

Unter dem Schutz des Grafen wurde die alte, 953 dem heiligen Germanus geweihte alte Kirche von Cuixa nach der Ankunft des Abtes Gari aus dem Mutterkloster in Cluny erneuert und im Jahre 974 erneut geweiht. Sie war eine dreischiffige Basilika mit einem sehr markanten Querhaus und einem quadratischen Chorraum mit kleinen Apsiden, die sich zu beiden Seiten zum Querhaus hin öffnen. Große Hufeisenbögen trennen das Hauptschiff von den Seitenschiffen. Diese Hufeisenbögen, die an die westgotische Tradition anknüpfen, sind von P. Ponsich untersucht worden.

Kurz zu erwähnen ist hier, dass der mozarabische Einfluss, der von der älteren Historiographie nach M. Gomez Moreno seit 1919 für diese Bauwerke von der Präsenz des Hufeisenbogens als ihrem Hauptmerkmal abgeleitet worden ist, nicht nachgewiesen werden konnte.

Der dritte große Komplex ist das Kloster Sant Pere in Rodes, das seinen Ursprung in einer Mönchskirche des späten 9. Jahrhunderts hat. Die Gebäude des heutigen Komplexes wurden allem Anschein nach im zweiten Viertel des 10. Jahrhunderts errichtet und behalten ihr ursprüngliches Aussehen bis zum Beginn des 11. Jahrhunderts bei, woraufhin die Bautätigkeit im Geiste der Romanik fortgesetzt wird. Die Architektur der Kirche folgt einem einheitlichen Konzept mit einem basilikalen, dreischiffigen Grundriss, einem Querhaus und einem Chor mit drei Apsiden. Die Krypta ist über zwei Treppen von beiden Seiten des Presbyteriums her zugänglich, sie besitzt eine zentrale Kapelle unter einer palmenförmigen Kuppel. Das Hauptschiff ist von einem durchgehenden Tonnengewölbe bedeckt und die Seitenschiffe von einem Gewölbe in Form eines Viertelkreises. Das Deckengewölbe ist durch

Schildbögen verstärkt, die auf einer doppelten Reihe von Pfeilern und Säulen mit verzierten Kapitellen ruhen, die wiederum auf hohen Podesten stehen. Archäologische Untersuchungen haben in den 90er Jahren einen tiefer gelegenen Kreuzgang zutage gebracht, welcher der Zeit der Erbauung der Kirche entspricht.

Sant Pere de Rodes ist durch seine Architektur und seine Monumentalplastik ein herausragendes Werk der europäischen Baukunst in jener Epoche vor der Romanik, die sich jedoch klar in das 11. Jahrhundert hinein fortsetzt. Sie wird in ihrer Zeit nur übertroffen durch die architektonische Formensprache in der Lombardei.

Von den großen erhaltenen Anlagen abgesehen findet sich im 10. Jahrhundert eine Architektur von sehr unterschiedlicher Typologie. Viele dieser aus Stein errichteten Bauwerke werden in romanischer Zeit umgebaut. Erhalten sind dreischiffige Kirchen wie Bellcaire d'Empordà, deren original erhaltenes Deckengewölbe im Querhaus eine leichte Hufeisenorm andeutet, Santa Cecilia de Montserrat, geweiht im Jahre 956, Sant Pere de Serrateix mit einem rechteckigen, dreigeteilten Chorhaus und Santa Cristina d'Aro mit einer halbrunden Apsis.

Die Kirche des Klosters Sant Pere de les Puelles in Barcelona, geweiht im Jahre 945, wurde neben einer älteren, dem heiligen Sudurni von Toulouse gewidmeten Kirche errichtet, welche nach der Eroberung der Stadt durch Karl den Großen im Jahre 801 entstand. Sie wurde in romanischer Zeit komplett neu gestaltet.

Der am häufigsten auftretende Typus ist der eines einzigen Kirchenschiffes mit einer rautenförmigen Apsis. Als ein Beispiel wäre die Kirche Sant Julia in Boada zu nennen, deren Schiff mit einem Tonnengewölbe und einer hufeisenförmigen Kuppel über dem Altarraum versehen ist. Einschiffige Kirchen mit einer hufeisenförmigen Apsis sind Santa Margarita in Empuries und Sant Eudald in Sorba. Santa Maria del Marquet hingegen, errichtet anstelle einer alten römischen *villa*, ist auf einem kreuzförmigen Grundriss errichtet und besitzt drei rautenförmige Altarräume, die mit dem Querhaus über drei Hufeisenbögen in Verbindung stehen. Die Kirche Sant Genis in Fontanes zeigt noch teilweise den Originalzustand aus dem Jahr 981, als ihr die Privilegien von Kaiser Lothar verliehen wurden.

Skulptur und Wandmalerei in Katalonien

Von der Bildhauerei sind nur wenige Zeugnisse erhalten geblieben; die bedeutenderen Skulpturen stammen eher aus späteren Epochen als der hier behandelten. Diese Situation geht auf den Umstand zurück, dass in spätrömischer Zeit in Hispanien nur wenige Werkstätten bestanden. Es sei erinnert an die Bedeutung, die der Einfuhr von Sarkophagen aus Nordafrika, Italien und der Provence zukam. Diese Situation hält durch das 7., 8. und 9. Jahrhundert hindurch an. Die erhaltenen Stücke stammen aus der zweiten Hälfte des 10. Jahrhunderts und stehen in einer Kontinuitätslinie mit der romanischen Kunst in der Mitte des 11. Jahrhunderts. Diese Skulpturenkunst zeigt exemplarisch die Einflüsse, die in den katalanischen Gebieten präsent sind. Es sind zum einen aus der römischen Kunst aufgegriffene Elemente, wie es bei Sant Miquel in Terrassa der Fall zu sein scheint; andere Werke zeigen hingegen den Einfluss der Kunst des Kalifats und die engen Kontakte nach Cordoba in der zweiten Hälfte des 10. Jahrhunderts. Manche Stücke scheinen ihre Vorbilder in der Goldschmiedekunst oder der Elfenbeinschnitzerei zu haben, andere in der Miniatur, wie etwa die Türstürze von Sant Andreu in Sureda oder von Sant Genis in Fontanes. Und es gibt eine Reihe von Kapitellen, deren Formensprache Vorbildern aus der karolingischen Tradition entspricht, wie es bei Sant Pere in Rodes der Fall ist. Diese Werke stammen bereits sämtlich aus der ersten Hälfte des 11. Jahrhunderts.

Die Einflüsse des Kalifats treten in einer Folge von sechs Kapitellen in der Krypta der Kathedrale von Vic sowie bei acht Kapitellen im Kloster Santa Maria in Ripoll zutage. Weitere finden sich in Sant Mateu und Sant Benet in Bages, Sant Feliu in Codi-

Das Innere von San Miguel de Terrassa gliedert sich in verschiedene Teilräume, die um die zentrale Kuppel gruppiert sind. Die acht Bögen werden von acht Säulen mit wiederverwendeten korinthischen Säulen getragen. Die komplexe Struktur erinnert an das Theodulf-Oratorium in Germigny-des-Prés nördlich der Pyrenäen.

nes, Castellterçol (MNAC), Cornella in Llobregat usw. Hervorzuheben ist das Fragment eines Türgitters aus Sant Feliu in Diana mit einer Bildhauerarbeit, die pflanzliche und geometrische Motive zeigt (Museu d'Art in Girona).

Selten, wenngleich von großer Bedeutung sind die erhalten gebliebenen Zyklen von Wandmalereien, die aus jener Zeit vor dem großen Aufblühen der romanischen Malerei in Katalonien stammen. Besonders erwähnenswert sind die drei Kirchen in Terrassa. Die Dekoration der Apsis in Santa Maria besteht in einer Komposition aus parallel verlaufenden Bändern, auf denen Szenen dargestellt sind, die man als Verweis auf das Leben und die Predigten Christi interpretiert hat. Sie ist ein Beispiel der Nachahmung von Werken der klassischen Antike, wie sie im karolingischen Bereich verbreitet ist. Vorbilder für diese Art der Darstellung finden sich innerhalb Kataloniens in der Kuppel des Mausoleums in Centcelles. In der Apsis der Kirche Sant Miquel sind unter einer Theophanie mit Christus und Engeln zwei Gruppen von je sechs Personen abgebildet, in kniender Haltung und alle mit den Händen vor dem Mund, was O. Grabar als eine Ikonographie des Schweigens in der Erwartung der göttlichen Offenbarung interpretiert hat. Für diese Deutung sprechen auch die zurückgezogenen Gardinen, welche die Szene einrahmen. In der neueren Historiographie ist diese Deutung in Zweifel gezogen worden. Die Bildfragmente auf dem steinernen Altaraufsatz in der Kirche San Pedro stammen bereits aus dem beginnenden 11. Jahrhundert. Zu verweisen ist noch auf zwei Fragmente von minderer Qualität als die eben genannten Malereien, die zur Dekoration der Kirche von Pedret (Museo de Solsona) gehören. In zwei Kreisen sind die Gestalt eines Betenden und ein Ritter in Begleitung zweier weiterer Personen dargestellt. Das Werk kann auf die zweite Hälfte des 10. Jahrhunderts datiert werden. In jüngster Zeit wurden bei den Ausgrabungsarbeiten am unteren Kreuzgang im Kloster Sant Pere in Rodes zwei Fragmente von Wandmalerei gefunden. Dargestellt sind hier die Figur eines Löwen und eine komplexe Kreuzigungsszene, die mit Vorbildern aus der Miniatur in Verbindung gebracht werden kann. Beide Fragmente sind auf das Ende des 10. beziehungsweise den Beginn des 11. Jahrhunderts zu datieren.

Miniaturen und Kunsthandwerk

Obwohl die Bestände an *scriptoria* oder Manuskripten im Kloster von Ripoll und in den Kathedralen von Vic und Girona äußerst reich sind, so sind doch in wenigen der bewahrten Kodizes Miniaturen enthalten. Besonders gilt dies im Vergleich mit den Manuskripten in Leon und Kastilien aus der Schule der Beatus-Illustration, und auch gegenüber den europäischen Zentren der karolingischen Handschrift. Doch sind die erhaltenen Miniaturen grundlegend für die großartige romanische Miniatur, die bereits zu Beginn des 11. Jahrhunderts ihren Anfang nimmt mit der Bibel von Rodes (Bibliothèque Nationale, Paris) und der Bibel von Ripoll (Biblioteca Vaticana). Die darin enthaltenen Miniaturen nähern sich bereits den kulturellen Vorbildern des karolingischen Europa. Besondere Bedeutung besitzt das Manuskript von Ripoll (MS. 106, Archivo de la Corona de Aragon), welches ein *Quadrivium* enthält, das sich von Vorbildern des 9. Jahrhunderts aus Corbie herleitet. Dieses Quadrivium, das die Arithmetik des Boecius aufgreift und die Astronomie seit Beda behandelt, wurde in dem katalanischen Kloster unter dem Abt Arnulf (948–970) mit Miniaturen versehen. Weitere erwähnenswerte Kodizes sind Ms. 255 im Museu Episcopal de Vic, ein Bibelfragment, das im Skriptorium der dortigen Kathedrale gegen Ende des 9. Jahrhunderts entstanden sein könnte; die Grammatik des Prisciano (Ms. 59 ACA) und der Kodex *Super Cathegorias Aristotelis* (Ms. 83, ACA), beide aus dem Skriptorium in Ripoll.

Was das Kunsthandwerk betrifft, so erwähnen die zahlreich erhaltenen Quellen seit Beginn des 10. Jahrhunderts Werke der Goldschmiedekunst, die als Schenkungen von Adligen und hohen kirchlichen Würdenträgern in den Besitz der Kirchen ge-

An der Dreikonchenapsis von San Pedro de Terrassa ist klar die „dreiblättrige“ Struktur zu erkennen, wie sie seit der Spätantike Verwendung fand. Die massiven Stützmauern wurden später an das ursprüngliche Bauwerk angefügt.

langten. Zu diesen Gegenständen aus Silber und Gold zählen etwa die beiden Kreuze aus Gold und Edelsteinen, die der Bischof Ridulf in seinem Testament aus dem Jahr 915 der Kathedrale von Elna geschenkt hat, wie auch ein Antependium aus Silber, das als eine Schenkung des Bischofs Emerad in demselben Jahr an die Kathedrale ging. Diese kostbaren Gegenstände sind jedoch nicht erhalten geblieben. Stücke aus lokalen Werkstätten wie der tragbare Altarstein des Altars aus dem Kloster Sant Pere in Rodes, der Ende des 9. und zu Beginn des 10. Jahrhunderts in Silber ausgeführt wurde, oder die Schatulle des Klosters sind hingegen erhalten. Beide Stücke werden im Museo de Arte de Girona aufbewahrt. Hervorzuheben ist ferner die aus der Kirche Santa Maria in Lillet stammende Lipsanothek aus Alabaster (Museo de Manresa). Vor dem Hintergrund des katalanischen Kunsthandwerks des 10. Jahrhunderts ist eine Reihe von Kunstgegenständen von Bedeutung, die aus Cordoba importiert worden sind und die eine Frucht der guten Beziehungen zum Reich von al-Andalus darstellen. Zu diesen Objekten zählen Fragmente von Textilien und anderen Gegenständen, darunter auch die prächtige Schatulle Hišams II. aus dem Jahr 976 (Museo de Girona).

Die dalmatische Kunst

Miljenko Jurković

Die Kroaten zwischen Karl dem Grossen und Byzanz

Der Fall von Sirmium in Niederpannonien im Jahre 582 eröffnete den Awaren und Slawen den Zugang zur Adria bzw. zur reichen römischen Provinz Dalmatien und, mehr westlich, zur Halbinsel Istrien.

Die ganze Region der ostadriatischen Küste war natürlich zum Meer hin orientiert, da entlang den Küsten intensiver Handelsverkehr zwischen Orient und Okzident, zwischen dem Mittelmeer und dem Norden herrschte. Die Küstenregion genoss einen natürlichen Schutz durch eine Unzahl von Inseln und Klippen, während das unter der Herrschaft Justinians errichtete Festungssystem den Schifffahrtsrouten weitere Sicherheit vor Angriffen bot. Diese *castra* blieben natürlich auch in der nachfolgenden Epoche in Funktion, doch die antiken römischen Straßen im Innern wurden seit den Zeiten des Papstes Gregors des Großen bis zur Herrschaft Karls des Großen von neuen heidnischen ethnischen Gruppen kontrolliert – den Slawen und Awaren –, auf die die Unterbrechung des reichen Handels und der Kontakte mit dem Hinterland zurückzuführen ist.

Als die Slawen sich in den römischen Provinzen Dalmatien und Pannonien ansiedelten, fanden sie die urbanisierte Landschaft der Spätantike vor, die in Auflösung begriffen, aber trotzdem noch immer gut organisiert war. Dessen ungeachtet hatten die awarisch-slawischen Einfälle nicht auf alle Gebiete dieselben Auswirkungen zur Folge, denn in Pannonien hatte die Zerstörung der Städte schon in der Epoche der Völkerwanderung ihren Anfang genommen, so dass das städtische Leben in fortschreitendem Verschwinden begriffen war und durch das mächtige awarische Khaganat ersetzt wurde.

Die Städte an der Küste, insbesondere das gesamte Istrien, wurden von starken Verwüstungen ausgespart. Salona, die Hauptstadt der Provinz Dalmatien, wurde aufgegeben und die Verwaltung in den nahen Palast Diokletians verlegt, wodurch das mittelalterliche Spalato (Split) zum Leben erweckt wurde. Andere Städte machten im frühen Mittelalter mehr oder weniger starke Veränderungen durch; so behielt z.B. Zara die klassische römische Struktur mit den in die antiken *insulae* eingefügten Kirchen und änderte sein urbanes Geflecht nur wenig.

Luftbild des erzbischöflichen Palastes auf dem römischen Forum von Zagreb (Zara). Die für die römische Stadtanlage charakteristischen insulae (Wohnviertel) sind noch heute zu erkennen. In der Mitte die frühchristliche Kathedrale und die karolingische Rotunde.

Die urbanen Zentren an der Küste Dalmatiens, wenigstens diejenigen, die die Wanderungswellen zu Beginn des 7. Jahrhunderts überstanden, waren der letzte funktionierende Rest der byzantinischen Besitzungen an der Adria. Im Laufe des 7. und über den größten Teil des 8. Jahrhunderts teilten auch diese Städte das Schicksal einer allgemeinen Krise, die in dieser Region durch die Unterbrechung der Handelsverbindungen mit dem Hinterland verstärkt wurde, durch die tiefgreifende Einschränkung des Landverkehrs und das Verschwinden des christlichen Binnenlandes.

Die künstlerische Aktivität unter solchen Bedingungen, Schicksal im Laufe des 7. und 8. Jahrhunderts, kennzeichnete offenkundig eine Periode der Stagnation im Vergleich zur vorhergehenden Epoche. Diese Situation ist vollkommen verständlich angesichts dessen, dass die vorhandenen Bauten den Bedürfnissen der inzwischen reduzierten Bevölkerung genügten, während im Innern der Provinz die christliche Gemeinde auf unbedeutende überlebende Enklaven zurückschrumpfte. In einer derart geprägten Umgebung wurden die künstlerischen Bedürfnisse der Bevölkerung durch die Ausstattung der alten Kirchen mit neuen liturgischen Einrichtungen oder durch die Restaurierung dieser Sakralbauten befriedigt. In einigen Fällen wurden die alten Bauten liturgischem Gebrauch zugeführt.

Diese Art, die Gebäude einer neuen Bestimmung anzupassen, kann man hauptsächlich in Split registrieren. Dort wurde das Mausoleum Diokletians in eine Kathedrale umgewandelt, der Jupitertempel in ein Baptisterium, während im Korridor oberhalb des Nordeingangs des Palastes die Kirche S. Martino angelegt wurde. Nur eine geringe Zahl an Umbildungen alter Kirchen, die in einer durchgreifenden Veränderung der Raumeinteilung bestanden, bezeugt das Vorhandensein neuer Tendenzen auf der Grundlage des künstlerischen Erbes der Spätantike, vor allem auf dem der Epoche Justinians.

Der Auftritt der Franken in der Adria in der zweiten Hälfte des 8. Jahrhunderts markierte die Unterbrechung des fast zwei Jahrhunderte andauernden Friedens. Nach der Eroberung Istriens und dem Fall des Awarenkhaganats im Jahre 796 drang das Frankenheer mit Unterstützung der Kroaten in die kroatischen Gebiete ein und erschien vor den byzantinischen Küstenstädten. Die Auseinandersetzungen zwischen Franken und Byzanz, die 812 mit dem Vertrag von Aachen beigelegt wurden, hatten Konsequenzen von großer Tragweite. Istrien wurde direkt dem Frankenreich einverleibt, während es in der ehemaligen Provinz Dalmatien, die unter den Einfluss der Franken geriet, die Entstehung der ersten staatlichen Organisation unter der Regierung nationaler Herrscher kommt (der *ducatus Chroatiae*). Die Küstenstädte Osor/Ossero, Krk/Veglia, Rab/Arbe, Zadar/Zara, Trogir/Traù, Split/Spalato, Dubrovnik/Ragusa und Kotor/Cattaro kehrten unter die byzantinische Verwaltung zurück. In den Gebieten im Süden Kroatiens bildeten sich kleine slawische Fürstentümer – Pagania, ein Fürstentum der Narentaner, und Zacumia weiter im Süden –, denen Konstantinos Porphyrogennetos um die Mitte des 10. Jahrhunderts den Namen „Sklavinien" gab.

Diese historischen Umstände zeigen in deutlicher Weise die Komplexität und die Dauer des Akkulturationsprozesses der Neuankömmlinge und bezeugen darüber hinaus die in den einzelnen Zonen der adriatischen Ostküste vorhandenen Unterschiede, die verschiedenen Einflüsse und das Ausmaß des Beitrags des spätantiken künstlerischen Erbes, das in den Kunstschöpfungen jener Periode zutage tritt.

Die Überlagerung der historischen Perioden im Gebiet der östlichen Adria im frühen Mittelalter ist der Grund für die Unterschiede in der Entwicklung der bildenden Künste einiger Regionen trotz derselben stilistischen Plattform. Die politischen Beziehungen hatten eine bestimmende Bedeutung in der Wahl des kulturellen Schwerpunktes eines der kroatischen Gebiete, dem wir besondere Aufmerksamkeit zuwenden wollen.

Die Ostküste der Adria unterlag infolge ihrer strategischen Bedeutsamkeit fortgesetzten Pressionen sowohl seitens des Byzantinischen als auch des karolingischen Reiches. Der Einfluss des Letzteren war stärker in Istrien und dem kroatischen Fürstentum, während die Präsenz von Byzanz stark in den Küstenstädten Dalmatiens

Die Krypta der Kathedrale von Novigrad (Cittanova) in Istrien, zwischen dem Ende des 8. und dem Anfang des 9. Jahrhunderts zur Aufnahme des Leichnams des heiligen Pelagius errichtet, wurde direkt von der Krypta in Aquileia inspiriert. Inneres, Querschnitt und Grundriss.

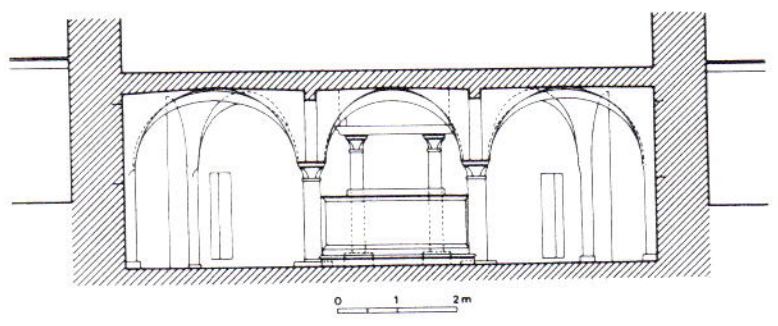

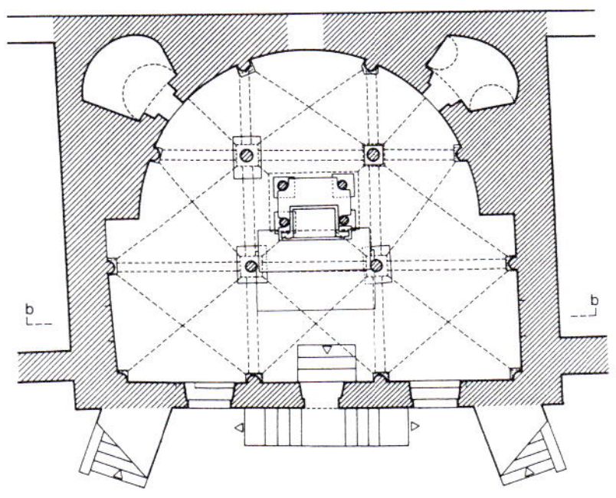

und den südlichen Sklavinien wahrnehmbar war. Jedenfalls ist festzuhalten, dass das künstlerische Erbe der spätantiken Welt vielleicht besonders in dieser Region eine Schlüsselrolle entfaltete. Durch die Monumente des 6. Jahrhunderts war es tatsächlich in dieser Gegend präsent und bildete gleichzeitig eine integrierende Komponente der byzantinischen Kultur. Wie auch in anderen Kapiteln dieses Bandes aufgezeigt, war das spätantike Erbe außerdem ein fundamentales Element der karolingischen Renaissance. Aus diesem Grunde lebten die antike Welt und ihre Kultur an der adriatischen Ostküste fort, wenngleich auch durch verschiedene Komponenten Veränderungen unterzogen.

Das obere Band dieses hexagonalen Ziboriums, durch einfache „Zähnchen“ abgetrennt, enthält eine Bischof Mauritius zugeschriebene Inschrift, woher der Name des Werkes stammt. Die plastisch hervortretende Dekoration, die Pflanzenschösslinge und insbesondere die Tiere (Einhorn und Löwe, die sich gegenüber stehen, Hirschkälber, Pfauen sowie auch kreuzweise angeordnete stilisierte Lilien) weisen enge Analogien zum Ziborium des Callixtus in Cividale auf. Auf diese Weise verbinden sich am Ende des 8. Jahrhunderts die langobardische Plastik und die letzten Ausläufer der „liutprandischen Kunst“ in Istrien mit der karolingischen Kunst. Ziborium des Bischofs Mauritius, Cittanova, Istrien, Lapidarium des Baptisteriums der Kathedrale

Istrien unter dem Karolingerreich

Als Erstes sollte gerade Istrien in Kontakt zu den Franken treten, das im letzten Viertel des 8. Jahrhunderts als Teil der Mark Friaul dem Karolingerstaat einverleibt wurde. Die Franken fanden bei ihrer Ankunft ein hoch zivilisiertes, christianisiertes Land vor, in dem sich antike Städte entlang den westlichen Küsten dicht an dicht aneinander reihten. Die Neuankömmlinge in diesen urbanen Zentren hatten Gelegenheit, die fortgesetzte, ununterbrochene Existenz der Siedlungen, die Errungenschaften in Kultur und hohem Lebensstandard festzustellen, alles Werte, die für Karolinger eine echte Inspiration darstellten. Die Ideen von der Wiederbelebung der antiken und spätantiken Welt waren hier etwas Konkretes und Gegenwärtiges.

Die spätantike Tradition auf der istrischen Halbinsel hielt sich über einen ziemlich ausgedehnten Zeitraum. In den Zentren ihrer Diözesen erstrahlten die reichen, auf die Zeit Justinians zurückgehenden Kirchen, während ihre gut organisierten *agri* die kulturelle Entwicklung weiter Gebiete schon seit der frühchristlichen Epoche möglich gemacht hatten. Istrien, das durch das Exarchat von Ravenna, aber auch über den Patriarchen von Grado, fest mit Byzanz verbunden war, entwickelte sich im Lauf des 7. und in der ersten Hälfte des 8. Jahrhunderts kontinuierlich weiter, um die turbulenten Ereignisse, die in den benachbarten Gebieten tobten, abzuwehren.

Die antiken Städte, an erster Stelle Parenzo und Pola, sind als Wächter der Traditionen zu betrachten, und ihr spätantikes Profil machte seit Beginn der justinianischen Zeit keine bedeutenden Veränderungen durch. Ein Zeugnis dafür bildet die Stadt Parenzo, der es dank der Respektierung der antiken Stadtanlage in den folgenden Epochen während der ganzen Spanne des Mittelalters gelang, das alte Aussehen mit nur geringen Eingriffen in das urbane Geflecht zu bewahren. Die alten Kathedralen, das glänzendste Zeugnis der vergangenen Zeiten, waren Gegenstand eher begrenzter Veränderungen, die zudem meistens von den neuen liturgischen Bedürfnissen diktiert waren. Der Domkomplex von Parenzo enthält vielleicht den bedeu-

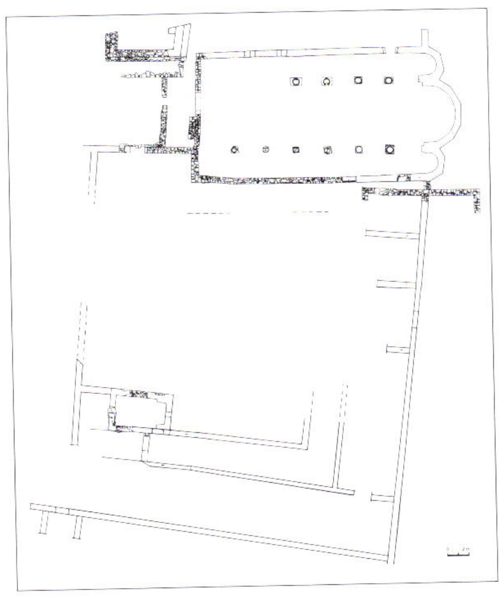

Oben: Das Kapitell „ursprünglichen Typs“ und das Korbkapitell von Santa Maria Alta bei Valle leiten sich beide aus spätantiker Tradition ab. Auch als die neue Form beherrschend wurde, blieben die traditionellen Formen am Leben und offenbarten so auf der Halbinsel Istrien eine starke Kontinuität zwischen Spätantike und Frühmittelalter. Valle, Krypta der Gemeindekirche, Lapidarium

Unten: Der Grundriss des Klosterkomplexes von Santa Maria Alta vom Ende des 8. Jahrhunderts zeigt den Fortbestand der justinianischen Basilika, neben den die neue, karolingische Anordnung der Klosterräume trat.

tendsten Eingriff in die architektonische Struktur: Der Nordkirche des bischöflichen Komplexes wurde während des Wiederaufbaus ein neues Presbyterium mit drei Apsiden in der Ostmauer angegliedert, eine für die benachbarten Gegenden Nordostitaliens typische Form.

Die karolingische Macht stützte sich in den ersten Jahrzehnten auf die eigenen weiter exponierten Besitzungen wie Cittanova und, weiter südlich, die *castra* Duecastelli, Valle und vielleicht Dignano; in anderen Fällen gründete sie Klöster wie S. Andrea auf dem Inselchen gegenüber Rovigno oder S. Maria Alta bei Valle.

Die karolingischen Machthaber fügten in das relativ dichte Netz alter Bistümer Istriens (Triest, Parenzo, Pola, Pedena oder Rovigno) im Nordwesten Istriens zwischen Triest und Parenzo das Bistum Cittanova ein. Unter den schon erwähnten war es das einzige, das vom Patriarchat von Aquileia abhängig war, dem Zentrum, von dem aus die Verbreitung des karolingischen Einflusses in Istrien ihren Ausgang nahm.

In der Tat wurde der einzige Stützpunkt der Karolinger in Istrien, bevor alle istrischen Bischöfe mit dem Konzil von Mantua 827 dem Patriarchat von Aquileia unterstellt wurden, durch die politische Verwaltung Cittanovas verkörpert, durch dessen Bischof und die Äbte der Klöster. Diese Letzteren übernahmen längs den strategischen Punkten die Kontrolle weiter Gebiete sowohl auf dem Festland als auch auf dem Meer. Die Klöster S. Andrea auf dem Inselchen gegenüber Rovigno und S. Maria Alta bei Valle teilten sich fast das ganze Gebiet zwischen Parenzo und Pola, während die Burgherren von Duecastelli und Valle, an der antiken römischen Straße gelegen, Istrien in zwei Teile trennten: die Westküste mit der alten Bevölkerung römischen Ursprungs und die Ostküste, die vorwiegend von neu angekommenen Slawen bevölkert war.

In Cittanova oder in seiner Umgebung herrschte der *Dux Johannes*, der karolingische Statthalter in Istrien, dessen Politik gegenüber der autochthonen Bevölkerung durch das Urteil von Risano 804 dokumentiert wurde.

Cittanova war also eines der bedeutenden Zentren, dessen Gewicht durch seine

Kathedrale bezeugt wird, die, soweit es scheint, genau im 8. Jahrhundert errichtet wurde. Die äußere Form einer Basilika mit länglichem Chor zeigt unter typologischem Gesichtspunkt Analogien zu Sakralbauten im Zentrum des Reiches. Ihre Krypta ist eine Nachbildung der Krypta von Aquileia, ihre Errichtung könnte man an den Beginn des 9. Jahrhunderts setzen.

Der istrische Bischof Mauritius war ein echter Vertreter der fränkischen Machthaber, seine Rolle wird durch eine Inschrift am Ziborium im Baptisterium von Cittanova bezeugt, die in Cividale in Auftrag gegeben worden war. Dieses Werk bestätigt das Aufkommen der karolingischen Kunst schon im Laufe der letzten Jahrzehnte des 8. Jahrhunderts als Ergebnis der letzten Reflexe der „liutprandischen Renaissance".

Bischof Mauritius wurde auch in einem zwischen 776 und 780 verfassten, an Karl den Großen gerichteten Brief des Papstes Hadrian erwähnt, in dem der Pontifex den Letzteren bittet, zur Unterstützung des istrischen Bischofs zu intervenieren, um ihn vor dem Wüten der „Griechen" zu schützen, die ihn beschuldigten, die Karolinger zu begünstigen. Auch dieses Dokument, in dem beschrieben wird, wie die Bewohner Istriens Mauritius anklagten, die Halbinsel den Karolingern unterwerfen zu wollen, weswegen er auf grausame Weise des Augenlichts beraubt wurde, und das Urteil von Risano, in dem der *Dux Johannes* die von ihm eingeführten Unterdrückungsmaßnahmen erklärt, stellen ein lebendiges Zeugnis für die Art und Weise dar, in der die neue karolingische Politik in dieser Region wahrgenommen wurde, die von starken spätantiken und byzantinischen Traditionen durchdrungen war.

Auch in den Werken der bildenden Kunst in Istrien, die in zweiten Hälfte des 8. und der ersten Hälfte des 9. Jahrhunderts geschaffen wurden, kann man einen klaren Bezug zwischen den spätantiken und frühbyzantinischen mediterranen Traditionen und den neuen karolingischen Einflüssen ausmachen.

Die traditionellen Formen sind weiter vorhanden und weisen damit die istrische Halbinsel als ein Gebiet aus, in der man eine starken Kontinuität zwischen der spätantiken und frühmittelalterlichen Periode beobachtet. Dieser Gedanke von enormer Bedeutung ist in der Typologie der Architektur auszumachen, die die justinianischen Vorbilder übernahm und während der gesamten karolingischen Herrschaft unverändert blieb und daher die Idee der Renaissance der Antike perfekt einschloss.

Alle großen Bauten wie die dreischiffigen Basiliken, unter denen das Kloster und die Kirche S. Maria Alta bei Valle herausragen, unterliegen der spätantiken Tradition. Was die dreischiffige Basilika mit drei im Inneren halbrunden und außen polygonalen Apsiden betrifft, scheint es klar, dass es sich um eine Nachahmung der justinianischen Vorbilder des 6. Jahrhunderts handelt. In ihr sind Kapitelle von zweierlei Typus vorhanden, die beide auf die spätantike Tradition zurückgehen: Es gibt dort mehr Beispiele eines Kapitells mit einer Doppelreihe glatter Blätter, das korinthische Kapitelle zum Vorbild hat, während der zweite Typus durch das sog. Korbkapitell repräsentiert wird, das mit einfachem Flechtwerk in verschiedenen Varianten als Nachahmung des durchbrochenen Korbkapitells verziert ist. Die Verbreitung ähnlicher Formen wurde im 6. Jahrhundert durch die „Wiedereroberung" Justinians begünstigt. Man muss sich nicht zu weit entfernen, um die besagten Vorbilder zu finden: Tatsächlich ist in Istrien die justinianische Skulptur gut vertreten – es genügt, an die durchbrochenen Korbkapitelle der Basilica Euphrasiana in Parenzo zu denken, die mit einem Netz durchbrochener Spitzen versehen sind. Unsere Kapitelle, die ein rudimentäres Flechtwerk aufweisen, scheinen frühmittelalterliche Ableitungen oder Nachbildungen vorheriger Vorbilder zu sein.

Während die Kirche und ihr plastischer Zierrat ein Zeugnis der Kontinuität der Form darstellen, bilden das Kloster sowie seine innere Anlage eine bemerkenswerte Neuerung auf der istrischen Halbinsel. Die architektonische Gliederung und die Raumaufteilung basieren auf dem karolingischen Modell: Tatsächlich war an der Südseite der Kirche ein rechteckiger Hof gelegen (wahrscheinlich handelt es sich um den Kreuzgang), der auf jeder Seite von Portiken umgeben war, hinter denen sich wiede-

Luftansicht der Kirche San Tommaso bei Rovinj (Rovigno). Das Gebäude mit Kreuzgrundriss hat drei heraustretende Apsiden; die Vierung war erhöht und mit den Armen durch weite Öffnungen der Rundbögen verbunden. Seine Form weist enge Analogien zu anderen Kirchen aus der zweiten Hälfte des 8. bis zum Beginn des 9. Jahrhunderts in Norditalien auf: San Pietro in Quarazze bei Bozen, Santa Maria in Silvis in Sesto al Reghena, die erste Phase von San Salvatore in Brescia.

rum verschiedene Räume befanden. Bis heute konnten der Ost- und der Westflügel des Klosters ausgemacht werden. Der Erstere bildet eine Reihe von Räumen, die sich über die Portikus zum Kreuzgang hin öffnen, während sie nach außen hin durch eine Mauer mit einer geringeren Anzahl Öffnungen abgeschlossen waren. Der Südflügel hingegen öffnet sich mit einer monumentalen Säulenstellung, der später eine Memoria hinzugefügt wurde. Man kann behaupten, obgleich es verfrüht ist, endgültige Schlussfolgerungen zu ziehen (angesichts dessen, dass der Ort noch Gegenstand von Untersuchungen ist), dass wir uns vor dem Muster eines eher alten Klosterkomplexes befinden, das bei den Karolingern nach dem Konzil von Inda (Kornelimünster bei Aachen) zwischen 816 und 817 zu einem Regeltypus wurde.

In den Zonen zwischen den Küstenstädten und dem Hinterland der istrischen Halbinsel, längs dem Verlauf der antiken römischen Straße, fand eine intensive Bautätigkeit statt. Typologische Ähnlichkeiten mit der Architektur unter der Gerichtsbarkeit des Patriarchen von Aquileia sowie mit dem ganzen Gebiet von Norditalien sind schon in den ältesten Beispielen der karolingischen Architektur in Istrien sichtbar. Diese Ähnlichkeiten spiegeln sich in der Übernahme des Presbyteriums mit drei Apsiden, das häufig in die Ostmauer der Kirche eingegliedert ist. Diese Form hatten die dreischiffigen Basiliken (Gurano bei Dignano, Santa Fosca bei Peroj) oder die nur

einschiffigen Kirchen mit einem Sanktuarium mit drei Apsiden (San Simone in Gurano, Santo Stefano in Peroj, Sant'Andrea im Komplex der Kathedrale von Parenzo).

Beispiele ähnlicher Architektur, in besonderer Weise die Kirchen mit einem einzigen Raum mit drei vorspringenden Apsiden wie die Pfarrkirche von Valle, finden sich in den Gebieten Norditaliens und der südlichen Schweiz wie z.B. Mistail, S. Salvatore in Sirmione, Mustair, Chur, Disentis. Von gleicher Provenienz ist auch die Kirche San Tommaso bei Rovigno, die einen zentralen Kreuzgrundriss mit drei längs dem Querarm ausgerichteten Apsiden aufweist.

In der Typologie der karolingischen Architektur Istriens herrschten also in den Baukörper der Kirchenrückmauer eingetiefte Apsiden vor. Diese bilden entweder im Innern eine Halbkreisform, oder sie werden aus dem rechteckigen Grundriss heraus mit Hilfe von Pendentifs in eine Flachkuppel überführt. Zu diesem Typ gehören außer den Beispielen von Kirchen mit drei Apsiden im Presbyterium auch die einfachen Sakralbauten mit nur einer Apsis. In der Morphologie dieser Architektur herrschten außerdem die ererbten Elemente vor, die noch einmal die tiefe Verwurzelung der Formen bestätigen.

Die Kirche Santa Trinità bei Split wurde am Anfang des 9. Jahrhunderts errichtet und besitzt einen runden Grundriss mit sechs gleichen Apsiden, die um den zentralen, kuppelgedeckten Raum liegen.

Grundrisse von Kirchen in sechsblättriger Form im byzantinischen Dalmatien und im Dukat Kroatien aus dem 9. Jahrhundert: a. Brnaze, Sankt Michael; b. Traù, Heilige Maria; c. Kašić; d. Pridraga, Sankt Michael; e. Split, Heilige Dreifaltigkeit. Der größere Teil der ungefähr zehn bisher bekannten Kirchen ist der Jungfrau Maria oder dem heiligen Michael geweiht und besaß die Funktion einer Grab- oder Gedenkstätte oder eines klösterlichen Oratoriums.

a.

b.

c.

d.

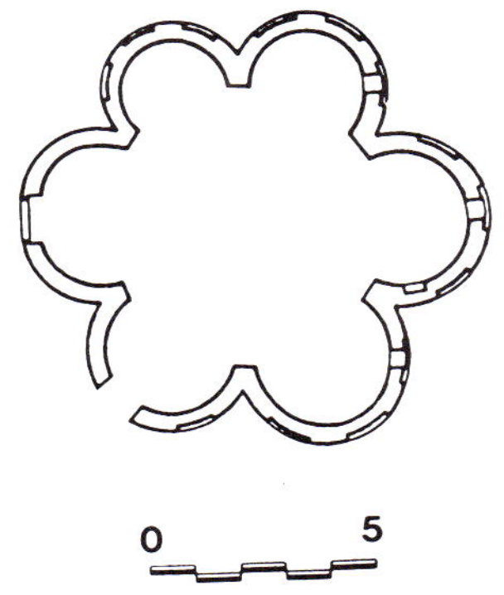

e.

In der römischen Provinz Dalmatien ist die Kontinuität der mediterranen Welt, des Christentums und der römischen Traditionen in den Küstenstädten mit sporadischen Übernahmen karolingischer oder byzantinischer Einflüsse sichtbar. Diese Traditionen erscheinen in der Architektur evident, die die alten Formen bewahrt. Es gab dort keine bedeutenden architektonischen Eingriffe, weil alle frühchristlichen Kirchen in Funktion blieben. Es handelt sich hauptsächlich um kleine einschiffige Kirchen mit halbrunder oder rechteckiger Apsis, mit einem häufig durch Pfeiler gegliederten Inneren, die die mit Rippen verstärkten Tonnengewölbe stützten. Die Bauten mit zentralem Grundriss nahmen verschiedene Formen an, von den einfachsten Rotunden mit geringen Ausmaßen (S. Maria in Mali Iž) bis hin zu komplexeren, die das Vorhandensein einer starken spätantiken Tradition bezeugen; diese findet ihren Ausdruck in einem Dutzend Memorien von sechsblättriger Form. Unter die komplexeren Sakralbauten werden auch die Kreuzkuppelkirchen gezählt, deren Längsachse durch drei an ihrer Ostseite angelegten Apsiden betont wird (San Vito in Zara, Santa Croce in Nona).

In Süddalmatien wie auch in den südlichen Sklavinien, wo der byzantinische Einfluss stärker war, herrschte der Typ der Kirche mit drei Kuppeln vor – diesem architektonischen Muster begegnet man häufig am anderen Ufer der Adria in Apulien.

Etwa hundert Kirchen in verschiedenem Erhaltungszustand zeigen trotz ihrer typologischen Unterschiede gemeinsame Charakteristika vorwiegend in den sekundären stilistischen Komponenten: der Bautechnik mit unregelmäßig behauenen Steinen unter reicher Verwendung von Mörtel, der Wiederverwendung von Resten alter Kirchen, außerdem nehmen Öffnungen oft die Form eines Pilzes an. Die Fassaden mit Lisenen, der Gebrauch des Pendentifs als Verbindungselement zwischen rechteckiger Basis und der Krümmung der Apsishalbkuppel bzw. der Kuppel bestimmen in stilistisch klarer Weise den Typus dieser Bauten.

Diese traditionsbestimmte Welt trat gleichwohl in direkten Kontakt zum karolingischen Heer, nachdem dieses das awarische Khaganat gestürzt hatte. Die Küstenstädte waren de facto schmale, noch mit Byzanz verbundene Gebietsstreifen, mit denen die karolingische Macht leicht fertig wurde. All das provozierte eine Reaktion von Seiten Konstantinopels, dessen Flotte es gelang, diese städtischen Zentren wieder unter seine Kontrolle zu bringen. In dieser kurzen Zeitspanne zu Beginn des 9. Jahrhunderts wurden die Städte von den Karolingern verwaltet.

Die dalmatischen Städte befanden sich infolgedessen ab dem Beginn des 9. Jahrhunderts in Kontakt mit den Franken. Die diplomatischen Aktivitäten des Bischofs von Zara, Donatus, und des Herzogs der Stadt, Paulus, die die Stadt vor der möglichen Zerstörung bewahren wollten, steuerten auf einen Konflikt mit beiden Seiten zu. Die Mission der an den fränkischen Hof geschickten Abgesandten, wo die Macht Karls des Großen anerkannt wurde, war nicht die einzige Aktion dieser Art. Donatus brachte bei seiner Rückkehr aus Konstantinopel die Reliquien der heiligen Anastasia mit, der die Kathedrale von Zara geweiht wurde.

Die Amtszeit des Bischofs Donatus war von dem Bau der einzigen monumentalen Rotunde im Adriaraum gekennzeichnet – der Kirche Sankt Donatus. Sie wurde in der südöstlichen Ecke des bischöflichen Komplexes südlich der Kathedrale selbst und ihrer Anbauten und östlich des Bischofspalastes errichtet, mit dem sie durch ein gemeinsames Atrium und den direkten, im ersten Stock gelegenen Zugang verbunden wurde.

Die Kirche ist Resultat der Verbindung zweier architektonischer Konzepte. Die Rotunde wies ursprünglich einen kreisförmigen Grundriss mit einem ringförmigen Umgang und drei Apsiden an der Ostseite auf, nahm also eine Form ähnlich der von Santa Sofia in Benevent an. Die Wandverkleidung war außen durch Lisenen und im Innern durch halbrunde, wenig tiefe Nischen gegliedert. Die tragenden Holzbalken

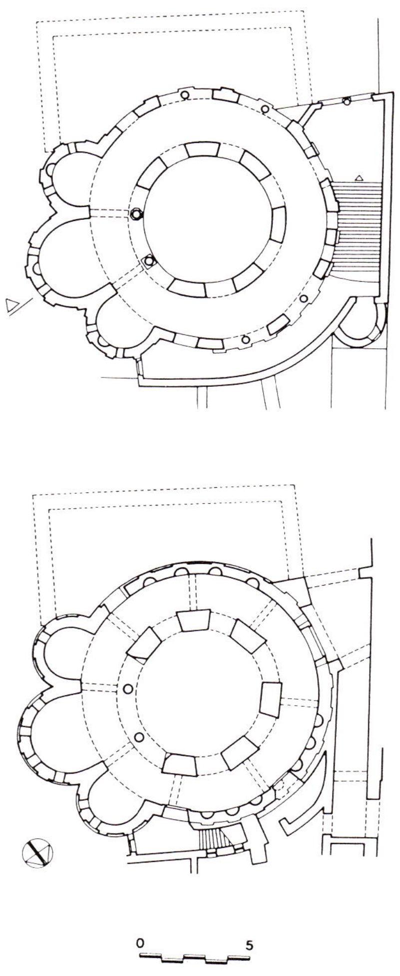

Kirche des heiligen Donatus in Zadar (Zara); Längsschnitt, Grundriss von erstem Stock und Erdgeschoss; rechts Außenansicht.

unter der Dachkonstruktion wurden durch dendrochronologische Analysen in die Zeit vor dem Ende des 8. Jahrhunderts datiert. Aufgrund einiger Details hat es den Anschein, dass der zentrale Kern direkt vor dem Abschluss der ursprünglichen Rotunde um ein Stockwerk erhöht wurde, womit man auf diese Weise den ringförmigen Umgang, ein Atrium mit zwei Stockwerken an der Westseite sowie die zusätzlichen Räume von unregelmäßiger Form im Norden und Süden erhielt. Die durch den vorhandenen Architekturbestand begrenzten Ergänzungen des nördlichen Teils folgten dagegen der Form der Rotunde mit der gebogenen Linie der Stufenreihe, während der rechteckige Anbau im Süden mit der Kirche über breite doppelte Zugänge im oberen Stockwerk verbunden wurde.

Das endgültige Ergebnis war eine eindrucksvolle Rotunde, die mit ihren Ausmaßen, insbesondere wegen ihres Durchmessers, alle anderen entsprechenden frühmittelalterlichen Bauten des Adriagebietes übertrifft. Die Kirche Sankt Donatus, die einzigartige und monumentalste Rotunde in Dalmatien, kann mit den ihr gleichzeitigen Palastkapellen wie z.B. der bekanntesten unter ihnen, der Kapelle Karls des Großen in Aachen, verglichen werden.

Zu Beginn des 9. Jahrhunderts bildete sich an der Peripherie des karolingischen Reiches entlang den Grenzen zu Byzanz, d.h. im Küstenhinterland, mit Hilfe der Karolinger ein neues Herzogtum mit dem Namen *Ducatus Chroatiae* heraus, und gegen die Mitte des Jahrhunderts war die Gründung des autonomen Fürstentums abgeschlossen. Der Anfang des 9. Jahrhunderts erlebte darüber hinaus den Beginn der Christianisierung der Kroaten, die vom Patriarchat von Aquileia ihren Ausgang nahm und von den Franken mit unterstützt wurde. Nach alter karolingischer Gepflogenheit erfolgte der Übertritt zum Christentum nur auf Seiten der Angehörigen der oberen Klasse oder auch des Herrschers und seiner Würdenträger, und nach dem Modell der Verbindung zwischen Kirche und Staat konnte das einzige Ergebnis die Stärkung der

Silbernes Weihrauchgefäß aus dem 8.–9. Jahrhundert mit vergoldetem, nielliertem Zähnchendekor. Die Gestaltung des Dekors entspricht dem Stil auf dem berühmten Kelch des Thassilo von Bayern. Vermutlich entstand das Gefäß um das Jahr 800, und es ist ein Zeugnis für die Anwesenheit fränkischer Mönche bei den Kroaten. Split, Museum Kroatischer Archäologischer Denkmäler. Aus der altkroatischen Siedlung von Stara Vrlika, Höhe und Durchmesser 6,2 cm

Macht habenden Klasse sein. Bei allen auf uns gekommenen – wenn auch leider zahlenmäßig beschränkten – Funden ist eine starke karolingische Präsenz zu bemerken. In erster Linie handelt es sich um Gegenstände liturgischen Charakters, häufig einzigartig in Europa.

Der gravierte vergoldete Weihrauchkessel von Stara Vrlika muss über Missionare nach Kroatien gelangt sein. Dasselbe dürfte auch für zwei Reliquiarien von Nona gelten, eins in Form eines Kästchens, das andere in Form einer Tasche. Die Missionare, vorwiegend von germanischer Herkunft, hinterließen neben den kostbaren Gegenständen auch manches Geschriebene. Z. B. ließ der Diakon und spätere Presbyter Gumpertus die Kirche S. Marta im königlichen Besitztum von Bijači bei Traù umbauen. Auch die Patrone der ersten auf dem Gebiet des kroatischen Fürstentums errichteten Kirchen waren von karolingischer Herkunft, genau wie Santa Marta, der die Heiligen Ambrosius, Marcellus und Anselm folgten, die auf dem Reliquiar von Nona dargestellt wurden.

Grundrisse von in der „Missionsphase“ (800–830) im Dukat Kroatien errichteter Kirchen: a. Koljani; b. Bijači, Kirche der heiligen Marta; c. Crkvina-Biskupija, Kiche der heiligen Maria. Sie sind durch den in die Achse oder das Westwerk eingefügten Glockenturm charakterisiert.

Auf dieser karolingischen Reliquientasche, verziert mit getriebener vergoldeter Silberfolie, sind die heiligen Patrone der Stadt Nona dargestellt: Marcellus, Ambrosius, Anselm. Im oberen Teil befindet sich Christus auf dem Thron. Nona, Kirchenschatz der Gemeindekirche, vormals Kathedrale des kroatischen Bischofs

Man könnte behaupten, dass die erste und älteste Welle von Bauaktivitäten einen doppelten Charakter besaß: Auf der einen Seite wurden die frühchristlichen Kirchen umgebaut und auf der anderen neue in den Besitztümern der Herrscher errichtet.

Die architektonischen Formen dieser Zeit sind denen der benachbarten italischen Gebiete vergleichbar – dreischiffige Basiliken mit Pfeilern und rechteckigem Sanktuarium (Santa Marta in Bijači) oder mit drei in die Rückwand eingefügten Apsiden (S. Maria in Crkvina in Biskupija). Diese Letztere wurde Grabstätte der kroatischen Herrscher, und in ihrem Westwerk wurden die Adeligen von Rang bestattet. Die reichen Grabstätten in Form von Sarkophagen oder aus Stein errichteten Grabmälern mit Gewölbedach enthalten Schwerter und vergoldete Zeremoniensporne, die für die karolingische Kunst charakteristisch sind.

Die Übernahme des Westwerks und damit teilweise die Annahme des vom karolingischen Hof stammenden Kultzeremoniells wurde auch in Kroatien in der „Ober-

Satz goldener Juwelen, die einer kroatischen Edelfrau des 9. Jahrhunderts gehörten. Er besteht aus Ohrgehängen, Ring, Halskette und einer Goldmünze des Kaisers Konstantin V. (751–775). Herkunft aus einem Grab in Trilj (dem römischen Tilurium) am Fluss Cetina. Split, Museum Kroatischer Archäologischer Denkmäler

schicht" der Architektur (Votivkirchen der Fürsten und Würdenträger, Mausoleen der Herrscher) bezeugt, und man kann daran erahnen, wie die Organisation des spirituellen Lebens schon in der ersten Hälfte des 9. Jahrhunderts nach dem karolingischen Vorbild vorbereitet wurde.

Die Kroaten waren trotz des vorherrschenden karolingischen Einflusses Erben auch der byzantinischen Kultur. Die kroatischen Edelfrauen trugen byzantinische Halsketten wie die in Trilj gefundenen, während byzantinische Münzen, besonders diejenigen von Konstantinos V. Kopronymos (751–775), häufig der Grabausstattung der kroatischen Edelherren beigefügt wurden. Die Luxusgegenstände wie gläserne Flaschen und Becher sowie Edelsteine beweisen, wie tief die mediterrane Kultur verwurzelt war.

Der Elan der künstlerischen Aktivität war in der zweiten Hälfte des 9. Jahrhunderts in der Zeit der Herzöge Trpimir (846–864) und Branimir (879–892) augenfällig. Das Bistum Nona wurde als erster Sitz der Kirche der Kroaten gegründet. Sein dem Patriarchen von Aquileia unterstellter Bischof verwaltete das gesamte kroatische Staatsgebiet, während die Bistümer der dalmatischen Städte auf ihre Mauern beschränkt waren. In der Stadt gibt es Hinweise auf fränkische Mönche wie den Abt Theodebert und den Bischof Aldefred.

Sporen für ein Kind aus vornehmer Familie aus Bronzeguss, die mit einer Reihe vergoldeter und niellierter Rosetten verziert sind. Die Objekte stammen aus einem steinernen Gewölbegrab im Westwerk der Kirche der heiligen Maria in Crkvina-Biskupija (Knin). Split, Museum Kroatischer Archäologischer Denkmäler

Während der Regierung Branimirs wurden die Beziehungen zum byzantinischen Kaiser Basileios I., soweit sie die byzantinischen Besitztümer in Dalmatien betrafen, geregelt. Es wurde festgelegt, dass die byzantinischen Städte dem kroatischen Herzog eine Art Friedenstribut zu zahlen hatten. Die für die Leistung des genannten Tributs verwandten *solidi* wurden in den Gräbern der Adeligen zusammen mit den Schwertern und Spornen gefunden.

Der Umbau der vorhandenen Kirchen und die Errichtung neuer Sakralbauten erfolgten nach den Weisungen des Papstes und wurden von den Herzögen (Trpimir,

Das Band am oberen Rand des Pergolagiebels und des Architravs ist mit einem Motiv nach Art des laufenden Hundes dekoriert. Der untere Streifen trägt die Inschrift: BRANIMIRO COM(ite) DUX CRUATORV(m) COGIT(avit). Fürst Branimir (879–892) betrieb zusammen mit Bischof Theodosius eine selbständige Politik, was die Beziehungen zu den byzantinischen Städten Dalmatiens verschärfte. Aus der Kirche von Sopot bei Benkovac (Zadar). Split, Museum Kroatischer Archäologischer Denkmäler

Branimir, Mutimir) oder von hohen Beamten, Grafen (Gastika, Priština, Godećaj) errichtet, deren Namen auf den Schranken des Presbyteriums eingraviert wurden. Die alten frühchristlichen Kirchen wurden regelmäßig mit einer neuen liturgischen Einrichtung versehen (Rižnice, Žažvić).

Unter den neuen Bauten waren zwei architektonische Typen vorherrschend: die sechsblättrige zentrale Form (Kašić, Pridraga) und die Langform – die einschiffige Kirche mit dreiblättrigem Sanktuarium (Lopuška Glavica in Biskupija, San Salvatore an der Quelle der Cetina) oder die dreischiffige Basilika mit drei Apsiden (die Kathedrale in Zaravecchia, Santa Cecilia in Biskupija). Alle diese Kirchen weisen das mit runden Stützpfeilern gestützte Gewölbe und das Westwerk auf, ein klares Zeugnis des karolingischen Einflusses.

Dank den Inschriften auf den reich verzierten Schranken des Presbyteriums, die die Namen der Stifter wiedergeben, wurden diese Kirche genau datiert. Aufgrund der Art der Ausführung wurde eine Gruppe von Basreliefs mit dem in Rižinice in Verbindung gebracht, auf dem der Name des Herzogs Trpimir eingraviert ist (Lopuška Glavica in Biskupija, Plavno, Zaravecchia, Žažvić, Vrpolje, Kašić, Pridraga). Eine andere Reihe von Basreliefs wurde in ziemlich grober Art gehauen (Ždrapanj, Plavno, Crkvina-Biskupija, Rapovine, San Salvatore an der Quelle der Cetina, Šopot) und kann aufgrund der Inschrift von Šopot datiert werden, die den Herzog Branimir erwähnt.

Eine weitere Gruppe fein gearbeiteter Basreliefs (Nona, Muć, Stupovi-Biskupija) wurde nach einer auf 888 zurückgehenden Inschrift Branimirs datiert. Diese verschiedenen Gruppen sind das Resultat der politischen Beziehungen, die Branimir zu den dalmatischen Städten knüpfte.

Die naiven – von mäßiger Ausführung – wurden zu Beginn seiner Herrschaft gearbeitet, als sich die Beziehungen verschärften, während die Qualität späterer Bild-

Das Ziborium der Kirche Santa Marta (Bijači, bei Traù), deren Rekonstruktion in einer Inschrift erwähnt wird, kann in seiner Ausführung mit einigen Beispielen aus Aquileia und Cividale vom Anfang des 9. Jahrhunderts verglichen werden. Split, Museum Kroatischer Archäologischer Denkmäler

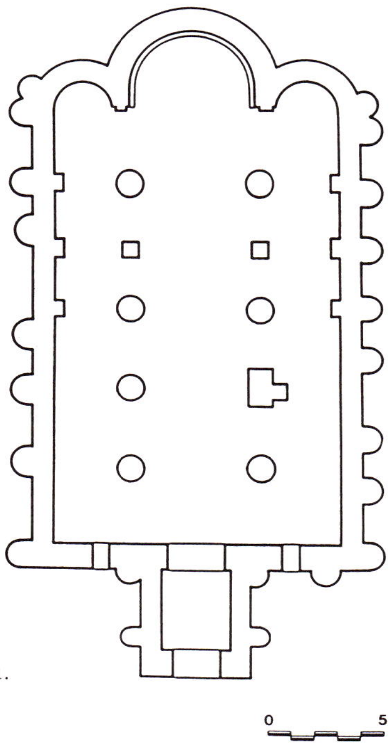

a.

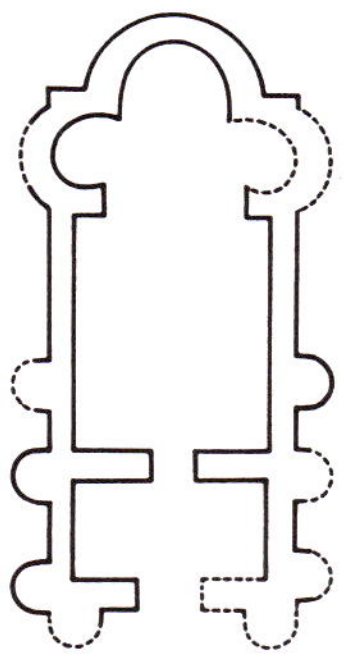

b.

Flasche und Becher aus dem 9. Jahrhundert aus einem Grab der frühmittelalterlichen Nekropole von Zdrijac. Zadar, Archäologisches Museum

hauerarbeiten auf Kontakte zu Werkstätten von Bildhauern hinweist, die in den dalmatischen Städten arbeiteten. Diese Beziehungen wurden mit der Einsetzung des Bischofs von Nona, Theodosius, auf dem Bischofsthron von Spalato erneuert und gefestigt, der so die beiden Bistümer miteinander verband.

Die Kunst der zweiten Hälfte des 9. Jahrhunderts in Kroatien weist daher verschiedene, großenteils karolingische Einflüsse auf, wobei sie jedoch das mediterrane Erbe bewahrte.

In jedem Fall ist festzuhalten, dass die obere Gesellschaftsschicht sich zum Wahrer einer verfeinerten Kultur und Literatur machte, während eine größere Anzahl von Inschriften mit den Namen der Herrscher und Würdenträger auf den Presbyteriumsschranken der Votiv- oder Privatkirchen die völlige Akzeptanz des Lateinischen bezeugt. Der Hof des Fürsten Trpimir und seine Beziehungen zu den byzantinischen Küstenstädten um die Mitte des 9. Jahrhunderts wurde vom Mönch Gottschalk beschrieben. Dieser erbitterte Gegner des Hrabanus Maurus, des Urhebers der Theorie der Vorherbestimmung, die den Grund für den Konflikt mit den kirchlichen Autoritäten bildete, verbrachte einige Jahre seines Lebens im kroatischen Fürstentum. Ihm verdanken wir die genauen Angaben über den kroatischen Hof, die zugleich das hohe dort erreichte kulturelle Niveau bestätigen.

Kroatien verstand es im 9. Jahrhundert dank seiner strategischen Bedeutung für beide europäische Reiche, das byzantinische und das karolingische, die durch ein noch seit antiken Zeiten urbanisiertes Gebiet gebotenen Vorteile zu nutzen, indem es die kulturellen Errungenschaften annahm und aus beiden Welten schöpfte, sowohl der östlichen wie der westlichen, dabei aber tief in den mediterranen Traditionen des Gebiets verwurzelt blieb.

Die Kirchen, deren Grundrisse hier dargestellt sind, wurden mit auf abgerundeten Stützpfeilern ruhendem Gewölbe errichtet und besitzen ein Westwerk, Zeichen des karolingischen Einflusses: a. Biograd; b. Stupovi-Biskupija, Santa Cecilia; c. Lopuška Glavica in Biskupija; d. San Salvatore an der Quelle der Cetina (Erdgeschoss und erster Stock des Westwerks)

Die Kirche San Salvatore an der Quelle der Cetina wurde vom Grafen Gostiha in der zweiten Hälfte des 9. Jahrhunderts errichtet. Ihr Westwerk ist typisch für die karolingische Architektur. Über der Portikus befand sich die Kapelle des Jupanus (Grafen), die man durch den Glockenturm über der Fassade betrat.

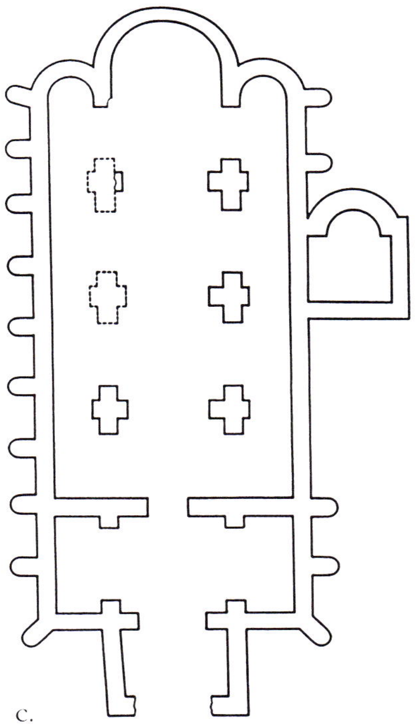

c.

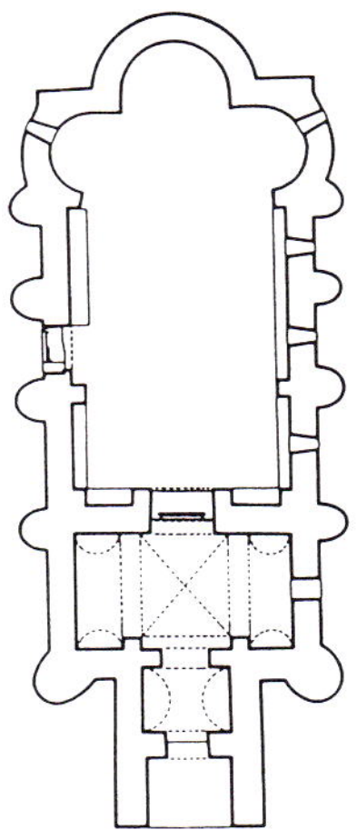

d.

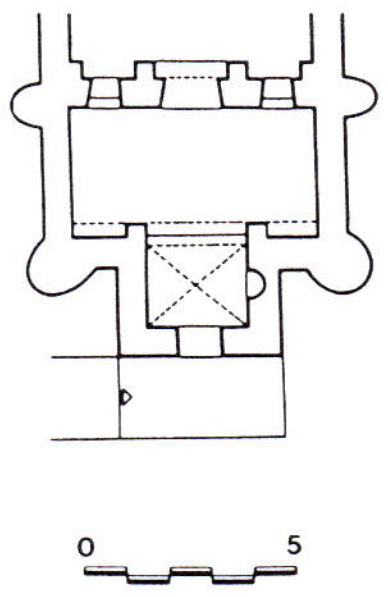

Die Kunst in al-Andalus und Nordafrika

Gonzalo M. Borrás Gualis

Die Einflüsse der abbasidischen Baukunst reichten sehr weit nach Westen: Die Omayyadenmoschee in Kairuan (Tunesien), die der Eroberer Sidi Oqba im 7. Jahrhundert hatte errichten lassen, erfuhr im 9. Jahrhundert unter den Aghlabiden mehrere Umbauphasen, wobei auf östliche Vorbilder von Palästina bis Mesopotamien zurückgegriffen wurde. Das Minarett ist in die Außenmauer eingegliedert, steht aber nicht genau auf der Achse des Mihrab. Es besteht aus drei übereinander gestellten Türmen von quadratischem Grundriss und stammt in seinen ältesten Teilen noch aus omayyadischer Zeit.

Die Betonung des Mihrab-Bereiches, auf den sich die Aufmerksamkeit des Gläubigen richten sollte, wurde erreicht durch die Kuppel und die reichhaltigen Dekorationen aus Mosaiken und Marmor. Ein Teil der Dekormaterialien stammte aus Bagdad, so auch das Teakholz für den Minbar (Predigtkanzel), den ältesten uns bekannten dieser Art (ca. 862).

Die arabische Eroberung Nordafrikas

Immer schon hat die Schnelligkeit der territorialen Expansion des Islam im ersten Jahrhundert seines Bestehens die besondere Aufmerksamkeit der Historiker geweckt. Die erste Welle der islamischen Expansion fällt in die Regierungszeit der ersten beiden gewählten Kalifen, Abu Bakr und Omar. Unter ihnen wurden Gebiete und Provinzen annektiert, die zum byzantinischen Reich (Syrien, Palästina und Ägypten) und dem Reich der persischen Sassaniden (Mesopotamien sowie West- und Zentralpersien) gehört hatten. Dies dauerte kaum ein Jahrzehnt, von 635, dem Jahr der Eroberung von Damaskus, bis zum Jahr 641, dem Jahr der Gründung von Fustat, der neuen Hauptstadt des islamischen Ägypten. Diese Annexion von Gebieten byzantinischer und persisch-sassanidischer Kultur sollte für die Herausbildung und Entwicklung der frühen islamischen Kunst bestimmend werden.

Eine zweite Phase der islamischen territorialen Expansion ist die Zeit des Omayyadenreiches (661–750), als die Gebiete Nordafrikas sowie von al-Andalus für die islamische Welt gewonnen wurden. Bereits im Jahre 670, unmittelbar nach der Eroberung Nordafrikas, gründete General Oqba die Stadt Kairuan abseits der Küste, um vor Angriffen auf dem Seeweg geschützt zu sein. Einige Jahrzehnte später wird während des Kalifats von Walid I im Jahre 711 die Meerenge von Gibraltar überquert und in einem raschen Feldzug die westgotische Hispania unterworfen, die von da an den arabischen Namen al-Andalus trägt. Für die islamische Kunst in Nordafrika und al-Andalus, die auch als die westislamische Kunst bezeichnet wird,[1] ist folglich der Einfluss der omayyadischen Eroberer ebenso bestimmend wie die Elemente der lokalen Tradition eines tiefgreifend romanisierten Landes.

Das älteste islamische Bauwerk in Nordafrika ist die Große Moschee von Kairuan, gegründet durch den Eroberer Sidi Oqba im Jahre 670, wenngleich aus dieser Epoche nichts erhalten geblieben ist. Der älteste Teil der Moschee ist der Innenraum des Minaretts, der auf die Omayyaden zurückgeht und auf das Jahr 724 datiert werden kann.

Nach der Zeit der omayyadischen Vorherrschaft förderte die Herrschaft der Abbasiden die Entstehung eines unabhängigen nordafrikanischen Emirats Ifriqiya, mit dem Ziel, dem Einfluss des selbstständigen omayyadischen Emirats entgegenzusteuern, das sich 756 in al-Andalus konstituiert hatte, und somit um die politische

Aufspaltung des Maghreb in kharidjitische und idrisidische Fürstentümer zu verhindern. Auf diese Weise entstand, als Ergebnis der abbasidischen Politik der Grenzsicherung und Konsolidierung im Osten wie im Westen, in Nordafrika das unabhängige Emirat Ifriqiya, das sich aus dem heutigen Tunesien und dem östlichen Algerien zusammensetzte und durch Ibn Aghlab regiert wurde. Ihm verdankt die aghlabidische Dynastie (800–909) ihren Namen, die über einen Zeitraum von über hundert Jahren regierte und einerseits von Bagdad politisch unabhängig war, andererseits jedoch im Westen als treuer Sachwalter des abbasidischen Reiches fungierte, dessen zunächst politische und dann auch religiöse Aufspaltung zunehmend unvermeidbar wurde.

Die Moschee von Kairuan ist nach dem Vorbild der al-Aqsa-Moschee in Jerusalem auf einem T-förmigen Grundriss errichtet. Das Schiff des Mihrab und das Querhaus, das parallel zur Qibla-Wand verläuft, sind breiter und höher als das restliche Bauwerk. Am Kreuzungspunkt von Schiff und Querhaus erhebt sich eine Kuppel. Die zweite Kuppel befindet sich am Beginn des Hauptschiffs und verbindet dieses mit dem einige Jahrzehnte jüngeren Erweiterungsbau des Betsaales zum Hof hin. Rund um den Hof findet sich ein Säulengang mit Zwillingssäulen, der ebenfalls aus einer späteren Epoche datiert.

Die Grosse Moschee Sidi Oqba in Kairuan

Das bedeutendste Bauwerk der aghlabidischen Kunst[2] in Ifriqiya ist die Große Moschee Sidi Oqba in Kairuan, die mit Ausnahme des Innenraumes des Minaretts, dem

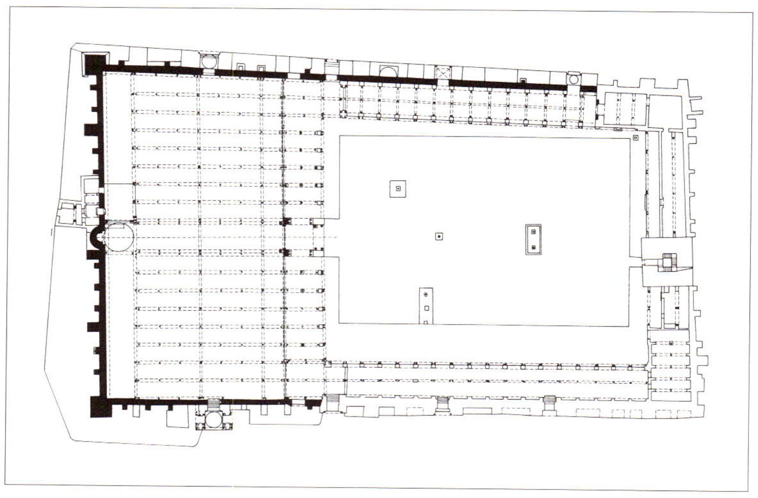

wie bereits gesagt einzigen erhaltenen Rest aus der vorangegangenen Epoche, im Jahre 863 durch den Emir Ziyadat Allah neu errichtet wurde. Sie steht auf einem rechteckigen, leicht unregelmäßigen Grundriss von 120 Meter Länge und 70 Meter Breite auf der Seite der Qibla, während die Mauer zum Hof hin 65 Meter misst. Zweifellos wurden die Abmessungen durch die Größe des zur Verfügung stehenden Grundstücks bedingt. Die Moschee besitzt einen Hof, dessen Ummauerung mit starken Strebepfeilern versehen ist. Sie sind von ursprünglich prismatischer Gestalt, wie heute noch an der Qiblamauer zu erkennen ist, während andere Elemente verschiedener Proportionen späteren Datums sind.

Die unter Ziyadat Allah erbaute Moschee besaß keine Säulengänge im Hof, und das Minarett, dessen beide unteren Baukörper aus omayyadischer Zeit stammen, datiert in seinem dritten, obersten Teil ebenso wie die überkuppelten Eingangstore als ein späteres Werk aus dem Jahr 1294. Der Haram oder Betsaal, mit 17 Schiffen im rechten Winkel zur Qiblawand und jeweils sieben Jochen, weist einen interessanten Grundriss in Form eines T auf, welcher am Flachdach mit seinem erhöhten Mittelschiff und seiner ebenso erhöhten, quer dazu liegenden Qiblawand erkennbar ist.

Die Decke des Betsaales wird nach dem omayyadischen Vorbild der ägyptischen Moschee von Amr ibn al-As von wiederverwendeten römischen Säulen getragen, de-

Der Betsaal der Moschee von Kairuan ist ein vollkommenes Beispiel für eine Säulenhalle. Säulen und Kapitelle sind Spolien byzantinischer, römischer und sogar punischer Herkunft. Gegenüber vergleichbaren Bauwerken im Orient haben die Erbauer der Moschee von Kairuan die optimalen Proportionen gesucht, um dem Betsaal eine formale Strenge zu verleihen.

ren unterschiedliche Höhe ursprünglich mit Holzkämpfern ausgeglichen wurde, die in neuerer Zeit durch Metallstreben ersetzt worden sind. Die Bögen sind hufeisenförmig, aus Quadern errichtet, und abgesehen von den rechtwinklig zur Qibla verlaufenden Bogenreihen, welche die Schiffe voneinander trennen, gibt es drei transversale Bogenwerke: eines, welches das Querschiff abgrenzt, und zwei weitere zwischen dem dritten und vierten beziehungsweise dem sechsten und siebten Joch.

An dieser ersten Moschee Ziyadat Allahs wird in der Regierungszeit des Emirs Ibrahim I. 862 und 863 weitergearbeitet. Ibrahim I. lässt einen neuen Mihrab errichten, dazu die Kuppel, welche den Raum vor dem Mihrab überwölbt, sowie den Minbar und damit die sicherlich schönsten Bauelemente der Moschee. In diesem Moment findet erstmals der spitze Hufeisenbogen Verwendung, Schwellbogen genannt, eine neue Form, die sowohl im Bogen des Mihrab zu erkennen ist als auch in den großen Bögen, auf welchen die Kuppel ruht.

Der Grundriss des Mihrab ist hufeisenförmig, wobei die Innenseiten der Nische von in vier horizontalen Reihen angeordneten Marmortafeln bedeckt sind. Die Stirnseite ist mit vergoldeten oder metallisch glänzenden Lüsterfliesen, die ein- und mehrfarbig und rautenförmig angeordnet sind, dekoriert. Die Kuppel vor dem Mihrab ist mit Zugbalken versehen und wölbt sich über muschelförmigen Trompen, die seitlich durch Vielpassblendbögen verbunden sind. Die Kanzel, der Minbar, ist aus Teakholz und setzt sich aus verzapften Einzelteilen zusammen. In all diesen Elementen offenbart sich ein tiefgehender orientalischer Einfluss: Arabischen Chronisten zufolge sind die Kacheln und die hölzerne Kanzel von Ibrahim I. aus Bagdad mitgebracht worden.

Einige Jahre später, in der Regierungszeit des Emirs Ibrahim II. (875–902), wird das Hauptschiff der Moschee verstärkt, indem an den Innenseiten eine neue Reihe von Schwellbögen eingezogen wird. So erklärt sich auch die paarweise Anordnung der Säulen im Grundriss des Hauptschiffes. Auch erfährt der Betsaal eine Erweiterung um zwei Joche in Richtung des Hofes, wobei sich über dem so gewonnenen Raum eine neue Kuppel am Eingang zum Hauptschiff erhebt. Dem entspricht logischerweise eine neue Fassade an der Hofseite, bestehend aus Schwellbögen, die auf Zwillingssäulen ruhen und aus Ziegelsteinen errichtet sind.

Zusammenfassend lässt sich sagen, dass in der Großen Moschee Sidi Oqba in Kairuan einerseits künstlerische Elemente fortdauern, die der omayyadischen oder der lokalen Tradition angehören, wie etwa der quadratische Grundriss des Minaretts (mit einem quadratischen Widerlager im Innern des Hofes, nach syrischer Tradition), die Baumaterialien (es überwiegen Steinquader), die Stützpfeiler des Betsaals (eine Säule mit einem Pfeilerfragment als Abschluss, nach ägyptisch-omayyadischem Vorbild) sowie der Hufeisenbogen (ursprünglich aus der römischen Tradition stammend, der sowohl im westlichen als auch im östlichen Islam Verwendung fand). Andererseits jedoch ist seit der Regierungszeit Ibrahims I. der kraftvolle Einbruch von Neuerungen auf der Grundlage der abbasidischen Tradition festzustellen, wie etwa die Wölbung der Kuppeln über Trompen, die Einfügung von Vielpassbögen und die Verwendung vergoldeter Kacheln.

Doch vor allen Dingen der Grundriss des T-förmigen Betsaals, der dem Beispiel der al-Aqsa-Moschee (780) in Jerusalem folgt, ist in seiner Originalität hervorzuheben. Dabei ist zu bedenken, dass dieser T-förmige Grundriss der Großen Moschee von Kairuan zeitlich vor der Moschee von Abu Dulaf in Samarra einzuordnen ist und dass er als Vorbild für die Erweiterungen der Freitagsmoschee von Cordoba diente, welche al-Hakam II. vornehmen ließ. Zu alldem kommt noch die Beobachtung Christian Ewerts[3] hinsichtlich der besonderen Anordnung der Kapitelle im Betsaal hinzu, die im Aufriss ein zweites Stockwerk andeuten, was in diesem Fall auf das Beispiel des zentral ausgerichteten Felsendoms zurückgeht. So werden auf harmonische Weise zwei Grundprinzipien islamischer Baukunst in Einklang gebracht, die Treue gegenüber der Tradition und die Innovation.

Der Längsschnitt durch die Kuppel oberhalb des Mihrab verdeutlicht den spätantiken Einfluss sowohl auf die Konstruktion als auch auf die Dekoration. Vier große Bögen bilden das quadratische Fundament, auf welchem vier muschelförmige Zwickel und vier Blendbögen das Oktogon tragen, das den Übergang zur Kuppel bildet. Über dem Oktogon finden sich acht Fensteröffnungen und 16 Blendnischen, und darüber schließlich erhebt sich die Rippenkuppel.

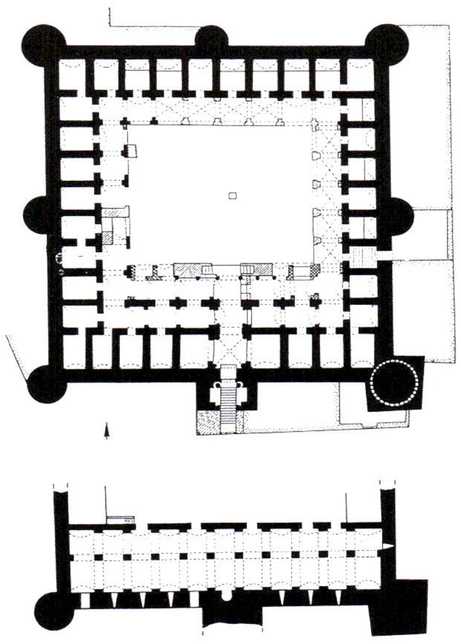

Unter der Herrschaft der Aghlabiden hat auch der militärische Festungsbau in Gestalt der Ribat einen Aufschwung erfahren. Sie dienten den Glaubenskriegern, die für die Verbreitung ihrer Religion kämpften, als Ort der Ruhe und der Sammlung. Es handelte sich um schlichte Festungsanlagen, die sich um einen zentralen Hof mit Säulengang gruppierten, über welchem sich die Wohnräume befanden. Hier der Ribat von Susa mit seinem zweistöckigen Säulengang und einer Moschee im oberen Stockwerk über dem Eingangstor.

Die Große Moschee Sidi Oqba in Kairuan stellt das Vorbild dar für die Moschee von Susa (850), für die Zaytuna-Moschee in Tunis (856–863) und die von Sfax (894), obwohl sie alle Gegenstand bedeutender Veränderungen in den Jahrhunderten nach der Zeit der Aghlabiden gewesen sind.

Die Ribats

Als einen Sonderfall religiös-militärischer Baukunst trieben die Aghlabiden den Bau von Ribats voran, großangelegter Verteidungsanlagen entlang der Küste zur Abwehr einer äußeren Bedrohung. Sie dienten auch der Unterbringung von Truppen, die in den Heiligen Krieg entsandt wurden und in den Ribats ein teils religiös, teils militärisch geprägtes klösterliches Leben führten.

Das bedeutendste Baudenkmal dieser Form militärischer Architektur aus aghlabidischer Zeit ist der Ribat von Susa (821), der Stadt an der Westküste, die den Zugang nach Kairuan beherrschte. Der unmittelbar an der Küste gelegene Ribat von Susa ist eine Festung von quadratischem Grundriss. Ihre Mauern werden an den Ecken wie auch in der Mitte der vier Seiten von breiten halbrunden Türmen aus massivem Bruchsteinmauerwerk unterbrochen. Die Anlage weist einen ebenfalls qua-

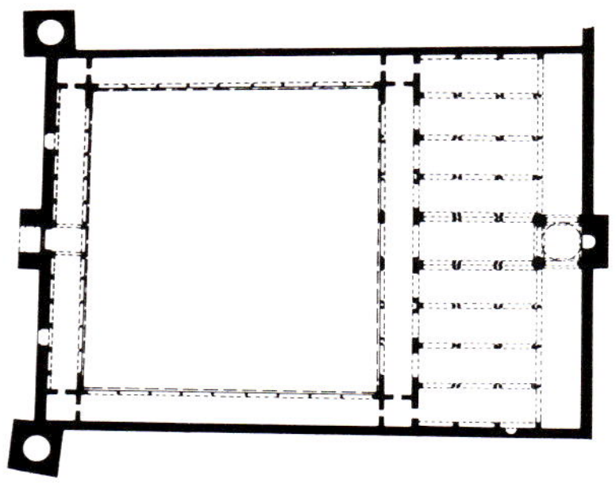

Die Moschee von Mahdiyya hat die ursprüngliche Bauweise der frühen fatimidischen Zeit bewahrt, obwohl sie mehrfach zerstört und neu errichtet worden ist. Ihr Grundriss folgt dem der Moschee von Kairuan, allerdings mit einigen Abweichungen. Eine Neuerung sind die Türme an den Ecken der Hauptmauer, die Betonung des Schiffes vor dem Betsaal und der zum Hof hin gelegene Säulengang. Dieser, von römischen Bautraditionen inspiriert, ist den omayyadischen Säulenhallen und Palästen ebenso verwandt wie dem abbasidischen Samarra.

dratischen, mit einem Säulengang versehenen Innenhof auf, zu welchem sich die von Tonnengewölben bedeckten, quer in den Hof ragenden Wohngebäude hin öffnen. Dieser militärische Bautyp sollte über den ganzen islamischen Westen Verbreitung finden, wenngleich er in Andalusien nicht die gleiche Bedeutung findet und sich nicht so weit entwickelt wie im Emirat von Ifriqiya.

Der Beginn der fatimidischen Kunst

Das aghlabidische Emirat in Nordafrika verschwand im Jahre 909 mit der Eroberung der Stadt Kairuan durch die schiitischen, der ismailitischen Sekte angehörigen Fatimiden unter der Regie des Missionars Ubaydallah, eines in den Westen emigrierten angeblichen Imam, der von seinen Anhängern als legitimer Nachkomme Mohammeds betrachtet wurde, und das sogar in direkter Linie über dessen Tochter Fatima und ihren Mann Ali. Im Unterschied zum Kalifen, der ein politischer Führer des Islam für einen beschränkten Zeitraum war und dessen Autorität auf Konsens beruhte, war der Imam oder Führer mit göttlicher Inspiration ausgestattet. Er galt als unfehlbar und verlangte den bedingungslosen Gehorsam der Gläubigen. Auf diese Weise hatte Ubaydallah sich selbst zum Mahdi, zur Wiedergeburt eines verschwundenen, von den Schiiten erwarteten Imam erklärt. Er gründete eine neue Stadt, Mahdiyya, im Gegensatz zum landeinwärts gelegenen Kairuan unmittelbar an der Küste gelegen, das bald die Hauptstadt des neuen fatimidischen Kalifats Ifriqiya wurde. Die nordafrikanischen Fatimiden sollten sich bis in den östlichen Mittelmeerraum ausbreiten. Im Jahre 969 eroberten sie Ägypten, wo sie ihre neue Hauptstadt Kairo gründeten. Sie schufen ein Territorialreich, das sich von Sizilien bis Syrien erstreckte und bis ins Jahr 1171 Bestand haben sollte.

Die Ausrufung des Fatimidenkalifats in Nordafrika 909 hat indirekt die Proklamation des omayyadischen Kalifats in Cordoba zwei Jahrzehnte später, im Jahre 929, zur Folge, da Cordoba seinen traditionell großen Einfluss im Maghreb in Gefahr sah angesichts der religiösen Anziehungskraft des neuen fatimidischen Reiches. Das

Die wichtigsten Bauphasen der Moschee von Cordoba, einer der ganz großen Baudenkmäler von al-Andalus: Hier wurden im Laufe von etwa zwei Jahrhunderten Arbeiten unterschiedlichster Herkunft, bis hin zum fernen Konstantinopel, miteinander vereint.

Oben: Der quadratische Grundriss der ursprünglichen Moschee, die vom ersten spanischen Omayyadenherrscher gegründet wurde, erinnert an die quadratische Anlage der Wüstenpaläste in Syrien und Jordanien.
Mitte: Die unter al-Hakam II. nach der Mitte des 10. Jahrhunderts vorgenommene Erweiterung.
Unten: Bei der letzten Erweiterung, die kurze Zeit später erfolgte, wurden die Abmessungen der Moschee und des Hofs stark vergrößert und an der Ostseite (hier linke Skizzenseite) acht Schiffe angefügt.

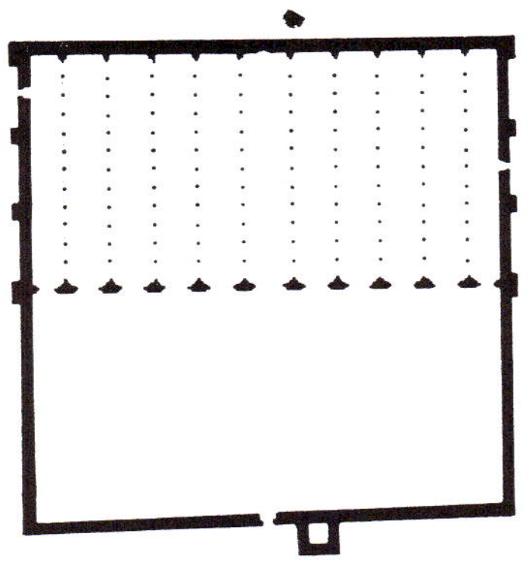

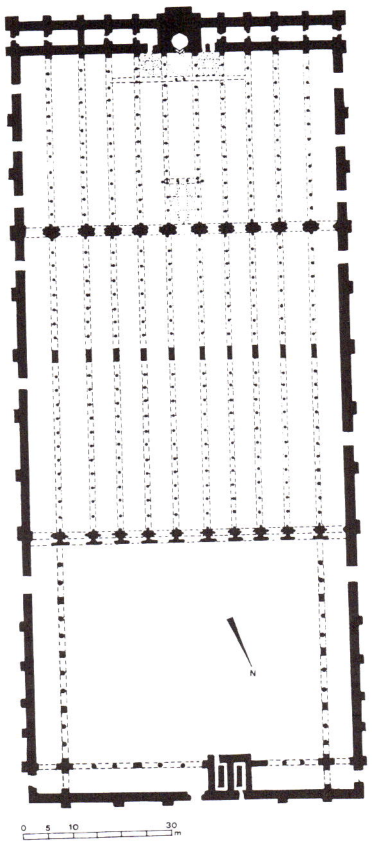

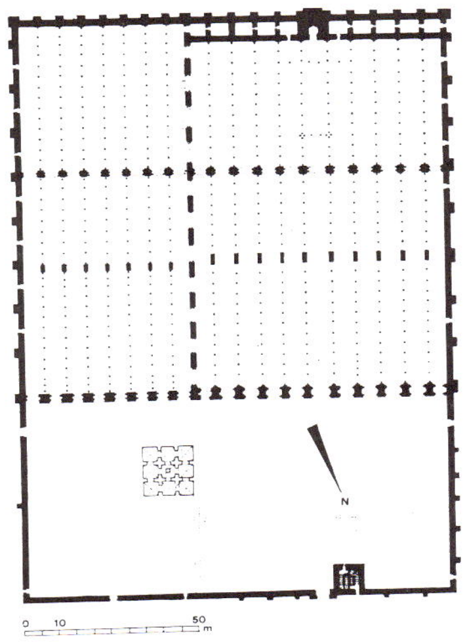

zehnte Jahrhundert erlebt somit die religiöse Aufspaltung des Islam in drei Kalifate: das abbasidische Kalifat in Bagdad, das fatimidische Kalifat in Mahdiyya und Kairo, und das omayyadische Kalifat in Cordoba.

Das bedeutendste Zeugnis fatimidischer Baukunst in Nordafrika ist die Große Moschee von Mahdiyya (916) in Tunesien, deren Grundriss dem vor Ort vorgefundenen aghlabidischen Vorbild der Großen Moschee von Kairuan folgt. Die fatimidische Moschee von Mahdiyya ist in späteren Jahrhunderten grundlegend umgebaut worden. Vom ursprünglichen Bauwerk ist lediglich das monumentale Eingangsportal in den Hof in Form eines Triumphbogens erhalten. Er besteht aus einem hervorstehenden Säulengang, der aus Steinquadern errichtet ist. An der Stirnseite öffnet er sich in einem großen Hufeisenbogen, der sich in einem Tonnengewölbe fortsetzt. Die Verzierung der Seitenwände teilt sich in zwei Ebenen. In der unteren Ebene findet sich eine Reihe von Blendbögen, darüber liegt eine Folge von Mauernischen. Alle künstlerischen Elemente dieser Moschee von Mahdiyya, die mit der örtlichen aghlabidischen Tradition in Verbindung stehen, lassen ihren Einfluss in der späteren Entwicklung der fatimidischen Kunst Ägyptens erkennen.

Die Eroberung von al-Andalus und seine Regierung

Zwischen 711 und 714 wurde die islamische Eroberung der Iberischen Halbinsel durch Musa ibn Nusair und den Berbergeneral Tariq von Nordafrika aus mit großer Schnelligkeit abgeschlossen. Bereits im Jahre 716 erhält das nunmehr maurisch besetzte Gebiet der ehemaligen Hispania, dem numismatischen Indiz eines zweisprachigen Dinars zufolge, den Namen al-Andalus.

Die Hauptstadt von al-Andalus in den ersten drei Jahrhunderte seines Bestehens ist Cordoba. Diese Zeitspanne, die demzufolge die cordobesische Periode[4] genannt wird, kannte drei unterschiedliche politische Situationen: von 711 bis 756 ein von Damaskus abhängiges Emirat mit „Walis" oder Gouverneuren, die vom Omayyadenkalifat eingesetzt wurden; von 756 bis zum Jahr 929 ein vom abbasidischen Kalifat in Bagdad unabhängiges Emirat, das von Cordoba aus durch eine omayyadische Dynastie regiert wurde, welche der eingewanderte Abd ar-Rahman I. begründet hatte. Er wollte die Stadt zu einem neuen Damaskus des Westens machen. Von 929 bis 1031 schließlich bestand das Kalifat, das Abd ar-Rahman III. ausgerufen hatte, um es dem fatimidischen Kalifat in Nordafrika entgegenzustellen. Die Geschichtsschreibung unterscheidet eine Periode des Emirats im achten und neunten Jahrhundert und eine Periode des Kalifats, die etwa dem zehnten Jahrhundert entspricht.

Nach der Zerstörung des Kalifats von Cordoba, die während der bürgerkriegsähnlichen Auseinandersetzungen der Jahre 1009 und 1010 ihren Anfang genommen hatte, blieb al-Andalus in viele kleine Teilreiche („muluk at-tawa'if" oder „reinos de taifas") zerstückelt zurück: Auf das Verschwinden der omayyadischen Zentralgewalt in Cordoba folgte die Entstehung zahlreicher lokaler Dynastien.

Die Werkstatt der Grossen Moschee von Cordoba

Das bedeutendste religiöse Bauwerk der cordobesischen Periode (des Emirats wie auch des Kalifats) ist die Große Moschee in Cordoba, die Hauptmoschee der Metropole, mit aufeinander folgenden Bauphasen, welche die verschiedenen künstlerischen Merkmale dieser Zeitspanne emblematisch wiederspiegeln.

Die erste Moschee in Cordoba wurde unter dem Emir Abd ar-Rahman I. zwischen 786 und 788 an der Stelle der christlichen Basilika San Vicente errichtet. Ihr Grundriss bildete ein perfektes Quadrat, dessen nördliche Hälfte ein Hof ohne Säulengang und dessen südliche Hälfte der Betsaal einnahm. Dieser hatte elf Schiffe mit jeweils elf Jochen oder Säulenweiten, die transversal zur Mauer der Qibla verliefen und nach Süden hin ausgerichtet waren. Die Abgrenzung der Schiffe vollzieht sich durch ein charakteristisches System übereinander angeordneter Stützpfeiler, welches den zeitlich früheren baulichen Lösungen von Fustat und Kairuan überlegen ist: Den unteren Teil bildet die Säule, von welcher ein kuppeltragender Hufeisenbogen ausgeht und auf dem sich wiederum ein Rundbogen erhebt. Dieser trägt das aus Ziegeln gemauerte Satteldach. Diese einfallsreiche Lösung, die ein Absacken zur Seite hin verhindern soll, steht auf einem kreuzförmigen Element, von dem transversal der auf schnörkelverzierten Kragsteinen ruhende Pfeiler und longitudinal der kuppeltragende Hufeisenbogen ausgehen, wobei diese Teile in vollendeter Weise miteinander verbunden sind. Sowohl die Säulen als auch die Kapitelle, korinthische und zusammengesetzte, sind Spolien aus römischer und westgotischer Zeit.

Vom äußeren Bereich dieser ersten Moschee ist nur die Mauer an der Westseite erhalten geblieben, mit rechteckigen Strebepfeilern, gemauert aus Quadersteinen in ei-

Zwei Detailansichten der Bögen und der Kuppel in der Moschee von Cordoba, im Bereich des Mihrab. An ihnen sind einige der architektonischen Neuerungen gut zu erkennen, durch die sich einfache Strukturen in komplexe Kombinationen aus Linien, Formen und verzierten Oberflächen verwandeln. Diese Neuerungen werden sofort in anderen Bauwerken des islamischen Spanien aufgenommen.

nem *opus mixtum* aus Läufern und Bindern und mit einem stufenförmigen Abschluss. An dieser Mauer öffnet sich das heute so genannte Stefanstor beziehungsweise Bab al-Wuzara (Tor der Wesire), das in jüngerer Zeit unter Mohammed I. im Jahre 855/856 umgebaut wurde. Die Fassade ist in einer dreifachen vertikalen Achse angeordnet, mit einer Tür und einem Fries aus Blendbögen in Hufeisenform in der Mitte und angedeuteten Türen sowie durch Gitterwerk verschlossenen Maueröffnungen an den Seiten. Die Moschee wurde unter Hišam (788–799) fertiggestellt. Er ließ auch ein kleines Minarett auf quadratischem Grundriss außerhalb des Hofes errichten.

In dieser ersten Moschee sind zahlreiche Versatzstücke der örtlichen, römischen und westgotischen Tradition zu finden, neben den wiederverwendeten Stücken auch das Mauerwerk aus Läufer und Binder, der schnörkelverzierte Kragstein, der auf den klassischen Akanthus zurückgeht, der Wechsel von Quadersteinen und Backsteinlagen sowie die Keilsteine der Bögen. Andere Elemente hingegen sind zweifellos ein Beitrag der Omayyaden, so etwa der Grundriss der Moschee, welcher der Tradition von al-Aqsa folgt, mit transversal zur Qibla angeordneten Schiffen, oder den durchbrochenen Gitterwerken und stufenförmigen Abschlüssen, die ihr Vorbild in der Großen Moschee von

Der barocke Turm, der seit dem 17. Jahrhundert das ursprüngliche Minarett vollständig umschließt.

Damaskus haben. Der Hufeisenbogen entstammt der römischen Tradition und ist nicht ausschließlich auf die andalusische Kunst beschränkt. Die Anordnung übereinanderliegender Bogenwerke, die formal ihre Vorbilder im römischen Aquädukt in Merida findet, ist in dieser Form auch schon in der Großen Moschee in Damaskus zu beobachten.

Die erste Erweiterung der Moschee von Cordoba wurde unter Abd ar-Rahman II. ausgeführt und im Jahre 848 vollendet. Sie bestand in einer Vergrößerung des Betsaals nach Süden hin, wobei acht Joche angefügt wurden. Formale Neuerungen finden sich kaum: Die Säulen wachsen nun direkt aus dem Boden, ohne Säulenplatte oder Sockel; der Kragstein ist durch einen Viertel-Rundstab ersetzt, und erstmals sind einige der Kapitelle ausgearbeitet, darunter die des heutigen Mihrab. Hakam II. seinerseits bereicherte die Moschee um eine Maqsura, einen dem Herrscher vorbehaltenen Gebetsbereich, und ließ im Jahre 855/856 den Bogen am Stefanstor neu gestalten. Die Abmessungen dieses Bogens sind nach Camps Cazorla die charakteristischsten für die Kunst der Emiratszeit in Cordoba: In der Mitte seines Radius ist er leicht überhöht, Laibung und Bogenrücken sind konzentrisch und die abgeteilten Keilsteine befinden sich in der Mitte des Bogens.

Die zweite Erweiterung der Moschee betraf nicht den Betsaal, sondern den ebenfalls zum Gebet genutzten Hof und wurde in der Regierungszeit Abd ar-Rahmans III. ausgeführt. Hierbei wurde im Jahre 958 die Fassade des Betsaales verstärkt, indem einfach eine weitere Fassade vor die alte gesetzt wurde. Der Hof wurde nach Norden hin erweitert und mit einer Galerie versehen, wobei dem Beispiel von Damas-

Das monumentale Eingangstor in den Betsaal der Moschee von Cordoba erhält durch die Verzierungen aus Stein, Stuck und Ziegeln eine vertikale Ausrichtung, die darin ein Merkmal des Innenraumes wiederholt.

Der Hof der Moschee

Der Gebetssaal ist höher als andere zeitgenössische Säulenhallen. Dieses innovative Element wird durch die Verwendung von übereinander angeordneter Bögen in den Längsschiffen erreicht. Die unteren Bögen haben eine leichte Hufeisenform, die oberen sind vollständige Rundbögen. Dieses Merkmal erinnert an die omayyadische Architektur sowohl in Syrien als auch auf der Iberischen Halbinsel.

kus folgend Stützenwechsel zwischen je einem Pfeiler und zwei Säulen eingeführt wurde. Schließlich wurde in den Jahren 951 und 952 auch ein neues Minarett errichtet, in einer Bauzeit von nur dreizehn Monaten. Der ebenerdige Teil dieses Minaretts, der auf quadratischem Grundriss errichtet ist und über zwei Treppenaufgänge verfügt, ist im Inneren des Turmes der heutigen Kathedrale (Mezquita-Catedral) eingeschlossen, die zwischen 1593 und 1653 nach den Plänen von Hernan Ruiz errichtet worden ist. Eine Monographie über das Minarett Abd ar-Rahmans III. hat Felix Hernandez erstellt. Aus formaler Sicht fällt vor allem auf, dass hier bereits alle Neuerungen der Kunst der Kalifatszeit zutage treten. Dazu zählen die glattblättrigen Kapitelle und die neuen Proportionen der Hufeisenbögen mit ihren nicht mittigen Bogenrücken und den auf der Höhe der Kämpfer unterteilten Keilsteinen.

Vorhergehende Doppelseite:

Dieser Teil des Betsaales entspricht dem Erweiterungsbau unter al-Hakam II., dem Bereich des Mihrab und der Maqsura, und zeigt das charakteristische Ineinander von zweigeschossigen Bögen, auf denen die drei Moscheekuppeln ruhen. Die Vielpassbögen bringen ein Element in die Moschee, das wahrscheinlich abbasidischer Tradition entspricht.

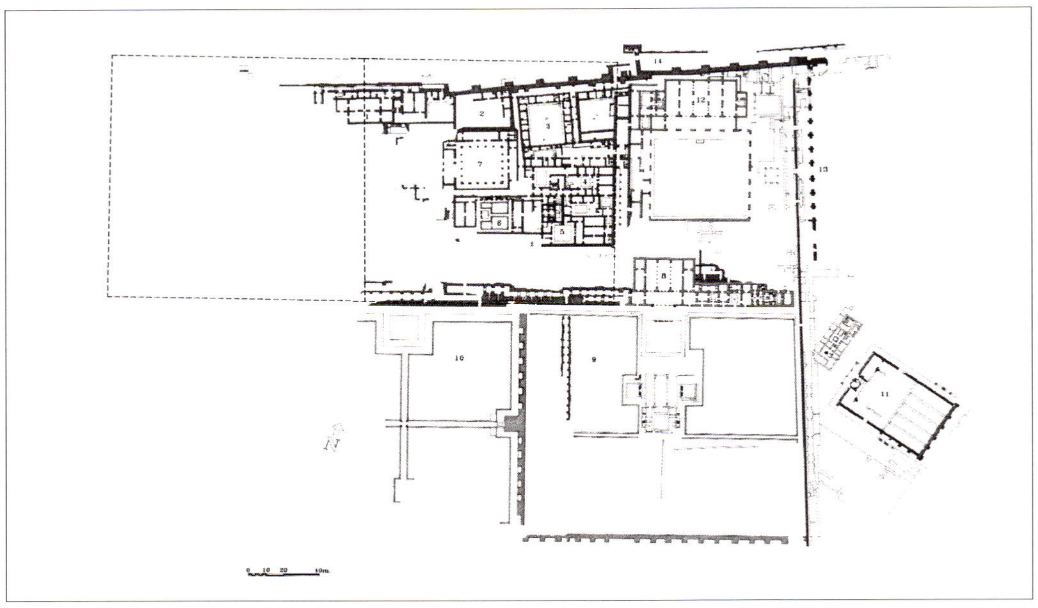

Die Ausgrabungen von Madinat az-Zahra haben ein umfassendes städtebauliches Vorhaben der Kalifatszeit zu Tage gebracht. Die Stadt wurde von Abd ar-Rahman III. in seiner Auseinandersetzung mit den Fatimiden, die auf der anderen Seite des Mittelmeeres ihre Stellung ausbauten, als Ausdruck und Bekräftigung seiner Macht geplant. Die Skizze zeigt den Teil der Stadt, der für den Alcazar vorgesehen war: Die beiden Quadrate des unteren Teils entsprechen nach persischer Art zwei viergeteilten Gärten (9 und 10); rechts davon, außerhalb des Alcazar, befindet sich die Moschee (11); unmittelbar oberhalb des Gartens ist der Saal Abd ar-Rahmans, auch der östliche oder „Reiche Saal" genannt (8); noch weiter oben findet sich eine Reihe von Gebäuden mit Wohn- und Diensträumen, unter welchen das Haus des Hayib Djafar (5) und das Haus der Wesire, Dar al-Wuzara (12), bestimmt werden können

Die dritte Erweiterung der Großen Moschee von Cordoba wurde unter al-Hakam II. im Jahre 962 in Angriff genommen. Der neue Mihrab wurde im Dezember 967 fertiggestellt und die Arbeit an den Mosaiken im Jahre 971 abgeschlossen. Der Gebetssaal erfuhr erneut eine Erweiterung nach Süden hin, diesmal um zwölf Joche. Hierbei wurde die Typologie des T-förmigen Grundrisses in diesem Teil des Gebäudes eingeführt. Die vier durch Kreuzbögen gebilden Kuppeln erhielten die Funktion von Oberlichtern, eines am Beginn des Hauptschiffes und drei in kreuzförmiger Anordnung im Bereich der Maqsura, hervorgehoben durch ein System von Kreuzbögen zur Abstützung der Kuppeln, welches Ewert analysiert hat. Es gibt eine doppelte Qibla-Mauer und fünf Räume auf der Westseite, die einen Teil des gedeckten Gangs in den Palast des Kalifen bilden, sowie weitere fünf Räume auf der Ostseite, die als Schatzkammer dienen. Der Mihrab erhebt sich über einem achteckigen Gundriss. Seine monumentale Fassade ist aus Hufeisenbögen aufgebaut und von einem rechteckigen Karnies mit Friesen aus vielpassigen Blendbögen eingefasst.

Einige Merkmale dieser Erweiterung sind als Hinweis auf den bewusst archaisierenden Zug des omayyadischen Kalifats gedeutet worden, wie etwa die Verwendung von byzantinischem Mosaik in der Ausgestaltung der Fassade des Mihrab und der davor liegenden Kuppel. Ein Mosaikfachmann, den der byzantinische Basileus Nikeforos Focas entsandt hatte, begründete eine lokale Schule, deren Eigenheit an den seitlichen Fassaden der Schatzkammer abzulesen ist. Gleichermaßen als verspätet wird die Rezeption des T-förmigen Grundrisses angesehen. Doch hat sich selbstverständ-

Der Reiche Saal diente Repräsentationszwecken des Kalifen und ist von einfacher basilikaler Struktur mit fünf Schiffen, die auf eine Vorhalle hin ausgerichtet sind. Hier die monumentalen Bogenwerke, die den Übergang zwischen den beiden Räumlichkeiten deutlich hervorheben.

Detail eines der Wandpaneele aus dem Reichen Saal, das vor kurzem restauriert worden ist. Nach syrischer und palästinensischer Gewohnheit waren die Wände zum Großteil mit Stuckplatten bedeckt, die, einer Tapete gleich, ineinander verschlungene geometrische Muster und Pflanzenmotive endlos wiederholen. Vervollständigt wurde die Dekoration dieses Repräsentationssaals durch Marmorplatten und Mosaiken.

Gesamtansicht der Häuserblocks des oberen Teils der Stadt, unweit des nördlichen Tors des Alcazar von Madinat az-Zahra.

lich in dieser Erweiterung der ganze Glanz der Kunst der Kalifatszeit in Cordoba konzentriert, der sich zuvor in der Werkstatt von Madinat az-Zahra herausgebildet hatte. Dort erscheinen zahlreiche östliche, aus der Tradition der Abbasiden stammende Elemente zum ersten Mal. Hier ist außer den Kuppeln aus Kreuzbögen der Vielpassbogen zu nennen sowie die Verbreitung der Stuckauskleidung und die Ausarbeitung des Holzes im flachen Dachverband (das Holz des Daches blieb erhalten, weil es bei den barocken Umbaumaßnahmen im Jahre 1713 als Abstützung des Ziegeldaches wiederverwendet wurde).

Die vierte und letzte Erweiterung der Moschee von Cordoba wurde unter al-Mansur ab 987/988 ausgeführt und nahm zweieinhalb Jahre in Anspruch. Diesmal erfolgte die Erweiterung auf der gesamten Grundfläche der Moschee. Sowohl der Hof als auch der Betsaal wurden vergrößert. Dieser erhielt acht zusätzliche Schiffe, wo-

durch der Mihrab al-Hakams II. endgültig aus der Gebäudemitte rückte. Diese Erweiterung ist in Spanien traditionell sehr kritisch gesehen worden als Ausdruck des Größenwahns des Regenten und als ein überflüssiges Werk, das in künstlerischer Sicht keinerlei Neuerungen beigetragen hat. Heute jedoch werden auch andere Aspekte berücksichtigt, etwa der Respekt gegenüber der Tradition und die Notwendigkeit des Ausbaus angesichts der zahlreichen berberischen Söldnerheere, welche der Regent ins Land gerufen hatte.

In jedem Fall ist die Große Moschee von Cordoba ein einzigartiges und unwiederholbares Baudenkmal, das in seinen schließlich erreichten gewaltigen Dimensionen der Bedeutung der Kalifatshauptstadt entsprach. Die Freitagsmoschee einer mittelgroßen Stadt hatte gewöhnlich einen fünfschiffigen Betsaal, wie er auch in der Moschee in Medinat az-Zahra anzutreffen ist. Daneben gibt es noch weit kleinere Stadtteilmoscheen mit der Typologie eines sehr schlichten Grundrisses. Ein Beispiel dafür ist die Moschee Bab al-Mardum in Toledo, auch bekannt unter dem Namen Cristo de la Luz. Diese Moschee Bab al-Mardum wurde laut einer Inschrift in ihrer Fassade im Jahre 999/1000 durch die Baumeister Musa ibn Ali und Saada errichtet. Sie ist von sehr kleinen Dimensionen und erhebt sich über einem quadratischen Grundriss von acht Meter Seitenlänge. Der Innenraum ist durch vier Säulen in neun Joche aufgeteilt. Die sich ergebende Form eines griechischen Kreuzes, das einem Quadrat einbeschrieben ist, folgt aghlabidischen Vorbildern des 9. Jahrhunderts. Diese Typologie findet sich in Toledo noch an anderer Stelle, nämlich in der Moschee

Um ihre Macht in Andalusien zu festigen, ließen die Kalifen von Cordoba verschiedene Festungslinien quer durch das Land errichten. Sie besetzten die Festungen mit im Maghreb rekrutierten Truppen. Die Erbauer von Baños de la Encina (Jaén), das die Verbindungsstraße zwischen Toledo und Cordoba kontrollierte, passten sich dabei der Morphologie des Geländes an.

Las Tornerias oder Solarejo aus der Zeit der *reinos de taifas*. Ihr Bauplan steht nach Ewert für das Überleben des cordobesischen kompositorischen Systems, unter Aufnahme lokaler Elemente, etwa des toledanischen Bruchsteinmauerwerks.

Ein weiterer interessanter Gesichtspunkt in der religiösen Baukunst der cordobesischen Epoche bezieht sich auf eine bestimmte Konstruktionsweise des Minaretts, die Felix Hernandez untersucht hat. Es handelt sich um ein Minarett auf quadratischem Grundriss, in welches eine Wendeltreppe eingebaut ist, die in ihrer Mitte ein zylindrisches Widerlager umschließt. Einige dieser Minarette sind durch ihre Wiederverwendung als christliche Kirchtürme erhalten geblieben, so der Kirchturm der Erlöserkirche in Sevilla und die Türme der Kirchen Santiago und San Juan de los Caballeros in Cordoba.

Das Haus des Hayib Djafar ist ein wichtiges Gebäude zu Repräsentationszwecken, das in einer zweiten Bauphase an den Kalifenpalast von Madinat az-Zahra angegliedert wurde.

Madinat az-Zahra, die Stadt der Kalifen

Der Name Madinat az-Zahra bedeutet „die Glänzende Stadt". Manuel Acien hat darauf hingewiesen, dass die Gründung dieser Stadt durch Abd ar-Rahman, am Fuße der Sierra Morena und fünf Kilometer westlich von Cordoba gelegen, eine direkte Folge seiner Proklamation als Kalif im Jahre 929 gewesen ist. Die Würde des neuen Kalifen kam gewöhnlich in der Prägung einer neuen Goldmünze und in neuen Städtegründungen zum Ausdruck. Allgemein geht man von dem Jahr 936 als dem Gründungsdatum aus, obwohl die 941 errichtete Moschee zu den ältesten Gebäuden gezählt wird. Die Bauarbeiten endeten mit dem Tod al-Hakams II. im Jahre 967. In der Bürgerkriegssituation der Jahre 1009 und 1010 wurde die Anlage zerstört und unmittelbar darauf als Steinbruch genutzt, zunächst für islamische und ab 1236 für christliche Bauwerke.

Die wissenschaftliche Untersuchung der archäologischen Fundstelle Madinat az-Zahra nimmt ihren Ausgang im Jahre 1910 mit den Ausgrabungen des Architekten Ricardo Velazquez Bosco, die ab 1944 in systematischer Form durch Felix Hernandez, auch er Architekt, fortgesetzt wurden. Derzeit ist der Archäologe Antonio Vallejo mit der Leitung der Ausgrabungsarbeiten betraut. Bislang ist lediglich ein Teil des im Norden der Stadt gelegenen Alcazar ausgegraben worden.

Die Stadt war auf einem rechteckigen Grundriss errichtet, mit einer Kantenlänte von eineinhalb Kilometern in Ost-West-Richtung und der halben Ausdehnung in Nord-Süd-Richtung. Sie besaß eine einfache Stadtmauer mit breiten, quadratischen Türmen und war terrassenförmig auf drei Stufen zum Tal hin angelegt. Nach dem Historiker al-Idrisi befand sich der Alcazar im nördlichen, am höchsten gelegenen Bereich, dessen Zentrum als bisher einziger Teil der Stadt ausgegraben worden ist. Im südlichen, weiter talwärts gelegenen Bereich entfaltete sich die eigentliche Medina nach Osten hin. Zwischen beiden Bereichen lag die Freitagsmoschee aus dem Jahr 941. Nicht zu vergessen sind wie bei jeder islamischen Stadt die außerhalb der Mauern gelegenen, von regem Leben erfüllten *Arrabales* oder Handwerkervorstädte. Die Stadt war verkehrsmäßig gut an Cordoba angebunden und von *Almunias* oder Gartenanlagen umgeben, von denen sich im Westen die *Almunia* des Kalifen mit dem Namen Rumaniyya erhalten hat sowie im Osten die *Almunia* von Turruñuelos.

Die Kenntnisse, die wir über Madinat az-Zahra besitzen, haben in gewisser Weise den Charakter des Vorläufigen, der noch durch den Umstand verstärkt wird, dass die Angaben aus den arabischen Quellen und die Ergebnisse der archäologischen Ausgrabungen nicht einfach auf einen Nenner zu bringen sind. Antonio Vallejo hat eine Periodisierung der Bauphasen erstellt: Demnach ist in dem auf das Jahr 940 folgenden Jahrzehnt außer der Moschee der westliche Teil des Alcazar errichtet worden, also der so genannte Wohnbereich des Alcazar mit dem Wohngebäude des Kalifen. In den Jahren nach 950 folgt dann eine Erweiterung des Alcazar nach Osten hin, als eine Konsequenz der großen Reform der Kalifatsverwaltung. Dem entsprechen zwei große basilikale Säle, der Große Saal, den Ricardo Velazquez Bosco freigelegt hat, und der von Felix Hernandez freigelegte Reiche Saal.

Die 1964 an der Moschee vorgenommenen Ausgrabungen brachten einige Neuerungen zutage, die später auch in der Freitagsmoschee in Cordoba Anwendung finden sollten: einerseits die Existenz einer Galerie im Hof, und andererseits die doppelte Mauer der Qibla.

Wenngleich die Ruinen von Madinat az-Zahra in erster Linie einen Ausgrabungsort von archäologischem Interesse bilden, so sind doch in einigen Fällen gewaltige Anstrengungen unternommen worden, um anhand der verbliebenen Reste zu einer völligen Rekonstruktion zu gelangen. Ein solcher Fall ist der 1944 durch Felix Hernandez ausgegrabene Empfangssaal. Dieser Reiche Saal wurde als der *Madjlis aš-Šarqi* oder Östliche Saal der arabischen Quellen identifiziert, also als Audienzsaal des Kalifen Abd ar-Rahman III. Er besteht aus einer Galerie mit seitlichen Alkoven, auf die ein großer basilikaler Saal folgt, dessen drei Schiffe durch Bogenwerk abgeteilt sind und von zwei durch Mauern abgetrennte Seitenschiffe flankiert werden. Oberhalb des Saales befindet sich der so genannte Hohe Garten, der sich, von Mauern eingefasst, nach Süden hin ausbreitet. Seine kreuzförmige Aufteilung folgt der persi-

Schale mit Verzierungen in Grün und Braun und mit einem Pferd, das von einem Vogel gelenkt wird. Granada, Archäologisches und Ethnologisches Museum. Aus Madinat Elvira

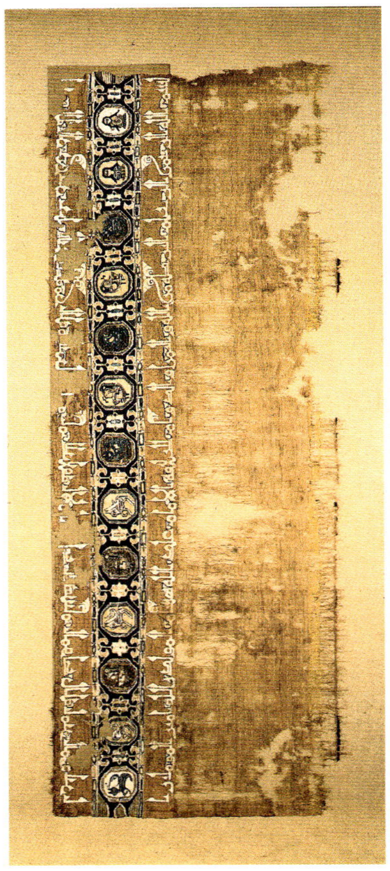

Tiraz- Stoff in Leinen, dekoriert mit einer Inschrift und einem Band mit Medaillons, auf denen kleine Tiere und die Gesichter von Menschen abgebildet sind. Aus einem Reliquiar der Kirche Santa Maria del Rivero in San Esteban de Gormaz. Madrid, Real Academia de Historia.

Keramikschale. Cordoba, Archäologisches Museum

schen Typologie: zwei Gänge oder Fußwege treffen in der Mitte senkrecht aufeinander und teilen den Gartenbereich in vier Abschnitte.

Das große Interesse an der Erfoschung von Madinat az-Zahra liegt darin begründet, dass sich hier die Kunst des Kalifats von Cordoba ausgeformt und ihren höchsten Glanz erreicht hat. In der Stadt ist die Präsenz archäologischer Typologien von höchstem Interesse festzustellen. Unter anderem handelt es sich um die Typologien von Haus, Bad, Empfangssaal, dem kuppelgedeckten Gang und dem kreuzförmigen Garten nach persischem Vorbild. Hier finden sich alle Vorlagen für die spätere Entwicklung der weltlichen andalusischen Architektur. Es sind auch Neuerungen in der Ornamentik festzustellen, wobei ein neuer dekorativer Stil orientalischer Abstammung zu der cordobesischen Tradition hinzutritt. Schließlich darf nicht vergessen werden, dass sich in Madinat az-Zahra die große Werkstatt aller Manufakturen des Kalifats befand, der Brennpunkt künstlerischen Schaffens und Entstehungsort prächtiger Kleinodien aus Elfenbein, Ziegel und Keramik.

Die Befestigungsanlagen

Auf dem Elfenbeingefäß, das Subh, der Mutter des späteren Kalifen Hišam II., zugesprochen wird, sind geometrische Muster und Pflanzenmotive sehr geschickt miteinander verbunden. In ihre Bewegung fügen sich harmonisch Tiere wie Pfauen, Tauben und Antilopen ein. Madrid, Archäologisches Nationalmuseum. Aus der Kathedrale von Zamora

Die Befestigungsanlagen der cordobesischen Periode, errichtet zur Berherrschung und Verteidigung des Territoriums, weisen demgegenüber ihrer Funktion entsprechend eine reiche Formenvielfalt auf. Juan Zozava hat folgende Typologien vorgeschlagen, geordnet nach zunehmender funktionaler Komplexität: a) der Wachturm oder *Atalaya*, auf rundem Grundriss, zur Nachrichtenübermittlung durch ein System von Zeichen; b) der Garnisons- und Verteidigungsturm, auf quadratischem Grundriss, nach dem Typus des *Burdj*, der mit einer Kuppel abschließt. Seine Formensprache spiegelt sich in der Toponymie wider („Alcoba", „Cubo"), wobei der Turm von Noviercas in der Provinz Soria hervorzuheben ist; c) die Felsenburg des *Sadjra*-Typs; d) die Burg des *Qal'a*-Typs, Bestandteil des administrativen Systems der Kommende, in späterer Zeit abhängig von der Zentralgewalt in Cordoba; e) die befestigte Stadt des *Medina*-Typs, als Beispiel wäre Medinaceli anzuführen; f) die Festung des *Hisn*-Typs, die institutionell gesehen einem Militärprotektorat entspricht.

Für die Zeit des Emirats ist vor allem die Anlage der Alcazaba von Merida aus der Regierungszeit Abd ar-Rahmans II. hervorzuheben sowie diejenige der Alcazaba von Calatrava la Vieja aus der Zeit Mohammeds I, letztere Anlage mit Aussichtsturm und einem gekrümmten Torzugang. Bereits während des Kalifats wurde ein komplexes Festungssystem angelegt, das sowohl der Verteidigung nach außen diente (mit den Festungen von Tarifa und Marbella zum Schutz der Küste vor aus Afrika drohenden Gefahren, und derjenigen von Gormaz im Tal des Duero gegen die Christen im Norden) als auch dazu, das Territorium und seine Verkehrswege im Inneren zu kontrollieren (die Festungen El Vacar, auf dem Weg von Cordoba nach Badajoz, und Baños de Encina, welche die Straße von Cordoba nach Toledo an Eingang zum Despeñaperros-Pass kontrollierte). Diese Festungen des Kalifats sind aus Quadersteinen oder Mörtel errichtet und verfügen über Mauern mit breiten quadratischen Türmen. Gelegentlich sind sie, wie in Gormaz der Fall, nur durch gewaltige Toranlagen zu betreten.

Folgende Seite oben links:

Schmuckkästchen mit Verzierungen aus Elfenbein und mit vielpassigen Medaillons, auf welchen Szenen des höfischen Lebens abgebildet sind. Pamplona, Museo de Navarra. Aus dem Kloster Leyre

Das Kunsthandwerk

Schließlich hat uns das verfeinerte und luxuriöse Leben des Hofes von Cordoba eine bedeutende Produktion von fein gearbeiteten Kunstgegenständen aus Elfenbein, Gold, Silber und Bronze hinterlassen, zudem reich geschmückte Ziegel und glasierte Keramik. Dieses Kunsthandwerk wird zum größten Teil der glanzvollen Zeit des Kalifats von Cordoba zugeordnet. Fast alle diese wertvollen Stücke sind in den Schatz-

kammern der christlichen Kirchen und Klöster bis heute erhalten geblieben. Dieser Umstand verdeutlicht die Wertschätzung, die man ihrem materiellen Wert und ihrer künstlerischen Qualität entgegengebracht hat. Teilweise wurden sie als Reliquienschreine wiederverwendet oder in anderer Weise im Gottesdienst gebraucht.

An erster Stelle stehen die Arbeiten aus Elfenbein. Aus dem aus Afrika kommenden Material wurden zylindrische Gefäße und kleinformatige Schatullen gefertigt; Geschenke, die der Aufbewahrung von Juwelen oder von Aromastoffen und Heilmitteln wie Bernstein, Moschus und Kampfer dienten. Eine große Zahl von Kunstgegenständen aus Elfenbein lässt sich nach Inschriften auf die Zeit zwischen 964 und 970 datieren. Zwei Werkstätten können unterschieden werden, eine in der örtlichen Tradition stehende, repräsentiert durch das im Madrider Archäologischen Nationalmuseum aufbewahrte Gefäß aus der Kathedrale von Zamora, und eine weitere, mit orientalischem Einfluss in der Dekoration, deren Werke von einem Meister Halaf gezeichnet sind. Dazu gehören das Gefäß der New Yorker Hispanic Society, die Schatulle aus Fitero in Navarra und das Gefäß von al-Mugira, das sich im Louvre befindet. Eine weitere Gruppe cordobesischer Gegenstände aus Elfenbein ist jüngeren Datums, aus der Regierungszeit des Regenten Abd al-Malik, wie etwa das Gefäß in der Kathedrale von Braga oder die Schatulle von Leyre.

Unter den Gegenständen aus Silber sticht die Schatulle in der Kathedrale von Gerona hervor, ein Werk aus dem Jahre 976, und unter den Bronzeobjekten sind einige Tierdarstellungen hervorzuheben, die als Wasserspeier in einem Springbrunnen fungierten, besonders zwei Hirsche, einer im Archäologischen Museum in Cordoba und einer im Archäologischen Nationalmuseum in Madrid. Ebenfalls von besonderem Interesse sind die Stoffe aus Cordoba, die nach ihrer Fabrikationsstätte (Dar at-Tiraz) *Tiraz* genannt werden. Diese Manufaktur ist bereits seit der Zeit des Abd ar-Rahman II. nachgewiesen, als feine Stoffe aus Seide, Wolle und Baumwolle gewoben wurden. Nur Fragmente sind erhalten, darunter ein Schleier aus der Zeit des Kalifen Hišam II., der aus der Kirche San Esteban in Gormaz in der Provinz Soria stammt und in der Academia de la Historia in Madrid aufbewahrt wird.

Die Stücke aus glasierter Keramik schließlich sind in größerer Zahl vorhanden und werden immer wieder bei archäologischen Ausgrabungen zutage gefördert. Für die hier behandelte Zeit ist eine Dekoration in Grün- und Schwarztönen vorherrschend. Die Grundlage hierfür sind Kupferoxide und Mangan; die Stücke sind mit einem zinnhaltigen Firnis überzogen. Herausragende Stücke aus den Ausgrabungen in Madinat az-Zahra und Hadira Elvira finden sich in den Archäologischen Museen von Cordoba und Granada.

Schmuckkästchen, das von al-Hakam II. für seinen Sohn, Hišam II., in Auftrag gegeben wurde. Es besteht aus vergoldetem Silber mit Niellierarbeiten; die Verzierungen stellen Rebschöße und kleine Palmen dar. Girona, Schatzkammer der Kathedrale

Dieser in ziselierter Bronze gearbeitete Hirsch gehörte zum städtischen Hausrat von Madinat az-Zahra, wo er den Beckenrand eines Springbrunnens schmückte. Cordoba, Archäologisches Museum

Die Burg von Gomaz im Duerotal sollte den Angriffen der christlichen Könige aus dem Norden die Stirn bieten. Die großzügigen Abmessungen sind in dem monumentalen Eingangstor erhalten geblieben.

Anmerkungen und Literaturverzeichnis

Omayyaden und Abbasiden

Asin Palacios, M., *Dante e l'Islam. L'escatologia islamica nella Divina Commedia*, Parma 1994.
Creswell, K.A.C., *Early Muslim Architecture*, Oxford 1932–1940.
Cuneo, P., *Storia dell'Urbanistica. Il mondo islamico*, Roma–Bari 1986.
Curatola, G., Scarcia, G., *Le arti nell'Islam*, Rom 1990.
Grabar, O., *Arte islamica. La formazione di una civiltà*, Mailand 1989.
Grabar, O., *The Mediation of Ornament*, Washington D.C. 1992.
Grabar, O., *The Shape of the Holy. Early Islamic Jerusalem*, Princeton 1996.
Herzfeld, E., *Der Wandschmuck der Bauten von Samarra und seine Ornamentik*, in: *Die Ausgrabungen von Samarra*, Bd. I, Berlin 1928.
Hillenbrand, R., *Islamic Art and Architecture*, London 1999.
Hoag, J., *Architettura Islamica*, Mailand 1989.
Der Koran, dt. L. Ullmann, bearbeitet von L. Winter.
Kuhnel, E., *Die Arabesque*, Wiesbaden 1949.
Michell, G. (Hrsg.), *Architecture of the Islamic World*, London 1978.
Monneret de Villard, U., *Introduzione allo studio dell'archeologia islamica*, Roma–Venedig 1966.
Otto-Dorn, K., *Türkische Grabseine mit Figurenreliefs aus Kleinasien*, in: *Ars Orientalis,* Band III, 1959, S. 63–76.
Papadopoulo, A., *L'Islam e l'arte musulmana*, Mailand 1992.
Piccirillo, M., *The Mosaics of Jordan*, Amman 1993.
Riegl, A., *Antichi tappeti Orientali*, Macerata 1998.
Said, E., *Orientalism*, London 1978.
Scarcia, G., *Il volto di Adamo. Islam: la questione estetica nell'altro Occidente*, Venedig 1995.
Al-Tabari Ibn Garir, *Vita di Maometto*, S. Noja, Mailand 1985.
Watt, W. M., Welch A. T., *L'Islam, Maometto e il Corano,* Mailand 1981.

Der Niedergang der Barbareinreiche des Westens

C. Bertelli e P. Brogiolo (Hrsg.), *Il futuro dei Longobardi. L'Italia e la costruzione dell'Europa di Carlo Magno*, I–II, Mailand 2000.
G. P. Bognetti, *Età Longobarda*, I–IV, Mailand 1966.
D. Claude, *Geschichte der Westgoten*, Stuttgart 1970.
P. Delogu, A. Gouillou, G. Ortalli, *Longobardi e bizantini*, Turin 1980.
Die Franken Wegbereiter Europas. Vor 1500 Jahren: König Chlodwig und seine Erben, I–II, Mainz 1996.
F. Dölger, *Byzanz und die Europäische Staatenwelt*, Darmstadt 1976.
E. Ewig, *Die Merowinger und das Frankenreich*, Stuttgart 1988.
J. Fontaine, J. N. Hillgarth, *The Seventh Century. Change and Continuity*, London 1992.
P. J. Geary, *Before France and Germany. The creation and transformation of the Merovingian world*, Oxford 1989.
M. Guidetti, *Il Mediterraneo e la formazione dei popoli europei. V–X secolo*, Mailand 2000.
R. Hodges, *Mohamet, Charlemagne and the origins of Europe*, Duckworth 1983.
M. Lombard, *Espaces et réseaux du haut moyen âge*, Paris 1972.
R. Markus, *Gregory the Great and his World*, Cambridge 1997.
H. Pirenne, *Mahomet et Charlemagne* (Paris–Brüssel 1937, dt.: Die Geburt des Abendlandes, Leipzig 1939; Frankfurt a. M. 1986); auch in: *Mohammed und Karl der Große: Die Geburt des Abendlandes,* Stuttgart 1987.
F. Prinz, *Grundlagen und Anfänge. Deutschland bis 1056*, München 1993.
P. Riché, *Éducation et culture dans l'Occident barbare VI–VIII siècles*, Paris 1962.
M. Vallejo Girvés, *Bizancio y la España tardo antigua (ss V–VIII). Un capítulo de historia mediterránea*, Alcalá de Henares 1993.
J.M. Wallace-Hadrill, *Early Germanic Kingship in England and on the Continent*, Oxford 1971.
H. Wolfram, *Das Reich und die Germanen. Zwischen Antike und Mittelalter*, Berlin 1990.

[1] R. Hodges, „Henri Pirenne and the question of Demand in the sixth Century" in: R. Hodges und W. Bowden (Hrsg.), *The Sixth Century. Production, Distribution and Demand*, Leiden 1998, S. 23.

[2] P. Riché, *Éducation et culture dans l'Occident barbare*, S. 371, und P. Geary, *Before France and Germany*, S. 172.

[3] D. Claude, *Geschichte der Westgoten*, S. 85–86 und 92.

[4] F. Prinz, *Grundlagen und Anfänge*, S. 56–57.

[5] K. F. Werner, *La place du VII siècle dans l'évolution politique et institutionnelle de la Gaule franque,* in: J. Fontaine und J. N. Hillgarth, *The Seventh Century*.

[6] E. Ewig, *Die Merowinger und das Frankenreich*, S. 78 und 87.

[7] R. Hodges, *Dark Age Economics. The Origins of Towns and Trade A.D. 600–1000*, London ^{2}1989, S. 31–39; H. Vierck, *Imitatio imperii und interpretatio germanica vor den Wikingerzeit,* in: *Les pays du Nord et Byzance*, Uppsala 1981, S. 65ff.

[8] F. Prinz, *Clero e guerra nell'alto Medioevo*, Turin 1994, S. 77 ff., P. Geary, *Before France and Germany*, besonders S. 226 ff.

[9] *Annales Regni Francorum*, ad. 749.

Die westgotische Kunst

J. Ferrandis, *Artes decorativas visigodas*, in: *Historia de España,* M. Pidal (Hrsg.), Band 3, *España visigoda*, Madrid 1940, S. 433–666 (2. Auflage, Madrid 1962).
J. Fontaine, *L'art préroman hispanique*, I, Collection Zodiaque, La Pierre-qui-Vire 1973.
L'Europe héritière de l'Espagne Wisogothique, Internationales Kolloquium des CNRS, abgehalten in der Stiftung Singer-Polignac, Paris 1990 (Zusammenkunft im Casa de Velázquez, Madrid 1992).
L.A. García Moreno, *Historia de la España visigoda,* Madrid 1989.
P. de Palol, *Arte y arqueolgía,* in: *Historia de España,* M. Pidal (Hrsg.), Band 3, *España visigoda,* Madrid 1991, S. 271–428.
P. de Palol, G. Ripoll, *Los godos en el occidente europeo. Ostrogodos y visigodos en los siglos V–VII,* Madrid 1988.
H. Schlunk, *Arte visigodo. Arte asturiano,* in: *Ars Hispaniae*, II, Madrid 1947.
Sammelwerke
Jornadas Internacioanales „Los visigodos y su mundo", Madrid 1998.

[1] P. de Palol, *Arte hispánico de la época visigoda*, Barcelona 1968.

[2] P. de Palol, *Arqueología cristiana de la España romana (siglos IV–VI)*, Madrid–Valladolid 1967.

[3] J. Fontaine, *Isidore de Séville et la culture classique dans l'Espagne wisigothique*, Paris 1959; M. C. Díaz y Díaz, *De Isidoro al siglo XI*, Barcelona 1976; J. Fontaine, *Culture et spiritualité en Espagne du VIe au VIIe siècle*, London 1986.

[4] R. Puertas Tricas, *Iglesias hispánicas (siglos IV al VIII). Testimonios literarios*, Madrid 1975.

[5] H. Schlunk, *Die Kirche von Giao bei Nazaré (Portugal). Ein Beitrag zur Bedeutung der Liturgie für die Gestaltung des Kirchengebäudes*, in: *Madrider Mitteilungen*, XII, 1971, S. 205–240 und in: *Actas do II. Congresso Nacional de Arqueologia II*, Coimbra 1971; C. Godoy, *Arqueología y liturgia. Iglesias hispánicas (siglos IV al VIII)*, Barcelona 1995.

[6] P. de Palol, „Esencia del arte hispánico de época visigoda: romanismo y germanismo", in: *I goti in Occidente*, Settimana Spoleto, 3, 1956, S. 65–126.

[7] *Estudios iconográficos en la iglesia de San Pedro de la Nave*, Archivo Español de Arte, XLIII, 1970, S. 245–248.

[8] Schlunk, H., *Observaciones en torno al problema de la miniatura visigoda*, Archivo Español de Arte, XVII, 1945, S. 241–265.

Die Welt der Merowinger

R. Christlein, *Die Alamannen. Archäologie eines lebendigen Volkes*, Stuttgart–Aalen 1978.
H. Gaillard de Semainville (Hrsg.), *Les Burgondes. Apports de l'archéologie*, Dijon 1995 (Unterlagen des internationalen Kolloquiums von Dijon, November 1992).
J. Hubert, J. Porcher, F. Volbach, *L'Europe des invasions*, Paris 1967.
W. Menghin (Hrsg.), *Tauschierarbeiten der Merowingerzeit. Kunst und Technik*, Berlin 1994 (Museum für Vor- und Frühgeschichte, Bestandkataloge, Band 2).
P. Perin (Hrsg.), *Gallo-Romains, Wisigoths et Francs en Aquitaine, Septimanie et Espagne*, Fléville 1991 (Unterlagen zum 7. internationalen Gespräch über die Archäologie der Merowingerzeit in Toulouse 1985).
H. Roth, *Kunst und Handwerk im frühen Mittelalter. Archäologische Zeugnisse von Childerich I. bis zu Karl dem Großen*, Stuttgart 1986.
E. Salin, *La civilisation mérovingienne d'après les sépultures et le laboratoire*, Paris 1950–1959; 4 Bände, Bd. I: *Les idées et les faits* (1950); Bd. II: *Les sépultures* (1952); Bd. III: *Les techniques* (1957); Bd. IV: *Les croyances* (1959).
B. Thieme, *Filigranscheibenfibeln der Merowingerzeit aus Deutschland*. Frankfurt 1978 (Bericht der Römisch-Germanischen Kommission, Bd. 59).

Sammelwerke

Die Alamannen, Katalog der Ausstellung des Archäologischen Landesmuseums Baden-Württemberg, Stuttgart 1997.
Die Franken, Wegbereiter Europas, Katalog der Ausstellung des Reiss-Museums in Mannheim, 2 Bände, Mainz 1996.
From Attila to Charlemagne. Arts of the Early Medieval Period in The Metropolitan Museum of Art (Unterlagen des Metropolitan Museum of Art, New York, 22./23. Mai 1995), The Metropolitan Museum of Art Symposia, Yale University Press 2000.
Gaule mérovingienne et monde méditerranéen (Unterlagen zum 9. Gespräch über die Archäologie der Merowingerzeit, Musée archéologique de Lattes, 24.–27. September 1987) und *Les derniers romains en Septimanie (4. bis 7. Jahrhundert)* (Katalog der Ausstellung im Museum von Lattes), Lattes 1988.
Naissance des arts chrétiens, Paris 1991 (Atlas zur Archäologie in Frankreich, Bauwerke aus der frühchristlichen Zeit Frankreichs, Bd. 1).
Les premiers monuments chrétiens de la France, Paris; 1. Südosten und Korsika, 1995; 2. Südwesten und Zentral-Frankreich, 1996; 3. Westen, Norden und Osten, 1998.
Premiers temps chrétiens en Gaule méridionale. Antiquité tardive et Haut Moyen Age (IIIe–VIIIe siècles), Katalog der Wanderausstellung des Museums für gallo-romanische Zivilisation in Lyon, Châtillon-sur-Chalaronne 1986. *Recueil général des monuments sculptés en France pendant le haut Moyen Âge (IVe–Xe siècles).* (Comité des travaux historiques et scientifiques Paris); Bd. 1: Paris und sein Département, 1978; Bd. 2: Départements Isère, Savoie, Haute-Savoie, 1981; Départements Val-d'Oise und Yvelines, 1984; Haute-Garonne 1987.

Esche und Köcher – Italien in langobardischer Zeit

Die umfassendste und jüngste Untersuchung zu allen Aspekten der Begegnung zwischen Italien und den Barbarenvölkern bietet der Sammelband *Magistra Barbaritas. I barbari in Italia,* Mailand 1984; von den vielen Abhandlungen werden mit Blick auf das hier behandelte Thema der luzide und wirkungsvolle Überblick von A. Peroni, *Larte nell età longobarda. Una traccia,* S. 229–297, und die umfassende Untersuchung von V. Bierbrauer, *Aspetti archeologici di Goti, Alamanni e Longobardi,* S. 445–508, erwähnt.
Eine weitere Aktualisierung bieten *Langobardia,* S. Gasparri und P. Cammarosano (Hrsg.), Udine1990, und der Katalog der Ausstellung in der Villa Manin von Passariano, *I Longobardi,* G. C. Menis (Hrsg.), Mailand 1990; dazu tritt der Ergänzungsband *Italia longobarda,* G. C. Menis (Hrsg.), Venedig 1991.
Einen zusammenfassenden Abriss aller Fragen, von den historisch-sozialen bis zu den archäologischen und künstlerischen, enthält A. Melucco Vaccaro, *I Longobardi in Italia. Materiali e problemi,* Mailand 1982, und W. Menghin, *Die Langobarden. Archäologie und Geschichte,* Stuttgart 1985.
Die *Historia Langobardorum* ist verfügbar in der guten Ausgabe von L. Capo, Mailand 1992, und in der reich mit Abbildungen ausgestatteten Ausgabe von R. Cassanelli, Mailand 1985.
Eine Sammlung der wichtigsten historischen Quellen und der langobardischen Gesetzestexte ist verfügbar in: *Le leggi dei Longobardi. Storia, memoria e diritto di un popolo germanico,* C. Azzara und S. Gasparri (Hrsg.), Mailand 1992; auf den Seiten 222–226 ist das *Memoratorium* publiziert.
Das historische Geschehen in der Komplexität all seiner Verwicklungen wird dargestellt bei S. Gasparri, *Prima delle nazioni. Popoli, etnie e regni fra Antichità e Medioevo,* Rom 1997.
Zum methodischen Aspekt der Forschung vgl. S. Gelichi, *Introduzione all'archeologia medievale. Storia e ricerca in Italia,* Rom 1997.
Zum Wettbewerb von Brescia, der den Beginn der modernen Phase der „langobardischen Frage" markiert, vgl. G. Panazza, *Il concorso per il premio biennale dell'Ateneo di Brescia sull'architettura longobarda del 1826–29,* Brescia 1986.
Zum großen Teil den Phasen, die dem Umzug nach Italien vorausgingen, ist das Werk *Die Langobarden. Von der Unterelbe nach Italien,* R. Busch (Hrsg.), Neumünster 1988, gewidmet.
Zu den wichtigsten Gräberstätten in Italien vgl. *La necropoli di S. Stefano „in Pertica". Campagne di scavo 1987–88,* I. Ahumada Silva, P. Lopreato, A. Tagliaferri (Hrsg.), Venedig 1990; *La necropoli altomedievale di Castel Trosino. Bizantini e Longobardi nelle Marche,* L. Paroli, B. Ciniselllo, Silvana, 1995; *Umbria longobarda. La necropoli di Nocera Umbra nel centenario della scoperta,* L. Paroli, Rom 1996.
Zu Überlegungen zur Stadtgeschichte anhand der Ergebnisse der archäologischen Forschung vgl. G. P. Brogiolo, S. Gelichi, *La città nell'alto medioevo italiano. Archeologia e storia,* Rom–Bari 1998.
Zu Benevent vgl. M. Roth, *Benevento romana e longobarda. L'immagine urbana,* Benevento 1986. Viele Beiträge, wenn auch allgemein in einem nicht homogenen und nicht perfekt fokussierten Rahmen, bietet der Katalog der Ausstellung von Brescia, *Il futuro dei Longobardi. L'Italia e la costruzione dell'Europa di Carlo Magno,* C. Bertelli und G. Brogiolo (Hrsg.), Mailand 2000 (2 Bände); hier finden sich auch weiterführende bibliografische Angaben zu Spezialthemen.

Der Einfluss des Mittelmeerraumes auf die Kunst Britanniens und Irlands

J. J. G. Alexander, *Insular manuscripts 6th to the 9th century,* London 1978.
Angli e Sassoni al di quà e al di là del mare. Settimane di studio del centro italiano di studi sull'alto medioevo, XXXII, Spoleto 1986, 2 Bände.
L. Bieler, *The Classics in Celtic Ireland.* In: R. R. Bolgar (Hrsg.), *Classical influences on European Culture A. D. 500–1500,* Cambridge 1971, S. 45–49.
E. Campbell, *Trade in the Dark Age West: a peripheral activity?* In: B. Crawford (Hrsg.), *Scotland in Dark Age Britain,* St. John's House Papers N. 6, St. Andrews 1996, S. 79–91.
K. R. Dark (Hrsg.), *External contacts and the economy of Late Roman and Post-Roman Britain,* Woodbridge 1996.
S. M. Foster (Hrsg.), *The St. Andrews Sarcophague. A Pictish masterpiece and its international connections,* Dublin 1998.
M. G. Fulford, *Byzantium and Britain, a Mediterranean perspective on Post-Roman Mediterranean imports in Western Britain and Ireland,* in: *Medieval Archaeology,* 33, 1989, S. 1–6.
W. Levison, *England and the Continent in the eighth century,* Oxford–New York 1946.
A. M. Luiselli Fadda und E. O. Carragain (Hrsg.), *Le isole britanniche e Roma in età romanobarbarica,* in: *Biblioteca di cultura Romanobarbarica 1,* Rom 1998.
C. L. Neuman de Vegvar, *The Northumbrian Renaissance; a study in the transmission of style,* Selinsgrove–London–Toronto 1987.
C. A. R. Radford, *The Mediterranean sources of sculpture in stone among the insular Celts and the survival into the full medieval age.* In: L. Laing (Hrsg.), *Studies in Celtic survival,* in: *British Archaeological Reports,* British Series 37, Oxford [3]1977, S. 113–23.
D. Talbot Rice, *Britain and the Byzantine world in the Middle Ages.* In: *Byzantine Art and European Art, Lectures; Ninth Council of Europe Exhibition,* Athen 1966, S. 21–42.
F. Saxl und R. Wittkower, *British Art and the Mediterranean,* London 1948.
C. Thomas, *The context of Tintagel: a new model for the diffusion of Post-Roman mediterranean imports,* in: *Cornish Archaeology,* 27, 1988, S. 7–25.
Whitehouse, David, *The Mediterranean perspective.* In: R. Farrell und C. Neuman de Vegvar (Hrsg.), *Sutton Hoo: fifty years after, American early medieval studies,* 2, Ohio 1992, S. 117–28.
D. H. Wright, *The Italian stimulus on English art around 700.* In: H. von Einem (Hrsg.), *Stil und Überlieferung in der Kunst des Abendlandes. Akten des 21. Internationalen Kongresses für Kunstgeschichte in Bonn,* 1964 I, Berlin 1967, S. 84–92.
S. Youngs, *'The Work of Angels'. Masterpieces of Celtic Metalwork, 6th–9th centuries AD,* London 1989.

[1] Dieser Niedergang findet seinen Abschluss mit der Krönungsfeier für Kaiser Karl den Großen, König der Franken. Die Krönung fand in Rom in der Petersbasilika im Vatikan zu Weihnachten des Jahres 800 durch Papst Leo III statt. O. Bertolini, *Roma di fronte a Bisanzio e ai Longobardi*, Bologna 1941; R. Krautheimer, *Roma. Profilo di una città (312–1308)*, Rom 1981, spez. S. 143–178.

[2] Im Italienischen hat die Autorin den so nicht übersetzbaren Titel „Gli Orienti a Roma" („die Osten", „die Oriente", Plural) gewählt [Anm. des Übers.].

[3] J.M. Sansterre, *Les Moins grecs et orientaux à Rome aux époques byzantine et carolingienne (milieu du VI – fin du IX siècle),* Brüssel 1983, Neuausgabe Brüssel 1993.

[4] Der Bildersturm bricht 726 infolge des von Leo III. dem Isaurier verkündeten kaiserlichen Edikts aus und findet sein Ende mit dem 2. Konzil von Nicäa, das auf Wunsch der bilderfreundlichen Kaiserin Irene, der Witwe des Kaisers Konstantin V. und Regentin für den Sohn Konstantin (VI.), einberufen wird und die Rechtmäßigkeit religiöser Bilder sanktioniert.

[5] O. Bertolini, ebendort, S. 194–215; Krautheimer, *Roma. Profilo di una città (312–1308),* Rom 1981, S. 81–92.

[6] Vgl. G. Matthiae, *Pittura romana del medioevo*, I, wissenschaftliche Neubearbeitung von M. Andaloro, Rom 1987; M. Andaloro, S. Romano, *Arte e iconografia a Roma*, Mailand 2000, S. 98–103.

[7] *Liber Pontificalis*, Texte, introduction et commentaire par L. Duchesne, I, Paris 1981, S. 463.

[8] R. Krautheimer, *Corpus Basilicarum Christianarum Romae*, I, Vatikan 1937, S. 78–83; E. Zocca, *La Basilica dei Ss. Apostoli in Roma*, Rom 1939.

[9] „...multo amplius vero ejus sanctissimi successores dominus Pelagius atque dominus Joannes mirae magnitudinis ecclesiam apostolorum a solo aedificantes historias diversas tam in musivo quam in variis coloribus cum sacris pingentes imaginibus...", J. P. Migne, *P.L.*, XCVIII, Sp. 1285.

[10] Der *Liber* in M. Andaloro, *L'Italia di Cimabue* in: *Arte Medievale,* 2, 1985, bes. S. 143–162, S. 164–165 und Anm. 167–174.

[11] G. Cornini, *Il Quattrocento*, in: *Pinacoteca vaticana,* Mailand 1992, S. 189–252, bes. S. 212.

[12] Zu den Umständen der Erhaltung des Mosaiks, zum Teil Ergebnis von Ergänzungen des 17. Jhs. vgl. G. Matthiae, *Mosaici medievali delle chiese di Roma*, S. 143–147.

[13] G. Matthiae, *Mosaici medievali delle chiese di Roma,* s. o., S. 147.

[14] G. Matthiae, *Pittura romana del Medioevo. Secc. IV–X*, Bd. I, wissenschaftliche Neubearbeitung und Bibliographie von M. Andaloro, Rom 1987, S. 93–98; M. Andaloro, ebendort, S. 249–250; M. Andaloro, *Pittura romana e pittura a Roma da Leone Magno a Giovanni VII,* in: *Committenti e produzione artistico-letteraria nell'alto medioevo occidentale,* Settimane di Studio del Centro Italiano di Studi sull'Alto Medio Evo, Spoleto, 4–10 aprile 1991, Spoleto 1992, S. 569–609; P. J. Nordhagen, *The earliest decorations in Santa Maria Antiqua and their date*, in: *Acta ad archaeologiam et artium historiam pertinentia,* I (1962), S. 56–66.

[15] M. Andaloro, *La parete palinsesto: 1900–2000*, in: *Santa Maria Antiqua, 100 anni dopo lo scavo,* Convegno di studi, Rom Mai 2000 (im Druck), zum Versuch, „mimetische" Untersuchungsmodelle anzubieten, die die Prozesse der Anlage der Gesichter in der jeweils nachfolgenden malerischen Fassung sichtbar zu machen in der Lage sind.

[16] Vgl. dazu S. Frau in „La Repubblica", vom 4. 11. 2000, S. 12–13.

[17] Ebendort.

[18] P. Romanelli, P. J. Nordhagen, *Santa Maria Antiqua*, Rom 1964, S. 23–24. Der Zeitpunkt für die dritte Schicht mit den Gestalten der Kirchenväter ist durch ein präzises Datum angeregt. Die Texte auf den Schriftrollen enthalten ausreichend Elemente, um sie auf das Laterankonzil von 649 zu beziehen.

[19] Boni in E. Tea, *La Basilica di Santa Maria Antiqua*, Mailand 1937, S. 137–141.

[20] M. Avery, *The Alexandrian style at Sancta Maria Antiqua in Rome*, in: *Art Bulletin,* VII (1925), S. 131–149, der die Überzeugung von Morey referiert und sich zu Eigen macht.

[21] C. L. Striker, Y. D. Kuban, *Work at Kalenderhane Camii in Istanbul: Third and Fourth Preliminary Reports*, in: *Dumbarton Oaks Papers,* 25 (1971), S. 251–258 (bes. S. 255–256); E. Kitzinger, *Byzantine Art in the Making. Main lines of stylistic development in Mediterranean Art 3rd–7th Century*, London 1977, S. 115–116; ital.: *L'arte bizantina. Correnti stilistiche nell'arte mediterranea dal III al VII secolo*, Mailand 1989, S. 129–130.

[22] E. Kitzinger, *Römische Malerei vom Beginn des 7. bis zur Mitte des 8. Jahrhunderts*, Diss. Universität München 1934 (gedruckt 1936).

[23] E. Kitzinger, *The Hellenistic Heritage in Byzantine Art*, in: *Dumbarton Oaks Papers,* 17 (1963), S. 95 115; M. Andaloro, Einführung in: E. Kitzinger, *L'arte bizantina. Correnti stilistiche nell'arte mediterranea dal III al VII secolo*, Mailand 1989, S. 11–14. Die ziemlich junge Entdeckung des Mosaiks mit der *Vorstellung im Tempel,* zunächst in der Kalenderhane Moschee, nach seiner Abnahme im Archäologischen Museum von Istanbul, dessen passendste Datierung eher das fortgeschrittene 6. als das 7. Jahrhundert sein sollte, hat Wasser auf die Mühle von Kitzingers Ansatz gebracht, denn in diesem Mosaik sind einige Stücke, und ich denke insbesondere an die Gestalt der Theotokos, von einer hellenisierenden Sprache durchdrungen, die bis heute derjenigen im Ausdruck der Gesichter des „schönen Engels" und der Jungfrau Maria auf der ersten Schicht der Palimpsestwand von Santa Maria Antiqua am nächsten kommt. Zum Konstantinopler Mosaik E. Kitzinger, *L'arte bizantina* (op. cit.); die dort vorgeschlagene Datierung in die ersten Jahrzehnte des 7. Jahrhunderts ist jedoch auch aus archäologischen Gründen nicht zu teilen.

[24] E. Kitzinger, *L'arte bizantina* (op. cit.), S. 121–125; P. J. Nordhagen, *„Hellenism" and the frescoes in Santa Maria Antiqua. Notes on the evolution of an art historical theory*, in: *Konsthistorik tidskrift,* 16 (1972), 3–4, S. 73–80.

[25] Monografie über die Silberteller von E. C. Dodd, *Byzantine Silver Stamps*, Washington D. C. 1961, S. 178–194; H. L. Kessler, Nr. 425–433, in: *Age of Spirituality* (Ausstellungskatalog), K. Weitzmann (Hrsg.), New York–Princeton 1979, S. 475–483.

[26] E. Tea, (op. Cit.), S. 7, 19, 41.

[27] A. Lipinsky, *La crux vaticana e la sua originaria destinazione. La croce di Giustino II alla luce delle più recenti ricerche*, in: *L'Urbe,* n. s., XXXII (1969), 4, S. 13–19.

[28] E. Kitzinger, *Römische Malerei vom Beginn des 7. bis zur Mitte des 8. Jahrhunderts*, München 1934, S. 15–21; P. J. Nordhagen, *The frescoes of John VII (A. D.705–707)*, in: *Acta ad archaeologiam et artium historiam pertinentia,* III (1969); G. Matthiae, *Pittura romana*, S. 104–116, und M. Andaloro, ebendort S. 251–252. Es ist jedoch daran zu erinnern, dass sich innerhalb des gesamten auf den Auftrag Johannes' VII. zurückgehenden Bildprogramms auch eine andere Tendenz abzeichnet, die gut von der Serie der Clipeus-Büsten der Apostel auf der Nordwand des Presbyteriums repräsentiert werden. Die Wand ist durch das monumentale Maß der Darstellung und die stilistischen Elemente eines ausgeprägten Linearismus charakterisiert [E. Kitzinger, *Römische Malerei* (op. cit.), 1934].

[29] Wie auch durch die Verwendung derselben Silhouetten aufgezeigt werden kann, zumindest für die Gesichter, vgl. P. Pogliani, *I mosaici dell'Oratorio di Giovanni VII (705–707) dall'antica basilica di San Pietro*, Dissertation, Università degli studi della Tuscia, Viterbo 1996–1997.

[30] Das Oratorium wurde 1609 zusammen mit der Fassade des alten San Pietro zerstört, um Raum für die von Maderno konzipierte Fassade der neuen Basilika zu schaffen (M. Andaloro, *I mosaici dell'oratorio di Giovanni VII*, in: *Fragmenta picta. Affreschi e mosaici staccati del Medioevo romano,* Ausstellungskatalog, Rom, Engelsburg 15. Dez.–18. März 1990, S. 169–177). Die erhaltenen Mosaiken wurden auf die Vatikanischen Grotten, die Sakristei der Basilika Santa Maria in Cosmedin in Rom, die San-Marco-Basilika in Florenz, das Museo diocesano von Orte verteilt (Analyse in P. J. Nordhagen, *The mosaics of John VII (705–707 a. D.). The mosaic fragments and their technique*, in: *Acta ad archaeologiam et artium historiam pertinentia,* II (1965), S. 121–166; zum Fragment des Petrus aus der *Geburt Christi* im Puschkinmuseum zu Moskau vgl. M. Andaloro, *Aggiornamento* (op. cit.), S. 262–263.

[31] Vgl. Anm. 22.

[32] Es handelt sich um verschiedene vortreffliche Paneele mit der Gestalt des heiligen Demetrius und Spendern. Vgl. V. Lazarev, *Storia della Pittura Bizantina*, Turin 1967, Abb. 42–51.

[33] Bekanntlich sind die Fesken von Castelseprio ein stark diskutiertes Werk. Die Datierungsvorschläge schwanken zwischen dem 6. und dem vorgerückten 9. Jahrhundert. Zum Stand der Diskussion sei verwiesen auf M. Andaloro, in: *Enciclopedia dell'arte Medievale,* V, s. u. *Castelseprio,* Rom 1994.

[34] G. Matthiae, *Mosaici medievali* (op. cit.), S. 169–172.

[35] M. Andaloro, S. Romano, *Arte e iconografia a Roma. Da Costantino a Martino V*, Mailand 2001.

[36] G. Matthiae, *Pittura romana* (op. cit.), S. 120; M. Andaloro, ebendort, S. 253, 259.

[37] P. Cellini, *Una Madonna molto antica*, in: *Proporzioni,* 3, 1950, S. 1–8; M. Andaloro, in: *Aurea Roma. Da Roma pagana a Roma cristiana* (op. cit.).

[38] C. Bertelli, *La Madonna del Pantheon*, in: *Bollettino d'arte,* 46, 1961, S. 24–32.

[39] M. Andaloro, in: *Aurea Roma. Da Roma pagana a Roma cristiana* (op. cit.).

[40] C. Bertelli, *La Madonna di Santa Maria in Trastevere*, Rom 1961; M. Andaloro, in: *Aurea Roma. Da Roma pagana a Roma cristiana* (op. cit.).

[41] C. Bertelli, *L'immagine del „Monasterium Tempuli" dopo il restauro*, in: *Archivum Fratrum Praedicatorum,* 31 (1961), S. 83–86; M. Andaloro, in: *Aurea Roma. Da Roma pagana a Roma cristiana* (op. cit.).

[42] LP, I, S. 383–387.

[43] K. Weitzmann, *The Classical in Byzantine Art as Mode of Individual Expression*, in: *Byzantine Art. An European Art,* Athen, 1966, S. 151–177; ders., *Various Aspects of Byzantine Influence on the Latin Countries from sixth to the twelfth Century*, in: *Dumbarton Oaks Papers,* 20, 1966, S. 1–24.

[44] Zu einem Gesamtüberblick all dieser Fragen der Malerei G. Matthiae, *Pittura* (op. cit.), S. 135–154, und M. Andaloro, *Aggiornamento* (op. cit.), S. 263–274.

[45] P. Delogu, *L'importazione di tessuti preziosi e il sistema economico romano nel IX secolo*, in: *Roma medievale, aggiornamenti,* P. Delogu (Hrsg.), Florenz 1999, S. 123–141; M. Martiniani-Reber, *Tentures et textiles des églises romaines au haut Moyen Âge d'après le Liber Pontificalis*, in: *Mélange de l'École Française de Rome-Moyen Âge,* 111, 1 (1999), S. 289–305.

Vom Bilderstreit zur makedonischen Renaissance (8.–10. Jahrhundert)

[1] Zum Bilderstreit siehe G. Ostrogorsky, *Histoire de l'Etat byzantin*, Paris 1977 (Nachdruck), S. 176ff.; die theologischen Spitzfindigkeiten des Bilderstreits enthält der Band von F. Boespflug und N. Lorsky, *Nicée II*, Paris 1987 passim. Zu den Rückwirkungen des Bilderstreits auf die Bilder vgl. O. Grabar, *L'iconoclasme byzantin. Dossier archéologique*, Paris 1957 passim.

[2] Vgl. Theodoros Stoudites, *Epîtres*, I, 24, P. G. C., Blatt 261.

[3] Vgl. T. Velmans, *Byzanz, Fresken und Mosaike*, Zürich–Düsseldorf 1999, Abb. 78, 79.

[4] Vgl. ebendort, Abb. 81.

[5] Vgl. O. Grabar, *L'empereur dans l'art byzantin*, Paris 1971, S. 101ff.

[6] Vgl. Kaiser Leo VI., *Canticum compunctionis*, P. G., 107, Blatt 309–314.

[7] Zu diesen Theorien siehe T. Velmans, *Byzanz*, S. 100–101.

[8] Die Restaurierung des Wandbildes bei Lazarev, *Old Russian Murals and Mosaics*, London 1966, S. 236, Abb. 26; die Wiedergabe der Töchter des Fürsten auf S. 237, Abb. 27.

[9] Vgl. ebendort, Abb. 28–32 des Verzeichnisses

[10] Vgl. Ostrogorsky, *L'Etat byzantin*, S. 292ff.

[11] Vgl. D. Talbot Rice, *L'art byzantin*, Paris–Brüssel, 1959, Tafel 91.

[12] Vgl. O. Grabar, C. Nordenfalk, *La peinture byzantine*, Genf 1953, S. 166.

[13] Vgl. ebendort, S. 168.

[14] Vgl. ebendort, S. 170.

[15] Vgl. K. Weitzmann, *Illustration in Rolland Codex: a Study of the Origin Method of Text Illustration*, Princeton, 1997, passim.

[16] Vgl. Talbot Rice, *L'Art*, Tafel 108, 109.

[17] Vgl. ebendort, Tafel 97; A. Cutler, I. M. Spieser, *Byzance médiévale, 700–1204*, Paris 1996, Abb. 136.

[18] Vgl. ebendort, Abb. 137, 138.

[19] Z. B. die Tafel aus Elfenbein mit dem Einzug Jesu nach Jerusalem, aus dem 10. Jahrhundert (vgl. ebendort, Tafel 115).

[20] Vgl. ebendort, Tafel 101.

[21] Vgl. ebendort, Tafel 99.

[22] Vgl. J. Hubert, J. Porcher, W. F. Volbach, *L'empire carolingien*, Paris, 1968, S. 92, Tafel 79–83.

[23] Vgl. ebendort, S. 92.

[24] Vgl. ebendort, S. 98, Tafel 84–88.

[25] Vgl. ebendort, Tafel 145.

[26] Vgl. ebendort, Tafel 147.

[27] Vgl. ebendort, Tafel 150.

Die ursprüngliche Bildkunst des christlichen Orients vom 6. bis zum 10. Jahrhundert

[1] Zu mehr Details über diese Lehren vgl. Georg Ostrogorsky, *Geschichte des byzantinischen Staates*, S. 85ff.

[2] Etherius, *Journal de voyage,* H. Pétré (Hrsg.), Paris 1948, S. 59f., 191–221ff.; F. Cabrol, *Les églises de Jérusalem*, Paris–Poitiers 1895, passim.

[3] Vgl. Ch. Diehl, *Manuel d'art byzantin*, Bd. 1, Paris 1925, S. 316.

[4] Vgl. Ch. Delvoye, *L'art byzantin*, Paris 1976, S. 140.

[5] Vgl. Talbot Rice, *Art byzantin*, Paris 1959, Tafel IV.

[6] Vgl. ebendort, Abb. 44, 45.

[7] Vgl. ebendort, S. 290.

[8] Vgl. Delvoye, *L'art byzantin*, Paris, 1967, S. 141.

[9] Zu diesen Miniaturen vgl. K. Weitzmann, *Observation on the Cotton Genesis Fragments*, in: *Late Classical and Medieval Studies in Honour of Friend Jr.,* Princeton, 1955, S. 112–131. Ursprünglich enthielt dieses Manuskript 400 bis 500 Miniaturen (vgl. der *Die Illustration der Septuaginta,* in: *Münchner Jahrbuch der bildenden Kunst III–IV,* 1952/53, S. 97, 101f.

[10] Vgl. Delvoye, *L'art byzantin*, S. 109f., Abb. 33.

[11] Vgl. A. Munoz, *Il Codice purpureo di Rossano*, Rom 1907, passim.

[12] Vgl. Diehl, *Manuel d'art byzantin*, Bd. 1, Abb. 127.

[13] Vgl. C. Cecchelli, G. Furlani und M. Salmi, *The Rabbula Gospels*, Alten–Lausanne 1959, passim.

[14] Zu diesem Bild und zum Thema der göttlichen Weisheit siehe J. Meyendorff, *L'iconographie de la Sagesse divine*, in: *Cah. Arch.* X, S. 257f.

[15] Zu diesen Ampullen siehe O. Grabar, *Les ampoules de Terre Sainte*, Paris 1958. Zur Rückseite von Ampulle Nr. 10 vgl. Tafel XVII.

[16] Maria und der Schüler werden trotzdem in einem ähnlichen Bildschema auf Ampulle Nr. 10 (Vorderseite) abgebildet, ebendort, Tafel XVI.

[17] Vgl. Barnabasbrief XII, 2, S. 166f.; siehe auch F. J. Dölger, *Beiträge zur Geschichte des Kreuzzeichens*, I, II, V, IX in: *Jahrbuch für Antike und Christentum,* Bd. 1, 1958, S. 5–19.

[18] Vgl. Acta Johannis, Bd. I, S. 208–213 und Bd. II, S. 656–658f.; E. Baliaka-Witakowska, *Die Kreuzigung ohne den Gekreuzigten in der äthiopischen Kunst*, Köln 1988, S. 25.

[19] Vgl. P. Shehan, *An illuminated Gospel Book in Etiopic*, in: *Studies in Art and Literature for Bella da Costa Green,* Princeton 1954, S. 356.

[20] Vgl. E. Dinkler, *Signum Crucis: Aufsätze zum neuen Testament und zur christlichen Archäologie*, Tübingen 1967, S. 68–75.

[21] Vgl. O. Grabar, *L'empereur dans l'art byzantin.* Zu Diptychen dieser Art vgl. R. Delbrueck, *Die Consulardiptychen und verwandte Denkmäler,* in: *Studien zur spätantiken Kunstgeschichte*, 2, Berlin, Leipzig 1929, Nr. 2, 6, 14, 16, 17–21, 32–34.

[22] Vgl. S. Amiranašvili, *L'art des ciseleurs géorgiens*, Prag 1971, S. 31f., Tafel. 60.

[23] Vgl. ebendort, S. 94, Tafel 57.

[24] Vgl. T. S. Seviakowa, *Monumentaljnaja zivopis rannego srednevekovja Grusii*, Tiflis 1983, Tafel 32.5.

[25] Vgl. Ch. Ihm, *Die Programme der christlichen Apsismalerei vom vierten Jahrhundert bis zur Mitte des achten Jahrhunderts*, Wiesbaden 1960, S. 194f.

[26] Vgl. C. Jolivet-Levy, *Les églises byzantines de Cappadoce. Le programme iconographique de l'abside et de ses abords*, Paris 1991, Tafel 64.

[27] Dieses Fresko wird im polnischen Nationalmuseum in Warschau aufbewahrt; vgl dazu K. Michalowski, *Faras. Wall Painting in the Collection of the National Museum in Warsaw*, Warschau 1974, Tafel auf S. 54).

[28] Zu Informationen über die 2. Kirche in Faras vgl. A. Monneret de Villard, *La Nubia medioevale*, Bd. III, Kairo 1957, Tafel CXLVII.

[29] Vgl. O. Grabar, *Les ampoules de Terre Sainte*, Paris 1958, Tafel V.

[30] Unter den drei Medaillons erinnern einige Figuren an die Verleugnung des Petrus, an Daniel in der Löwengrube und an die römischen Soldaten, die das Grab Christi bewachten (siehe u. a. den Katalog des Museums der Eremitage: *Iskustvo Vizantii v sobranijakh*, Bd. 2, Moskau 1977, S. 15, Abb. 441.

[31] Vgl. N. Aladašvili, *Monumentaljnaja skulptura Grusii*, Moskau 1977, S. 24, Abb. 7.

[32] Vgl. ebendort, Abb. 8.

[33] Vgl. ebendort, S. 29f., Abb. 24, 25.

[34] Vgl. ebendort, Abb. 47.

[35] Vgl. ebendort, Abb. 51.

[36] Vgl. ebendort, Abb. 66.

[37] Vgl. P. Donabedian, J.-M. und N. Thierry, *Les arts arméniens*, Paris 1987, Abb. 201–208.

[38] Vgl. ebendort, Abb. 226–233.

[39] Vgl. ebendort, Abb. 223.

[40] Vgl. ebendort, Abb. 246–258, vor allem S. Der Nersessian, *Aght'amar, The Church of the Holy Cross*, Cambridge (Mass.), 1965, passim.

[41] Vgl. T. Velmans, *Les mosaïques pariétales en Géorgie et les problèmes qu'elles posent*, in: *Mosaïques, Recueil d'hommages à Henri Stern,* Paris 1983, S. 337f. Der Beitrag berücksichtigt auch eine Entdeckung jüngeren Datums. Dies., *Le rayonnement de Byzance*, Paris 1999, S. 46.

[42] Zu diesen Miniaturen siehe S. Der Nersessian, *L'art arménien*, Paris 1977, S. 78, Abb. 51.

[43] Vgl. G. Millet, *Recherche sur l'iconographie de l'Evangile au XIVe, XVe et XVIe siècle*, Paris 1916, S. 46–47, 567, 578–580.

[44] Vgl. V. Lazarev, *Storia della pittura bizantina*, Turin 1967, S. 41.

[45] Vgl. F. Volbach, J. Lafontaine-Dosogne, *Byzanz und der christliche Osten,* in: *Propyläen Kunstgeschichte*, Bd. 3, Berlin 1968, Tafel 405.

[46] Vgl. P. du Bourguet, *L'art copte*, Paris 1968, S. 52.

[47] Vgl. Hiérarchie Céleste, VI, 2–VII, S. 104–108.

[48] Vgl. J. Clédant, *Les monastères de la nécropole de Baouît*, Kairo 1904, Tafel XL

[49] Vgl. J. E. Quibell, *Excavations at Saqqara*, III, Bd. Il Kairo 1909, Tafel V.

[50] Vgl. M. E. Heldman, *The Marian Ikons of the Painter Fre Seyon*, Wiesbaden 1994, S. 92f.

[51] Th. Wiegand, *Der Latmos*, Berlin 1913, S. 89–90, Tafel I.

[52] Vgl. Jolivet-Levy, *Cappadoce*, S. 23–26.

[53] Vgl. ebendort, S. 180, Tafel 108.

[54] Vgl. Restle, *Die byzantinische Wandmalerei in Kleinasien*, Recklinghausen 1967, Tafel 123.

[55] Vgl. Jolivet-Levy, *Cappadoce*, S. 220f.

[56] Vgl. ebendort, S. 27f., 31f., 38f.

[57] Vgl. S. Der Nersessian, *Arts*, S. 46.

[58] Vgl. T. Velmans, *Le miroir de l'invisible. Peintures murales et architectures de Géorgie*, Paris 1996, S. 23, Abb. 4–6, 9–10 (die Legenden wurden durch den Verlag vertauscht).

[59] Vgl. ebendort, S. 26, Abb. 11–13.

[60] Zu mehr Details siehe ebendort, S. 25.

[61] Zum Beispiel in der Kirche der Jungfrau Kanakaria (6. Jahrhundert) in Zypern (vgl. A. und J. Stylianou, *The painted churches of Cyprus*, London 1985, Abb. 13).

[62] Vgl. T. Velmans, *Le miroir*, Kap. VII.

[63] Zu diesen Schmuckformen und Bildern vgl. T. Velmans, *Le miroir*, Kap. III–VI.

[64] Vgl. dies., *Le rayonnement,* S. 48.

[1] Wir danken Eduard Carbonell und Estellar für die großzügige Hilfe bei der Abfassung dieses Artikels; unser Dank gilt des Weiteren Kris Jensen, Larry Nees, Irina Oryshkevich und Robert Ousterhout für ihre wertvolle Hilfe und Anleitung.

[2] F. Mütherich und J. Gaehde, *Carolingian Painting,* New York 1976, S. 7. Die Kategorien der karolingischen Renaissance wurden von Krautheimer in seinem bahnbrechenden Aufsatz *The Carolingian Revival of Early Christian Architecture,* in: *Art Bulletin,* Bd. 24, 1942, S. 1–38, umrissen. Der kulturelle Zweig der karolingischen Renaissance setzte jedoch früher ein als die Herrschaft Karls des Großen. In St. Denis, der Grabstätte Pippins des Jüngeren (Papst Stephan II. nahm im Jahr 754 an der Beisetzung teil), signalisierten eine ringförmige Krypta und ein Atrium, dass diese dreischiffige Basilika eine Metapher zwischen St. Denis und dem heiligen Petrus, zwischen den Aposteln und ihren Reichen vollenden sollte. In jüngerer Zeit wurden Aspekte der These Krautheimers von Jacobsen angezweifelt. Siehe zum Beispiel W. Jacobsen, *Gab es die karolingische Renaissance in der Baukunst?,* in: *Zeitschrift für Kunstgeschichte* 51 (1988), S. 313–347. Siehe auch: Charles B. McClendon, *Louis the Pious, Rome and Constantinople,* in: C. Striker (Hrsg.), *Architectural Studies in Memory of Richard Krautheimer*, Mainz 1996, S. 103–106.

[3] Krautheimer, *The Carolingian Revival of Early Christian Architecture,* S. 1.

[4] C. Davis-Weyer, *Early Medieval Art 300–1150. Sources and Documents,* Buffalo 1986, S. 89–91.

[5] Siehe zum Beispiel J. Hubert, J. Porcher, W. F. Volbach, *The Carolingian Renaissance,* New York 1970, und W. Braunfels, *Die Welt der Karolinger und ihre Kunst,* München 1968.

[6] Zur Bibliographie der Ausgrabungsliteratur und zu einer archäologischen Beschreibung des rekonstruierten Palastes siehe H. Kubach, A. Verbeek, *Romanische Baukunst an Rhein und Maas. Katalog der voromanischen und romanischen Denkmäler,* Bd. 1, Berlin 1976, S. 11–13

[7] Einhard, *Leben Karls des Großen,* in: Reinhard Rau (Bearb.) D*ie Reichsannalen. Einhard, Leben Karls des Großen. Zwei Leben Ludwigs. Nithards Geschichten,* 1955 (Nachdruck 1987), S. 205 (Quellen zur karolingischen Reichsgeschichte 1; Ausgewählte Quellen zur deutschen Geschichte des Mittelalters 5).

[8] Ebendort.

[9] Zur Bibliographie der Ausgrabungsliteratur und zu einer archäologischen Beschreibung der rekonstruierten Kapelle siehe: Kubach, Verbeek, *Romanische Baukunst an Rhein und Maas,* Bd. 1, S. 1–111. Eine neuere, allgemeine Monographie über die Kapelle und ihren Schmuck liegt vor mit E. G. Grimme, *Der Dom zu Aachen. Architektur und Ausstattung,* Aachen 1994.

[10] Siehe zum Beispiel G. Bandmann, *Die Vorbilder der Aachener Pfalzkapelle,* in: W. Braunfels, H. Schnitzler (Hrsg.), *Karl der Große,* Bd. 3: *Karolingische Kunst;* Düsseldorf 1965, S. 424–462.

[11] Zu den Metallarbeiten siehe: W. Braunfels, *Karls des Großen Bronzewerkstatt,* in: W. Braunfels, H. Schnitzler (Hrsg.) *Karl der Große,* Bd. 3: *Karolingische Kunst,* S. 168–202. Zu dem verschwundenen Mosaik siehe H. Schnitzler, *Das Kuppelmosaik der Aachener Pfalzkapelle,* in: *Aachener Kunstblätter* 29 (1964), S. 17–44, und H. Schrade, *Zum Kuppelmosaik der Pfalzkapelle und zum Theoderich-Denkmal in Aachen,* in: *Aachener Kunstblätter* 30 (1965), S. 25–37. Wehling behauptete kürzlich, es gebe keine überzeugenden textlichen Belege für ein Mosaik in Aachen vor dem 12. Jahrhundert. Siehe: U. Wehling, *Die Mosaiken im Aachener Münster und ihre Vorstufen,* Köln 1995. Siehe auch die kritische Rezension dieses Buches durch M. Exner in: *Die Denkmalpflege* 54/1 (1996), S. 79–83.

[12] Krautheimer, *The Carolingian Revival of Early Christian Architecture,* S. 34–36.

[13] *Monumenta Germaniae historica* [MGH], LL, Abt. 3, Bd. 2, S. 464, Anm. 1; MGH, LL, Abt. 3, Bd. 2, S. 705, und *Chronicon Moissiacense,* in: MGH, SS, Abt. I, S. 303. Zit. in: Krautheimer, *The Carolingian Revival of Early Christian Architecture,* S. 35, Anm. 197. Zur Frage der Bedeutung dieser Hinweise siehe auch: L. Falkenstein, *Der „Lateran" der karolingischen Pfalz zu Aachen,* Köln 1966.

[14] Mütherich und Gaehde, a. a. O., S. 34.

[15] Ebendort, S. 41–45. Mütherich und Gaehde bemerken außerdem, dass die Verwendung von Spiralsäulen in den Kanontafeln direkt auf die alte Peterskirche verweise.

[16] Krautheimer, *The Carolingian Revival of Early Christian Architecture,* S. 7–12.

[17] W. Effmann, *Centula Saint Riquier. Eine Untersuchung zur Geschichte der kirchlichen Baukunst in karolingischer Zeit,* Münster 1912.

[18] Zu den Ausgrabungen in der Marienkirche siehe H. Bernard, *Les fouilles de Saint Riquier,* in: *Bulletin de la Société Nationale des Antiquaires de France* (1962), S. 203–205. Krautheimer erörterte die Familie der zentral geplanten Marienkirchen im Westen als an das Pantheon gebunden; unter christlicher Herrschaft seien sie für Maria umgewidmet worden: Sancta Maria Rotunda, in: *Studies in Early Christian, Medieval and Renaissance Art,* New York 1969, S. 107–114.

[19] C. Heitz, *L'Architecture religieuse carolingienne. Les formes et leurs fonctions,* Paris 1980, S. 51–62.

[20] Zu dem Bogen siehe: K. Hauck (Hrsg.), *Das Einhardkreuz. Vorträge und Studien der Münsteraner Diskussion zum Arcus Einhardi* (Abhandlungen der Akademie der Wissenschaften in Göttingen. Philologisch-historische Klasse, 3. Serie, Bd. 87), Göttingen 1974.

[21] Davis-Weyer, a. a. O., S. 106.

[22] Ebendort, S. 106f.

[23] J. Hubert, *Germigny-des-Prés,* in: *Congrès archéologique de France* 93 (1930), S. 534–568.

[24] Letaldus von Micy, *Miracula Sancti Maximini, Patriologia Latinae* 137, S. 182. Zur Beziehung zwischen Germigny und Aachen siehe J. Shaffer, *Aachen Appropriated: Charlemagnes Chapel and the Problem of its Early Medieval Architectural Copies* (erscheint in Kürze).

[25] Einhard, *Leben Karls des Großen,* a. a. O., S. 173.

[26] Dodds behauptete dies kürzlich in: *Entre Roma i el romanic: el mite d'Occident,* in: *Catalunya a l'epoca carolingia. Art i cultura abans del romanic (segles IX i X)*, Barcelona 1999, S. 147–156.

[27] G. P. Brogiolo, *Brescia. Lesglesia de San Salvatore,* in: *Catalunya a l'epoca carolingia,* S. 161–164.

[28] C. Bertelli, *Tesoro di San Salvatore. Croce di Deriderio*, in: *Il futuro dei Langobardi. L'Italia e la costruzione dell'Europa di Carlo Magno,* Mailand 2000, S. 526f.

[29] G. Henderson, *Early Medieval Art,* New York 1977, S. 109.

[30] M. Guardia i Pons, *La pintura mural preromanica de les esglesies de Sant Pere de Terrassa,* in: *Centre d'Estudis Historics de Terrassa, Arixiu Historic Comarcal de Terrassa, Noves Propostes d'Estudi, Simposi International sobre les Esglesies de Sant Pere Terrassa. Actes,* Direccio General del Patrimoni Cultural del Departament de Cultura de la Generalitaat de Catalonia, Terrassa 1992, S. 155f.

[31] A. M. Mundo i Marcet, *El Bisbat d'Egara del Epoca Tardo-Romana Carolingia,* in: *Centre d'Estudis Historics de Terrassa, Arixiu Historic Comarcal de Terrassa, Noves Propostes d'Estudi, Simposi Internacional sobre les Esglesies de Sant Pere de Terrassa. Actes,* Direccio General del Patrimoni Cultural del Departament de Cultura de la Generalitaat de Catalonia, Terrassa 1992, S. 48.

[32] T. Bisson, *Catalonia (800–1137),* in: *Dictionary of the Middle Ages,* Bd. 3, New York 1983, S. 174; R. Abadal y Vinyals, *Els primers comtes catalans,* Barcelona 1965.

[33] R. Collins, *Charlemagne,* Buffalo 1998, S. 66.

[34] Ebendort, S. 190, Anm. 35.

[35] G. Kühnel, *Aachen, Byzanz und die frühislamische Architektur im Heiligen Land*, in: B. Borkopp, B. Schellewald und L. Thesis (Hrsg.), *Studien zur byzantinischen Kunstgeschichte. Festschrift für Horst Hallensleben zum 65. Geburtstag*, Amsterdam 1995, S. 39–57.

[36] Ebendort, S. 49f.

[37] *Itinerarium Bernardi, Monachi Franci*, in: T. Tobler, *Descriptiones Terrae Sanctae ex Saeculo VIII, IX, et XV*, Leipzig 1874, S. 85–99; Kühnel, a. a. O., S. 52f.

[38] Notker, *Taten Karls,* in: Reinhard Rau (Bearb.), *Jahrbücher von Fulda. Regino Chronik. Notker, Taten Karls,* 1960, [3]1975 [Nachdruck 1980], S. 363 und 365 (Quellen zur karolingischen Reichsgeschichte 3; Ausgewählte Quellen zur deutschen Geschichte des Mittelalters 7).

[39] Shaffer, *Aachen Appropriated* (erscheint in Kürze).

[40] Stephen Nichols, *Romanesque Signs. Early Medieval Narrative and Iconographie,* New Haven 1983, Kap. 3.

[41] Siehe die Argumentation in: Shaffer, *Aachen Appropriated* (erscheint in Kürze).

[42] Einhard, Leben Karls des Großen, a. a. O., S. 61f.

[43] Siehe die Erörterung von R. Hodges und D. Whitehouse, *Mohammed, Charlemagne and the Origins of Europe.* Archaeology and the Pirenne Thesis, Ithaca 1983, S. 113.

[44] Zu unterschiedlichen Herangehensweisen an den Text siehe: F. W. Buckler, Harunul-Rashid and Charles the Great, Cambridge, Mass., 1931; M. Borgolte, Der Gesandtenaustausch der Karolinger mit den Abbasiden und mit den Patriarchen von Jerusalem, München 1976; R. Hodges und D. Whitehouse, Mohammed, Charlemagne and the Origins of Europe, S. 113.

[45] MS Bern, Bürgerbibliothek, 318, ff7r–22v. Zit. in: Collins, *Charlemagne*, S. 209, Anm. 54.

[46] Hodges und Whitehouse, a. a. O., S. 159.

[47] Ebendort, S. 160.

Asturien und die Spanische Mark

1. Asturische Kunst

Grundlegende Bibliographie: H. Schlunk, *Arte Asturiano,* in: *Ars Hispaniae II,* Madrid 1947; J. M. Pita Andrade, *Arte Asturiano,* Madrid 1963; A. Bonet Correa, *Arte prerrománico,* Barcelona 1967; J. Fontane, *Lart préroman hispanique,* Col. Zodiaque, La Pierre-qui-vire 1973; C. Cid Priego, *Arte en Asturias,* Madrid–Barcelona 1978; J. D. Dodds, *Architecture and ideology in early medieval Spain,* Pennsilvania 1989; V. Nieto Alcaude, *Arte prerrománico asturiano,* Salinas 1989; I. Bango Torviso, *Alta Edad Media. De la tradición hispano goda al románico,* Madrid 1989; L. Arias, *Prerrománico asturiano. El arte de la monarquía asturiana,* Gijon 1993; A. Marín Valdés, *Oviedo. Lart áulic en el prerrománic asturia, Catalunya a l'época carolíngia,* Barcelona 1999, S. 181–185, mit aktualisierter Bibliographie; I. Bango Torviso, *El ocaso de la Antigüedad. Arte y Arquitectura en la Alta Edad Media Hispánica, Catalunya a l'época carolíngia,* Barcelona 1999, S. 175–180.

Für die Wandmalerei ist das Werk von H. Schlunk und M. Berenguer grundlegend: *La pintura mural asturiana de los siglos IX y X,* Oviedo 1957.
Die Buchillustration ist noch kaum untersucht worden. In dem meisterhaften Artikel von H. Schlunk, *Observaciones en torno al problema de la miniatura visigoda,* in: *Archivo Español de Arte,* XVII, 1945, S. 241–265, vertritt er einen Entwicklungsgang der Miniatur, wonach sie ihre Ursprünge in westgotischer Zeit hat, sich in der asturischen Kunst weiterentwickelt und zwischen dem Ende des 9. und dem ersten Drittel des 10. Jahrhunderts im Königreich Leon bewahrt wird, wo die Illustrationen der Beatus-Handschriften und der leonesischen Bibeln an sie anknüpfen.
Zur Goldschmiedekunst ragen folgende Werke heraus: H. Schlunk, *The crosses of Oviedo. A contribution to the jewelry in northern Spain in the Ninth century,* in: *The Art Bulletin,* 1950, S. 91ff.; J. Manzanares, *Las joyas de la Camara Santa,* Oviedo 1972; C. Cid Priego, *Las joyas prerrománicas de la Camara Santa de Oviedo en la cultura medieval,* Liño, 9, 1990, S. 7–43.
Zum Problem des mozarabischen Einflusses siehe: M. Gomez Moreno, *Iglesias mozárabes. Arte Español de los siglos IX y X,* 2 Bände, Madrid 1919 (Neuauflage Granada 1975); J. Camon Aznar, *Arquitectura española del siglo X. Mozárabe y de la repoblación,* in: *Revista Goya,* Nr. 52, Madrid 1963, S. 206–219; I. Bango Torviso, *Alta Edad Media. De la tradición hispano goda al románico,* Madrid 1989. Die archäologische Untersuchung der Kirche Santa Maria in Melque, die häufig als mozarabisch betrachtet worden ist, hat L. Caballero Zoreda in seinem Werk *La iglesia y el monasterio visigodo de Santa María de Melque (Toledo), Arqueología y arquitectura,* Madrid 1980, dazu geführt, von einem westgotischen Charakter des Bauwerks auszugehen.

2. Die Spanische Mark

Als die wichtigsten Schriften seien genannt: R. D'Abdal, *Dels als visigots catalans,* Barcelona 1970; J. M. Salrach, *El procés de formació nacional de Catalunya, segles VII–IIX,* Barcelona 1978; P. Bonassie, *Catalunya mil anys enrera (segles X–XI),* 2 Bände, Barcelona 1979; J. M. Salrach, *El proces de feudalitzacio (segles III–XII),* zur Geschichte Kataloniens von P. Vilar (Hrsg.), 2 Bände, Barcelona 1987; A. M. Mundo, *Les changements liturgiques en Septimanie et en Catalogne pendant la période preromane,* in: *Les Cahiers de Saint-Michel de Cuixa,* 1971, Band 2, S. 29–42.

3. Schriften zur Kunst allgemein

J. Fontane, *L'art préroman hispanique,* La Pierre-qui-Vire 1977; X. Barral, *L'art pre-romanic a Catalunya. Segles IX–X,* Barcelona 1981; E. Junyent, *L'architectura religiosa a Catalunya abans del romanic, Abadia de Montserrat 1983; P.* de Palol, *Els precedents de l'art romanic a Catalunya,* in: *Introduccio a l'estudi del romanic catala* (Catalunya Romanica, I), Barcelona 1994, S. 59–69.
Unter den Monographien zu den Gebäudeanlagen finden sich mehrere bereits als Klassiker geltende Werke, auf die sich der vorliegende Artikel bezieht: J. Puig i Cadafalch, *La seu visigótica d'Egara,* Barcelona 1936; A. Grabar, *Une fresque wisigothique et l'iconographie du silence,* in: *Cahiers Archéologiques,* Paris 1945, Band 1, S. 583–588; P. Ponsich, *L'architecture préromane de Saint-Michel de Cuixa et sa véritable signification,* in: *Les Cahiers de Saint-Michel de Cuixa,* 1971, Heft 2, S. 17–27.
Zu nennen sind weiter die Akten des *Simposi Internacional sobre les esglesies de Sant Pere de Terrassa,* 1992, mit Beiträgen von Spezialisten aus allen Fachgebieten.
Grundlegend ist der von Pere de Palol herausgegebene Band *Del roma al romanic. Historia, art i cultura de la Tarraconense mediterrania entre els segles IV i X,* Barcelona 1999. Er bietet einen zusammenfassenden Blick auf den aktuellen Stand der Diskussion sowie eine aktualisierte Literaturliste mit Beiträgen von Fachleuten. Zu verweisen ist schließlich noch auf den Katalog zu der Ausstellung *Catalunya a l'época carolingia. Art i cultura abans del romanic (segles IX i X),* Barcelona 1999.

[1] Haupt, 1916.

[2] Fontaine, 1973 und *Mozarabie hispanique et monde carolingien: Les échanges entre la France et l'Espagne du* VIII *au* X *siècle*, Anuario de Estudios Medievales, 13, Barcelona 1983, S. 17–46.

[3] Nieto, 1989.

[4] In seinem Werk *El neovisigotismo artístico de los siglos IX y X. La restauración de ciudades y templos*. In: *Revista de Ideas Estéticas,* 148, 1979, S. 319–338.

[5] *Esencia del arte hispánico de época visigoda: romanismo y germanismo*, in: *Settimana di Studi sull'Alto Medioevo,* Spoleto 1995.

[6] *L'Art wisigothique et ses survivances: recherches sur les origines et le développement de l'art en France et en Espagne du* IV *au* XII *siècle*, Paris 1961.

[7] *La pintura mural asturiana de los siglos IX y X*, Oviedo 1957.

[8] *Observaciones en torno al problema de la miniatura visigoda*, in: *Archivo Español de Arte,* XVII, 1945, S. 241–265.

[9] Siehe die Arbeit von M. Zimmermann, *Conscience gothique et affirmation nationale dans la genè de la Catalogne (IX–X siècles)* 1992.

Die dalmatische Kunst

J.-P. Caillet, M. Jurković, I. Matejčić, *Velika Gospa près Bale (Istrie): quatrième campagne de fouille* (1998), in: *Hortus Artium Medievalium* 5, Zagreb–Motovun 1999, S. 219–229.
V. Delonga, *Latinski epigrafički spomenici u ranosrednjovjekovnoj Hrvatskoj*, Split 1996.
N. Jakšić, *Croatian Art in the second half of the ninth Century*, in: *Hortus Artium Medievalium,* 3, Zagreb–Motovun 1997, S. 41–54.
N. Jakšić, *La survivance des édifices paléochrétiens dans les terres da la principauté croate*, in: *Hortus Artium Medievalium,* 1, Zagreb–Motovun 1995, S. 36–45.
N. Jakšić, *Croati. Chi sono costoro?*, in: *Archeologia viva,* anno XVIII, n. 78. n. s., Florenz 1999, S. 61–69.
D. Jelovina, *Schwerter und Sporen karolingischer Formgebung im Museum Kroatischer Archäologischer Denkmäler*, Split 1986.
M. Jurković, *Il ciborio di Novigrad (Cittanova d'Istria),* in: *Hortus Artium Medievalium,* 1, Zagreb–Motovun 1995, S. 141–149.
M. Jurković, *Quelques aspects des influences carolingiennes en Croatie*, in: *Bulletin de la societé nationale des antiquaires de France,* Paris 1995, S. 319–332.
M. Jurković, *La rotonde de la Sainte-Trinité (Saint Donat) à Zadar et les églises hexaconques préromanes en Croatie*, in: *Actes du colloque Guillaume de Volpiano et l'architecture des rotondes*, Dijon 1996, S. 237–256.
M. Jurković, *L'église et l'état en Croatie du 9e siècle – le problème du massif occidental carolingien*, in: *Hortus Artium Medievalium,* 3, Zagreb–Motovun 1997, S. 23–40.
M. Jurković, *Le complexe monastique de S. Maria Alta près de Bale en Istrie (Croatie)*, Académie des Inscriptions & Belles-Lettres, Paris 1999, S. 1003–1012.
M. Jurković, *Gli Slavi sul Mediterraneo,* in: *Il futuro dei Longobardi*, Brescia 2000, S. 430–438.
M. Jurković, *Méthodes de recherches sur la sculpture du haut Moyen Âge: exemple de la Croatie, avec quelques considérations sur la sculpture de Gellone, Saint-Guilhem-Le Désert dans L'Europe du Haut-Moyen Âge*, III, Montpellier 2000, S. 225–237.
M. Jurković, A. Milošević, *Croats i carolingis. Art i arquitectura a Croacia a l'alta edat mitjana*, in: *Catalunya a l'epoca carolíngia, catalogo d'esposizione*, Barcelona 1999, S. 165–170, 501–504.
T. Marasović, *Carolingian influence in the early medieval architecture in Dalmatia*, in: *Actes du XIX Congrès international d'histoire de l'art*, Paris 1959, S. 117.
B. Marušić, *Il castello Neapolis – Novas alla luce delle fonti archeologiche*, in: *Atti del Centro di ricerche storiche*, Rovigno, 19, Triest 1988–89, S. 13.
B. Marušić, *Contributo alla conoscienza dei monumenti storico-artistici di castrum Vallis e del suo territorio*, in: *Atti del Centro di ricerche storiche*, Rovigno, XIII, Triest–Rovigno 1982–83, S. 19–55.

I. Matejčić, *The Episcopal palace at Poreč*, in: *Hortus Artium Medievalium,* 1, Zagreb–Motovun 1995, S. 84–90.
I. Matejčić, *Due chiese – S. Maria piccola presso Valle e S. Tomaso presso Rovigno*, Rijeka–Rovinj 1997.
I. Petricioli, *Od Donata do Radovana*, Split 1990.
I. Petricioli, *Esemplari di arte applicata carolingia in Croazia*, in: *Hortus Artium Medievalium,* 3, Zagreb–Motovun 1997, S. 55–61.
Z. Rapanić, *Predromaničko doba u Dalmaciji*, Split 1987.
P. Vežić, *Crkva sv. Trojstva (sv. Donata)*, Zagreb 1985.
Z. Vinski, *Zu karolingischen Schwertfunden aus Jugoslawien*, in: *Jahrbuch des Römisch-Germanischen Zentralmuseums Mainz,* 30, 1983.
J. Werner, *Zur Zeitstellung der altkroatischen Grabfunde von Biskupija-Crkvina (Marienkirche)*, in: *Schild von Steier* (Festschrift Modrijan), 15–16, 1978–79.

Die Kunst in al-Andalus und Nordafrika

Für die Kunst der cordobesischen Periode können noch immer mit großem Nutzen zwei bereits klassische Gesamtdarstellungen konsultiert werden; zum einen die von M. Gomez-Moreno, *El arte arabe español hasta los almohades. Arte Mozárabe,* Band III der *Ars Hispaniae,* Madrid 1949; zum anderen das Werk von L. Torres Balbas, *Arte Hispanomusulman. Hasta la caida del califato de Cordoba, España Musulmana,* Band V der *Historia de España,* R. Menendez Pidal (Hrsg.), Madrid 1957. In jüngerer Zeit sind einige aktualisierte Zusammenfassungen zu dieser Zeitspanne erschienen, etwa die von F. Valdes Fernandez, *Arqueología de al-Andalús de la conquista árabe a la extinción de las primeras taifas, El fallido intento de un estado hispánico musulmán (711–1085),* Band III der *Historia General de España y América,* Madrid 1988; oder R. Lopez Guzman (Hrsg.), *La arquitectura del Islam occidental,* Barcelona–Madrid 1995. Eine gute Übersicht zur Moschee und ihrer Entwicklung in Spanien und Nordafrika bietet A. Fernandez Puertas, *Spain and North Africa,* in: M. Frishman und H.-U. Khan, *The mosque. History, architectural development and regional diversity,* London 1994, S. 107–117, 274–275 und 280.
Unter denen, die die andalusische Kunst der cordobesischen Periode untersucht haben, sind zwei Verfasser durch den Umfang ihrer Forschungen hervorzuheben: die Architekten F. Hernandez und Ch. Ewert. Von F. Hernandez sind zu nennen seine Monographie über *El alminar de Abd al-Rahman III en la mezquita mayor de Cordoba. Genesis y repercusiones,* Granada 1975, und sein postum erschienenes Werk über *Madinat al-Zahra,* Granada 1985, Letzteres durch das Fehlen von Plänen und Illustrationen schwer lesbar. Ch. Ewert hat sich besonders mit der Analyse des cordobesischen Systems der kreuzweise angeordneten Bögen beschäftigt. Diesem Detail hat er einige umfangreiche Arbeiten gewidmet, die zumeist auf Deutsch veröffentlicht worden sind über *Die Moschee von Cordoba*, Berlin, 1968, und über *die Moschee Cristo de la Luz Toledo,* in: *Madrider Mitteilungen,* 1977.
Die Monographien und Studien zu Aspekten dieser Periode der andalusischen Kunst sind somit kaum noch zu überblicken. Unter den klassischen Arbeiten sind drei besonders hervorzuheben. Das Werk von J. Ferrandis, *Marfiles arabes de occidente,* zwei Bände, Madrid 1935 und 1940; dasjenige von E. Camps Cazorla, *Módulo, proporciónes y composición en la arquitectura califal cordobesa,* Madrid 1953, sowie die Arbeit von M. Ocana, *El cúfico hispano y su evolución,* Madrid 1970.
Die wichtigste wissenschaftliche Zeitschrift in Spanien für die Kunst und Archäologie Andalusiens war *al-Andalus,* die ohne Unterbrechung von 1973 bis 1978 herausgegeben wurde. Heute erscheint, in unregelmäßiger Folge seit 1987, die Reihe *Cuadernos de Madinat al-Zahra.*

[1] Diese Bezeichnung geht auf das Standardwerk von G. Marçais zurück, *L'Architecture musulmane d'Occident: Tunisie, Algérie, Maroc, Espagne et Sicilie*. Paris 1954.

[2] Die bedeutendsten Untersuchungen zur frühen islamischen Kunst stammen von K. A. C. Creswell, dessen Buch *Early Muslim Architecture*, 2 Bände, Oxford 1932–1940, als ein Standarwerk für diese Periode gelten kann. Eine Zusammenfassung seiner Forschungen zu diesem Thema in Form eines Handbuchs liegt unter dem Titel *A Short Account of Early Muslim Architecture* vor, herausgegeben 1958 von Penguin Books. Von diesem Buch gibt es aktualisierte Neuauflagen, etwa die von J. W. Allan, Scolar Press 1989. Weitere Handbücher zum Thema sind die von M. Bernus-Taylor, *L'art en terres d'Islam.* Band 1: *Les premiers siècles*, Paris 1988, und von R. Ettinghausen und O. Grabar, *Arte y arquitectura del Islam, 650–1250*, Madrid 1996. (Die englische Auflage stammt aus dem Jahr 1987, das Buchprojekt geht auf das Jahr 1959 zurück.)

[3] Vgl. Ch. Ewert und J.-P. Wissak, *Forschung zur almohadischen Moschee: I. Vorstufen*. Mainz 1981. Siehe auch die anderen Beiträge von Ch. Ewert in den bibliografischen Angaben zu al-Andalus.

[4] Eine kritische Einführung in die Literatur über die Kunst von al-Andalus findet sich bei G. M. Borrás Gualis, *El arte hispanomusulmán. Estado de la cuestión, Anuario del Departamento de Historia y Teoría del Arte,* U.A.M., Band III, 1991, S. 11–18. Eine ausführlichere Darstellung des in diesem Aufsatz behandelten Themas liegt vom selben Verfasser vor: *España. Crisol de tres culturas*, Band 3 der *Historia del Arte Español*, Barcelona, 1995.

Abbildungsnachweis

Adriano Alpago Novello, Belluno: 150, 160, 161
Aisa, Archivo Iconográfico, S.A., Barcelona: 58 (unten links u. rechts), 61 (oben), 61 (unten rechts), 64 (unten rechts), 65 (rechts), 205
Alajbeg Zoran, Split: 216, 219, 220, 221(2), 223, 224, 227, 228, 229, 230, 231, 232, 233, 234, 235
Alpha Edition, Tunis: 236, 237, 238, 239, 241 (3), 242
Archiv Jaca Book: 10, 12, 15, 22, 23, 24, 34, 35, 41, 44, 45 (oben), 49, 71, 74, 79, 80 (oben), 84, 85, 86, 100, 103, 107, 125 (rechts), 127, 128, 129, 137, 143, 144, 145, 147, 149, 152, 153, 164, 170, 171, 173, 181, 190
Archiv Jaca Book/Gianni Costantino: 87 (3), 96, 97 (2)
Archiv Jaca Book/Iskusstvo, Moskau: 139, 140, 141
Archiv Lunwerg: 59, 197, 244 (2), 245, 246 (2), 247, 251, 252, 253, 254 (2), 255 (2), 256 (2 oben), 257
Archiv Lunwerg/Archäologisches Museum, Madrid: 56, 67 (links)
Archiv Lunwerg/Marc Llimargas: 64 (oben rechts), 195, 207 (Mitte u. unten), 209 (2)
Archiv Lunwerg/Matías Briansó: 193, 194, 196, 198, 199, 200, 201 (2), 202, 203, 206, 207 (oben)
Archivio Fotografico Soprintendenza Beni Artistici e Storici di Roma: 120, 121, 123 (2), 125 (links), 130
B.N. Marconi, Genua: 126
Basilio Rodella, Montichiari: 8, 9, 18, 19, 20, 21, 28–29, 32, 33, 90, 91, 98 (2), 99, 116, 168–169 (3), 187 (links)
Biblioteca Medicea Laurenziana, Florenz: 105, 154, 155
Bildarchiv Scala, Florenz: 119, 175
Belfort, Musée d'Art et d'Histoire: (80 unten)
Benaki Museum, Athen: 43
Bibliothèque Nationale de France, Paris: 46, 68, 157, 178 (4)
Bildarchiv Preußischer Kulturbesitz, Museum für Islamische Kunst, Berlin: 36, 45
Cecilia Guidetti, Mailand: 30, 39 (2)
Cemal Emden, Istanbul: 132, 134, 136
Department of Archaeology, University of Durham (Foto: T. Middlemass): 109 (unten), 110, 111 (links u. rechts)
Ekdotike Athenon S.A.: 131, 135
Fabbrica del Duomo, Mailand: 179
Giraudon-Alinari, Florenz: 72–73, 75, 184–185
Index, Barcelona: 58 (unten rechts), 64 (oben links), 64 (unten links), 189, 191, 204, 210
Ivan Tenšek, Zagreb: 216–235 (Zeichnungen und Gemälde)
Königliche Bibliothek, Stockholm: 113
Luca Mozzati, Mailand: 159 (2)
Marco Ravenna, Correggio: 13, 82, 92–93, 94, 95
Mattia Guidetti, Mailand: 17, 31
Max Mandel, Mailand: 26, 27 (3), 37
Musée Alfred Bonno, Chelles: 78
Musée des Antiquités, Rouen (Foto: François Dugue): 81
Musées de la Cour d'Or, Metz (Druck: Jean Munin): 77
Museo Arqueológico de Oviedo: 192
Museo del Bargello, Florenz (Foto: N. Orsi-Battaglini): 180
National Museum of Ireland, Dublin: 108 (2)
Nicole Thierry, Etampes: 162 (2), 163 (2), 167
Oronoz, Madrid: 60/61, 63, 65 (links), 187 (rechts), 2111, 213, 215, 248/249, 256 (unten)
Prisma, Archivo Fotográfico, S.L., Barcelona: 56, 58 (oben), 60, 62, 67 (rechts)
Rheinisches Landesmuseum, Bonn: 76
Royal Commission on the Ancient and Historical Monuments of Scotland, Edinburgh: 109 (oben), 111 (Mitte)
Royal Irish Academy, Dublin: 102
Trinity College Library, Dublin: 115
Vatikanische Museen, Rom: 124